21世纪交通版高等学校教材

Computing for Bridge Structures

桥梁结构电算

（第二版）

石志源　曾明根　董冰　编著

人民交通出版社

内 容 提 要

本书系统讲述桥梁结构电算中的断面几何特性计算、钢筋混凝土构件计算、梁桥荷载横向分布计算和桥梁结构静力计算程序。每个章节都讲述计算原理、编程框图和两种不同编程语言(FORTRAN 语言和 C 语言)的源程序语句,并给出工程应用示例。

本书可作为高等院校土木工程专业、道路桥梁与渡河工程专业桥梁方向本科生教学用书,也可供相关专业工程技术人员参考应用。

图书在版编目(CIP)数据

桥梁结构电算/石志源,曾明根,董冰编著.—2版.—北京:人民交通出版社,2010.8
ISBN 978-7-114-07870-5

Ⅰ.①桥… Ⅱ.①石… ②曾… ③董… Ⅲ.①桥梁结构—计算机辅助计算 Ⅳ.①U441-39

中国版本图书馆 CIP 数据核字(2010)第 043135 号

21 世纪交通版高等学校教材

书　　名:桥梁结构电算(第二版)
著 作 者:石志源　曾明根　董　冰
责任编辑:曲　乐　王文华
出版发行:人民交通出版社
地　　址:(100011)北京市朝阳区安定门外外馆斜街 3 号
网　　址:http://www.ccpress.com.cn
销售电话:(010)59757969,59757973
总 经 销:人民交通出版社发行部
经　　销:各地新华书店
印　　刷:北京盈盛恒通印刷有限公司
开　　本:787×1092　1/16
印　　张:17.75
字　　数:432 千
版　　次:1987 年 9 月　第 1 版
　　　　　2010 年 8 月　第 2 版
印　　次:2011 年 7 月　第 2 次印刷
书　　号:ISBN 978-7-114-07870-5
定　　价:35.00 元

总　序

当今世界，科学技术突飞猛进，全球经济一体化趋势进一步加强，科技对于经济增长的作用日益显著，教育在国家经济与社会发展中所处的地位日益重要。进入新世纪，面对国际国内经济与社会发展所出现的新特点，我国的高等教育迎来了良好的发展机遇，同时也面临着巨大的挑战，高等教育的发展处在一个前所未有的重要时期。其一，加入 WTO，中国经济已融入到世界经济发展的进程之中，国家间的竞争更趋激烈，竞争的焦点已更多地体现在高素质人才的竞争上，因此，高等教育所面临的是全球化条件下的综合竞争。其二，我国正处在由计划经济向社会主义市场经济过渡的重要历史时期，这一时期，我国经济结构调整将进一步深化，对外开放将进一步扩大，改革与实践必将提出许多过去不曾遇到的新问题，高等教育面临加速改革以适应国民经济进一步发展的需要。面对这样的形势与要求，党中央国务院提出扩大高等教育规模，着力提高高等教育的水平与质量。这是为中华民族自立于世界民族之林而采取的极其重大的战略步骤，同时，也是为国家未来的发展提供基础性的保证。

为适应高等教育改革与发展的需要，早在 1998 年 7 月，教育部就对高等学校本科专业目录进行了第四次全面修订。在新的专业目录中，土木工程专业扩大了涵盖面，原先的公路与城市道路工程，桥梁工程，隧道与地下工程等专业均纳入土木工程专业。本科专业目录的调整是为满足培养“宽口径”复合型人才的要求，对原有相关专业本科教学产生了积极的影响。这一调整是着眼于培养 21 世纪社会主义现代化建设人才的需要而进行的，面对新的变化，要求我们对人才的培养规格、培养模式、课程体系和内容都应作出适时调整，以适应要求。

根据形势的变化与高等教育所提出的新的要求，同时，也考虑到近些年来公路交通大发展所引发的需求，人民交通出版社通过对“八五”、“九五”期间的路桥及交通工程专业高校教材体系的分析，提出了组织编写一套 21 世纪的具有鲜明交通特色的高等学校教材的设想。这一设想，得到了原路桥教学指导委员会几乎所有成员学校的广泛响应与支持。2000 年 6 月，由人民交通出版社发起组织全国面向交通办学的 12 所高校的专家学者组成 21 世纪交通版高等学校教材（公路类）编审委员会，并召开第一次会议，会议决定着手组织编写土木工程专业具有交通特色的**道路专业方向、桥梁专业方向以及交通工程专业**教材。会议经过充分研讨，确定了包括**基本知识技能培养层次、知识技能拓宽与提高层次**以及**教学辅助层次**在内的约 130 种教材，范围涵盖**本科与研究生用**教材。会后，人民交通出版社开始了细致的教材编写组织工作，经过自由申报及专家推荐的方式，近 20 所高校的百余名教授承担约 130 种教材的主编工作。2001 年 6 月，教材编委会召开第二次会议，全面审定了各门教材主编院校提交的教学大纲，之后，编写工作全面展开。

21 世纪交通版高等学校教材编写工作是在本科专业目录调整及交通大发展的背景下展开的。教材编写的基本思路是：(1) 顺应高等教育改革的形势，专业基础课教学内容实现与土木工程专业打通，同时保留原专业的主干课程，既顺应向土木工程专业过渡的需要，又保持服务公路交通的特色，适应宽口径复合型人才培养的需要。(2) 注重学生基本素质、基本能力的培养,为学生知识、能力、素质的综合协调发展创造条件。基于这样的考虑,将教材区分为二个主层次与一个辅助层次,即基本知识技能培养层次与知识技能拓宽与提高层次,辅助层次为教学参考用书。工作的着力点放在基本知识技能培养层次教材的编写上。(3)目前,中国的经济发展存在地区间的不平衡,各高校之间的发展也不平衡,因此,教材的编写要充分考虑各校人才培养规格及教学需求多样性的要求,尽可能为各校教学的开展提供一个多层次、系统而全面的教材供给平台。(4)教材的编写在总结"八五"、"九五"工作经验的基础上,注意体现原创性内容,把握好技术发展与教学需要的关系,努力体现教育面向现代化、面向世界、面向未来的要求,着力提高学生的创新思维能力,使所编教材达到先进性与实用性兼备。(5)配合现代化教学手段的发展,积极配套相应的教学辅件,便利教学。

教材建设是教学改革的重要环节之一,全面做好教材建设工作,是提高教学质量的重要保证。本套教材是由人民交通出版社组织,由原全国高等学校路桥与交通工程教学指导委员会成员学校相互协作编写的一套具有交通出版社品牌的教材,教材力求反映交通科技发展的先进水平,力求符合高等教育的基本规律。各门教材的主编均通过自由申报与专家推荐相结合的方式确定,他们都是各校相关学科的骨干,在长期的教学与科研实践中积累了丰富的经验。由他们担纲主编,能够充分体现教材的先进性与实用性。本套教材预计在二年内完全出齐,随后,将根据情况的变化而适时更新。相信这批教材的出版,对于土木工程框架下道路工程、桥梁工程专业方向与交通工程专业教材的建设将起到有力的促进作用,同时,也使各校在教材选用方面具有更大的空间。需要指出的是,该批教材中研究生教材占有较大比例,研究生教材多具有较高的理论水平,因此,该套教材不仅对在校学生,同时对于在职学习人员及工程技术人员也具有很好的参考价值。

21世纪初叶,是我国社会经济发展的重要时期,同时也是我国公路交通从紧张和制约状况实现全面改善的关键时期,公路基础设施的建设仍是今后一项重要而艰巨的任务,希望通过各相关院校及所有参编人员的共同努力,尽快使全套21世纪交通版高等学校教材(公路类)尽早面世,为我国交通事业的发展做出贡献。

21世纪交通版
高等学校教材(公路类)编审委员会
人民交通出版社
2001年12月

前　言

在工程结构的计算分析、桥梁的设计科研中，计算机的应用愈来愈普遍，用于计算分析的应用软件也愈来愈多。这些软件中既有大型的通用有限元系统软件，也有适合于桥梁结构设计、计算的专用软件。但一直以来系统地阐述桥梁结构计算，分析软件编制原理、编程方法和技巧的教材较少。1987年同济大学出版社出版了石洞教授编著的《桥梁结构电算》。该书作为桥梁工程专业第一本结构电算教材，深入浅出地讲述了与桥梁工程相关的钢筋混凝土构件计算、影响线加载、梁桥横向分布计算及杆系静力、动力计算程序等，教材还讲述了编程原理及思路、程序框图，并给出了源程序语句。这些程序后来大多被引用和发展，编写成了桥梁综合计算分析程序及一些专门的设计、验算程序。

二十多年来，计算机硬件性能、操作系统及编程技术都发展很快，桥梁结构的设计荷载及构件的设计方法随着设计规范的更新也都有很大的改变，原来的《桥梁结构电算》内容已不能适应今天教学的要求，为此需重新编写出版《桥梁结构电算》（第二版）作为本科生教学用书。原教材修订后全书共四章，保留了断面几何特性计算、钢筋混凝土构件计算、梁桥荷载横向分布计算，将原来的杆系静力计算程序及影响线加载归并为桥梁结构静力计算程序，删除了矩阵运算及线性方程组求解、杆系动力计算程序、计算机绘图及应用等内容。本次修订编程语言除了采用FORTRAN语言外，还采用了C语言，部分程序采用VB语言编写。每一章都给出了应用程序和工程计算实例。

本书第一、三章由石志源编写，第二章由董冰编写，第四章由曾明根编写，研究生孙旭霞、杨素哲协助完成了按比拟正交异性板横向分布计算程序、简单杆系程序的编制和调试。全书由石志源编审，书中应用程序由董冰完成考核测试。读者如需要本书应用程序的源程序，请致电人民交通出版社公路图书出版中心索取，电话010－85285865。

由于编者水平有限，教材中难免有疏漏和谬误之处，敬请读者批评指正，并将意见径寄上海四平路1239号同济大学桥梁工程系钢与组合结构研究室（200092）。

编　者
2010年2月

目　录

第一章　断面几何特性计算

在采用有限元程序计算结构内力和变位时，在计算桥梁横向分布以及对桥梁构件进行承载力计算和应力验算时，都会遇到断面几何特性的计算，对于形状简单的规则断面，可直接采用解析公式计算，编程计算时可用函数过程或直接用赋值语句来执行计算。

但桥梁杆件截面类型很多，形状也较复杂，不易写成解析式，这时宜把截面划分为若干小块，先计算出每个小块的截面特性，然后迭加得到整个截面的几何特性，据此编写计算程序。

划分截面的方法很多，常用的有梯形分块法、三角形分块法及矩形条法等。方法的选择与截面类型及计算要求有很大关系，因为各种形状截面有它自己最方便的描述方法和相应的计算方法，本章着重讲述梯形分块法、三角形分块法以及用于薄壁断面几何特性计算的分舱板计算法。

本章及以后各章节计算机程序采用的基本编程语言有 C 语言和 FORTRAN 语言两种，有的程序采用了 VB 语言编制了宏命令嵌入电子表格中，书中给出基本公式、编程原理及程序流程图，并给出了可供实际计算应用的源程序及相关计算表格。

第一节　梯形分块法计算截面几何特性

一、计算方法

钢筋混凝土或预应力混凝土梁桥的截面多数为 T 形、马蹄形及工字形。结构计算分析时总是仅计算截面竖向的几何特性，而横向的几何特性往往不需计算，这时采用梯形分块法计算截面几何特性较为简捷方便。

计算时，把截面分成若干梯形小块，把分割梯形的线称为节线，整个截面的形状可以很方便地用节线数、节线处的宽度及节线到截面顶面的高度来描述。这样，编程计算时，描述截面的信息就取为节线数 ns、节线宽度数组 bs[ns] 和节线处高度数组 hs[ns]。

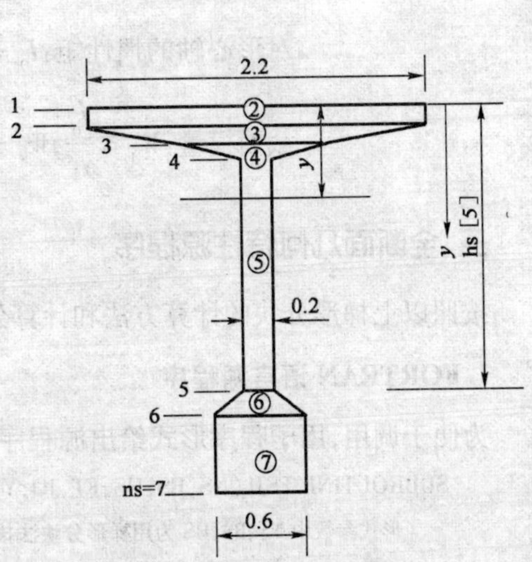

图 1-1　截面的梯形分块(尺寸单位:m)

如图 1-1 所示的马蹄形截面，截面的信息是：

ns:7

bs:2.2,2.2,1.0,0.2,0.2,0.6,0.6

hs:0,0.12,0.24,0.34,1.80,1.95,2.45

计算方法是用一个循环计算过程逐块计算出梯形分块对该块梯形底边的几何特性量(面

积、静矩、惯性矩)，并随时将前面各块的几何特性量移到该底边迭加上去，在梯形分块单元循环计算结束时得到对断面底边的面积、静矩和惯性矩，然后求出截面形心位置及截面对形心轴的惯性矩和截面模量。

二、计算公式

如图 1-2 所示的第 i 个梯形小块的面积、对底边的静矩和惯性矩可按式(1-1)计算：

$$\left.\begin{aligned} &\text{面积}\quad \Delta A_i = (bs[i] + bs[i-1]) \times \frac{d_i}{2} \\ &\text{对底边的静矩}\quad \Delta S_i = \left(bs[i-1] + \frac{bi}{3}\right) \times \frac{d_i^2}{2} \\ &\text{对底边的惯性矩}\quad \Delta I_i = \left(bs[i-1] + \frac{b_i}{4}\right) \times \frac{d_i^3}{3} \end{aligned}\right\} \tag{1-1}$$

其中，

$$\begin{cases} b_i = bs[i] - bs[i-1] \\ d_i = hs[i] - hs[i-1] \end{cases}$$

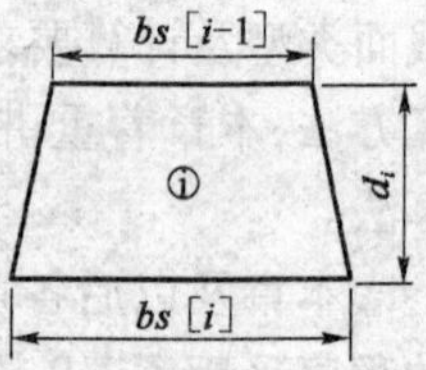

图 1-2　梯形小块尺寸

对 i 节线的累计几何量为：

$$\left.\begin{aligned} &\text{累计面积}: \sum_{k=1}^{i} A_k = \sum_{k=1}^{i-1} A_k + \Delta A_i \\ &\text{累计静矩}: \sum_{k=1}^{i} S_k = \sum_{k=1}^{i-1} S_k + d_i \times \sum_{k=1}^{i-1} A_k + \Delta S_i \\ &\text{累计惯性矩}: \sum_{k=1}^{i} I_k = \sum_{k=1}^{i-1} I_k + 2d_i \times \sum_{k=1}^{i-1} S_k + d_i^2 \times \sum_{k=1}^{i-1} A_k + \Delta I_i \\ &\text{形心位置}: y_2 = \sum_{k=1}^{ns} S_k / \sum_{k=1}^{ns} A_k, y_1 = hs[ns] - y_2 \\ &\text{对形心轴的惯性矩}: I_0 = \sum_{k=1}^{ns} I_k - \sum_{k=1}^{ns} A_k \times y_2^2 \\ &\text{截面模量}: W_1 = \frac{I_0}{y_1}, W_2 = \frac{I_0}{y_2} \end{aligned}\right\} \tag{1-2}$$

三、全断面几何特性源程序

按照以上梯形分块的计算方法和计算公式，可以用不同的编程语言写出程序语句。

1. FORTRAN 语言源程序

为便于调用，用子程序形式给出源程序语句如下：

```
SUBROUTINE FSJ1(NS,BS,HS,FT,JO,Y1,W1,W2)
```

(形式参数中 NS、BS、HS 为用梯形分块法描述断面信息的输入参数，其余为子程序计算结果的输出参数，FT 为断面面积、JO 为对断面形心轴的惯性矩、Y1 为形心到断面上边缘的距离、W1、W2 为截面上下边缘的截面模量)

```
      REAL JO,JT
      DIMENSION  BS(NS),HS(NS)
      FT=0.0
      ST=0.0
      JT=0.0
      DO 10  I=2,NS
        B=BS(I)-BS(I-1)
        D=HS(I)-HS(I-1)
        JT=JT+2.0*D*ST+D*D*FT+(BS(I-1)+B/4.0)*D**3/3.0
        ST=ST+D*FT+(BS(I-1)+B/3.0)*D*D/2.0
        FT=FT+D*(BS(I)+BS(I-1))/2.0
10    CONTINUE  (算出对断面底边的惯性矩、静矩和面积)
      Y2=ST/FT  (计算形心到断面下边缘的距离)
      Y1=HS(NS)-Y2
      JO=JT-FT*Y2*Y2
      W1=JO/Y1
      W2=JO/Y2
      RETURN
      END
```

利用上面的子程序可以计算出全截面的几何特性,下面给出调用该子程序的一个程序例句:

```
      REAL  JO
      DIMENSION  BS(50),HS(50)
      OPEN(5,FILE='FSJ1.DAT')  (用文件 FSJ1.DAT 输入计算数据,计算结果输出到数据文件 FSJ1.OUT 中)
      OPEN(6,FILE='FSJ1.OUT',STATUS='NEW')
      READ(5,*) NS
      READ(5,*) (BS(I),HS(I),I=1,NS)  (用自由格式输入断面信息 NS、BS、HS)
      WRITE(*,102)NS,(BS(I),HS(I),I=1,NS)
      WRITE(6,102)NS,(BS(I),HS(I),I=1,NS)
      CALL  FSJ1(NS,BS,HS,FT,JO,Y1,W1,W2)  (调用子程序 FSJ1 计算截面几何特性,各参数意义同前)
      WRITE(*,103)FT,JO,Y1,W1,W2  (用屏幕显示和写入数据文件两种方式输出计算结果)
      WRITE(6,103)FT,JO,Y1,W1,W2
102   FORMAT(1X,3HNS=,I2/8X,'BS(I)',10X,'HS(I)'/(1X,2E15.5))
103   FORMAT(11X,1HF,14X,1HJ,14X,1HY,13X,2HW1,13X,2HW2/1X,5E15.5)
      STOP
      END
```

2. C 语言源程序

用 C 语言编写计算断面几何特性的函数过程与 FORTRAN 语言的子程序类同,因为 C 语言数组是从第 0 号元素开始计数的,因此在梯形分块编号及循环上下界偶上有些区别,编程原理及流程都相同,程序语句如下:

```
void fsj1(int ns,double bs[],double hs[],double *pfA,double *pfI,double *pfY1,
```

```
            double * pfW1,double * pfW2)
{
  //以上 ns,hs[ ],bs[ ]为截面信息,其余的指针变量用来返回计算结果
  double bi,di;
  double ai = 0,si = 0;
  double at,st,it = 0;
  double y2;
  for(int i = 1;i < ns;i + + )
  {
     bi = bs[i] - bs[i - 1];
     di = hs[i] - hs[i - 1];
     at = ai + di * (bs[i] + bs[i - 1])/2.0;
     st = si + di * ai + (bs[i - 1] + bi/3.0) * di * di/2.0;
     it = it + 2.0 * di * si + di * di * ai + (bs[i - 1] + bi/4.0) * di * di * di/3.0;
     ai = at;
     si = st;
  }  //至此算出对断面底边的惯性矩、静矩和面积
  y2 = st/at;  // 计算形心到断面下边缘的距离
  * pfA = at;
  * pfY1 = hs[ns - 1] - y2;
  * pfI = it - at * y2 * y2;
  * pfW1 = ( * pfI)/( * pfY1);
  * pfW2 = ( * pfI)/(y2);
  if(at = =0)( * pfA) = ( * pfY1) = ( * pfI) = ( * pfW1) = ( * pfW2) =0;
}
```

下面给出调用函数过程计算全截面几何特性的 C 语言程序例句:

```
#include <stdio.h>
void main()
{
  int ns;
  double bs[50],hs[50];
  double area,i0,y1,w1,w2;
  scanf("%d",&ns);
  for(int i = 0;i < ns;i + + )
  scanf ("%lf %lf",bs[i],hs[i]);  //输入梯形分块法描述断面的截面信息 ns,bs,hs
  fsj1(ns,bs,hs,&area,&i0,&y1,&w1,&w2)  //调用函数 fsj1 计算截面几何特性
  printf("area = %10.3f\n",area);
    //输出计算结果面积、对形心的惯性矩、形心到上边缘距离、截面模量
  printf("I = %10.3f \n",i0);
  printf("y = %10.3f \n",y1);
```

```
    printf("w1 = %10.3f\n",w1);
    printf("w2 = %10.3f\n",w2);
}
```

四、部分断面几何特性计算

在钢筋混凝土构件截面承载力计算及应力验算时，常常要计算受压区混凝土(高度为 y)对中和轴的静矩 S_y 及惯性矩 I_y。因为只要计算 y 范围内的几何特性值，所以在进行梯形分块逐块累加的循环时要随时查看节线 i 的高度 hs[i]是否小于 y 值，如果小于 y 值，则第 i 小块照常迭加，如果 hs[i] > y，则只能迭加第 i 小块的一部分(图 1-3)，这一小部分的高度及底宽均可按 y 的高度内插求得，迭加第 i 小块的一部分后即完成部分断面几何特性的计算，跳出循环，结束子程序，转向出口。

图 1-4 为编程计算部分断面几何特性时的计算框图。

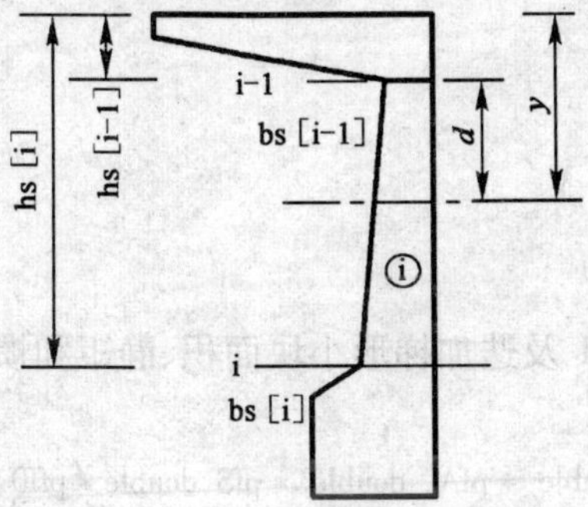

图 1-3　部分断面计算信息

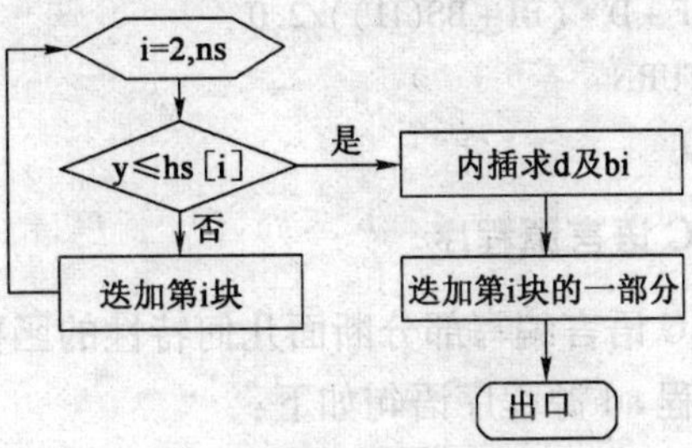

图 1-4　部分断面几何特性计算框图

1. FORTRAN 语言源程序

编写部分断面几何特性的子程序 FSJY1 时，因为经常要迭加梯形小块的几何特性，因此需要编写一个迭加梯形小块面积、静矩和惯性矩的子程序 AD，以下给出这两个子程序语句。

```
   SUBROUTINE FSJY1(Y,F,S,J,NS,BS,HS)
     (形式参数:F、S、J 为高度 Y 的部分断面对该 Y 高度底边的面积、静矩和惯性矩;NS、BS、HS 意义同前)
   REAL J
   F=0.0
   S=0.0
   J=0.0
   DO 20 I=2,NS
     I1=I-1
     IF(Y.GT.HS(I)) GOTO 10   (当 Y>HS(I)时,转到标号 10 的语句,迭加部分梯形小块的断面几何特性)
     D=Y-HS(I-1)
      (当 Y≤HS(I)时,计算最后一个梯形小块的高,内插计算最后一个梯形小块的底宽,迭加其断面几何特性,完成最
      后一个梯形小块迭加后返回主程序)
     BI=BS(I-1)+D*(BS(I)-BS(I-1))/(HS(I)-HS(I-1))
     CALL AD(F,S,J,D,BI,I1,BS,NS)
     RETURN
10   D=HS(I)-HS(I-1)
```

```
      BI = BS(I)
      CALL AD(F,S,J,D,BI,I1,BS,NS)  (迭加第 I 小块断面几何特性)
20    CONTINUE
      RETURN
      END
```

迭加梯形小块面积、静矩和惯性矩的子程序 AD 如下：

```
      SUBROUTINE AD(F,S,J,D,BI,I1,BS,NS)
      (形式参数:F、S、J 进入子程序时为对上一小块底边的面积、静矩和惯性矩,返回时是迭加梯形小块后对底边的面
      积、静矩和惯性矩;D 和 BI 为所迭加梯形小块的高和底边宽;I1 为梯形小块序号 -1; BS、NS 意义同前)
      REAL J
      DIMENSION BS(NS)
      B = BI - BS(I1)
      J = J + 2.0 * D * S + D * D * F + (BS(I1) + B/4.0) * D * * 3/3.0
      S = S + D * F * (BS(I1) + B/3.0) * D * D/2.0
      F = F + D * (BI + BS(I1))/2.0
      RETURN
      END
```

2. C 语言源程序

用 C 语言编写部分断面几何特性的函数过程 fsjy1 及迭加梯形小块面积、静矩和惯性矩的函数过程 ad 源程序语句如下：

```
void fsjy1(int ns, double hs[], double bs[], double y, double *pfA, double *pfS,double *pfI0)
  //以上 ns,hs[],bs[]为截面信息,y 为部分断面(受压区混凝土)高度,其余的指针变量用来返回高度 y 的部分断面
  //对该 y 高度底边的面积、静矩和惯性矩
  {
    double bi,di;
     *pfA = *pfS = *pfI0  =0.0;
    for(int i =1;i <ns;i + +)
    if(y < =hs[i])
    { di  =  y-hs[i-1];
      bi  =  bs[i-1] +di*(bs[i] -bs[i-1])/(hs[i] -hs[i-1]);
        //当 y < =hs[i]时,进行内插计算最后一个梯形小块的底宽
      ad (ns,bs,hs, *pfA, *pfS, *pfI0,di,bi,i);
        //迭加最后一个梯形小块的断面几何特性后返回
      return;
    }
    else
    {bi =bs[i];   //当 y >hs[i]时, 取梯形小块的高和底宽,迭加第 i 块的断面几何特性
     di =hs[i] -hs[i-1];
     ad (ns,bs,hs, *pfA, *pfS, *pfI0,di,bi,i);
    }
  }
```

```
void ad (int ns,double bs[ ], double hs[ ], double * pfA, double * pfS, double * pfI0,
        double di, double bi, int i)
    //以上 ns,hs[ ],bs[ ]为截面信息,指针变量 * pfA, * pfS, * pfI0 用来返回迭加梯形小块后对底边的面积、静矩
    和//惯性矩,di 和 bi 为所迭加梯形小块的高和底边宽;i 为梯形小块序号
{double b = bi - bs[i-1];
 double a = * pfA;
 double s = * pfS;
 * pfA += di * (bi + bs[i-1])/2.0;
 * pfS += di * a + (bs[i-1] + b/3.0) * di * di/2.0;
 * pfI0 += 2.0 * di * s + di * di * a + (bs[i-1] + b/4.0) * di * di * di/3.0;
 return;
}
```

五、断面倒转几何特性计算

钢筋混凝土梁截面承受负弯矩(如连续梁的支点断面)时,受压区在下边,这时部分断面几何特性计算时,梯形分块的节线序号、节线宽和节线高都应该从下边算起。为了便于计算,我们要求梯形分块的节线序号、节线宽和节线高仍然从上往下输入,而在程序中加一个负弯矩倒转的信息,当遇到负弯矩时,就在程序中加若干处理倒转的语句,就等同于把截面的基本计算数据倒过来输入。

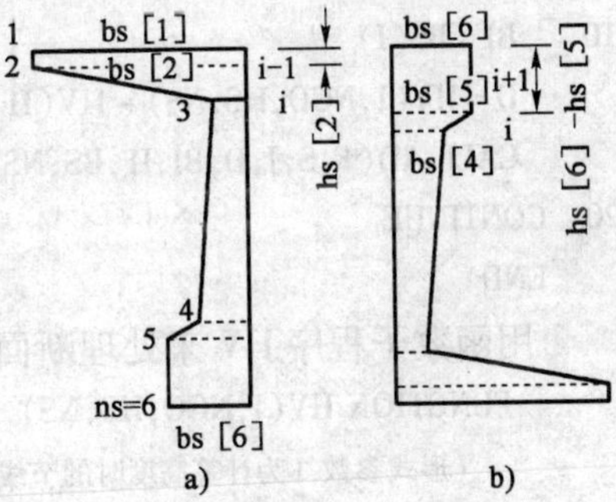

图 1-5　断面倒转计算图(尺寸单位:m)

下面给出的子程序(在 C 语言中称函数过程)FSJY 具有断面倒转计算部分断面几何特性的功能,程序中增加了考虑断面倒转的逻辑变量(以下 FORTRAN 语言中的 NGO 及 C 语言程序中的 bTurn),当截面承受负弯矩时,逻辑变量值取"真",倒转截面,按图 1-5b)计算,否则逻辑变量值取"假",按图 1-5a)计算,计算梯形分块并完成上面各块对该块梯形底边几何特性量的循环计算过程不变,循环上下界偶取 K = 2, NS,处理断面倒转包括了宽度、高度、迭加梯形小块的范围,如表 1-1 所示。

断面倒转计算信息处理　　　　表 1-1

截面承受弯矩值		正弯矩(M > 0)	负弯矩(M < 0)
逻辑变量取值		"假"(NGO = 'FALSE')	"真"(NGO = 'TRUE')
迭加梯形小块 K = 2, NS	宽度	BS(K), i = k	BS(NS + 1 - K), i = NS + 1 - k
	高度	HS(K)	HS(NS) - HS(I)
	迭加范围	i - 1 → i, i1 = i - 1	i + 1 → i, i1 = i + 1

1. FORTRAN 语言源程序

部分断面考虑断面倒转的几何特性计算子程序 FSJY 语句如下:

```
SUBROUTINE FSJY(Y,F,S,J,NS,BS,HS,NGO)
(Y、F、S、J、NS、BS、HS 意义均与子程序 FSJY1 相同,NGO 为处理断面倒转的逻辑变量,在调用该子程序前赋值)
INTEGER G
```

```
      REAL J
      LOGICAL NGO
      DIMENSION BS(NS),HS(NS)
      F=0.0
      S=0.0
      J=0.0
 5    DO 20 K=2,NS
       I=K
       I1=I-1
       IF(NGO) I=NS+1-K
       IF(NGO) I1=I+1  （处理倒转时的宽度及迭加范围）
       IF(Y.GT.HV(I,NGO,HS,NS)) GOTO 10  （HV 为处理倒转时高度取值的函数子程序）
       D=Y-HV(I1,NGO,HS,NS)
       BI=BS(I1)+D*(BS(I)-BS(I1))/(HV(I,NGO,HS,NS)-HV(I1,NGO,HS,NS))
       CALL AD(F,S,J,D,BI,I1,BS,NS)
       （计算 Y 高度范围内最后一个部分梯形小块的高度 D 和底宽 BI,并迭加该部分梯形小块的几何特性量,完成后退出,返回调用的程序）
       RETURN
 10    BI=BS(I)
       D=HV(I,NGO,HS,NS)-HV(I1,NGO,HS,NS)
       CALL AD(F,S,J,D,BI,I1,BS,NS)  （计算梯形小块的高度 D 和底宽 BI,并迭加该小块的几何特性量）
 20   CONTINUE
      END
```

用函数子程序 HV 来处理断面倒转时的高度取值,程序语句如下:

```
      FUNCTION HV(I,NGO,HS,NS)
       （形式参数:I 为计算高度时的节线序号;NGO 为处理断面倒转的逻辑变量,截面承受负弯矩时,NGO='TRUE',断面倒转;HS、NS 意义同前）
       LOGICAL NGO
       DIMENSION HS(NS)
       HV=HS(I)
       IF(NGO) HV=HS(NS)-HS(I)
       RETURN
       END
```

2. C 语言源程序

断面倒转几何特性计算函数 fsjy 是在上面部分断面几何特性计算函数中增加一个逻辑变量 bTurn,在调用这个函数前赋值。bTurn 用来考虑截面承受负弯矩时倒转断面的信息,当 bTurn 取值“真”时,断面倒转,按表 1-1 处理断面倒转信息,当 bTurn 取值“假”时,截面承受正弯矩,断面不倒转,与部分断面几何特性计算相同。程序语句如下:

```
void fsjy(int ns,double hs[],double bs[],double y, bool bTurn ,double * pfA,double * pfS,
        double * pfI)
  //以上 ns,hs[],bs[]为截面信息,y 为部分断面(受压区混凝土)高度,bTurn 为处理断面倒转的布尔变量,在函数
  //调用前赋值,其余的指针变量用来返回高度 y 的部分断面对该 y 高度底边的面积、静矩和惯性矩
```

```
{ double bi,di;
 * pfA = * pfS = * pfI = 0.0;
  int i,i1;
  for(int j=1;j<ns;j++)
     {i=j;
      i1=j+1;
      if(bTurn)
        { i=ns-j;
          i1=i+1;
        }  //处理倒转时的宽度及迭加范围
      if(y<=hv(ns,hs,bTurn,i1))    //hv为处理倒转时高度取值的函数子程序
        { di=y-hv(ns,hs,bTurn,i-1);
          bi=bs[i1]+di*(hv(ns,hs,bTurn,i-1)-hv(ns,hs,bTurn,i1));
            //当y<=hs[i]时,计算y高度范围内最后一个部分梯形小块的高度di和内插计算底宽bi
          ad(ns,bs,hs,*pfA,*pfS,*pfI,di,bi,i);
          return;  //迭加最后一个部分梯形小块的几何特性量,完成后退出,返回调用的程序
        }
     else
        { bi=bs[i];
          di=hv(ns,hs,bTurn,i)-hv(ns,hs,bTurn,i1);
          ad(ns,bs,hs,*pfA,*pfS,*pfI,di,bi,i);
            //计算第i块底宽bi和高度di,迭加i小块几何特性量
        }
     }
}
```

处理断面倒转时高度取值的函数hv,程序语句如下:

```
double hv(int ns,double hs[],bool bTurn ,int i)
  //ns、hs[]为截面信息,bTurn为处理断面倒转的布尔变量,i为计算高度时的节线序号
  { double fhv;
    if(bTurn) fhv = hs[ns-1] - hs[i];
    else fhv = hs[i];
    return fhv;
  }
```

第二节　三角形分块法计算截面特性

一、计算方法

三角形分块法计算是把断面划分成若干个有共同顶点的三角形小块,如图1-6所示的有n个顶点的多边形,在直角坐标系XOY中,n个顶点的坐标都是知道的,于是每个三角形小块

的面积、重心到 x 轴的距离、对 x 轴的惯性矩都可以求出，用一个循环计算过程对各个三角形分块累加计算，求出整个断面的面积、对 x 轴的静矩和惯性矩，然后求出截面形心位置及截面对形心轴的惯性矩。

对于图 1-7a）所示的图形，以顶点 1 为共同顶点的三角形共有 12 个，可以用顶点的个数 n、顶点的坐标 $x(n)$ 和 $y(n)$ 来描述，按此编号图 1-7a）截面尺寸时的信息如下：

n:14

x:0.0,0.6,0.6,0.4,0.4,0.8,1.4,1.4,-0.8,-0.8,-0.2,0.2,0.2,0.0

y:0.0,0.0,0.5,0.65,2.11,2.21,2.33,2.45,2.45,2.33,2.21,2.11,0.65,0.5

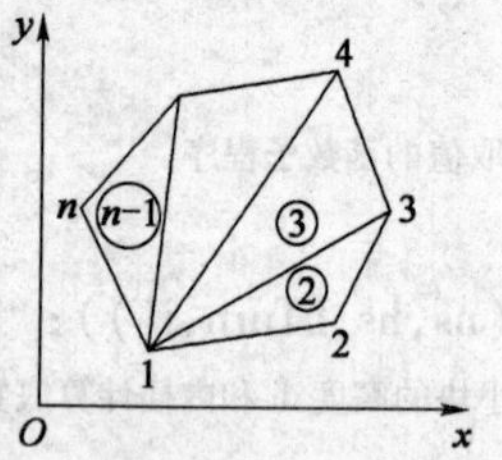

图 1-6　断面的三角形分块法

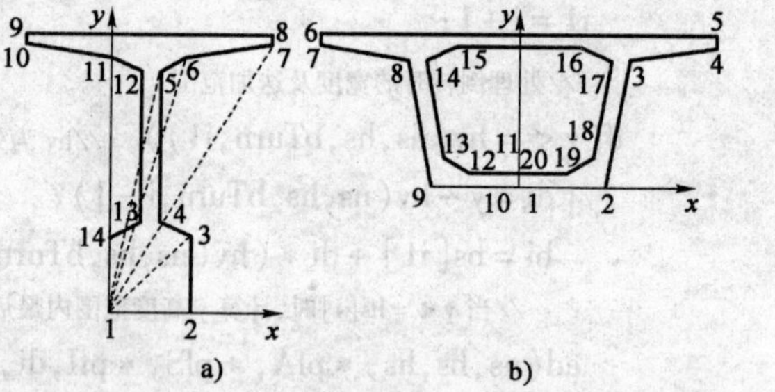

图 1-7　三角形分块的节点编号

图 1-7a）中有些三角形（如△156、△167、△178 等）的面积包括了断面以外的面积，但只要断面顶点是按逆时针连续编号，所包括断面以外的面积在对所有三角形分块循环计算中恰好正负抵消。

对于图 1-7b）所示的箱形截面就要求在任意点作一个切缝，然后按逆时针沿周边循序编号，这样计算的结果才是正确的。

二、计算公式

如图 1-8a）所示的三角形，其面积可按下式计算：

$$2A=\begin{bmatrix}1 & x_1 & y_1\\ 1 & x_2 & y_2\\ 1 & x_3 & y_3\end{bmatrix}=(x_2-x_1)(y_3-y_1)-(x_3-x_1)(y_2-y_1)$$

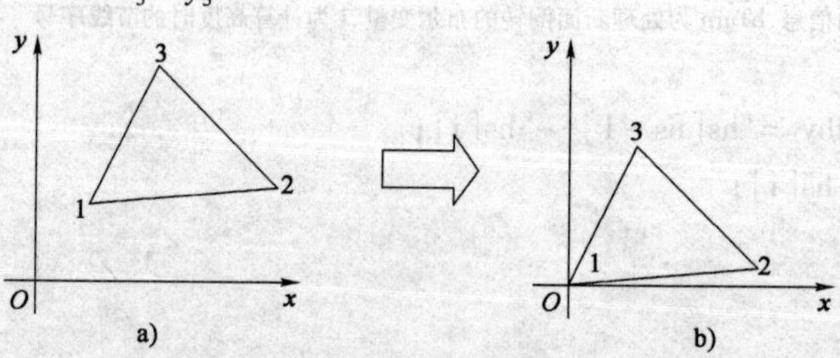

图 1-8　三角形小块计算

如果将坐标原点取在 1 点，如图 1-8b），则

$$2A=x_2y_3-x_3y_2$$

与梯形分块法计算截面特性一样，在桥梁结构计算中断面横向的几何特性往往不需计算，于是截面竖向的几何特性计算公式为：

三角形面积：

$$F=(x_2y_3-x_3y_2)/2.0 \tag{1-3}$$

三角形形心位置：

$$y_F=(y_2+y_3)/3.0 \tag{1-4}$$

三角形对 x 轴惯性矩：

$$I_C=F\times(y_2^2+y_2y_3+y_3^2)/6.0 \tag{1-5}$$

断面形心到第 1 点距离：

$$y=\sum_{i=2}^{n-1}F_i\times y_F/\sum_{i=2}^{n-1}F_i \tag{1-6}$$

断面对形心的惯性矩：

$$I=\sum_{i=2}^{n-1}I_C-\sum_{i=2}^{n-1}F_i\times y^2 \tag{1-7}$$

三、全断面几何特性源程序

按照以上三角形分块的计算方法和计算公式，用两种不同的编程语言写出程序语句如下。

1. FORTRAN 语言源程序

为便于调用，用子程序形式给出源程序语句如下：

```
      SUBROUTINE YFJ(N,X,Y,YY,FF,JJ)
      （形式参数：N 为断面三角形分块的节点数；X、Y 为 N 个节点的横坐标和纵坐标；YY 为断面形心坐标；FF、JJ 为
      断面面积和断面对形心轴的惯性矩）
      REAL JJ,JC
      DIMENSION X(N),Y(N)
      F(XI,XI1,YI,YI1)=(XI*YI1-YI*XI1)/2.0
      （求三角形面积的语句函数，适用于坐标原点取在共同顶点 1 处，按式(1-3)计算，XI,XI1,YI,YI1 为除了共同
      顶点 1 以外的另外两个顶点的横坐标和纵坐标）
      YF(YI,YI1)=(YI+YI1)/3.0
      （求三角形形心位置的语句函数，按式(1-4)计算，形式参数 YI,YI1 意义同前）
      JC(XI,XI1,YI,YI1)=F(XI,XI1,YI,YI1)*(YI*YI+YI1*(YI1+YI))/6.0
      （求三角形对 x 轴惯性矩的语句函数，按式(1-5)计算，形式参数 XI,XI1,YI,YI1 意义同前）
      TF=0.0
      TYF=0.0
      TJ=0.0
      DO 10 J=2,N
        X(J)=X(J)-X(1)
        Y(J)=Y(J)-Y(1)
10    CONTINUE  （循环结束将坐标原点移到三角形的共同顶点 1 处）
      DO 20 J=2,N-1
        TF=F(X(J),X(J+1),Y(J),Y(J+1))+TF  （累加各三角形小块的面积）
        TYF=YF(Y(J),Y(J+1))*F(X(J),X(J+1),Y(J),Y(J+1))+TYF
        （累加各三角形小块对 x 轴的静矩）
        TJ=TJ+JC(X(J),X(J+1),Y(J),Y(J+1))  （累加各三角形小块对 x 轴的惯性矩）
20    CONTINUE
      YY=TYF/TF+Y(1)
      FF=TF
```

```
JJ = TJ - FF*YY**2  (以上 YY 为断面形心坐标,FF、JJ 为断面面积和对断面形心轴的惯性矩)
RETURN
END
```

2. C 语言源程序

C 语言的编程思路与 FORTRAN 语言编写子程序相同,不同之处仅在于数组元素的计算序号及循环语句的上下界标,源程序语句如下:

```
#define F(x1,x2,y1,y2) ((x1)*(y2)-(y1)*(x2))/2.0
  //定义计算三角形面积的宏,按式(1-3)计算,适用于坐标原点取在共同顶点1 处,参数 x1、y1、x2、y2 为共同顶点
  1//以外的另外两个顶点的横坐标和纵坐标
#define YC(y1,y2) ((y1)+(y2))/3.0
  //计算三角形形心位置的宏,按式(1-4)计算,参数 y1、y2 意义同前
#define JC(x1,x2,y1,y2) F(x1,x2,y1,y2)*((y1)*(y1)+(y2)*((y1)+(y2)))/6.0
  //求三角形对 x 轴惯性矩的宏,按式(1-5)计算,参数 x1、y1、x2、y2 意义同前
  /*上面计算三角形面积、形心位置、对 x 轴惯性矩的带参数的宏定义也可用以下三个内联函数替代
  inline double F(double x1,double x2,double y1,double y2)
     { return (x1*y2-y1*x2)/2.0;
     }
  inline double YC(double y1,double y2)
     { return (y1+y2)/3.0;
     }
  inline double JC(double x1,double x2,double y1,double y2)
     { return F(x1,x2,y1,y2)*(y1*y1+y2*(y1+y2))/6.0;
     }
*/
  //以下是三角形分块计算截面特性的函数,形式参数 n 为断面三角形分块的节点数,x[]、y[]为 n 个节点的横坐标
  //和纵坐标,pfA、pfI 为断面面积和断面对形心轴的惯性矩,pfY 为断面形心坐标
 void yfj(int n,double x[],double y[],double *pfA,double *pfI,double *pfY)
  { double i0,ic;
    *pfA = *pfI = *pfY =0.0;
    double ta,ts,ti;
    ta = ts = ti =0.0;
    for (int i =1;i < n;i + +)
       {x[i] =x[i] -x[0];
        y[i] =y[i] -y[0];
       }  //循环结束将坐标原点移到三角形的共同顶点 1 处
    for(i =1;i < n -1;i + +)
       { ta + = F(x[i],x[i+1],y[i],y[i+1]);  //累加各三角形小块的面积
         ts + = YC(y[i],y[i+1]) * F(x[i],x[i+1],y[i],y[i+1]);
           //累加各三角形小块对 x 轴的静矩
         ti + = JC(x[i],x[i+1],y[i],y[i+1]);  //累加各三角形小块对 x 轴的惯性矩
       }
```

```
*pfY = ts/ta;
*pfA = ta;
*pfI = ti - ( *pfA) * ( *pfY) * ( *pfY);
*pfY  +=  y[0];    //pfA、pfI 为断面面积和断面对形心轴的惯性矩,pfY 为断面形心坐标
}
```

第三节　薄壁断面几何特性

大跨度预应力混凝土连续梁桥、斜拉桥的横截面常常采用开口的薄壁断面或闭口的箱形薄壁断面,如图 1-9 所示。当进行桥梁结构空间受力分析时,需要计算断面的横向几何特性以及自由扭转、约束扭转几何特性等,本节讲述薄壁断面几何特性的计算原理及公式、断面形状的描述及辅助计算过程,最后给出编程框图及计算程序。

一、计算原理及公式

对于图 1-9 所示的断面,不论是开口的薄壁断面[图 1-9a)],还是闭口的箱形薄壁断面[图 1-9b)]或是开口与闭口的混合断面[图 1-9c)],计算时都引用截面周线不变形假设。

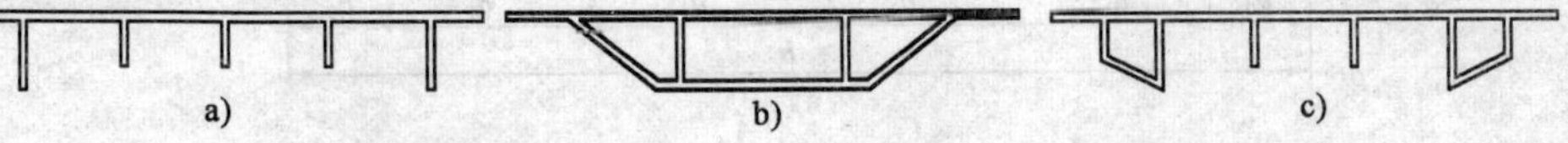

图 1-9　薄壁断面形式

1. 自由扭转计算公式

对于 T 形、工字形等开口断面或如图 1-9a)所示的断面,不考虑断面薄板中线的剪应变,自由扭转时抗扭惯性矩 J_d 的计算公式如下:

$$J_{\mathrm{d}}=\frac{1}{3}\sum b_i t_i^3 \tag{1-8}$$

式中:b_i、t_i—— 分别为薄壁断面第 i 块板的板长和壁厚。

闭口的箱形薄壁断面[图 1-10a)、b)]中断面抵抗扭矩主要是由箱形薄板中线上的剪力流所提供的,单箱薄壁断面[图 1-10a]的抗扭惯性矩 J_d 可按式(1-9)计算:

$$J_{\mathrm{d}} = 2F\psi = \Omega\psi \tag{1-9}$$

式中:F—— 箱形薄壁中线所包围的面积,$\Omega = 2F$;

ψ—— $\psi = 2F/\oint\frac{\mathrm{d}s}{t}$,$\oint\frac{\mathrm{d}s}{t}$ 是沿箱壁周长的积分,t 是壁厚。

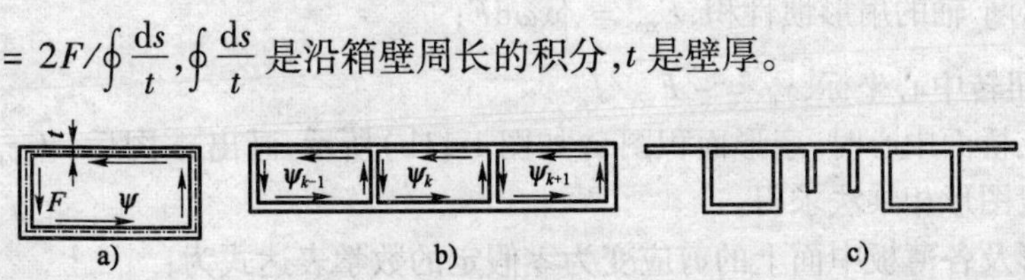

图 1-10　自由扭转惯性矩计算

图 1-10b)所示由 n 个室组成的单箱多室薄壁断面中,各室的 ψ_i 可通过求解式(1-10)的联立方程得到,然后按式(1-9)计算断面的抗扭惯性矩。

$$\sum_{j=1}^{n}\psi_i\frac{\Delta s_i}{t_i}+2F_j=0 \tag{1-10}$$

式中：ψ_i—— 与第 j 号箱室有关的各块薄板中的扭转函数；

Δs_i、t_i—— 与第 j 号箱室有关的各块薄板的长度和壁厚。

对于由两个分离的单箱或多箱闭口断面和开口断面组合的薄壁断面[图 1-10c)]，其断面抗扭惯性矩 J_d 可按下式计算：

$$J_d = 2\sum_{j=1}^{n} F_j \times \psi_j + \frac{1}{3}\sum b_i t_i^3 \tag{1-11}$$

式中第一部分表示 n 个闭口箱室薄壁断面的抗扭惯性矩，第二部分为箱外部分各块薄板的抗扭惯性矩。

2. 约束扭转计算公式

1）开口薄壁断面

用于桥梁的开口薄壁断面大多数是对桥梁轴线横向对称的，而且薄板都是直线的，按照符拉索夫约束扭转理论，假定断面不变形，各薄板中面上的剪应变为零，于是如图 1-11 所示的开口薄壁断面约束扭转抗扭惯性矩 J_ω 可按式(1-12)计算。

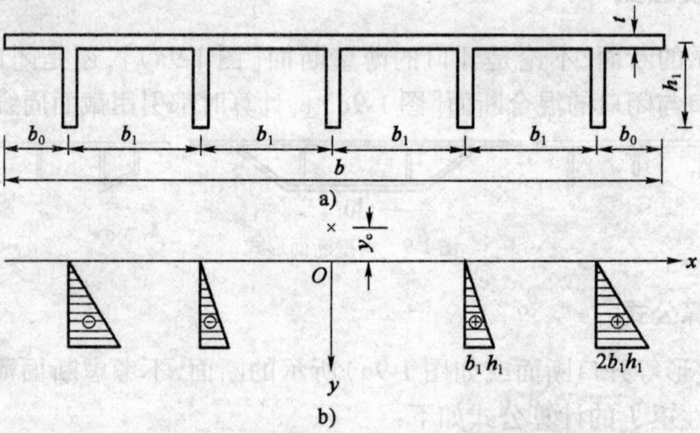

图 1-11 开口薄壁断面约束扭转惯性矩计算

$$J_\omega = F_{\omega\omega} + F_{x\omega} \times y_c \tag{1-12}$$

式中：$F_{\omega\omega}$—— 对在断面对称轴 y 上任选一点 O 为极点的扇形惯性矩，$F_{\omega\omega} = \oint \omega^2 \mathrm{d}F$，其中 $\omega = \int r \mathrm{d}s$ 为以 O 为极点及积分起点的扇形面积，通常把 O 点选择在桥面处[图 1-11b)]，这样计算扇形面积 ω 最为简单；

$F_{x\omega}$—— 对 y 轴的扇形惯性积，$F_{x\omega} = \oint x\omega \mathrm{d}F$；

y_c—— 扭转中心坐标，$y_c = -F_{x\omega}/J_y$。

将极点取在桥面中心时，扇形面积图 ω 如图 1-11b)所示，画出 ω 图后，$F_{\omega\omega}$ 及 $F_{x\omega}$ 的积分值很容易用分段图形相乘法求得。

断面不变形及各薄板中面上的剪应变为零假定的数学表达式为：

$$\frac{\partial w}{\partial s} + \dot{v} r = 0 \tag{1-13}$$

由此得到截面上任意一点在 z 方向的位移为：

$$w = -\dot{v}\int r \mathrm{d}s + \eta(z) = -\dot{v}\omega + \eta(z) \tag{1-14}$$

按式(1-13)及式(1-14)，再利用平衡条件及物理关系，就可对开口薄壁断面构件约束扭转问题进行求解。

2)闭口薄壁断面

在闭口薄壁断面构件约束扭转时，箱形薄板中线上的剪应变不等于零，可以近似地取自由扭转时的剪应变作为约束扭转时的剪应变，即

$$\gamma = \frac{M_T}{G \cdot 2F \cdot t} = \frac{\psi}{t}\dot{v} \qquad (1\text{-}15)$$

于是对应于开口薄壁断面的式(1-13)及式(1-14)，在闭口薄壁断面构件约束扭转时的表达式为：

$$\frac{\partial w}{\partial s} + \dot{v}r = \frac{\psi}{t}\dot{v}, \text{即} \frac{\partial w}{\partial s} + \left(r - \frac{\psi}{t}\right)\dot{v} = 0 \qquad (1\text{-}16)$$

$$\begin{aligned} w &= -\dot{v}\left(\int r\mathrm{d}s - \psi\int\frac{\mathrm{d}s}{t}\right) + \eta(z) \\ &= -\dot{v}(\omega_1 - \omega_0) + \eta(z) = -\dot{v}\omega + \eta(z) \end{aligned} \qquad (1\text{-}17)$$

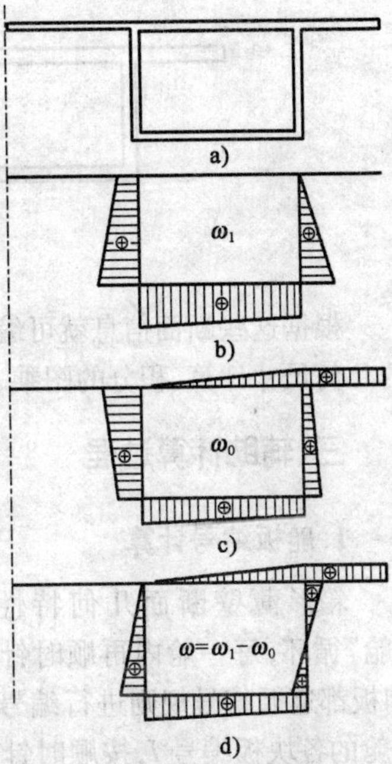

图 1-12 闭口薄壁断面约束扭转惯性矩计算

经过以上变换，计算开口薄壁断面约束扭转抗扭惯性矩 J_ω 的式(1-12)仍然适用，只要把其中的扇形坐标按式(1-18)进行换算：

$$\omega = \omega_1 - \omega_0 \qquad (1\text{-}18)$$

其中：$\omega_1 = \int r\mathrm{d}s, \omega_0 = \phi\int\frac{\mathrm{d}s}{t}$。

图 1-12 画出了扇形坐标 ω_1 和 ω_0 的图形，计算抗扭惯性矩 J_ω［式(1-12)］中的积分计算 $F_{\omega\omega} = \oint\omega^2\mathrm{d}F$ 和 $F_{x\omega} = \oint x\omega\mathrm{d}F$ 都可以用分段图形相乘法求得。

二、断面描述

为了计算箱形薄壁断面的抗扭几何特性，需要给出组成断面的各块薄板的长度、厚度，它在断面上的确切位置，组成的断面是开口还是闭口等信息，为此我们采用“舱板”法来描述断面信息。

如图 1-13 所示，桥梁的横断面大多数是对中轴线对称的，组成薄壁断面的薄板又大多是直线的，于是计算断面特性时可以只给出一半断面的信息。所谓“舱板”法描述断面就是给出整个断面的肋板数 M，然后按照自上到下、自左到右对半个断面肋与板相交的结点编号；对由肋板将横断面分隔成的舱编号；按顺时针方向、指定的顺序对每块舱板包括最右端的悬臂板进行编号；给出结点的坐标 x、y 和每块板的厚度 TT，这样箱形薄壁断面就是唯一确定的。

图 1-13 中根据全断面的肋板数 M 可以计算的截面信息控制变量是：

半个断面总舱数：　　$N = M/2$(这里利用了 FORTRAN 语言的整除取整)；

肋与板相交结点总数：$L = 2 \times (N+1) + 1$；

最右端悬臂板序号：　$Q = 3 \times N + 2$。

在板编号时，断面轴线上的板号为 1，如图 1-13b)的断面轴线上没有肋板也需编号，只需将板的厚度数组 TT(1) =0 就可以了，同样图 1-13 中舱的底板 3 和 6 并不存在，也将板厚尺寸输入为 TT(3) = TT(6) =0，编程时据此判断为开口 T 形断面还是闭口箱形断面，最右端悬臂

板的厚度 TT (Q) =0,则表示不存在悬臂板。

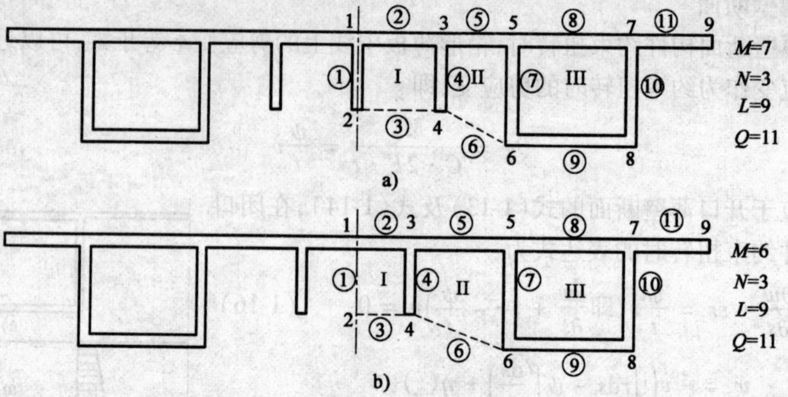

图 1-13 箱形薄壁断面的“舱板”编号

根据这些断面信息就可编程计算箱形薄壁断面的几何特性,以下先给出舱板编号、一块板的几何尺寸计算、积分的图乘、一块板的几何特性计算等辅助计算过程。

三、辅助计算过程

1. 舱板编号计算

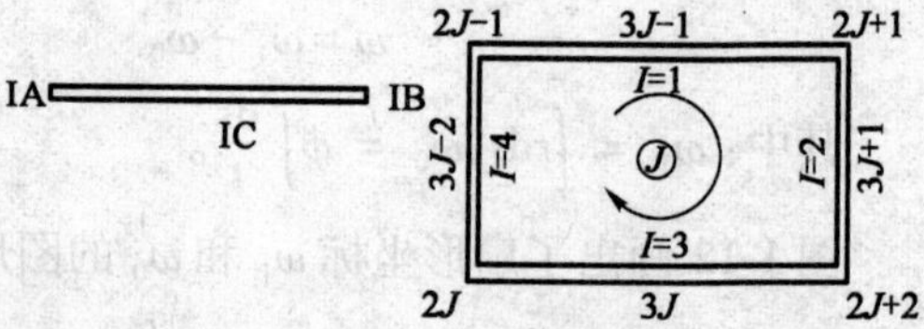

图 1-14 “舱板”编号计算

箱形薄壁断面几何特性计算程序都是按“舱”循环,每一舱内再顺时针按板号循环,“舱”和板都遵循编号规则进行编号,图 1-14 表示了第 J 舱的各块板编号 I,按顺时针取板的编号,$I=1$,3 为舱的上、下板,$I=2$,4 为右肋板和左肋板。子程序ABC 是根据舱号 J 和舱内板号 I 计算该块板在断面输入数据(图 1-13)中相应的左结点号 IA、右结点号 IB 和板号 IC。

```
      SUBROUTINE ABC(J,I,IA,IB,IC)
      (输入形式参数:J、I 为舱号和舱内板号、IA、IB 和 IC 为输出参数,相应于 J 舱第 I 块板在断面输入数据中的结点号和板号)
      GOTO (11,12,13,14),I
11    IA = -1
      IB =1
      IC = -1
      GOTO 40
12    IA =1
      IB =2
      IC =1
      GOTO 40
13    IA =2
      IB =0
      IC =0
      GOTO 40
14    IA =0
```

```
      IB = -1
      IC = -2
40    IA =2 * J + IA
      IB =2 * J + IB
      IC =3 * J + IC
      END
```

C 语言计算“舱板”结点号及板号的函数过程源程序如下：

```
void abc(int j,int i,int * ia,int * ib,int * ic)
 //j、i 及 * a、* b、* c 参数的意义均与 FORTRAN 语言  子程序相同
{int a,b,c;
 switch(i)
 { case 1:
      a = -1;
      b =1;
      c = -1;
      break;
   case 2:
      a =1;
      b =2;
      c =1;
      break;
   case 3:
      a =2;
      b =0;
      c =0;
      break;
   case 4:
      a =0;
      b = -1;
      c = -2;
      break;
 }
   * ia  =2 * j + a;
   * ib  =2 * j + b;
   * ic  =3 * j + c;
}
```

2. 板的几何尺寸计算

计算几何特性总是要用到如图 1-15 所示板的长度 S 及板到坐标原点的距离 R，当板的两端结点的坐标(x_1, y_1)和(x_2, y_2)已知时，计算公式如下：

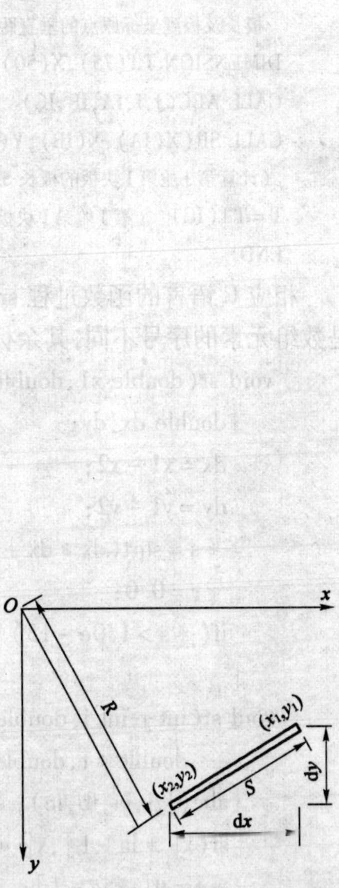

图 1-15　板的几何尺寸图

$$\left.\begin{aligned} dx &= x_1 - x_2, dy = y_1 - y_2 \\ S &= \sqrt{dx^2 + dy^2} \\ R &= \frac{dx \cdot y_2 - dy \cdot x_2}{S} \end{aligned}\right\} \tag{1-19}$$

式中：x_1、x_2、y_1、y_2 ——两个结点的坐标。

按式(1-19)计算板的几何尺寸可编写一个子程序来完成，子程序取名为 SR，FORTRAN 语言的子程序语句如下：

```
SUBROUTINE SR(X1,X2,Y1,Y2,S,R)  （子程序各形式参数意义见图 1-15）
DX = X1 - X2
DY = Y1 - Y2
S = SQRT(DX*DX + DY*DY)
R = 0.0  （R = 0.0 赋值是为了避免两个端点重合时，S = 0 出现在分母上引起计算溢出）
IF(S.GE.1E-15) R = (DX*Y2 - DY*X2)/S
END
```

利用以上两个子程序(ABC 和 SR)，可以计算出第 J 舱第 I 块板的几何尺寸(S、R 和 T)，这个计算过程的子例子程序取名为 ST，程序语句是：

```
SUBROUTINE ST(J,I,TT,S,R,T,X,Y)
（形式参数:J,I 为舱号和舱内板号，T、X、Y 为薄壁断面的板宽及结点坐标数组，TT、S、R 为第 J 舱第 I 块板的板厚、
板长及板到坐标原点的垂直距离）
DIMENSION TT(75),X(50),Y(50)
CALL ABC(J,I,IA,IB,IC)  （计算第 J 舱第 I 块板的左、右结点号 IA、IB 及板号 IC）
CALL SR(X(IA),X(IB),Y(IA),Y(IB),S,R)
（计算第 J 舱第 I 块板的板长 S 及板到坐标原点的垂直距离 R）
T = TT(IC)  （第 J 舱第 I 块板的板厚）
END
```

相应 C 语言的函数过程 sr 及 st 源程序语句如下，与以上 FORTRAN 源程序语句相比较仅是数组元素的序号不同，其余标识符意义都相同。

```
void sr(double x1,double x2,double y1,double y2,double *s,double *r)
  {double dx,dy;
   dx = x1 - x2;
   dy = y1 - y2;
   *s = sqrt(dx*dx + dy*dy);
   *r = 0.0;
   if(*s > 1.0e-15) *r = (dx*y2 - dy*x2)/(*s);
  }
void st(int j,int i,double *x,double *y,double *tt,int *ia,int *ib,int *ic,double *s,
      double *r,double *t)
  {abc(j,i,ia,ib,ic);
   sr(x[*ia-1],x[*ib-1],y[*ia-1],y[*ib-1],s,r);
   *t = tt[*ic-1];
  }
```

3. 积分的图形相乘

在计算扇形惯性矩及惯性积时需要进行积分运算 $F_{\omega\omega} = \oint\omega^2 \mathrm{d}F$ 和 $F_{x\omega} = \oint x\omega \mathrm{d}F$ 等，因为 x 和 ω 都是直线变化的，因此可以用分段图形相乘法进行积分运算，如图 1-16 所示，一块板的图乘计算积分值可表达为：

$$FF = t\int_a^b xw\mathrm{d}x$$

$$= t \times s \times [2 \times x(a) \times w(a) + 2 \times x(b) \times w(b) + x(a) \times w(b) + x(b) \times w(a)]/6$$

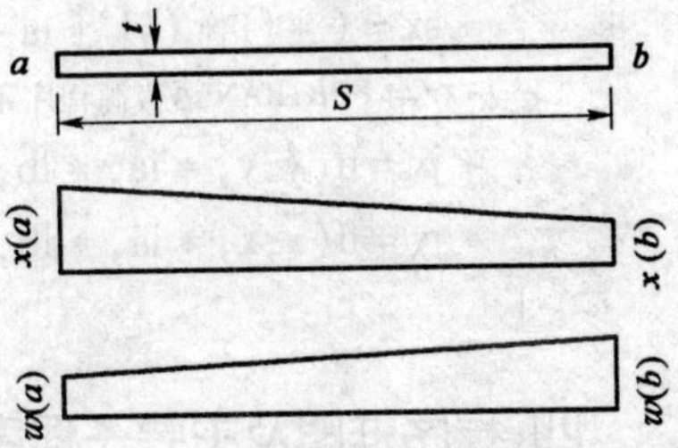

图 1-16 积分的图形相乘法

积分的图形相乘采用一个函数子程序来表示，FORTRAN 语言的源程序如下：

```
FUNCTION FF(X,W,T,S,IA,IB,IC)   (各形式参数意义均同前)
DIMENSION X(50),W(50)
FF = T * S * (2.0 * X(IA) * W(IA) +2.0 * X(IB) * W(IB) +X(IA) * W(IB) +X(IB) * W(IA))/6.0
END
```

相应 C 语言的函数过程 ff 源程序语句是：

```
double ff(double * x,double * w,int ia,int ib,int ic,double t,double s)
  {double z;
  z=t * s * (2.0 * x[ia -1] * w[ia -1] +2.0 * x[ib -1] * w[ib -1] +x[ia -1] * w
  [ib -1] +x[ib -1] * w[ia -1])/6.0;
  return(z);
  }
```

4. 一块板的几何特性计算

以下给出计算第 J 舱第 I 块板的面积 F、对 x 轴的静矩 S_x、对 x 轴的惯性矩 J_x 及对 y 轴的惯性矩 J_y 的子程序，子程序取名为 FSJ，FORTRAN 语言的源程序如下：

```
SUBROUTINE FSJ(J,I,TT,F,SX,JX,JY,X,Y)
 (输入参数:J、I——板所在的舱号和舱内板号;TT——板的厚度数组;X、Y——结点的横坐标和纵坐标数组;输出
 参数:F、SX、JX、JY——所计算板的面积、对 x 轴的静矩、对 x 轴和 y 轴的惯性矩)
REAL JX,JY
DIMENSION TT(75),X(50),Y(50)
CALL ST(J,I,TT,S,R,T,X,Y)   (调用子程序 ST,计算板长 S,板到坐标原点垂直距离 R 和板厚 T)
CALL ABC(J,I,IA,IB,IC)   (调用子程序 ABC,计算板的左、右结点号 IA、IB 及板号 IC)
F = T * S   (计算板的面积 F)
SX = F * (Y(IA) + Y(IB))/2.0   (计算板对 x 轴的静矩 SX)
JX = FF(Y,Y,T,S,IA,IB,IC)   (调用函数子程序 FF,计算板对 x 轴的惯性矩 J_x = ∫_a^b y^2 · Tds)
JY = FF(X,X,T,S,IA,IB,IC)   (调用函数子程序 FF,计算板对 y 轴的惯性矩 J_y = ∫_a^b x^2 · Tds)
END
```

用 C 语言编写计算一块板几何特性的函数过程中所有参数标识符及其物理意义都与 FORTRAN 语言子程序相同，源程序语句如下：

```
void fsj(int j,int i,double * tt,double * x,double * y,int * ia,int * ib,int * ic,double * s,
        double * r,double * t,double * f,double * sx,double * jx,double * jy)
    { st(j,i,x,y,tt,ia,ib,ic,s,r,t);
      //调用函数 st,计算板长 s,板到坐标原点垂直距离 r 和板厚 t,与 FORTRAN 语言子程序不同的是调用函数 st
      //后已得到板的左、右结点号 ia、ib 及板号 ic,不必再调用函数 abc
      * f = ( * t) * ( * s);
      * sx = ( * f) * (y[ * ia - 1] + y[ * ib - 1])/2.0;
      //与 FORTRAN 语言源程序不同处仅是数值元素的界偶不同
      * jx = ff(y,y, * ia, * ib, * ic, * t, * s);
      * jy = ff(x,x, * ia, * ib, * ic, * t, * s);
    }
```

四、程序框图及主要子程序

1. 程序总框图

图 1-17 为箱形薄壁断面几何特性计算程序总框图,第①框是按照图 1-13 的断面描述方法,计算一半断面的“舱数”N、结点数 L 及板数 Q;

第②框是根据板的厚度数组 TT(Q)来判别各个“舱”的底板厚度是否为零,如果该舱底板厚度为零,则该舱为开口断面,反之为闭口断面,以此确定各“舱”是开口断面还是闭口断面,可用一个逻辑数组 TO 作为各舱是否开口的指示信息,当第 J 舱底板厚度为零时,即为开口断面,此时 TO(J) = FALSE,否则 TO(J) = TRUE,即为闭口断面,此后根据 TO(J)的数值不同采用不同的公式计算薄壁断面的几何特性;

第③框是计算断面面积、形心和截面抗弯惯性矩 J_x 和 J_y;

第④框是计算自由扭转时的截面抗扭惯性矩 J_d;

第⑤框是计算约束扭转时的截面抗扭惯性矩 J_w。

2. 断面面积、形心及抗弯惯性矩计算

图 1-18 为计算薄壁断面面积、形心轴位置及抗弯截面特性的编程细框图。

先计算断面对坐标轴的面积 FT,静矩 S_y 及惯性矩 J_x、J_y,然后计算形心轴位置和断面对形心轴的惯性矩。

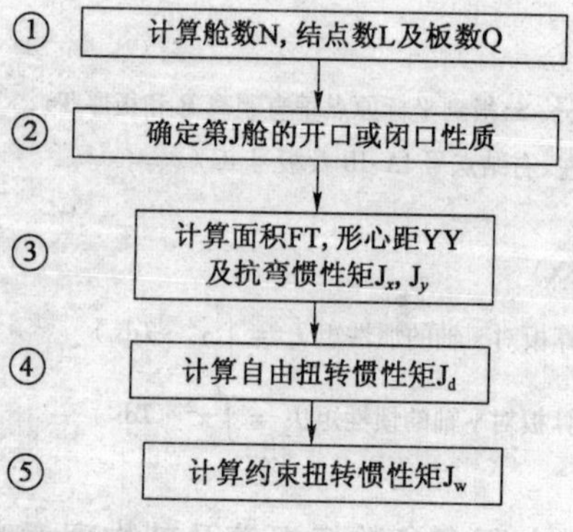

图 1-17 计算程序总框图

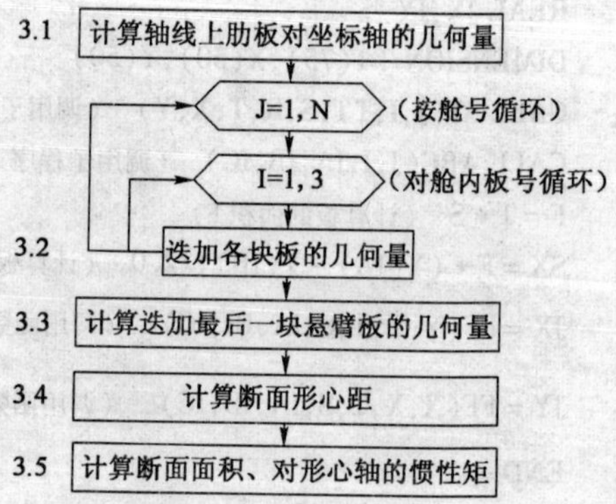

图 1-18 截面抗弯几何特性计算细框图

按图 1-13，轴线上的肋板是第 I 舱的第 4 块板（J = 1，I = 4），第 3.1 框先计算轴线上的肋板后，使得以后按舱循环时，每舱的板数都是 3 块。

第 3.2 框是按“舱”、按舱内板号两重循环来计算各块板对坐标轴的几何特性量，并进行迭加；

第 3.3 框是计算最后一块悬臂板对坐标轴的几何特性量，并进行迭加；

第 3.4 框和第 3.5 框计算内容的源程序语句在后面子程序 JDW 中解释。

下面给出的子程序 AD 用来完成迭加各块板的几何特性量，FORTRAN 语言的源程序语句是：

```
SUBROUTINE AD(J,I,TT,FT,SY,JX,JY,X,Y)
  （形式参数：J、I——薄板所在的舱号和舱内板号；TT——板的厚度数组；X、Y——结点的横坐标和纵坐标数组；
  FT、SY、JX、JY——进入子程序时为未迭加前板的面积、对 x 轴的静矩、对 x 轴和 y 轴的惯性矩，子程序返回时是迭
  加后的数值）
REAL JX,JY
DIMENSION TT(75),X(50),Y(50)
CALL FSJ(J,I,TT,DF,DS,DJX,DJY,X,Y)
  （调用计算一块板几何特性的子程序，计算第 J 舱、第 I 块板的面积 DF，对 x 轴的静矩 DS，对 x 轴、y 轴的惯性 DJX
  和 DJY）
FT = FT + DF
SY = SY + DS
JX = JX + DJX
JY = JY + DJY
END
```

相应的 C 语言函数过程如下，程序中的标识符都与 FORTRAN 语言源程序相同。

```
void ad ( int j,int i,double * tt,double * x,double * y,int * ia,int * ib,int * ic,
       double * s,double * r,double * t,double * f,double * sy,double * jx,double * jy)
{ double df,ds,djx,djy;
  fsj(j,i,tt,x,y,ia,ib,ic,s,r,t,&df,&ds,&djx,&djy);
  * f  = * f + df;
  * sy  = * sy + ds;
  * jx  = * jx + djx;
  * jy  = * jy + djy;
}
```

3. 自由扭转截面抗扭惯性矩计算

自由扭转截面抗扭惯性矩 J_d 的计算见式(1-8)～式(1-11)，编程细框图见图 1-19。

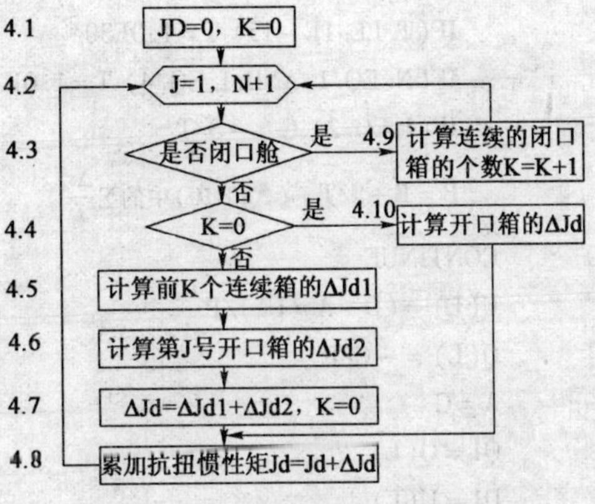

图 1-19　自由扭转抗扭惯性矩计算细框图

第 4.1 框中的 K 是一个用来计算箱形截面有几个“闭口舱”的指示信息，K = 0 表示前一个“舱”为开口截面；

第 4.2 框按“舱”数循环计算截面抗扭惯性矩；

第 4.3 框是计算“闭口舱”的数目 K；判别闭

口舱的条件是该舱底板厚度为零；

第 4.4 框是判别闭口舱条件，然后根据断面类型采用不同的公式计算自由扭转抗扭惯性矩；

第 4.5～4.7 框为闭口箱时，先按式（1-9）或式（1-10）计算 K 个连续箱的抗扭惯性矩 ΔJd1，然后按式（1-8）计算后一个开口箱的抗扭惯性矩 ΔJd2，将两部分相加后，再对“闭口箱”指示信息 K 赋值为 0，继续后面各舱的计算；

第 4.10 框为开口箱时，按式（1-8）计算开口箱的抗扭惯性矩 ΔJd；

第 4.8 框累加以上计算的抗扭惯矩，累加后再回到 4.2 框，继续按“舱”数循环计算截面抗扭惯性矩。

1）闭口箱扭转函数求解

图 1-19 中第 4.5 框按式（1-11）的第一部分计算前 K 个连续箱的抗扭惯性矩 $J_{\mathrm{d}}=2\sum_{j=1}^{n}F_j\times\psi_j$ 时先要计算各个闭口箱中的扭转函数 ψ_j，可通过求解式（1-10）表示的联立方程组得到，这个联立方程组的系数矩阵是一个三对角矩阵，求解这类联立方程较适用的方法是“追赶法”，其实质是高斯消去法，为此编写了一个求解各闭口箱扭转函数 ψ_j 的子程序，取名为 KSY，源程序语句如下：

```
      SUBROUTINE KSY(J,K,TT,U,X,Y)
        （形式参数：J——计算的当前舱号；K——J 舱前面的 K 个连续箱数目；TT——板的厚度数组；U——用来存
        放各个箱形闭口舱扭转函数 ψ 的工作数组，X、Y——结点的横坐标和纵坐标数组）
      DIMENSION TT(75),Q(20),U(20),X(50),Y(50)
      Q1 = 0.0
      U1 = 0.0
      A = 0.0
      DO 20 L = 1,K   （对 K 个连续的闭口箱循环，计算各箱的扭转函数）
        N = J - K + L - 1   （计算当前箱的“舱号”）
        B = 0.0
        D = 0.0
        DO 10 I = 1,4
          （对当前箱的 4 块板循环，按式（1-10）计算求解扭转函数 ψi 联立方程的系数及右端项）
          CALL ST(N,I,TT,S,R,T,X,Y)
          D = D + S * R   （式（1-10）中的 2Fj）
          IF(T.LE.1E-15) T = 1.0E30
          IF(N.EQ.1.AND.I.EQ.4) T = 1.0E30
          IF(I.EQ.2) C = -S/T
          B = B + S/T   （式（1-10）中的 Σ Δsi/ti）
10      CONTINUE
        U(L) = (D - A * U1)/P
        Q(L) = -C/P
        A = C
        Q1 = Q(L)
        U1 = U(L)
        （以上为求解 ψi 联立方程自上而下的消元过程，使主对角元 = 1，用低一阶的未知量来表达高一阶的未知量，这
```

个消元的过程称之为“追”,对 K 个连续箱循环结束,得到扭转函数 ψ_k)

```
20      CONTINUE
        DO 30 L = K - 1,1, -1
          U(L) = Q(L) * U(L+1) + U(L)
30      CONTINUE
```

(这个循环过程是自下而上的回代过程,计算扭转函数 ψ_{k-1}、ψ_{k-2} …… ψ_1,这个回代的过程称之为“赶”)

```
        END
```

用 C 语言编写求解各闭口箱扭转函数 ψ_j 的函数过程 ksy,源程序语句如下:

```
void ksy(int j,int k,double * tt,double * u,double * x,double * y)
  //形式参数:j——计算的当前舱号;k——j 舱前面连续箱的数目;tt——板的厚度数组;u——用来存放各个箱形闭
  //口舱扭转函数 ψ 的工作数组,x、y——结点的横坐标和纵坐标数组
  {double q1,u1,a,b,d,s,r,t,p,c;
   double q[20];
   int i,l,n,ia,ib,ic;
   q1 = 0.0;
   u1 = 0.0;
   a = 0.0;
   for(l = 1;l < = k;l + + )      //对 k 个连续的闭口箱循环,计算各箱的扭转函数
   { n = j - k + l - 1;    //计算当前箱的“舱号”
     b = 0.0;
     d = 0.0;
     for(i = 1;i < = 4;i + + )
       //对当前箱的 4 块板循环,按式(1-10)计算求解扭转函数 ψi 联立方程的系数及右端项
     { st(n,i,x,y,tt,&ia,&ib,&ic,&s,&r,&t);
       d = d + s * r;   //式(1-10)中的 2Fj
       if(t < 1e - 15) t = 1.0e30;
       if((n = = 1)&&(i = = 4)) t = 1.0e30;
       if(i = = 2) c = - s/t;
       b = b + s/t;   //式(1-10)中的 ΣΔsi/ti
     }
     p = a * q1 + b;
     u[l - 1] = (d - a* u1)/p;
     q[l - 1] = - c/p;
     a = c;
     q1 = q[l - 1];
     u1 = u[l - 1];
     //以上为求解 ψi 联立方程自上而下的消元过程,使主对角元 = 1,用低一阶的未知量来表达高一阶的未知
     //量,对 k 个连续箱循环结束,得到扭转函数 ψk
   }
   if(k > = 2)
   { for(l = k - 1;l > = 1;l - - )
```

```
        u[l-1] = q[l-1] * u[l] + u[l-1];
          //这个循环过程是自下而上的回代过程,计算扭转函数ψk-1、ψk-2 …… ψ1
      }
    }
```

2)闭口箱自由扭转抗扭惯性矩

求得 K 个连续闭口箱的扭转函数 ψ_j 后,即按式(1-11)的第一部分计算前 K 个连续箱的抗扭惯性矩 $J_d=2\sum_{j=1}^{n}F_j\times\psi_j$,FORTRAN 语言的子例子程序 JDC 如下:

```
      SUBROUTINE JDC(J,K,TT,DJD,PS,X,Y)
       (输入参数:J——计算的当前舱号;K——J 舱前面连续箱的数目;TT——板的厚度数组;X、Y——结点的横坐标和
       纵坐标数组;输出参数:DJD——K 个连续箱的自由扭转抗扭惯性矩 ΔJd1;PS——各个闭口舱的扭转函数 ψ)
      DIMENSION TT(75),U(20),PS(25),X(50),Y(50)
      CALL KSY(J,K,TT,U,X,Y)  (调用计算扭转函数 ψ 的子程序,ψ 存放在工作数组 U(20)中)
      DJD=0.0
      DO 20 L=1,K  (对 K 个连续的闭口箱循环,计算自由扭转的抗扭惯性矩)
      N=J-K+L-1  (计算当前箱的"舱号")
      F=0.0
      DO 10 I=1,4  (对当前箱的 4 块板循环,按式(1-11)计算当前箱的 2Fj )
      CALL ABC(N,I,IA,IB,IC)
      CALL SR(X(IA),X(IB),Y(IA),Y(IB),S,R)
      F=F+S*R
10    CONTINUE
      DJD=DJD+U(L)*F  (计算并迭加 2∑Fj×ψj, L 循环结束得到 K 个连续箱的自由扭转抗扭惯性矩 ΔJd1)
      PS(N)=U(L)  (记录各个闭口舱的扭转函数 ψ 值,用于后面约束扭转惯性矩的计算)
20    CONTINUE
      END
```

用 C 语言编写的计算前 k 个连续箱抗扭惯性矩函数过程如下,源程序中采用标识符及其物理意义都与 FORTRAN 语言子程序相同。

```
void jdc(int j,int k,double *tt,double *djd,double *ps,double *x,double *y)
  //输入参数:j——计算的当前舱号;k——j 舱前面连续箱的数目;tt——板的厚度数组;x、y——结点的横坐标和纵
  //坐标数组;输出参数:djd——k 个连续箱的自由扭转抗扭惯性矩 ΔJd1;ps——各个闭口舱的扭转函数 ψ
  { int i,l,n,ia,ib,ic;
    double f,s,r;
    double u[20];
    ksy(j,k,tt,u,x,y);   //调用计算扭转函数 ψ 的子程序,ψ 存放在工作数组 u 中
    *djd=0.0;
    for(l=1;l<=k;l++)    //对 k 个连续的闭口箱循环,计算自由扭转的抗扭惯性矩
    { n=j-k+l-1;  //计算当前箱的"舱号"
      f=0.0;
      for(i=1;i<=4;i++)   //对当前箱的 4 块板循环,按式(1-11)计算当前箱的 2Fj
      { abc(n,i,&ia,&ib,&ic);
        sr(x[ia-1],x[ib-1],y[ia-1],y[ib-1],&s,&r);
```

```
        f = f + s * r;
      }
      * djd = * djd + u[l - 1] * f;
         //计算并迭加 2∑F_j×ψ_j,l 循环结束得到 k 个连续箱的自由扭转抗扭惯性矩 ΔJd1
    ps[n - 1] = u[l - 1];   //记录各个闭口舱的扭转函数 ψ 值,用于后面约束扭转惯性矩的计算
  }
}
```

3)开口箱自由扭转抗扭惯性矩

图 1-19 第 4.6 框和第 4.10 框是按式(1-11)的第二部分计算开口断面抗扭惯性矩 $J_d = \frac{1}{3}\sum b_i t_i^3$,FORTRAN 语言的子例子程序 JDO 如下:

```
      SUBROUTINE JDO(J,TT,TO,DJD,X,Y)
      (输入参数:J——计算的当前舱号;TT——板的厚度数组;TO——判别箱形截面开口还是闭口的逻辑数组; X、
      Y——结点的横坐标和纵坐标数组;输出参数:DJD——当前舱为开口舱时的自由扭转抗扭惯性矩 ΔJd)
      LOGICAL TO(25)
      DIMENSION TT(75),X(50),Y(50)
      DJD = 0.0
      DO 20 I = 1,4,3   (I = 1 为顶板,I = 4 为左肋板,见图 1-14)
        IF (I. EQ. 1. OR. I. EQ. 4. AND. (J. EQ. 1. OR. J. GT. 1. AND. . NOT. TO(J - 1))) THEN
          (判别需要计算自由扭转抗扭惯性矩的板)
          CALL ST(J,I,TT,S,R,T,X,Y)
          DJD = DJD + S * T * * 3/3.0   (按式(1-11)计算开口断面抗扭惯性矩 Jd = 1/3 ∑ b_i t_i^3 )
        ENDIF
20    CONTINUE
      END
```

相应的 C 语言函数过程语句是:

```
void jdo(int j,double * tt,int * to,double * djd,double * x,double * y)
  //输入参数:j——计算的当前舱号;tt——板的厚度数组;to——判别箱形截面开口还是闭口的整型数组;
  //x、y——结点的横坐标和纵坐标数组;输出参数:djd——当前舱为开口舱时的自由扭转抗扭惯性矩 ΔJd
  { int i,ia,ib,ic;
    double s,r,t;
    * djd = 0.0;
    for(i = 1;i < = 4;i = i + 3)     //i = 1 为顶板,i = 4 为左肋板,见图 1-14
    { if((i = = 1)||((i = = 4)&&(j = = 1||(j > 1&&(! to[j - 2])))))
        //判别需要计算自由扭转抗扭惯性矩的板
        { st(j,i,x,y,tt,&ia,&ib,&ic,&s,&r,&t);
          * djd = * djd + s * t * t * t/3.0;    //按式(1-11)计算开口断面抗扭惯性矩 Jd = 1/3 ∑b_i t_i^3)
        }
    }
  }
```

五、箱形薄壁断面几何特性计算子程序

图 1-20 为约束扭转抗扭惯性矩计算编程细框图。

第 5.3 框的 ω_0、ω_1、ω 按式(1-18)计算。

$$\omega = \omega_1 - \omega_0$$

其中

$$\omega_1 = \int r\mathrm{d}s$$

$$\omega_0 = \psi\int\frac{\mathrm{d}s}{t}$$

第 5.4 框、5.5 框的 $F_{\omega\omega}$、$F_{x\omega}$ 按式(1-12) 计算,其中

$$F_{\omega\omega} = \oint\omega^2\mathrm{d}F$$

$$F_{x\omega} = \oint x\omega\mathrm{d}F$$

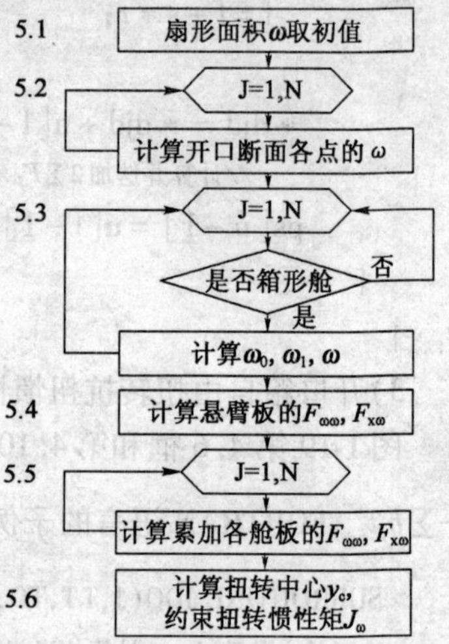

图 1-20　约束扭转抗扭惯性矩计算细框图

以下用 FORTRAN 语言的子例子程序 JDW 给出箱形薄壁断面几何特性计算的源程序:

```
      SUBROUTINE JDW(M,TT,FT,YY,JX,JY,JD, JW,YC,X,Y)
       (输入参数:M——箱形薄壁断面总肋板数;TT(75)——板的厚度数组; X(50)、Y(50)——结点的横坐标和纵坐标
       数组;输出参数:FT——断面面积;YY——形心到上缘距离;JX、JY——对形心轴及 y 轴的抗弯惯性矩;JD——自由
       扭转惯性矩;JW——约束扭转惯性矩;YC——扭转中心到 x 轴距离)
      REAL JX,JY,JD,JW
      INTEGER Q
      LOGICAL TO(25)
      DIMENSION TT(75),W(50),WP(25),PS(25),WO(4),W1(4),X(50),Y(50)
       (子程序中用到的工作数组:TO(25)——判别各舱箱形截面开口还是闭口的逻辑数组; W(50)——结点的扇形坐
       标 ω 数组;WP(25)——存放各舱左上结点扇形坐标 ω 的工作数组;PS(25)——各闭口箱扭转函数 ψ 数组;WO
       (4)、W1(4)——存放式(1-18)中每一个舱扇形坐标 ω0 和 ω1 的工作数组)
      N = M/2
      L = 2 * (N + 1) + 1
      Q = 3 * N + 2  (以上完成图 1-17 程序总框图的第①框计算内容)
      TT(1) = TT(1)/2.0
      DO 10 J = 1,N
        TO(J) = TT(3 * J). GE. 1E - 15  (TT(3 * J)为各舱底边,根据底边厚度是否大于零对 TO 逻辑数组赋值)
        PS(J) = 0.0
10    CONTINUE
      TO(N + 1) = . FALSE.  (最后一块悬臂板处无底边,该舱为开口舱)
       (以上完成图 1-17 程序总框图的第②框计算内容,第③框断面抗弯几何特性的计算按图 1-18 程序细框图执行)
      J = 1
      I = 4
      CALL FSJ(J,I,TT,FT,SX,JX,JY,X,Y)  (计算轴线上肋板的抗弯几何特性,完成图 1-18 第 3.1 框内容)
      DO 15 J = 1,N
        DO 12 I = 1,3
          CALL AD(J,I,TT,FT,SX,JX,JY,X,Y)
12      CONTINUE
15    CONTINUE  (对各舱和舱内各板循环,迭加各块板的抗弯几何特性,完成图 1-18 第 3.2 框内容)
```

```
J = N + 1
I = 1
   CALL AD(J,I,TT,FT,SX,JX,JY,X,Y)
    （迭加最后一块悬臂板的抗弯几何特性，完成图 1-18 第 3.3 框内容）
   YY = SX/FT   （计算断面形心到 x 轴距离，完成图 1-18 第 3.4 框内容）
FT = 2.0 * FT
JX = 2.0 * JX
JY = 2.0 * JY  （输入数据时只给出一半断面，乘以 2 得到整个箱形薄壁断面的抗弯几何特性）
JX = JX - FT * YY * YY  （计算对断面形心轴的抗弯惯性矩，以上完成图 1-18 第 3.5 框内容）
 （以上完成图 1-17 程序总框图的第③框计算内容，第④框自由扭转惯性矩计算按图 1-19 程序细框图执行）
JD = 0.0
K = 0  （执行图 1-19 第 4.1 框计算）
DO 30 J = 1,N + 1  （图 1-19 第 4.2 框，计算并累加自由扭转抗扭惯性矩）
 IF (TO(J)) THEN
    DJD = 0.0
    K = K + 1  （图 1-19 第 4.9 框，计算连续的闭口箱个数）
 ELSE
    IF(K.EQ.0) GOTO 20  （如果是开口箱，转到标号为 20 的语句，按开口箱计算自由扭转抗扭惯性矩）
    CALL JDC(J,K,TT,DJD1,PS,X,Y)  （图 1-19 第 4.5 框，计算前 K 个连续闭口箱的自由扭转抗扭惯性矩）
    CALL JDO(J,TT,TO,DJD2,X,Y)  （图 1-19 第 4.6 框，计算第 J 号开口箱的自由扭转抗扭惯性矩）
    DJD = DJD1 + DJD2
    K = 0
     （以上为图 1-19 第 4.7 框，把图 1-19 第 4.5 框和第 4.6 框计算结果相加，闭口箱指示信息 K 赋值为 0，转到标
     号为 25 的语句执行图 1-19 第 4.8 框计算）
    GOTO 25
20  CALL JDO(J,TT,TO,DJD,X,Y)  （图 1-19 第 4.10 框，按开口箱计算自由扭转抗扭惯性矩）
     K = 0
 ENDIF
25  JD = JD + 2.0 * DJD  （图 1-19 第 4.8 框，因为要计算整个断面自由扭转抗扭惯性矩，累加时乘以 2）
30 CONTINUE
  （以上完成图 1-17 程序总框图的第④框计算内容，第⑤框约束扭转惯性矩计算按图 1-20 程序细框图执行）
 DO 31 I = 1,L
  W(I) = 0.0
31 CONTINUE  （图 1-20 的第 5.1 框，扇形坐标取初值）
 WP(1) = 0.0
 DO 40 J = 1,N  （按舱循环，计算各个开口舱时的扇形坐标，完成图 1-20 的第 5.2 框内容）
  DO 35 I = 1,2
   IF (I.EQ.1.OR.(.NOT.TO(J).AND..NOT.TO(J + 1))) THEN  （判别开口箱的条件）
     CALL ST(J,I,TT,S,R,T,X,Y)
     CALL ABC(J,I,IA,IB,IC)
     W(IB) = W(IA) + R * S  （开口箱时，计算顶板及肋板结点上的扇形坐标）
   ENDIF
35  CONTINUE
   WP(J + 1) = W(2 * J + 1)  （将各舱右上结点的扇形坐标存放在 WP 数组中）
40 CONTINUE
 WO(1) = 0.0  （WO(4)及以下 W1(4)数组用来记录闭口箱 4 个结点上的扇形坐标 ω0 和 ω1 值）
 DO 45 J = 1,N  （按舱循环，计算各个闭口舱的扇形坐标 ω0、ω1、ω 值，完成图 1-20 的第 5.3 框内容）
```

```
    IF (TO(J)) THEN  (判别闭口箱的条件)
      W1(1) = WP(J)  (闭口箱第1点取左上结点, ω1 = ∫rds 已在前面计算出)
      DO 43 I = 1,3
        CALL ST(J,I,TT,S,R,T,X,Y)
        CALL ABC(J,I,IA,IB,IC)
        DF = PS(J) * S/T
        WO(I+1) = WO(I) + DF
        (DF 即为式(1-18)中的 ω0 = ψ∫ds/t ,其中记录 ψ 的 PS 数组在调用子程序 JDC 时已建立)
        W1(I+1) = W1(I) + R * S  (按式(1-18)计算 ω1 = ∫rds )
        IF(I.EQ.1) DS = 0.0
        IF(I.NE.1) DS = W(IB)
        W(IB) = DS + W1(I+1) - WO(I+1)  (按式(1-18)计算 ω = ω1 - ω0 )
43    CONTINUE
    ENDIF
45  CONTINUE
    W(L) = W(L-2)  (计算悬臂板端点的 ω 值,至此完成图1-20第5.3框内容)
    J = N+1  (悬臂板可视为第N+1舱的第1块板)
    I = 1
    CALL ST(J,I,TT,S,R,T,X,Y)
    CALL ABC(J,I,IA,IB,IC)
    FXW = FF(X,W,T,S,IA,IB,IC)  (调用函数子程序 FF,计算悬臂板的 Fxω = ∮x ωdF )
    FWW = FF(W,W,T,S,IA,IB,IC)  (计算悬臂板的 Fωω = ∮ω ωdF ,至此完成图1-20第5.4框内容)
    DO 50 J = 1,N
     DO 48 I = 1,3
      CALL ST(J,I,TT,S,R,T,X,Y)
      CALL ABC(J,I,IA,IB,IC)
      FXW = FXW + FF(X,W,T,S,IA,IB,IC)
      FWW = FWW + FF(W,W,T,S,IA,IB,IC)
48    CONTINUE
50  CONTINUE  (以上是按舱循环、按舱内板号循环,计算并累加各舱板的 Fxω、Fωω ,至此完成图1-20第5.5框内容)
    FXW = 2.0 * FXW
    FWW = 2.0 * FWW  (输入数据时只给出一半断面,乘以2得到整个箱形薄壁断面约束扭转的几何特性量)
    YC = -FXW/JY  (计算约束扭转中心位置 yc )
    JW = FWW + YC * FXW  (按式(1-12)计算约束扭转抗扭惯性矩 Jω ,以上完成图1-20第5.6框计算)
    DO 55 I = 1,L
     W(I) = W(I) + YC * X(I)
55  CONTINUE
    END
```

C语言编写箱形薄壁断面几何特性计算的函数过程时采用的标识符均与FORTRAN语言相同,源程序语句如下:

```
void jdw (int m,double * tt,double * ft,double * yy,double * jx,double * jy,double * jd,
     double * jw,double * yc,double * x,double * y)
//输入参数:m——箱形薄壁断面总肋板数;tt——板的厚度数组; x、y——结点的横坐标和纵坐标数组;输出参数:
//ft——断面面积;yy——形心到上缘距离;jx、jy——对形心轴及y轴的抗弯惯性矩;jd——自由扭转惯性矩;
```

```
//jw——约束扭转惯性矩;yc——扭转中心到 x 轴距离
{ int q,n,i,j,l,k;
  int to[25];
  int ia,ib,ic;
  double s,r,t,sy,df,ds,djd,djd1,djd2,fxw,fww;
  double w[50],wp[25],ps[25],wo[4],w1[4];
   //函数过程中用到的工作数组:to[25]——判别各舱箱形截面开口还是闭口的逻辑数组;w[50]——结点的扇形
   //坐标 ω 数组;wp[25]——存放各舱左上结点扇形坐标 ω 的工作数组;ps[25]——各闭口箱扭转函数 ψ 数组;
   //wo[4]、w1[4]——存放式(1-18)中每一个舱扇形坐标 ω0 和 ω1 的工作数组
  n=m/2;
  l=2*(n+1)+1;
  q=3*n+2;    //以上完成图 1-17 程序总框图的第①框计算内容
  tt[0]=tt[0]/2.0;
  for(j=1;j<=n;j++)
  { if(tt[3*j-1]>1e-15) to[j-1]=1;
    else to[j-1]=0;    //tt[3*j-1]为各舱底边,根据底边厚度是否大于零对 to 逻辑数组赋值
    ps[j-1]=0.0;
  }
 to[n]=0;
   //最后一块悬臂板处无底边,该舱为开口舱;以上完成图 1-17 程序总框图的第②框计算内容,第③框断面抗弯
   //几何特性的计算按图 1-18 程序细框图执行
  j=1;
  i=4;
  fsj(j,i,tt,x,y,&ia,&ib,&ic,&s,&r,&t,ft,&sy,jx,jy);
     //计算轴线上肋板的抗弯几何特性,完成图 1-18 第 3.1 框内容
  for(j=1;j<=n;j++)
  { for(i=1;i<=3;i++)
    { ad(j,i,tt,x,y,&ia,&ib,&ic,&s,&r,&t,ft,&sy,jx,jy);
    }
  }    //以上对各舱和舱内各板循环,迭加各块板的抗弯几何特性,完成图 1-18 第 3.2 框内容
  j=n+1;
  i=1;
  ad(j,i,tt,x,y,&ia,&ib,&ic,&s,&r,&t,ft,&sy,jx,jy);
   //迭加最后一块悬臂板的抗弯几何特性,完成图 1-18 第 3.3 框内容
  *yy=sy/(*ft);    //计算断面形心到 x 轴距离,完成图 1-18 第 3.4 框内容
  *ft=2.0*(*ft);
  *jx=2.0*(*jx);
  *jy=2.0*(*jy);    //输入数据时只给出一半断面,乘以 2 得到整个箱形薄壁断面的抗弯几何特性
  *jx=*jx-(*ft)*(*yy)*(*yy);
   //计算对断面形心轴的抗弯惯性矩,以上完成图 1-18 第 3.5 框内容
   //以上完成图 1-17 程序总框图的第③框计算内容,第④框自由扭转惯性矩计算按图 1-19 程序细框图执行
  *jd = 0.0;
  k=0;    //执行图 1-19 第 4.1 框计算
```

```
for(j=1;j<=(n+1);j++)    //图 1-19 第 4.2 框,计算并累加自由扭转抗扭惯性矩
{ if(to[j-1]) { djd=0.0; k=k+1;}    //图 1-19 第 4.9 框,计算连续的闭口箱个数
  else { if(k==0) { jdo(j,tt,to,&djd,x,y);k=0;}
  //图 1-19 第 4.10 框,按开口箱计算自由扭转抗扭惯性矩
     else {jdc(j,k,tt,&djd1,ps,x,y);
        //图 1-19 第 4.5 框,计算前 k 个连续闭口箱的自由扭转抗扭惯性矩
          jdo(j,tt,to,&djd2,x,y);
            //图 1-19 第 4.6 框,计算第 j 号开口箱的自由扭转抗扭惯性矩
          djd=djd1+djd2;
          k=0;
            //以上为图 1-19 第 4.7 框,把图 1-19 第 4.5 框和图 1-19 第 4.6 框计算结果相加,闭口箱指示信
            //息 k 赋值为 0
          }
     }
  *jd=*jd+2.0*djd;
    //图 1-19 第 4.8 框,因为要计算整个断面自由扭转抗扭惯性矩,累加时乘以 2
}
  //以上完成图 1-17 程序总框图的第④框计算内容,第⑤框约束扭转惯性矩计算按图 1-20 程序细框图执行
for(i=1;i<=l;i++) w[i-1]=0.0;    //图 1-20 的第 5.1 框,扇形坐标取初值
wp[0]=0.0;
for(j=1;j<=n;j++)    //按舱循环,计算各个开口舱时的扇形坐标,完成图 1-20 的第 5.2 框内容
{ for(i=1;i<=2;i++)
  { if((i==1)||((! to[j-1])&&(! to[j])))    //判别开口箱的条件
    { st(j,i,x,y,tt,&ia,&ib,&ic,&s,&r,&t);
      abc(j,i,&ia,&ib,&ic);
      w[ib-1]=w[ia-1]+r*s;    //开口箱时,计算顶板及肋板结点上的扇形坐标
    }
  }
  wp[j]=w[2*j];    //将各舱右上结点的扇形坐标存放在 wp 数组中
}
wo[0]=0.0;  //wo[4]及以下 w1[4]数组用来记录闭口箱 4 个结点上的扇形坐标 ω0、ω1 值
for(j=1;j<=n;j++)    //按舱循环,计算各个闭口舱的扇形坐标 ω0、ω1、ω 值,完成图1-20的第 5.3 框内容
{ if(to[j-1])    //判别闭口箱的条件
  { w1[0]=wp[j-1];    //闭口箱第 1 点取左上结点 ω1 = ∫rds 已在前面计算出
    for(i=1;i<=3;i++)
    { st(j,i,x,y,tt,&ia,&ib,&ic,&s,&r,&t);
      abc(j,i,&ia,&ib,&ic);
      df=ps[j-1]*s/t;
      wo[i]=wo[i-1]+df;
        //df 即为式(1-18)中的 ω0 = ψ∫ ds/t ,其中记录 ψ 的 ps 数组在函数 jdc 调用时得到
      w1[i]=w1[i-1]+r*s;    //按式(1-18)计算 ω1 = ∫rds
```

```
            if(i = =1) ds =0.0;
            else ds = w[ib - 1];
            w[ib - 1] = ds + w1[i] - wo[i];      //按式(1-18)计算 ω = ω1 - ω0
        }
    }
}
    w[l-1] = w[l-3];      //计算悬臂板端点的 ω 值,至此完成图 1-20 第 5.3 框内容
    j = n + 1;    //悬臂板可视为第 n + 1 舱的第 1 块板
    i = 1;
    st(j,i,x,y,tt,&ia,&ib,&ic,&s,&r,&t);
    abc(j,i,&ia,&ib,&ic);
    fxw = ff(x,w,ia,ib,ic,t,s);     //调用函数子程序 ff,计算悬臂板的 Fxω = ∮xωdF
    fww = ff(w,w,ia,ib,ic,t,s);     //计算悬臂板的 Fωω = ∮ωωdF,至此完成图 1-20 第 5.4 框内容
    for(j = 1;j < = n;j + + )
      //以下是按舱循环、按舱内板号循环,计算并累加各舱板的 Fxω、Fωω,至此完成图 1-20 第 5.5 框内容
    { for(i = 1;i < =3;i + + )
        { st(j,i,x,y,tt,&ia,&ib,&ic,&s,&r,&t);
            abc(j,i,&ia,&ib,&ic);
            fxw = fxw + ff(x,w,ia,ib,ic,t,s);
            fww = fww + ff(w,w,ia,ib,ic,t,s);
        }
    }
    fxw =2.0 * fxw;
    fww =2.0 * fww;    //输入数据时只给出一半断面,乘以 2 得到整个箱形薄壁断面约束扭转的几何特性量
    * yc = - fxw/( * jy);    //计算约束扭转中心位置 yc
    * jw = fww + ( * yc) * fxw;    //按式(1-12)计算约束扭转抗扭惯性矩 Jω,以上完成图 1-20 第 5.6 框计算
    for(i = 1;i < = l;i + + ) w[i - 1] = w[i - 1] + ( * yc) * x[i - 1];
}
```

第四节　应　用　程　序

本节根据以上的断面几何特性计算子程序,编制了梯形分块法截面几何特性计算、箱形薄壁断面几何特性计算的应用程序,下面给出应用程序的主程序、使用说明及应用实例。

一、梯形分块法几何特性计算程序

以下用 Visual C 语言及 Excel 表格给出梯形分块法计算断面几何特性的应用程序,FORTRAN 语言的应用程序可由读者参照以下主程序及前面给出的子程序自行写出。

1. C 语言应用程序

```
#include <stdio.h>
#include <math.h>
```

```
#include <stdlib.h>
struct PROP  //将断面的几何特性构成一个结构体,结构体各变量的物理意义如下
  { double f;  //截面面积
    double j;  //截面惯矩
    double y1;  //截面形心至上边缘距离
    double y2;  //截面形心至下边缘距离
    double w1;  //上边缘截面模量
    double w2;  //下边缘截面模量
  };
struct CROSS_SECTION  //将断面输入信息构成一个结构体,包括节线数、节线宽及节线到断面上边缘高度
  { int ns;
    double bs[50];  //宽度数组
    double hs[50];  //高度数组
  };
struct CROSS_SECTION cross_section;
void fsj(struct CROSS_SECTION cross_section,struct PROP *p1)
  //计算全截面几何特性的函数过程,计算原理及公式均与本章第一节中的函数过程 fsj1 相同,仅参数采用的变量
  //类型不同
  { double f1,s1,ft,st,jt,b,d;
    int i;
    f1=0.0;
    s1=0:0;
    jt=0.0;
    for (i=1;i<cross_section.ns;i++)
      { b=cross_section.bs[i]-cross_section.bs[i-1];
        d=cross_section.hs[i]-cross_section.hs[i-1];
        ft=f1+d*(cross_section.bs[i]+cross_section.bs[i-1])/2.0;
        st=s1+d*f1+(cross_section.bs[i-1]+b/3.0)*d*d/2.0;
        jt=jt+2.0*d*s1+d*d*f1+(cross_section.bs[i-1]+b/4.0)*pow(d,
        3)/3.0;
        f1=ft;
        s1=st;
      }  //至此计算出对断面底边的惯性矩、静矩和面积
    p1->f=ft;
    p1->y2=st/ft;  //计算形心到断面下边缘的距离
    p1->y1=cross_section.hs[cross_section.ns-1]-(p1->y2);
    p1->j=jt-ft*(p1->y2)*(p1->y2);
    p1->w1=(p1->j)/(p1->y1);
    p1->w2=(p1->j)/(p1->y2);
  }
void main()  //全截面几何特性计算主程序
  { int j;
```

```
FILE * data1;
FILE * data2;
data1 = fopen("fsj.dat","r+");
data2 = fopen("fsj.out","w+");    //定义并打开输入文件 data1、输出文件 data2
fscanf (data1,"%d",&cross_section.ns);    //从输入文件 data1 中读入计算断面的节线数
for (j=0;j<cross_section.ns;j++)
  fscanf(data1,"%lf%lf",&cross_section.bs[j],&cross_section.hs[j]);
    //读入计算断面的宽度和高度信息
struct PROP *p = new struct PROP;
fsj(cross_section,p);    //调用全截面几何特性计算子程序
fprintf(data2,"NS = %d\n",cross_section.ns);
fprintf(data2,"        BS           HS\n");
for(j=0;j<cross_section.ns;j++)
  fprintf(data2,"%e %e\n",cross_section.bs[j],cross_section.hs[j]);
    //将断面数据写到输出文件 data2 中
fprintf(data2,"\n");
fprintf(data2,"F = %lf\n",p->f);
fprintf(data2,"J = %lf\n",p->j);
fprintf(data2,"Y1 = %lf\n",p->y1);
fprintf(data2,"Y2 = %lf\n",p->y2);
fprintf(data2,"W1 = %lf\n",p->w1);
fprintf(data2,"W2 = %lf\n",p->w2);
//将计算得到的断面面积、惯性矩、形心到断面上下边缘距离、上下边缘截面模量写到输出文件 data2 中
fclose(data1);
fclose(data2);
delete p;
}
```

以图 1-1 所示的马蹄形断面为例,给出输入数据文件 fsj.dat 和输出数据文件如下:

输入数据文件:7

```
2.2   0.00
2.2   0.12
1.0   0.24
0.2   0.34
0.2   1.80
0.6   1.95
0.6   2.45
```

计算结束建立的输出数据文件:

```
NS = 7
     BS                 HS
2.200000e+000     0.000000e+000
2.200000e+000     1.200000e-001
1.000000e+000     2.400000e-001
2.000000e-001     3.400000e-001
2.000000e-001     1.800000e+000
```

6.000000e - 001　　　1.950000e + 000
6.000000e - 001　　　2.450000e + 000

F = 1.168000
J = 0.935199
Y1 = 0.985773
Y2 = 1.464227
W1 = 0.948695
W2 = 0.638698

2. Excel 表格计算程序

Excel 表格具有输入公式进行表格内数据计算的功能，并且可采用 Visual Basic 语言编写宏命令，在电子表格中调用宏命令实现程序计算的功能，Excel 表格输入数据方便，计算简捷，结果直观，使用也方便。下面以梯形分块法计算全截面几何特性（表 1-2）为例，说明 Visual Basic 编程及宏命令的调用。

梯形分块法计算全截面几何特性　　　表 1-2

行号		列号		E	F	G	H	I	J
2	输入数据	节线数 NS		7	6	7	6	7	4
3		节线宽 BS	cm	220	158	160	158	160	158
4				220	158	160	158	160	158
5				100	16	158	16	158	36
6				20	16	16	16	16	36
7				20	36	16	36	16	
8				60	36	36	36	36	
9				60		36		36	
10									
11									
12									
13		节线高 HS	cm	0	0	0	0	0	0
14				12	8	8	8	8	8
15				24	20	8	20	8	18.3
16				34	192	20	154	20	230
17				180	202	192	164	154	
18				195	230	202	230	164	
19				245		230		230	
20									
21									
22									
23	全截面特性	截面积 F	cm^2	11 680.00	6 328.00	6 344.00	7 088.00	7 104.00	9 884.30
24		重心 Y_x	cm	146.423	138.534	138.755	129.256	129.474	132.544
25		重心 Y_s	cm	98.577	91.466	91.245	100.744	100.526	97.456
26		惯性矩 J	cm^4	9.352E + 07	4.222E + 07	4.234E + 07	4.739E + 07	4.754E + 07	5.223E + 07
27		截面模量 W_x	cm^3	6.387E + 05	3.047E + 05	3.051E + 05	3.667E + 05	3.672E + 05	3.941E + 05
28		截面模量 W_s	cm^3	9.487E + 05	4.615E + 05	4.640E + 05	4.704E + 05	4.730E + 05	5.360E + 05

表 1-2 中第 2 ~ 22 行为输入数据，第 2 行节线数 NS 最大值限定为 10，第 3 ~ 12 行为节线处宽度数组，第 13 ~ 22 行为节线到断面上缘的高度数组，表格第 E 列的数据即为图 1-1 所示马蹄形断面的输入数据；第 23 ~ 28 行 Excel 表格的单元格计算中调用了用 VB 编写的宏命令 fsjy，其计算公式见第一节的式(1-1)、式(1-2)，编程原理及步骤见全断面几何特性子程序 fsj1：

```
Function fsjy(iid, ns, bss, hss) As Variant
```

（形式参数：iid——函数返回值的指示信息，iid = 1，返回断面高；iid = 2，返回断面面积；iid = 3，返回断面对底边静矩；iid = 4，返回断面对底边惯性矩；ns——梯形分块的节线数；bss，hss——断面节线处宽度、节线到断面上边缘高度数组在 Excel 表中所在的单元格序号）

```
Dim bs(1To10), hs(1To10)   (bs, hs 定义为断面节线处宽度及节线到断面上边缘高度的数组)
i =1
For Each ii In bss   (将单元格 bss 中的数据读到节线处宽度数组 bs 中)
  bs(i) = ii.Value
  i = i + 1
Next ii
i = 1
For Each ii In hss   (将单元格 hss 中的数据读到节线到断面上边缘的高度数组 hs 中)
  hs(i) = ii.Value
  i = i + 1
Next ii
jt = 0
st = 0
ft = 0
For i = 2 To ns
  b = bs(i) - bs(i - 1)
  h = hs(i) - hs(i - 1)
    jt = jt + 2 * h * st + h * h * ft + (bs(i - 1) + b / 4) * h ^ 3 / 3
    st = st + h * ft + (bs(i - 1) + b / 3) * h * h / 2
    ft = ft + h * (bs(i) + bs(i - 1)) / 2
  Next i   (循环结束计算得到断面对底边的惯性矩、静矩和面积)
  If iid = 1 Then fsjy = hs(ns)
  If iid = 2 Then fsjy = ft
  If iid = 3 Then fsjy = st
  If iid = 4 Then fsjy = jt   (根据指示信息 iid 的取值，返回不同的数值)
End Function
```

fsjy 加载在 Excel 表格工具栏宏命令的 Visual Basic 编辑器中，表 1-2 中 E23 ~ E28 单元格的计算式是：

E23：= fsjy(2，E2，E3：E12，E13：E22)，

2 表示返回断面面积，E2 是节线数 ns，E3：E12 表示 bss 单元格的数据范围，E13：E22 表示 hss 单元格的数据范围；

E24：= fsjy(3，E2，E3：E12，E13：E22)/E23，

3 表示返回对底边静矩，形心 = 静矩除以面积，E24 单元格表示断面形心到下边缘距离；

E25：= fsjy(1,E2,E3:E12,E13:E22) - E24,

1 表示返回断面高，高 - 断面形心到下边缘距离 = 形心到上边缘距离；

E26：= fsjy(4,E2,E3:E12,E13:E22) - E23 * E24 * E24,

4 表示返回对底边惯性矩，E23 * E24 * E24 表示 $F \times y_s^2$，单元格 E26 表示断面对形心轴的惯性矩；

E27：= E26/E24，E28：= E26/E25，单元格 E27、E28 表示断面下边缘和上边缘的截面模量。

表 1-2 中 E 列全截面几何特性计算结果与上节 Visual C 编程计算结果是一致的，按照 E 列的计算公式可以很容易对 F 列 ~ J 列断面计算其几何特性，断面尺寸取自《桥梁计算示例集——混凝土简支梁板桥》（易建国主编，人民交通出版社，1993 年 5 月）混凝土简支梁板桥 40m 预应力混凝土简支 T 形梁桥计算示例，断面尺寸如图 1-21 所示。

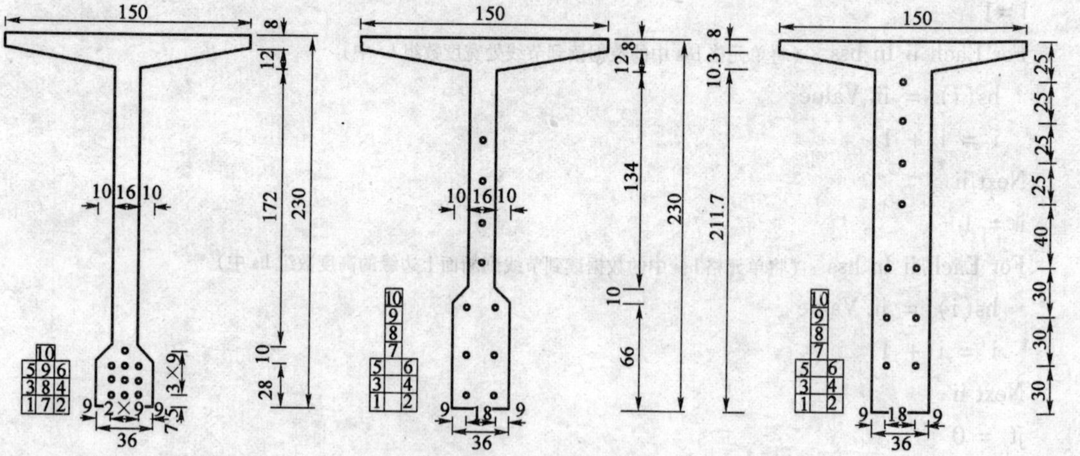

图 1-21　梯形分块法计算截面几何特性示例（尺寸单位：cm）

在计算预应力混凝土结构时，有时需要计算净截面几何特性和换算截面几何特性，这时只要在输入数据中增加预应力钢束的根数、钢束管道的直径、钢束的面积、钢束与混凝土的弹性模量比、每根钢束到截面底的距离等输入信息，编制计算净截面和换算截面几何特性的宏命令，加载嵌入 Excel 表格中就能计算净截面几何特性和换算截面几何特性，表 1-3 就具有这一计算功能，表中所取断面与表 1-2 相同，分别为梁的跨中、变化点及锚固断面，如图 1-21 所示，计算结果与《桥梁计算示例集——混凝土简支梁板桥》一书中相应表格的数值一致。

梯形分块法计算全截面、净截面、换算截面几何特性　　表 1-3

输入数据	节线数 NS		6	7	6	7	4
	节线宽 BS	cm	158	160	158	160	158
			158	160	158	160	158
			16	158	16	158	36
			16	16	16	16	36
			36	16	36	16	
			36	36	36	36	
				36		36	
	节线高 HS	cm	0	0	0	0	0
			8	8	8	8	8
			20	8	20	8	18.3
			192	20	154	20	230
			202	192	164	154	
			230	202	230	164	
				230		230	

续上表

输入数据	钢束根数 n		10	10	10	10	10
	钢束管道直径 d_0	cm	5	5	5	5	5
	每根钢束面积 A_s	cm^2	4.712	4.712	4.712	4.712	4.712
	弹性模量比 n_y		6.06	6.06	6.06	6.06	6.06
	每根钢束到梁底距离	cm	7.5	7.5	9.47	9.47	30
			7.5	7.5	9.47	9.47	30
			16.5	16.5	34.39	34.39	60
			16.5	16.5	34.39	34.39	60
			25.5	25.5	62.95	62.95	90
			25.5	25.5	62.95	62.95	90
			7.5	7.5	91.05	91.05	130
			16.5	16.5	116.25	116.25	155
			25.5	25.5	141.66	141.66	180
			34.5	34.5	167.06	167.06	205
全截面特性	截面积 F	cm^2	6 328.000	6 344.000	7 088.000	7 104.000	9 884.300
	重心 Y_x	cm	138.534	138.755	129.256	129.474	132.544
	重心 Y_s	cm	91.466	91.245	100.744	100.526	97.456
	惯性矩 J	cm^4	4.222E+07	4.234E+07	4.739E+07	4.754E+07	5.223E+07
	截面模量 W_x	cm^3	3.047E+05	3.051E+05	3.667E+05	3.672E+05	3.941E+05
	截面模量 W_s	cm^3	4.615E+05	4.640E+05	4.704E+05	4.730E+05	5.360E+05
净截面特性	截面积 F	cm^2	6 131.650	6 147.650	6 891.650	6 907.650	9687.950
	重心 Y_x	cm	142.385	142.602	130.860	131.080	133.142
	重心 Y_s	cm	87.615	87.398	99.140	98.920	96.858
	惯性矩 J	cm^4	3.927E+07	3.938E+07	4.622E+07	4.637E+07	5.138E+07
	截面模量 W_x	cm^3	2.758E+05	2.762E+05	3.532E+05	3.537E+05	3.859E+05
	截面模量 W_s	cm^3	4.482E+05	4.506E+05	4.663E+05	4.688E+05	5.305E+05
换算截面特性	截面积 F	cm^2	6 566.427	6 582.427	7 326.427	7 342.427	10 122.727
	重心 Y_x	cm	134.169	134.392	127.424	127.639	131.848
	重心 Y_s	cm	95.831	95.608	102.576	102.361	98.152
	惯性矩 J	cm^4	4.556E+07	4.569E+07	4.877E+07	4.892E+07	5.326E+07
	截面模量 W_x	cm^3	3.395E+05	3.400E+05	3.827E+05	3.833E+05	4.039E+05
	截面模量 W_s	cm^3	4.754E+05	4.779E+05	4.754E+05	4.780E+05	5.426E+05

二、箱形薄壁截面几何特性计算程序

下面给出用 FORTRAN 语言编写的计算箱形薄壁断面几何特性的主程序，用 C 语言编写主程序或用 VB 语言编写“宏命令”，嵌入 Excel 表格计算薄壁断面几何特性，可由读者自行参照本章第三节给出的子程序写出。

1. 主程序

```
      PROGRAM JDXYW   （主程序取名为 JDXYW）
      INTEGER Q
      REAL JX,JY,JD,JW
      DIMENSION TT(75),X(50),Y(50)
      OPEN(5,FILE='')
      OPEN(6,FILE='',STATUS='NEW')
      （打开输入、输出数据文件通道号，数据文件名在程序执行时用键盘输入）
50    READ(5,*) M  （输入肋板数，计算舱数、结点数及板数）
```

```
      N = M/2
      L = 2 * (N + 1) + 1
      Q = 3 * N + 2
      READ(5, * ) (X(I),Y(I),I = 1,L)  (输入各结点坐标、各块板厚度)
      READ(5, * ) (TT(I),I = 1,Q)
      WRITE(6,106) N,L,Q
      WRITE( * ,106) N,L,Q
      WRITE(6,103) (X(I),Y(I),I = 1,L)
      WRITE( * ,103) (X(I),Y(I),I = 1,L)
103   FORMAT(11X,1HX,14X,1HY/(1X,2F15.4))
      WRITE(6,104) (TT(I),I = 1,Q)
      WRITE( * ,104) (TT(I),I = 1,Q)
104   FORMAT(/7X,' * * * TT * * * '/(1X,10F8.3))
      (以上将箱形薄壁断面计算控制信息及基本数据写入输出文件及在屏幕上显示,以作校核)
      CALL JDW(M,TT,FT,YY,JX,JY,JD,JW,YC,X,Y)
      (调用箱形薄壁断面计算几何特性的主程序,计算面积、形心、扭转中心、抗弯及抗扭惯性矩)
      WRITE(6,105) FT,YY,YC,JX,JY,JD,JW
      WRITE( * ,105) FT,YY,YC,JX,JY,JD,JW  (用文件记录计算结果,并在屏幕上显示)
      READ(5, * ) ID  (下一步计算指示信息,ID≠0,输入下一个断面的数据进行计算;ID = 0,计算结束)
      IF(ID. NE. 0) GOTO 50
105   FORMAT(/7X,' F = ',G13.7,'          Y = ',G13.7,'          YC = ',G13.7 /7X,'JX = ',G13.7,
     1 '          JY = ',G13.7/7X,'JD = ',G13.7,'          JW = ',G13.7)
106   FORMAT(' ---------------------'/' THE NUMBER OF BOXES   N = ',I2
     1 /'THE NUMBER OF POINTS   L = ',I2/'          THE NUMBER OF PLATES   Q = ',I2/)
      STOP
      END
```

2. 计算实例

JDXYW 主程序连同本章第三节的子程序一起编译连接成可执行程序,计算图 1-22 所示箱形薄壁断面时的输入数据文件是:

```
3
0.0, 0.0, 0.0, 2.3, 2.94, 0.0, 2.54, 2.3, 4.8, 0.0
0.2, 0.195, 0.208, 0.22, 0.155
0
```

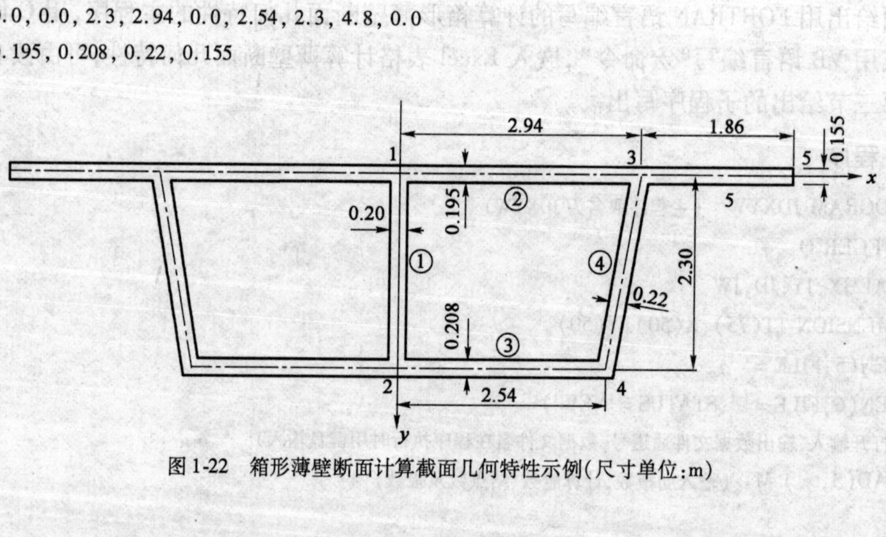

图 1-22 箱形薄壁断面计算截面几何特性示例(尺寸单位:m)

程序运行结束的输出数据文件如下：

```
-----------------------
THE NUMBER OF BOXES   N = 1
THE NUMBER OF POINTS   L = 5
THE NUMBER OF PLATES   Q = 5
      X            Y
      .0000          .0000
      .0000         2.3000
     2.9400          .0000
     2.5400         2.3000
     4.8000          .0000
* * *T  T* * *
.200  .195  .208  .220  .155
F = 4.267031          Y = .9703565          YC = 1.270788
JX = 4.194237          JY = 22.10327
JD = 8.387790          JW = 2.278057
```

第二章　钢筋混凝土构件计算

本章钢筋混凝土构件主要根据交通部标准《公路钢筋混凝土及预应力混凝土桥涵设计规范》(JTG D62—2004)采用以概率理论为基础的极限状态计算,第一节及第二节讲述任意受力钢筋混凝土构件正截面承载力计算和配筋设计,第三节讲述按弹性阶段容许应力法计算钢筋混凝土构件应力,适用于《铁路桥涵钢筋混凝土和预应力混凝土结构设计规范》(TB 10002.3—99),第四节给出轴心受压及偏心受压钢筋混凝土圆形截面构件的承载力计算和配筋设计程序,第五节给出可供实际应用的计算程序及实例,包括承载力计算、配筋设计、应力验算程序及相应计算表。

第一节　任意受力钢筋混凝土构件的承载力计算

本节钢筋混凝土构件的承载力计算适用于用梯形节线法分块组成的任意截面,先讲述包含了钢筋在内的横截面几何特性,然后依次给出轴向拉压构件、受弯构件及偏心拉压构件承载力计算的子程序,最后给出任意受力钢筋混凝土构件的承载力计算程序。

一、钢筋混凝土构件横截面几何特性计算

与第一章 FSJY 子程序相比,这里给出的钢筋混凝土构件截面几何特性计算子程序增加了形式参数 G、E、AS 和 NN,它用来考虑钢筋的影响。

用子程序 FSJYA 形式给出考虑钢筋截面在内的截面几何特性计算的源程序语句如下:

```
SUBROUTINE FSJYA(G,Y,F,S,J,NS,BS,HS,NGO,E,AS,NN)
```

(Y、F、S、J、NS、BS、HS、NGO 意义均与第一章第一节子程序 FSJY 相同; G 是计算指示信息:G=0 时只计算钢筋的换算面积,G=1 时只计算 Y 高度范围内的混凝土面积,G=2 时两者都计算;E 是钢筋位置数组,有两个数组元素,E(1)是下缘钢筋到截面上边缘的距离,E(2)是上缘钢筋到截面上边缘的距离;AS 是钢筋面积数组,两个数组元素 AS(1)是下缘钢筋面积,AS(2)是上缘钢筋面积;NN 是钢筋与混凝土的弹性模量之比)

```
INTEGER G
REAL J,NN
LOGICAL NGO
DIMENSION BS(NS),HS(NS),E(2),AS(2)
F=0.0
S=0.0
J=0.0
IF (G-1) 40,5,5
```

(G=0 转到标号为 40 的语句执行,只计算钢筋的换算面积;G=1 执行到标号为 30 的语句为止,只计算 Y 高度范围内的混凝土面积;G=2 包括以上两部分计算内容,先计算混凝土面积,再加上钢筋的换算面积)

```
5   DO 20 K=2,NS
      I=K
```

```
I1 = I - 1
IF(NGO) I = NS + 1 - K
IF(NGO) I1 = I + 1 IF(NGO) I1 = I + 1  (处理倒转时的宽度及迭加范围)
IF (Y.GT.HV(I,NGO,HS,NS)) GOTO 10
  (HV 为处理倒转时高度取值的函数子程序,子程序的形式参数 I 为计算高度时的节线序号,NGO 为处理断面倒
  转的逻辑变量,HS、NS 意义同前)
D = Y - HV(I1,NGO,HS,NS)
BI = BS(I1) + D * (BS(I) - BS(I1))/(HV(I,NGO,HS,NS) - HV(I1,NGO,HS,NS))
CALL AD(F,S,J,D,BI,I1,BS,NS)
  (计算 Y 高度范围内最后一个部分梯形小块的高度 D 和底宽 BI,并迭加该部分梯形小块的几何特性量,完成后
  退出,返回调用的程序)
GOTO 30
10    BI = BS(I)
      D = HV(I,NGO,HS,NS) - HV(I1,NGO,HS,NS)
      CALL AD(F,S,J,D,BI,I1,BS,NS)  (计算梯形小块的高度 D 和底宽 BI,并迭加该小块的几何特性量)
20    CONTINUE
30    IF(G.EQ.1) RETURN  (以上是计算 Y 高度范围内混凝土截面的几何特性量)
40    DO 50 K = 1,2  (以下循环语句是计算钢筋换算截面的几何特性量)
        A = AS(K) * NN
        F = F + A
        A = A * (Y - E(K))
        S = S + A
        J = J + A * (Y - E(K))
50    CONTINUE
      END
```

子程序 FSJYA 中调用到的处理倒转时高度取值的函数子程序 HV 和迭加小块截面几何特性量的子例子程序 AD 均与第一章相同。

二、轴心拉压构件承载力计算

1. 基本公式

轴心受拉时,只计钢筋,不计混凝土受力,按现行的《公路钢筋混凝土及预应力混凝土桥涵设计规范》(JTG D62—2004)(以下简称《规范》)第 5.4.1 条,钢筋混凝土轴心受拉构件的正截面强度按下式计算:

$$\gamma_0 N_d \leq f_{sd} A_s \tag{2-1}$$

式中:γ_0——桥梁结构的重要性系数,按《规范》5.1.5 条取值;

N_d——构件所受到的轴心拉力;

f_{sd}——纵向钢筋抗拉强度设计值;

A_s——纵向钢筋截面面积。

轴心受压时,混凝土全断面起作用,当压杆的长细比达到一定数值时,配有普通箍筋的轴心受压构件要考虑稳定系数 ϕ 的折减,按《规范》第 5.3.1 条,其正截面强度按下式计算:

$$\gamma_0 N_d \leq 0.90\phi(f_{cd}A + f'_{sd}A'_s) \tag{2-2}$$

式中:γ_0——桥梁结构的重要性系数,按《规范》5.1.5 条取值;

N_d——构件所受到的轴心压力；

ϕ——轴压构件的稳定系数；

f_{cd}——混凝土抗压强度设计值；

A——混凝土构件毛截面面积；

f'_{sd}——纵向钢筋抗压设计强度；

A'_s——纵向钢筋截面面积。

当配置螺旋式或焊接环式间接钢筋时，且间接钢筋的换算截面面积 A_{so} 不小于全部纵向钢筋截面面积的 25%；间距不大于 80mm 或 $d_{cor}/5$，构件长细比 $l_0/i \leqslant 48$ 时，按《规范》第 5.3.2 条，其正截面强度按下式计算：

$$\gamma_0 N_d \leqslant 0.9(f_{cd}A_{cor} + f'_{sd}A'_s + kf_{sd}A_{so}) \tag{2-3}$$

式中：A_{cor}——构件核心截面面积；

A_{so}——螺旋式或焊接环式间接钢筋的换算截面面积，$A_{so} = \dfrac{\pi d_{cor} A_{sol}}{S}$；

d_{cor}——构件截面的核心直径；

A_{sol}——单根间接钢筋的截面面积；

S——沿构件轴线方向间接钢筋的螺距或间距；

其余各符号的意义都与式(2-1)、式(2-2)相同。

2. 程序框图

轴心拉压构件承载力计算的程序框图见图 2-1。

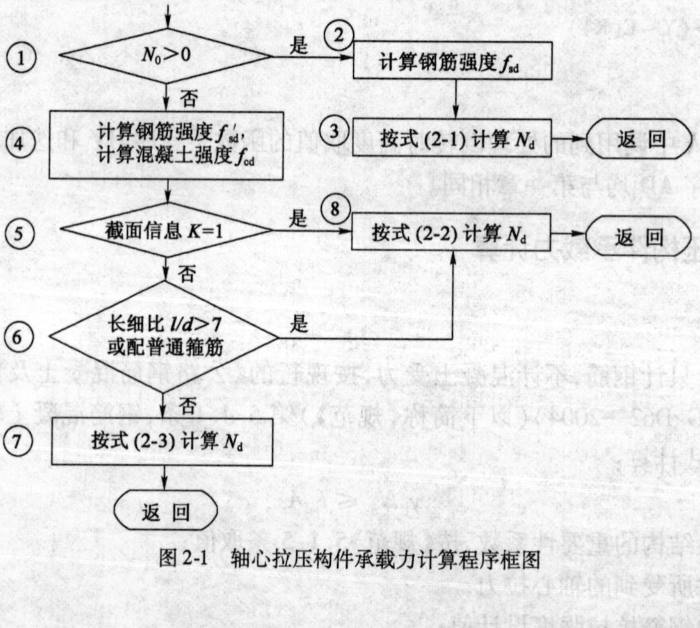

图 2-1　轴心拉压构件承载力计算程序框图

3. 源程序

图 2-1 中第②框、第④框中计算钢筋抗拉、抗压强度设计值 f_{sd}、f'_{sd} 及混凝土抗压强度设计值 f_{cd} 分别编写子程序来执行，第⑧框计算 N_d 的式(2-2)中的轴心受压构件的稳定系数 ϕ 也由子程序来完成，然后调用这些子程序给出轴心拉压构件承载力计算子程序。

根据混凝土强度等级计算混凝土强度及弹性模量的子程序 REH 语句如下：

```
SUBROUTINE REH(MK,FCD,FTD,EC,BETA,EPSLON)
```

（形式参数：MK——混凝土强度等级；FCD——混凝土抗压强度设计值；FTD——混凝土抗拉强度设计值；EC——混凝土弹性模量；BETA——按《规范》5.3.3 条计算偏心受压构件时截面受压区矩形应力图高度与实际受压区高度的比值系数；EPSLON——按《规范》5.3.3 条计算截面非均匀受压时混凝土的极限压应变）

```
DIMENSION FCDD(14),FTDD(14),ECD(14)
DATA FCDD/6.90,9.20,11.5,13.8,16.1,18.4,20.5,22.4,24.4,26.5,28.5, 30.5,32.4,34.6/
DATA FTDD/0.88,1.06,1.23,1.39,1.52,1.65,1.74,1.83,1.89,1.96,2.02,2.07,2.10,2.14/
DATA ECD/2.20E4,2.55E4,2.80E4,3.00E4,3.15E4,3.25E4,3.35E4,3.45E4,3.55E4,3.60E4,3.65E4,
$         3.70E4,3.75E4,3.80E4/
DATA BETAD/8 * 0.8,0.79,0.78,0.77,0.76,0.75,0.74/
```

（以上 4 个 DATA 语句是根据《规范》第 3.1.4 条、3.1.5 条及 5.3.3 条给不同强度等级混凝土的抗压强度设计值、抗拉强度设计值、弹性模量和偏心受压构件时截面受压区矩形应力图高度与实际受压区高度的比值系数赋初值）

```
I = MK/5-2
FCD = FCDD(I)
FTD = FTDD(I)
EC = ECD(I)
BETA = BETAD(I)
EPSLON = 0.003 + 0.0003 * (80.0 - MK)/30
IF(MK.LE.50) EPSLON = 0.0033
RETURN
END
```

根据钢筋种类计算钢筋强度、弹性模量及根据钢筋种类、混凝土等级计算受弯构件受压区混凝土高度界限系数的子程序 REG 语句如下：

```
SUBROUTINE REG(MG,MK,FSD,FSD1,ES,KCB)
```

（形式参数：MG——钢筋种类号；MK——混凝土强度等级；FSD——钢筋的抗拉强度设计值；FSD1——钢筋的抗压强度设计值；ES——钢筋的弹性模量；KCB——受弯构件混凝土受压区高度界限系数）

```
REAL KCB,KCD1,KCD2,KCD3
DIMENSION FSDD(3),FSD1D(3),ESD(3),KCD1(3),KCD2(3),KCD3(3)
DATA FSDD/195.0,280.0,330.0/
DATA FSD1D/195.0,280.0,330.0/
DATA ESD/2.1E5,2 * 2E5/,KCD1/0.62,0.56,0.53/
DATA KCD2/0.60,0.54,0.51/,KCD3/0.58,0.52,0.49/
```

（以上 4 个 DATA 语句是根据《规范》第 3.2.3 条、3.2.4 条、5.2.1 条给不同种类钢筋的抗拉强度设计值、抗压强度设计值、弹性模量和受弯构件混凝土受压区高度界限系数赋初值）

```
FSD = FSDD(MG)
FSD1 = FSD1D(MG)
ES = ESD(MG)
IF(MK.LE.50) KCB = KCD1(MG)
IF(MK.EQ.55.OR.MK.EQ.60) KCB = KCD2(MG)
IF(MK.GE.65) KCB = KCD3(MG)
RETURN
END
```

钢筋混凝土轴心受压构件稳定系数计算子程序 FIM 的源程序语句如下：

```
SUBROUTINE FIM(K,L0,HS,BS,NS,D,F,J,FE1)
```

（形式参数：K——截面类型指示信息，K = 0 为圆截面，K = 1 为用梯形节线法分块的任意截面；L0——受压构件的计算长度；HS、BS——梯形分块节线处到截面上边缘的距离及节线处宽度数组；NS——梯形分块的节线数；D——构件截面为圆截面时的直径；F、J——构件的截面面积和惯性矩；FE1——轴压构件稳定系数）

```
      REAL J,L0
      DIMENSION HS(NS),BS(NS),X1(22),X2(22),X3(22),FI(22)
      DATA X1/8.0,10.0,12.0,14.0,16.0,18.0,20.0,22.0,24.0,26.0, 28.0,30.0, 32.0, 34.0,36.0,38.0,
     $      40.0, 42.0,44.0,46.0,48.0,50.0/
      DATA X2/7.0,8.5,10.5,12.0,14.0,15.5,17.0,19.0,21.0,22.5,24.0, 26.0,28.0, 29.5,31.0,33.0,
     $      34.5, 36.5,38.0,40.0,41.5,43.0/
      DATA X3/28.0,35.0,42.0,48.0,55.0,62.0,69.0,76.0,83.0,90.0, 97.0,104.0,111.0, 118.0,125.0,
     $      132.0, 139.0,146.0,153.0,160.0, 167.0,174.0/
      DATA FI/1.0,0.98,0.95,0.92,0.87,0.81,0.75,0.70,0.65,0.60, 0.56,0.52,0.48, 0.44,0.40,0.36,
     $      0.32, 0.29,0.26,0.23,0.21,0.19/
```

（以上4个DATA语句是根据《规范》第5.3.1条的表5.3.1计算钢筋混凝土轴心受压构件的稳定系数赋初值，X1为表中的 l_0/b，X2为表中的 l_0/d，X3为表中的 l_0/r，FI为表中的稳定系数 ϕ）

```
      IF(K.EQ.0) GOTO 100
      IF(NS.EQ.2) GOTO 110
      X = L0/SQRT(J/F)
      FE1 = FE(X,X3,FI,22)
      RETURN
```

（以上为按梯形分块任意截面的 l_0/r 计算构件的纵向弯曲系数）

```
100   X = L0/D
      FE1 = FE(X,X2,FI,22)
      RETURN
```

（以上100标号开始的语句按圆形截面的 l_0/d 计算构件的纵向弯曲系数）

```
110   IF(BS(2).LE.HS(2)) X = L0/BS(2)
      IF(BS(2).GT.HS(2)) X = L0/HS(2)
      FE1 = FE(X,X1,FI,22)
      RETURN
```

（以上110标号开始的语句按矩形截面的 l_0/b 计算构件的纵向弯曲系数）

```
      END
```

以上计算构件的纵向弯曲系数时都用到内插的子程序FE，源程序语句如下：

```
      FUNCTION FE(X,XI,FI,N)
```

（形式参数：X——要计算 ϕ 值点的横坐标，XI——有 ϕ 数值的横坐标数组，即子程序FIM中的X1、X2、X3；FI——稳定系数 ϕ 值的数组；N——XI及FI数组的元素个数）

```
      DIMENSION XI(N),FI(N)
      IF(X.LE.XI(1)) GOTO 50
      IF(X.GE.XI(N)) GOTO 60
      DO 30 I = 1,N
        IF(X.LT.XI(I)) GOTO 40
30    CONTINUE
40    FE = FI(I-1) + (FI(I) - FI(I-1)) * (X - XI(I-1))/(XI(I) - XI(I-1))
```

（当要计算 ϕ 值点的横坐标在横坐标数组两个元素之间时，采用直线内插）

```
      RETURN
50    FE = 1.0
      RETURN
60    FE = 0.19
      RETURN
```

```
      END
```

轴心拉压构件承载力计算子程序 ESJM 可适用于圆截面的构件，也适用于用梯形节线分块的任意截面，源程序语句如下：

```
      SUBROUTINE ESJM(MK,NO,ND,A,AS,MG,FSD2,D,EG,DJ,S,FE,L0,K)
       （形式参数：MK——混凝土强度等级；NO——构件的设计轴力；ND——构件的正截面强度；A——混凝土截面面
       积；AS——钢筋面积数组，轴心拉压构件的钢筋面积放在 AS(1)中；MG——钢筋种类号；FSD2——圆截面构件螺
       旋箍筋的抗拉设计强度；D——圆截面构件的截面直径；EG——钢筋的位置数组，圆截面构件钢筋的保护层厚度放
       在 EG(1)中；DJ、S——圆截面配螺旋箍筋时的直径及纵向间距；FE——轴心受压构件的稳定系数；L0——受压构
       件的计算长度；K——截面类型指示信息，K=0 为圆截面，K=1 为用梯形节线法分块的任意截面）
      DIMENSION AS(2),EG(2)
      REAL NO,ND,L0,KCB,KS
      IF(NO)20,20,10  （图 2-1 中的第①框，判别构件受力性质）
10    CALL REG(MG,MK,FSD,FSD1,ES,KCB)  （图 2-1 第②框）
      ND=FSD*AS(1)*0.1  （图 2-1 第③框，按式(2-1)计算 Nd）
      RETURN
20    CALL REH(MK,FCD,FTD,EC,BETA,EPSLON)
      CALL REG(MG,MK,FSD,FSD1,ES,KCB)  （图 2-1 第④框）
      IF(K.EQ.1) GOTO 80  （图 2-1 第⑤框，判别构件截面类型）
      IF(L0/D.GT.12.0.OR.DJ.LE.1E-5) GOTO 80  （图 2-1 第⑥框）
      ASOL=3.1416*(DJ/10)**2/4  （以下开始执行图 2-1 第⑦框，按式(2-3)计算 Nd）
      ASO=3.1416*(D-2*EG(1))*ASOL/S
      IF((ASO.LT.0.25*AS(1)).OR.(S.GE.8).OR.(S.GE.(D-2*EG(1)/5))) GOTO 80
       （《规范》5.3.2 条，判别按螺旋式或焊接环式间接钢筋计算轴心受压构件承载力的条件）
      KS=2.0-0.3*(MK-50)/30.0
      IF(MK.LE.50) KS=2.0  （按《规范》5.3.2 条计算间接钢筋影响系数）
      ACOR=3.1416*(D-2*EG(1))**2/4
      ND=-0.9*(FCD*ACOR+FSD1*AS(1)+KS*FSD2*ASO)*0.1
      BJ=-0.9*FE*(FCD*A+FSD1*AS(1))*0.1
      IF(ND.LT.1.5*BJ) ND=1.5*BJ
       （考虑间接钢筋套箍作用计算的承载力不大于不考虑间接钢筋承载力的 1.5 倍，也不小于不考虑间接钢筋计算得
       到的承载力）
      IF(ND.GT.BJ) ND=BJ
      RETURN
80    ND=-0.9*FE*(FCD*A+FSD1*AS(1))*0.1  （图 2-1 第⑧框，按式(2-2)计算 Nd）
      RETURN
      END
```

三、受弯构件的承载力计算

1. 基本公式

如图 2-2 所示，受弯构件中和轴位置按下式确定：

$$f_{cd}A_c = f_{sd}A_s - f'_{sd}A'_s \tag{2-4}$$

式中：f_{cd}——混凝土抗压强度设计值；

A_c——混凝土受压区面积；

f_{sd}、f'_{sd}——钢筋抗拉、抗压强度设计值；

A_s、A'_s——受拉及受压钢筋面积。

按式(2-4)确定中和轴可以采用二分法进行，图 2-3 给出了二分法求中和轴的编程框图。它的基本思路是：先确定一个中和轴到截面上边缘距离的可能范围（可行区），设 $c_1 \leqslant y \leqslant c_2$，取这个可行区的中点作为中和轴 y 的初值进行试探，计算式(2-4)等号两边的值，若 $f_{cd}A_c < f_{sd}A_s - f'_{sd}A'_s$，则表示受压区太小，中和轴应下降，摒弃掉$(c_1, y)$的不可行区，在$(y, c_2)$这个范围内再寻找新的可行区；如果 $f_{cd}A_c > f_{sd}A_s - f'_{sd}A'_s$，则表示受压区太大，中和轴应上升，摒弃掉$(y, c_2)$的不可行区，在$(c_1, y)$这个范围内再寻找新的可行区……如此往复进行，直到可行区精度符合要求为止，可行区中点即为要计算的中和轴 y。

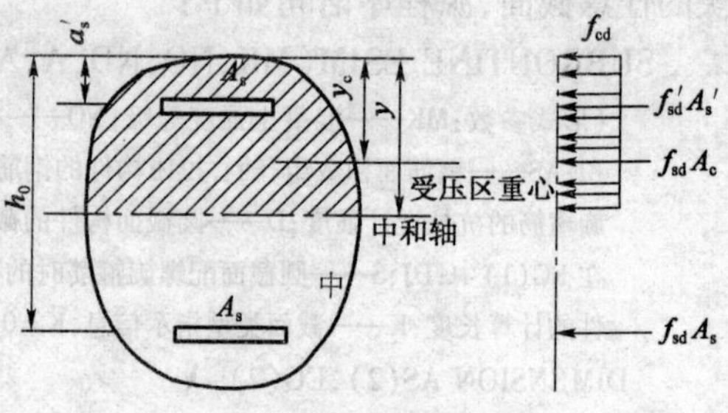

图 2-2　受弯构件计算图式

图 2-3 是二分法计算中和轴程序的框图。

求得中和轴后，受弯构件正截面强度按下式计算：

$$\gamma_0 M_d \leqslant f_{cd}A_c(h_0 - y_c) + f'_{sd}A'_s(h_0 - a'_s) \tag{2-5}$$

对于双筋断面，当中和轴 $y < 2a'_s$ 时，不计混凝土，正截面强度按下式计算：

$$\gamma_0 M'_d \leqslant f_{sd}A_s(h_0 - a'_s) \tag{2-6}$$

上式中：h_0——受弯构件混凝土截面有效高度；

y_c——混凝土截面受压区形心到截面上边缘的距离；

a'_s——受压区钢筋形心到截面上边缘的距离；

其余各符号的说明均与式(2-1) ~ 式(2-3)相同。

2. 程序框图

钢筋混凝土受弯构件承载力计算子程序的编程框图见图 2-4。

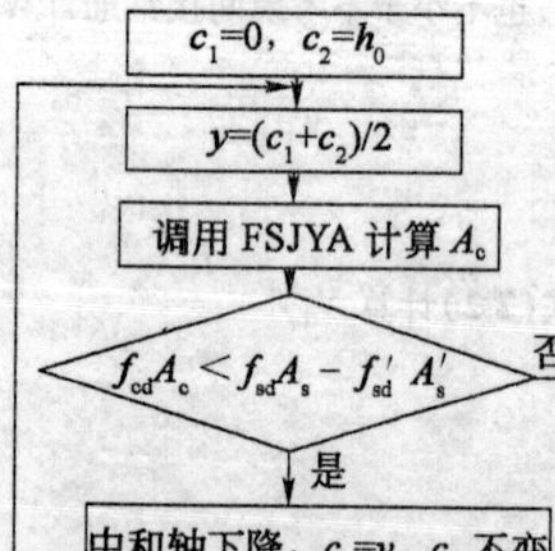

图 2-3　受弯构件计算中和轴程序框图

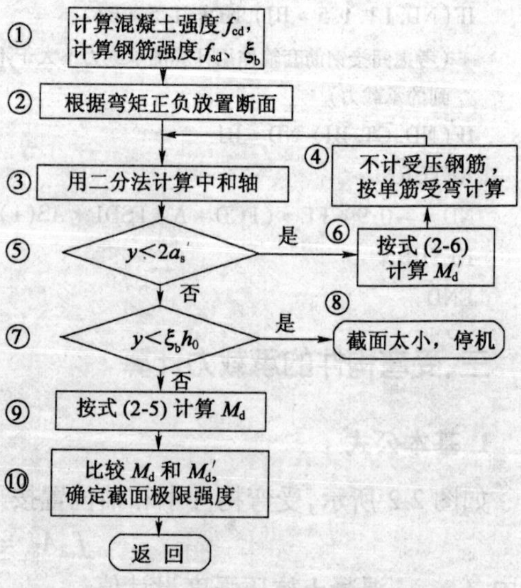

图 2-4　受弯构件承载力计算程序框图

3. 源程序

图 2-4 中第②框根据弯矩正负放置断面是由子程序 INV 来完成的，先列出该子程序，然后按图 2-4 的程序框图给出受弯构件正截面强度计算子程序 BMSTS1。

根据弯矩正负放置断面的子程序 INV 语句如下：

```
SUBROUTINE INV(M,MO,HS,NS,NGO,EG,E,AS1,AS)
  (形式参数:M——断面放置好后参加计算的弯矩;MO——构件的设计弯矩;HS——用梯形节线法描述断面时,节线
  到断面上边缘的距离数组;NS——断面的节线数;NGO——考虑弯矩正负的逻辑变量,负弯矩时,NGO 取“真”,正弯
  矩时取“假”;EG——输入的钢筋位置数组;E——断面放置后参加计算的钢筋位置数组;AS1——输入的钢筋面积
  数组;AS——断面放置后参加计算的钢筋面积数组)
 DIMENSION HS(NS),EG(2),E(2),AS1(2),AS(2)
 REAL M,MO
 LOGICAL NGO
 H = HS(NS)
 IF(NGO) GOTO 20  (负弯矩时程序转到标号 20 的语句执行)
 M = MO
 DO 10 I = 1,2
   E(I) = EG(I)
   AS(I) = AS1(I)
10 CONTINUE  (正弯矩时,断面不倒转,参加计算值即为设计弯矩、输入的钢筋距离和面积数组值)
 GOTO 30
20 M = -MO
 E(1) = H - EG(2)
 E(2) = H - EG(1)
 AS(1) = AS1(2)
 AS(2) = AS1(1)  (负弯矩时,断面倒转,确定参加计算的设计弯矩、钢筋距离和面积数组值)
30 RETURN
 END
```

受弯构件正截面强度计算子程序如下：

```
SUBROUTINE BMSTS1(MK,MO,MD,HS,BS,NS,EG,AS1,AS,MG,Y)
  (形式参数:MK——混凝土强度等级;MO——构件的设计弯矩;MD——构件所能承受的极限弯矩;HS——用梯
  形节线法描述断面时,节线到断面上边缘的距离数组;BS——节线处的宽度数组;NS——断面的节线数;EG——
  输入的钢筋位置数组;AS1——输入的钢筋面积数组;AS——断面放置后参加计算的钢筋面积数组;MG——钢筋
  种类号;Y——中和轴高度)
 DIMENSION HS(NS),BS(NS),EG(2),AS(2),AS1(2),E(2)
 LOGICAL NGO
 REAL MO,NN,M,J,MD,KCB,MD1
 NGO = MO.LT.0.0  (取正负弯矩指示信息 NGO)
 CALL REH(MK,FCD,FTD,EC,BETA,EPSLON)
 CALL REG(MG,MK,FSD,FSD1,ES,KCB)  (图 2-4 第①框)
 CALL INV(M,MO,HS,NS,NGO,EG,E,AS1,AS)  (图 2-4 第②框,按正负弯矩放置断面)
 IF(AS(1).GT.AS(2)) GOTO 75
72 MD1 = FSD * AS(1) * (E(1) - E(2)) * 0.001  (图 2-4 第⑥框,不计受压区钢筋时的断面极限弯矩)
 AS(2) = 0.0
```

```
      E(2) =0.0   (将受压区钢筋赋值为零,图 2-4 第④框)
75    H0 = E(1)
      C1 =0.0
      C2 = H0
81    Y = (C1 + C2)/2.0
      CALL FSJYA(1,Y,F,S,J,NS,BS,HS,NGO,E,AS,NN)
      IF(F * FCD.LT.FSD * AS(1) - FSD1 * AS(2)) C1 = Y
      IF(F * FCD.GE.FSD * AS(1) - FSD1 * AS(2)) C2 = Y
      IF(ABS((C2 - C1)/H0).GT.1E -4) GOTO 81  (以上按图 2-3 计算中和轴,图 2-4 第③框)
      IF(Y.LT.2 * E(2)) GOTO 72  (判别受压区高度,图 2-4 中第⑤框)
      IF(Y.GT.KCB * H0) STOP 'The X greater than KCB * H0'  (图 2-4 第⑦、第⑧框)
      YC = Y - S/F
      MD = (FCD * F * (H0 - YC) + FSD1 * AS(2) * (H0 - E(2))) * 0.001
       (图 2-4 第⑨框,计算受弯构件正截面强度)
      IF(MD1.GT.MD) MD = MD1
      IF(NGO) MD =  - MD   (图 2-4 第⑩框,比较确定断面极限弯矩)
      RETURN
      END
```

四、偏心拉压构件承载力计算

本节偏心拉压构件适用于能用梯形节线法划分的任意截面,基本公式涵盖了《规范》第 5.3.3条 ~5.3.7 条的偏心受压构件,也涵盖了第 5.4.2 条的偏心受拉构件,它既适用于小偏心受力构件,也适用于大偏心受力构件。

1. 基本公式

1)小偏心受拉构件

如图 2-5 所示当纵向拉力作用在钢筋 A_s 合力点与 A'_s 合力点之间时,按《规范》第 5.4.2 条其正截面抗拉承载力按下式计算:

$$\gamma_0 N_d e \leqslant f_{sd} A'_s (e + e') \qquad (2\text{-}7)$$

$$\gamma_0 N_d e' \leqslant f_{sd} A_s (e + e') \qquad (2\text{-}8)$$

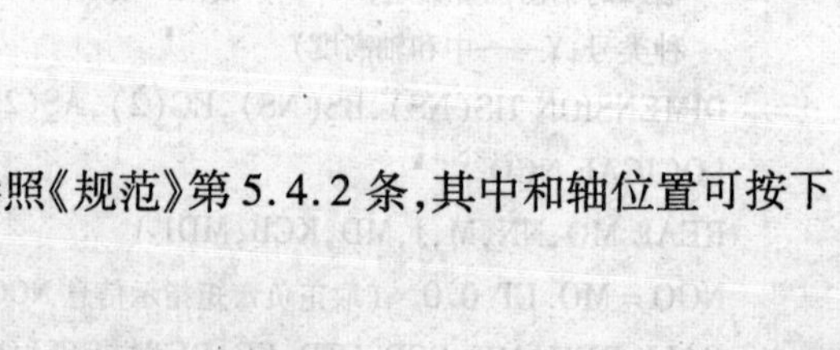

图 2-5　小偏心受拉构件计算图式

式中:γ_0 ——桥梁结构重要性系数;

其余各符号意义见图 2-5。

2)大偏心受拉构件

如图 2-6 所示任意截面的大偏心受拉构件,参照《规范》第 5.4.2 条,其中和轴位置可按下式计算:

$$f_{cd} A_c (e + h_0 - y_c) = f_{sd} A_s e - f'_{sd} A'_s e' \qquad (2\text{-}9)$$

参照《规范》式(5.4.2-3),大偏心受拉构件正截面抗拉承载力按下式计算:

$$\gamma_0 N_d \leqslant (f_{sd} A_s - f'_{sd} A'_s) - f_{cd} A_c \qquad (2\text{-}10)$$

当中和轴到截面上缘距离 $y < 2a'_s$ 时,不计混凝土受压面积,正截面抗拉承载力按下式计算:

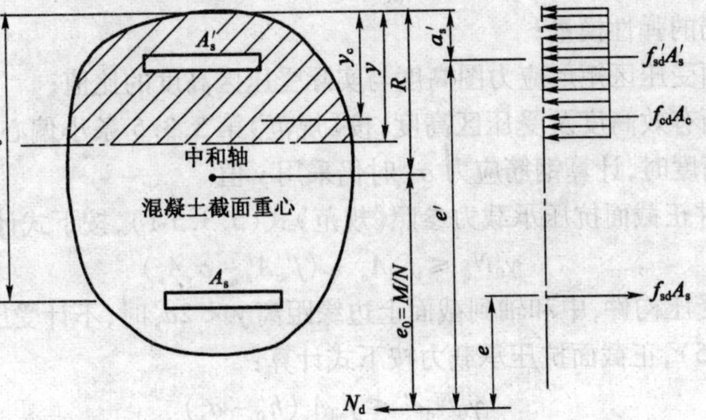

图 2-6　大偏心受拉构件计算图式

$$\gamma_0 N_d e' \leqslant f_{sd}A_s(h_0 - a_s') \tag{2-11}$$

偏心拉力 N_d 到钢筋 A_s、A_s' 合力点的距离 e、e' 按下式计算：

$$\left.\begin{aligned} e &= \left|e_0 + R - h_0\right| \\ e' &= e_0 + R - a_g' \end{aligned}\right\} \tag{2-12}$$

以上公式中 R 是纯混凝土截面形心到截面上边缘的距离，其余各符号意义均见图 2-6。

3）偏心受压

如图 2-7 所示任意截面的偏心受压构件，其中和轴位置可按下式计算：

$$f_{cd}A_c(e - h_0 + y_c) = \sigma_s A_s c \pm f_{sd}'A_s'e' \tag{2-13}$$

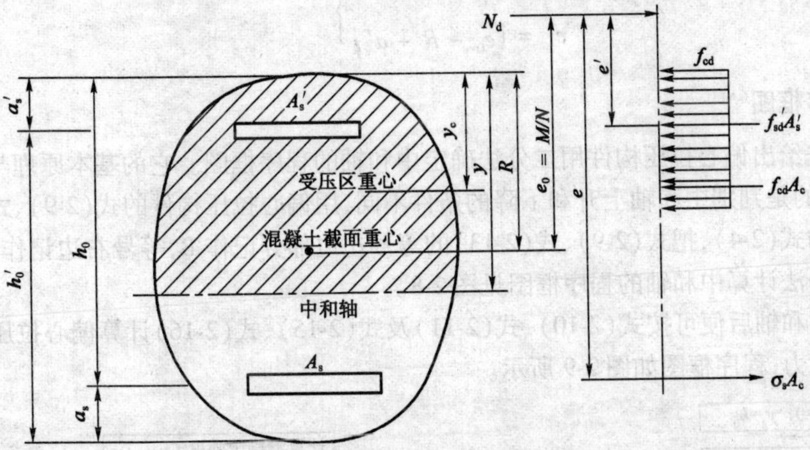

图 2-7　偏心受压构件计算图式

当纵向压力作用在钢筋 A_s 的合力点与钢筋 A_s' 的合力点之间时，式(2-13)等号左边第二项取正号，反之取负号。

按《规范》第 5.3.3 条偏心受压构件应以相对界限受压高度 $\xi_{b_{jg}}$ 作为判别大小偏心受压的条件，$\xi \leqslant \xi_b$ 时为大偏心受压，$\xi > \xi_b$ 时为小偏心受压，式(2-13)中 σ_s 按《规范》第 5.3.4 条分不同情况取为：

$$\sigma_s = \begin{cases} f_{sd}, \xi \leqslant \xi_b \\ \varepsilon_{cu}E_s(\beta h_0/y - 1), \xi > \xi_b \end{cases} \tag{2-14}$$

式中：f_{sd}——钢筋抗拉强度设计值；

ε_{cu}——截面非均匀受压时，混凝土的界限压应变；

E_s——钢筋的弹性模量；

β——截面受压区矩形应力图高度与实际受压区高度的比值；

h_0、y——截面有效高度及受压区高度，按《规范》第5.3.5条小偏心受压构件的y大于截面高度时，计算钢筋应力σ_s时仍采用y值。

偏心受压构件正截面抗压承载力参照《规范》式(5.3.5-1)，按下式计算：

$$\gamma_0 N_d \leqslant f_{cd}A_c + (f'_{sd}A'_s - \sigma_s A_s) \tag{2-15}$$

对于大偏心受压构件，中和轴到截面上边缘距离$y < 2a'_s$时，不计受压区混凝土面积，参照《规范》式(5.3.8-5)，正截面抗压承载力按下式计算：

$$\gamma_0 N_d e' \leqslant f_{sd}A_s(h'_0 - a_s) \tag{2-16}$$

对于小偏心受压构件，当纵向压力作用在钢筋A_s的合力点与钢筋A'_s的合力点之间时，参照《规范》式(5.3.5-4)，正截面抗压承载力按下式计算：

$$\gamma_0 N_d e' \leqslant f_{cd}A_c(h'_0 - y_c) + f'_{sd}A_s(h'_0 - a_s) \tag{2-17}$$

式中：A_c——混凝土截面的全面积；

y_c——全截面形心到截面下边缘的距离，按图2-7得$h'_0 - y_c = R - a'_s$；

h'_0——A'_s合力点到截面下边缘的距离；

其余符号意义同前。

偏心压力N_d到钢筋A_s、A'_s合力点的距离e、e'按下式计算：

$$\left.\begin{aligned} e &= e_0 - R + h_0 \\ e' &= |e_0 - R + a'_s| \end{aligned}\right\} \tag{2-18}$$

2. 程序框图

下面先给出偏心拉压构件用二分法确定中和轴的程序框图。它的基本原理与受弯构件相同，所不同的是判别中和轴上升和下降的条件不同，用偏心拉压构件的式(2-9)、式(2-13)代替受弯构件的式(2-4)，把式(2-9)、式(2-13)的等号左边部分记作B，等号右边记作A，偏心拉压构件用二分法计算中和轴的程序框图见图2-8。

求得中和轴后便可按式(2-10)、式(2-11)及式(2-15)、式(2-16)计算偏心拉压构件的正截面抗压承载力，程序框图如图2-9所示。

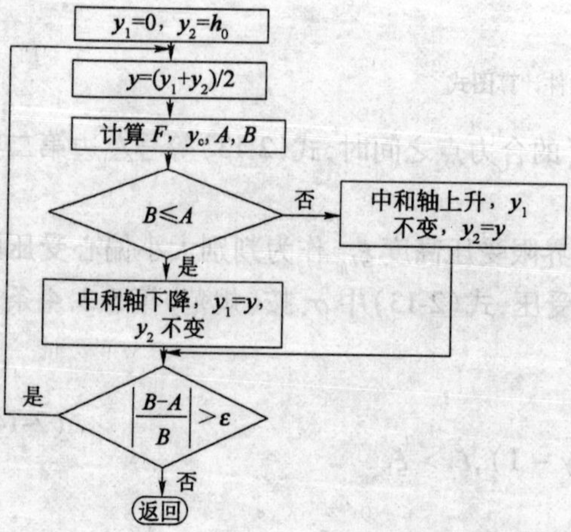

图2-8 偏心拉压构件计算中和轴程序框图

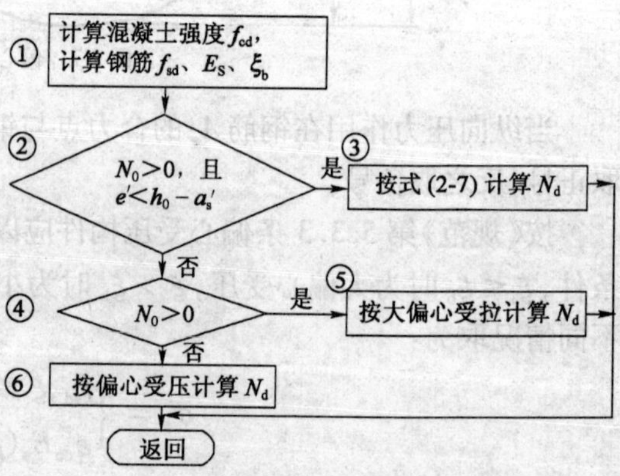

图2-9 偏心拉压构件承载力计算程序框图

3. 源程序

偏心拉压构件承载力计算程序 LEWES 包括以下几个子程序：

计算大偏心受拉构件中和轴和正截面强度的子程序 DLW；计算偏心受压构件中和轴和正截面强度的子程序 DSEW；计算偏心受拉和偏心受压构件中和轴和极限承载力的子程序 LEWZHZ；计算构件在弯矩作用平面内挠度对纵向力偏心距增大及增大后偏心距的子程序 ETAE1；计算纵向力到截面上下缘钢筋合力点距离的子程序 CEE1。

按式(2-8) ~式(2-10)计算大偏心受拉构件中和轴和正截面强度的子程序 DLW 源程序语句如下：

```
SUBROUTINE DLW(NS,BS,HS,FSD,FSD1,KCB,FCD,EE,EE1,AS,E,NGO,ND,Y,YE)
  (形式参数：NS——用梯形节线法描述断面时，断面的节线数；BS——节线处的宽度数组；HS——节线到断面上边缘
  的距离数组；FSD、FSD1、KCB——钢筋的强度 f_sd、f'_sd 和受压区高度界限系数 ξ_b；FCD——混凝土的抗压设计强度
  f_cd；EE、EE1——式(2-12)中的 e、e'；AS、E——钢筋面积和位置数组；NGO——考虑弯矩正负的逻辑变量；ND——
  构件正截面抗压承载力；Y——中和轴位置；YE——受压区极限高度)
  REAL KCB,J,NN,ND,ND1,ND2
  LOGICAL NGO
  DIMENSION BS(NS),HS(NS),E(2),AS(2)
  ND2 = 0.0
  IF(AS(2).LT.1E-5) IAG = 0   (IAG = 0 表示没有受压区钢筋或不计受压区钢筋)
  IF(AS(2).GT.1E-5) IAG = 1
  H0 = E(1)
  YE = KCB * H0
5  Y1 = 0.0
  Y2 = H0   (中和轴可行区的初值)
10 Y = (Y1 + Y2)/2.0   (取可行区中点作为中和轴进行计算)
  CALL FSJYA(1,Y,F,S,J,NS,BS,HS,NGO,E,AS,NN)
  YC = Y - S/F   (计算中和轴 Y 时的混凝土受压区面积及形心)
  IF(IAG.EQ.1) THEN
    A = (FSD * AS(1) * EE - FSD1 * AS(2) * EE1) * 0.001   (分不同情况计算式(2-9)等号的右边部分)
    IF(A.GT.0.0) THEN
      NAG = 1   (NAG = 1 表示受拉区钢筋对外力合力点的力矩大于受压区钢筋对外力合力点的力矩)
    ELSE
      NAG = 0
      A = FSD * AS(1) * EE * 0.001
        (不计受压钢筋，此时给指示信息 NAG 赋值为 0，计算式(2-9)等号的右边部分)
    ENDIF
  ELSE
    A = FSD * AS(1) * EE * 0.001   (IAG = 0 时不计受压钢筋，再计算式(2-9)等号的右边部分)
  ENDIF
  B = FCD * F * (EE + E(1) - YC) * 0.001   (计算式(2-9)等号的左边部分)
  IF(B.LE.A) Y1 = Y   (中和轴下降)
  IF(B.GT.A) Y2 = Y   (中和轴上升)
  IF(Y.GT.0.95 * H0) THEN
    AS(1) = 8192   (表示大偏心受拉构件配筋设计不合理时，给钢筋赋大值，结束)
```

```
      RETURN
    ENDIF
    IF(ABS((B-A)/B).GT.1E-4) GOTO 10  （判别中和轴计算精度，以上为按图2-8程序框图确定中和轴）
    IF(IAG.EQ.1) ND1=(FSD*AS(1)-FSD1*AS(2)-FCD*F)*0.1
      （计入受压钢筋，按式2-10计算抗拉承载力 Nd ）
    IF(IAG.EQ.0.OR.NAG.EQ.0) ND1=(FSD*AS(1)-FCD*F)*0.1
      （不计受压钢筋时的截面抗拉承载力 Nd ）
    IF(IAG.EQ.0.OR.NAG.EQ.0) GOTO 20
    IF(NAG.EQ.1.AND.Y.LT.2.0*E(2)) THEN
      ND2=FSD*AS(1)*(E(1)-E(2))/EE1*0.1
        （有受压钢筋，但截面受压区高度 y≤2as 时，按式(2-11)计算抗拉承载力 Nd，然后不计受压钢筋，返回标号5
        的语句，再求中性轴和截面抗拉承载力 Nd ）
      IAG=0
      NAG=0
      GOTO 5
    ENDIF
20  IF(ND2.LT.ND1) ND=ND1
    IF(ND2.GT.ND1) ND=ND2  （比较确定构件的正截面抗拉承载力 Nd ）
    RETURN
    END
```

按式(2-12)～式(2-16)计算偏心受压构件中和轴和正截面抗压承载力的子程序 DSEW 源程序语句如下：

```
    SUBROUTINE DSEW(NS,BS,HS,FSD,FSD1,KCB,ES,EE,EE1,AS,E,NGO,ND,MK,Y,YE)
      （形式参数：NS——用梯形节线法描述断面时，断面的节线数；BS——节线处的宽度数组；HS——节线到断面上
      边缘的距离数组；FSD、FSD1、KCB——钢筋的强度 fsd、f'sd 和受压区高度界限系数 ξb ；ES——钢筋弹性模量；EE、
      EE1——式(2-18)中的 e、e'；AS、E——钢筋面积和位置数组；NGO——考虑弯矩正负的逻辑变量；ND——构件正
      截面抗压承载力；MK——混凝土强度等级；Y——中和轴位置；YE——受压区极限高度）
    REAL KC,J,NN,ND,ND1,ND2,ND3,KCB
    LOGICAL NGO
    DIMENSION BS(NS),HS(NS),E(2),AS(2)
    ND2=0.0
    IF(AS(2).GT.1E-4) IAG=1
    IF(AS(2).LT.1E-4) IAG=0  （IAG=0表示没有受压区钢筋或不计受压区钢筋）
    IF(IAG.EQ.1) E2=E(2)
    IF(IAG.EQ.0) E2=0.0
    H0=E(1)
    E2=E(2)
    YE=KCB*H0
    H=HS(NS)
    CALL FSJYA(1,H,FA,S,J,NS,BS,HS,NGO,E,AS,NN)  （计算全断面的截面几何特性）
    R=H-S/FA  （R为混凝土全断面形心到上边缘的距离）
5   Y1=0.0
    Y2=2*HS(NS)  （确定中和轴可行区的初值，因为小偏心受压构件中和轴可能在截面以外，取 y2 为截面高度
                 2倍）
```

```
10     Y = (Y1 + Y2)/2.0
       CALL FSJYA(1,Y,F,S,J,NS,BS,HS,NGO,E,AS,NN)
       YC = Y - S/F  （计算中和轴 Y 时的混凝土受压区面积及形心）
       KC = Y/H0
       IF(KC.LE.KCB) SS = FSD  （按《规范》5.3.4 条及式(2-14)计算受拉钢筋的应力σs）
       IF(KC.GT.KCB) THEN
         CALL REH(MK,FCD,FTD,EC,BETA,EPSLON)
         SS = EPSLON * ES * (BETA * E(1)/Y - 1.0)
       ENDIF
       IF(SS.GT.FSD) SS = FSD
       IF(SS.LT.(-FSD)) SS = -FSD
       IF(EE.GE.H0 - E2) THEN  （当纵向力作用在 As、A's 钢筋合力点之外时）
         IF(IAG.EQ.1) THEN  （IAG = 1 表示计入受压区钢筋）
           A = (SS * AS(1) * EE - FSD1 * AS(2) * EE1) * 0.001  （计算式(2-13)等号的右边部分）
           IF(A.GT.0.0) THEN
             NAG = 1  （NAG = 1 表示受拉区钢筋对外力合力点的力矩大于受压区钢筋对外力合力点的力矩）
           ELSE
             NAG = 0
             A = SS * AS(1) * EE * 0.001  （不计受压钢筋时，NAG 赋值为 0，计算式(2-13)等号的右边部分）
           ENDIF
         ELSE
           A = SS * AS(1) * EE * 0.001  （IAG = 0 时不计受压钢筋，再计算式(2-13)等号的右边部分）
         ENDIF
       ELSE  （当纵向力作用在 As、A's 钢筋合力点之间时）
         NAG = 1
        IF(IAG.EQ.1) A = (SS * AS(1) * EE + FSD1 * AS(2) * EE1) * 0.001  （计算式(2-13)等号的右边部分）
         IF(IAG.EQ.0) A = SS * AS(1) * EE * 0.001  （不计受压钢筋时，计算式(2-13)等号的右边部分）
       ENDIF
       IF(Y.GE.H) THEN
        B = FCD * FA * (EE - E(1) + R) * 0.001
        （当中和轴在截面以外时，按混凝土全断面计算式(2-13)等号的左边部分）
       ELSE
         B = FCD * F * (EE - E(1) + YC) * 0.001  （计算式(2-13)等号的左边部分）
       ENDIF
       IF(B.LE.A) Y1 = Y  （中和轴下降）
       IF(B.GT.A) Y2 = Y  （中和轴上升）
         IF(ABS((B - A)/B).GT.1E-4) GOTO 10  （判别中和轴计算精度，以上为按图 2-8 程序框图确定中和轴）
       IF(IAG.EQ.1) THEN
         IF(Y.GE.H) THEN
           ND1 = -(FCD * FA + FSD1 * AS(2) - SS * AS(1)) * 0.1
           （当中和轴在截面以外，按式(2-15)计算抗压承载力 Nd 时取混凝土全断面面积）
       ELSE
       ND1 = -(FCD * F + FSD1 * AS(2) - SS * AS(1)) * 0.1  （按式(2-15)计算极限承载力 Nd）
       ENDIF
```

```
      ENDIF
      IF(IAG.EQ.0.OR.NAG.EQ.0) THEN
        ND1 = -(FCD * F - SS * AS(1)) * 0.1  （不计受压钢筋时的正截面抗压承载力 Nd）
        GOTO 20
      ENDIF
      IF(NAG.EQ.1.AND.Y.LT.2.0 * E(2)) THEN
        ND2 = -FSD * AS(1) * (E(1) - E(2))/EE1 * 0.1
        （有受压钢筋，但截面受压区高度 y ≤ 2as 时，按式(2-16)计算抗压承载力 Nd，然后不计受压钢筋，返回标号5
        的语句，再求中性轴和截面抗压承载力 Nd）
       IAG = 0
       NAG = 0
       GOTO 5
       ENDIF
20    IF(ABS(ND2).LT.ABS(ND1)) ND = ND1
      IF(ABS(ND2).GE.ABS(ND1)) ND = ND2  （比较确定构件截面的极限承载力 Nd）
      IF(NAG.EQ.0) E2 = 0
      IF(EE.GT.E(1) - E2) RETURN
      （参照《规范》第5.3.5条，对小偏心受压构件，当轴向力作用在纵向钢筋 As、A's钢筋合力点之间时，抗压承载力应
      符合《规范》式(5.3.5-4)规定，以下按式(2-17)计算极限承载力 Nd）
      ND3 = -(FCD * FA * (R - E(2)) + FSD1 * AS(1) * (E(1) - E(2)))/EE1 * 0.1
      IF(ND3.GT.ND) ND = ND3  （比较确定构件正截面的抗压承载力 Nd）
      RETURN
      END
```

将以上大偏心受拉及偏心受压计算构件中和轴和正截面强度的子程序合并为一个子程序，取名为 LEWZHZ，编程框图见图 2-9，源程序语句如下：

```
      SUBROUTINE LEWZHZ(NS,BS,HS,MK,MG,EE,EE1,AS,E,NGO,NO,ND,Y,YE)
      （形式参数：NS——用梯形节线法描述断面时，断面的节线数；BS——节线处的宽度数组；HS——节线到断面上边
      缘的距离数组；MK——混凝土强度等级；MG——钢筋种类号；EE、EE1——偏心力到受拉和受压钢筋重心处的距
      离 e、e'；AS、E——钢筋面积和位置数组；NGO——考虑弯矩正负的逻辑变量；NO——设计的偏心轴力；ND——构
      件正截面抗压承载力；Y——中和轴位置；YE——受压区极限高度）
      REAL KC,KCB,J,NN,NO,ND,ND1
      LOGICAL NGO
      DIMENSION BS(NS),HS(NS),E(2),AS(2)
      CALL REH(MK,FCD,FTD,EC,BETA,EPSLON)
      CALL REG(MG,MK,FSD,FSD1,ES,KCB)  （图2-9中第①框）
      IF(NO.GT.0.0.AND.EE1.LT.E(1) - E(2)) THEN  （判别构件受力性质，图2-9第②框）
        IF(EE.GE.1E-4) ND = (FSD * AS(2) * (EE + EE1))/EE * 0.1
        ND1 = (FSD * AS(1) * (EE + EE1))/EE1 * 0.1  （以上是按式(2-7)计算抗拉承载力 Nd，图2-9第③框）
        IF(ND1.LT.ND) ND = ND1  （比较确定小偏心受拉时的抗拉承载力 Nd）
        RETURN
      ENDIF
      IF(NO.GT.0.0) THEN  （判别构件受力性质，图2-9第④框）
        CALL DLW(NS,BS,HS,FSD,FSD1,KCB,FCD,EE,EE1,AS,E,NGO,ND,Y,YE)
        RETURN  （按大偏心受拉构件计算抗拉承载力 Nd，图2-9第⑤框）
```

```
ENDIF
CALL DSEW(NS,BS,HS,FSD,FSD1,KCB,ES,EE,EE1,AS,E,NGO,ND,MK,Y,YE)
```
（按偏心受压构件计算正截面抗压承载力 N_d，图2-9第⑥框）
```
END
```

《规范》第5.3.10条规定：计算偏心受压构件正截面承载力时，对长细比 $l_0/i > 17.5$ 的构件，应考虑构件在弯矩作用平面内的挠度对轴向力偏心距的影响，应将轴向力对截面重心轴的偏心距 e_0 乘以偏心距增大系数 η：

$$\eta = \frac{1}{1400e_0/h_0}\left(\frac{l_0}{h}\right)^2\xi_1\xi_2 \tag{2-19}$$

$$\xi_1 = 0.2 + 2.7\frac{e_0}{h_0} \leqslant 1.0$$

$$\xi_2 = 1.15 - 0.1\frac{l_0}{h} \leqslant 1.0$$

式中：l_0 ——构件的计算长度；

e_0 ——轴向力对截面重心轴的偏心距；

h_0 ——截面有效高度，对圆形截面取 $h = r + r_s$；

h——截面高度，对圆形截面取 $h = 2r$，r 为圆截面半径；

ξ_1 ——荷载偏心率对截面曲率的影响系数；

ξ_2 ——构件长细比对截面曲率的影响系数。

计算偏心受压构件偏心距增大系数 η 及根据初始偏心距 e_0 计算考虑增大系数 η 后的偏心距 e_{01} 由子程序 ETAE1 来完成，源程序语句如下：

```
SUBROUTINE ETAE1(L0,NS,BS,HS,NO,AS,E,NGO,E0,E01)
```
（形式参数：L0——构件的计算长度；NS——用梯形节线法描述断面时，断面的节线数；BS——节线处的宽度数组；HS——节线到断面上边缘的距离数组；NO——受压构件轴向力；AS、E——钢筋面积和位置数组；NGO——考虑弯矩正负的逻辑变量；E0——初始偏心距；E01——增大后的偏心距）
```
REAL L0,NO,J,IH,NN
LOGICAL NGO
DIMENSION BS(NS),HS(NS),AS(2),E(2)
IF(NO.GT.0.0) THEN （受拉构件，轴向力N0 > 0时不考虑偏心距增大）
  E01 = E0
  RETURN
ENDIF
H = HS(NS)
CALL FSJYA(1,H,F,S,J,NS,BS,HS,NGO,E,AS,NN)
Y2 = S/F
J = J - Y2 * Y2 * F
RW = SQRT(J/F)
IF(L0/RW.LE.17.5) THEN （偏心受压构件长细比l0/i < 17.5时不考虑偏心距增大）
  E01 = E0
  RETURN
ENDIF
H0 = E(1)
```

```
CATA1 = 0.2 + 2.7 * E0/H0
IF (CATA1.GE.1.0) CATA1 = 1.0  （计算荷载偏心率对截面曲率的影响系数ξ1）
CATA2 = 1.15 - 0.01 * L0/H
IF (CATA2.GE.1.0) CATA2 = 1.0  （计算构件长细比对截面曲率的影响系数ξ2）
ETA = 1 + H0/1400/E0 * L0 * L0/H/H * CATA1 * CATA2  （按式(2-18)计算偏心距增大系数η）
E01 = E0 * ETA  （计算增大后的偏心距）
RETURN
END
```

计算轴向力到截面上下缘钢筋合力点距离 e、e' 的子程序 CEE1 如下：

```
SUBROUTINE CEE1(NO,NS,BS,HS,NGO,E,AS,NN,E01,EE,EE1)
```

（形式参数：NO——受压构件轴向力；NS——用梯形节线法描述断面时，断面的节线数；BS——节线处的宽度数组；HS——节线到断面上边缘的距离数组；NGO——考虑弯矩正负的逻辑变量；E、AS——钢筋位置和面积数组；NN——钢筋和混凝土的弹性模量比值；E01——增大后的偏心距；EE——轴向力到截面下缘钢筋合力点的距离 e；EE1——轴向力到截面上缘钢筋合力点的距离 e'）

```
REAL NN,J,NO
LOGICAL NGO
DIMENSION BS(NS),HS(NS),E(2),AS(2)
H = HS(NS)
CALL FSJYA(1,H,F,S,J,NS,BS,HS,NGO,E,AS,NN)
R = H - S/F  （计算混凝土全截面重心到截面上边缘的距离）
IF(NO.LT.0.0) THEN
  EE = E01 - R + E(1)
  EE1 = ABS(E01 - R + E(2))  （按式(2-17)计算受压构件轴向力到截面上下缘钢筋合力点的距离e、e'）
ELSE
  EE = ABS(E01 + R - E(1))
  EE1 = E01 + R - E(2)  （按式(2-1)计算受拉构件轴向力到截面上下缘钢筋合力点的距离e、e'）
ENDIF
RETURN
END
```

以下给出偏心拉压构件承载力计算的子程序 LEWES，源程序语句如下：

```
SUBROUTINE LEWES(L0,NS,BS,HS,NO,ND,AS,E,MK,MG,NGO,E0,NN,Y,YE)
```

（形式参数：L0——偏心受压构件时的构件计算长度；NS——用梯形节线法描述断面时，断面的节线数；BS——节线处的宽度数组；HS——节线到断面上边缘的距离数组；NO——设计的偏心轴力；ND——构件正截面承载力；AS、E——钢筋面积和位置数组；MK——混凝土强度等级；MG——钢筋种类号；NGO——考虑弯矩正负的逻辑变量；E0——轴向力的初始偏心距；NN——钢筋和混凝土的弹性模量比值；Y——中和轴位置；YE——受压区极限高度）

```
REAL L0,NO,ND,NN
LOGICAL NGO
DIMENSION BS(NS),HS(NS),E(2),AS(2)
CALL ETAE1(L0,NS,BS,HS,NO,AS,E,NGO,E0,E01)  （计算增大后的偏心距e01 = ηe0）
CALL CEE1(NO,NS,BS,HS,NGO,E,AS,NN,E01,EE,EE1)  （计算轴向力到钢筋合力点的距离e、e'）
CALL LEWZHZ(NS,BS,HS,MK,MG,EE,EE1,AS,E,NGO,NO,ND,Y,YE)
  （计算偏心受力构件的正截面承载力Nd及中和轴到截面上边缘的距离y）
RETURN
END
```

五、任意受力的钢筋混凝土构件承载力计算

1. 程序框图

利用以上给出的各个子程序，输入基本计算数据，计算程序根据构件受力情况判别调用不同的子程序，计算钢筋混凝土构件截面的承载力，进行承载力验算，打印输出计算结果，根据输入指示信息确定程序下一步走向。

任意受力钢筋混凝土构件承载力计算程序的编程框图见图 2-10。

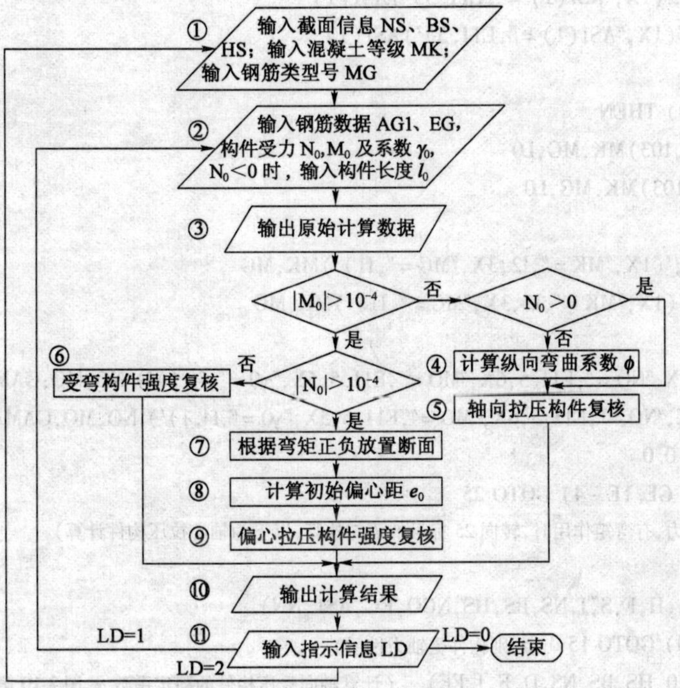

图 2-10　截面承载力计算程序编程框图

2. 主程序

```
      PROGRAM LEW0  （主程序取名为 LEW0）
      CHARACTER * 4 STR
      REAL L0,NO,MO,J,NN,M,ND,MD
      LOGICAL NGO
      DIMENSION EG(2),AS1(2),BS(50),HS(50),E(2),AS(2)
      OPEN(1,FILE='LEW0.DAT')
      OPEN(2,FILE='LEW0.OUT')
      （用数据文件 LEW0.DAT 输入原始计算数据，计算结果存放在输出数据文件 LEW0.OUT 中）
5     READ(1,*)NS,(BS(I),HS(I),I=1,NS)
      READ(1,*)MK,MG  （输入截面信息、混凝土强度等级、钢筋种类号，图 2-10 第①框）
10    READ(1,*)(AS1(I),EG(I),I=1,2)
      READ(1,*)NO,MO,GAMA0  （输入钢筋数据、构件受力及桥梁结构重要性系数）
      IF(NO.LT.0.0) READ(1,*)L0  （当构件受压时输入受压构件的计算长度，图 2-10 第②框）
      WRITE(*,'(/1x,"输入的计算数据:")')
```

```
      (以下用屏幕显示及写入数据文件两种方式输出原始计算数据,用作计算校核,图 2-10 第③框)
      WRITE(2,'(/1x,"输入的计算数据:")')
      WRITE( * ,101) (BS(I),HS(I),I=1,NS)
      WRITE(2,101) (BS(I),HS(I),I=1,NS)
      IF(ABS(MO).GT.1E-4) THEN
         WRITE( * ,102) (AS1(I),EG(I),I=2,1,-1)
         WRITE(2,102) (AS1(I),EG(I),I=2,1,-1)
      ELSE
         WRITE( * ,'(1X,"AS1(1)=",E11.5)')AS1(1)
         WRITE(2,'(1X,"AS1(1)=",E11.5)')AS1(1)
      ENDIF
      IF(NO.LT.0.0) THEN
         WRITE( * ,103)MK,MG,L0
         WRITE(2,103)MK,MG,L0
      ELSE
         WRITE( * ,'(1X,"MK=",I2,3X,"MG=",I1)')MK,MG
         WRITE(2,'(1X,"MK=",I2,3X,"MG=",I1)')MK,MG
      ENDIF
      WRITE( * ,'(1X,"NO=",E11.5,6X,"MO=",E11.5,5X,"γ0=",f4.1)') NO,MO,GAMA0
      WRITE(2,'(1X,"NO=",E11.5,6X,"MO=",E11.5,5X,"γ0=",f4.1)') NO,MO,GAMA0
      NGO=MO.LT.0.0
      IF (ABS(MO).GE.1E-4) GOTO 25
      (判别构件受力,有弯矩作用时,转向 25 标号的语句执行,以下为轴心拉压构件计算)
      H=HS(NS)
      CALL FSJYA(1,H,F,S,J,NS,BS,HS,NGO,EG,AS1,NN)
      IF(NO.GT.0.0) GOTO 15  (判别构件受轴力性质)
      CALL FIM(1,L0,HS,BS,NS,D,F,J,FE)  (计算轴向受压构件的稳定系数 φ,图 2-10 第④框)
15    CALL ESJM(MK,NO,ND,F,AS1,MG,FSD2,D,EG,DJ,S1,FE,L0,1)
      (轴向拉压构件的承载力计算,图 2-10 第⑤框)
      GOTO 40
25    IF(ABS(NO).GE.1E-4) GOTO 30  (判别构件上是否有轴力作用)
      CALL BMSTS1(MK,MO,MD,HS,BS,NS,EG,AS1,AS,MG,Y)
      (无轴力作用时,按受弯构件计算,图 2-10 第⑥框)
      GOTO 40
30    CALL INV(M,MO,HS,NS,NGO,EG,E,AS1,AS)  (根据弯矩正负放置断面,图 2-10 第⑦框)
      E0=ABS(MO/NO)*100  (计算初始偏心距,图 2-10 第⑧框)
      CALL ETAE1(L0,NS,BS,HS,NO,AS,E,NGO,E0,E01)  (计算偏心受压构件的偏心距增大)
      CALL CEE1(NO,NS,BS,HS,NGO,E,AS,NN,E01,EE,EE1)  (计算轴向力到钢筋合力点的距离 e、e')
      CALL LEWES(L0,NS,BS,HS,NO,ND,AS,E,MK,MG,NGO,E0,NN,Y,YE)
      (按偏心拉压构件计算,图 2-10 第⑨框)
40    WRITE( * ,'(/1x,"输出计算结果:")')
      WRITE(2,'(/1x,"输出计算结果:")')
      IF(ABS(MO).LT.1E-4) THEN  (判别不同受力性质,输出不同的计算结果)
         IF(NO.GE.0) THEN
```

```
            WRITE( *, *)'轴心受拉构件'  (当 M0 = 0、N0 > 0 时,为轴心受拉构件)
            WRITE(2, *)'轴心受拉构件'
          ELSE
            WRITE( *, *)'轴心受压构件'  (当 M0 = 0、N0 < 0 时,为轴心受压构件)
            WRITE(2, *)'轴心受压构件'
          ENDIF
        ELSE
          IF(ABS(NO).LT.1E-4) THEN  (当 M0 ≠ 0、N0 = 0 时为纯弯曲构件,输出中和轴高度)
            WRITE( *,106)Y
            WRITE(2,106)Y
          ELSE
            IF(NO.GT.0)THEN  (当 M0 ≠ 0、N0 > 0,为偏心受拉构件)
              IF (EE1.LT.(EG(1) - EG(2))) THEN
               (当轴力作用点在受拉和受压钢筋之间时为小偏心受拉构件)
                WRITE( *, *)'小偏心受拉构件'
                WRITE(2, *)'小偏心受拉构件'
              ELSE  (当轴力作用点在受拉和受压钢筋之外时为大偏心受拉构件,输出中和轴高度)
                WRITE( *,107)Y
                WRITE(2,107)Y
              ENDIF
            ELSE  (当 M0 ≠ 0、N0 < 0,为偏心受压构件)
              IF (Y.LE.YE) THEN  (当中和轴高度小于受压区相对界限高度时为大偏心受压构件,输出中和轴
               高度)
                WRITE( *,108)Y
                WRITE(2,108)Y
              ELSE  (当中和轴高度大于受压区相对界限高度时为小偏心受压构件,输出中和轴高度)
                WRITE( *,109)Y
                WRITE(2,109)Y
              ENDIF
            ENDIF
          ENDIF
        ENDIF
45    IF(ABS(NO).GT.1E-4) THEN
        STR = ' < '
        IF(ABS(ND - GAMA0 * NO).LT.0.1) STR = ' = '
        IF(ABS(ND) - ABS(GAMA0 * NO).GE.0.1) STR = ' > '
        WRITE( *,104)GAMA0 * NO,ND,STR,('*',I = 1,50)
          (轴心拉压及偏心拉压时,输出设计内力及截面承载力)
        WRITE(2,104)GAMA0 * NO,ND,STR,('*',I = 1,50)
      ELSE
        STR = ' < '
        IF(ABS(MD - GAMA0 * MO).LT.0.1) STR = ' = '
        IF(ABS(MD) - ABS(GAMA0 * MO).GE.0.1) STR = ' > '
        WRITE( *,105)GAMA0 * MO,MD,STR,('*',I = 1,50)  (纯弯曲时,输出设计弯矩及截面承载弯矩)
```

```
      WRITE(2,105)GAMA0*MO,MD,STR,('*',I=1,50)
    ENDIF
    READ(1,*)LD  (输入下一步计算指示信息,以确定程序的不同转向,图2-10第⑪框)
    IF(LD-1)50,10,5
50  STOP
101 FORMAT(5X,'BS(I)',11X,'HS(I)'/(1X,E11.5,5X,E11.5))
102 FORMAT(4X,'AS1(I)'11X,'EG(I)'/(1X,E11.5,5X,E11.5))
103 FORMAT(1X,'MK=',I2,3X,'MG=',I1,3X,'L0=',E11.5)
104 FORMAT (1X,'设计轴力=',E11.5,2X,'截面承载力=',E11.5/1X, '截面承载力',A4,'设计轴力'/80A1)
105 FORMAT (1X,'设计弯矩=',E11.5,2X,'截面承载弯矩=',E11.5/1X, '截面承载弯矩',A4,'设计弯矩'/80A1)
106 FORMAT (1X,'纯弯曲受力构件,中和轴到截面上缘距离: y=',F6.2)
107 FORMAT (1X,'大偏心受拉构件,中和轴到截面上缘距离: y=',F6.2)
108 FORMAT (1X,'大偏心受压构件,中和轴到截面上缘距离: y=',F6.2)
109 FORMAT (1X,'小偏心受压构件,中和轴到截面上缘距离: y=',F6.2)
    END
```

第二节　任意受力钢筋混凝土构件的配筋设计

与承载力计算相反,配筋设计是根据构件已定的横断面尺寸及所受到的设计荷载,计算构件所需要的钢筋面积,本节所适用的断面与本章第一节相同,以下先给出轴心受力构件、受弯构件及偏心受力构件的钢筋面积计算子程序,然后再来讨论优化设计,最后给出任意断面钢筋混凝土构件的配筋设计优化程序。

一、轴心拉压构件的配筋设计

1. 基本公式

由式(2-1)得到轴心受拉构件的钢筋面积计算式如下:

$$A_s \geqslant \gamma_0 N_d \frac{1}{f_{sd}} \tag{2-20}$$

由式(2-2)、式(2-3)得到轴心受压构件的钢筋面积计算式如下:

$$A'_s \geqslant \left(\frac{\gamma_0 N_d}{0.9\phi} - f_{cd}A\right)\frac{1}{f'_{sd}} \tag{2-21}$$

$$A'_s \geqslant \left(\frac{\gamma_0 N_d}{0.9} - f_{cd}A_{cor} - kf'_{sd}A_{so}\right)\frac{1}{f'_{sd}} \tag{2-22}$$

式中符号均与以前相同,式(2-20)适用于普通配筋的轴心受压构件,式(2-21)、式(2-22)适用于螺旋式或焊接环式箍筋的轴心受压构件,以下编程设计时,把 $\gamma_0 N_d$ 记作设计内力 N_o。

2. 程序框图

轴心受力构件配筋设计程序框图如图 2-11 所示。

3. 源程序

轴心受力构件配筋设计的子程序名取为 SJJM,程序中调用到的计算混凝土强度及弹性模量的子程序 REH,计算钢筋设计强度、弹性模量及混凝土受压区高度界限系数的子程序 REG 以及计算轴心受力构件稳定系数 ϕ 的子程 FIM、FE 都与本章第一节中列出的子程序相同。源程序语句如下：

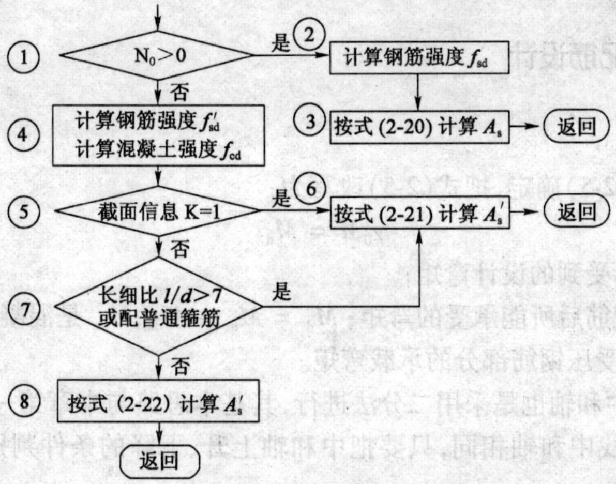

图 2-11 轴心受力构件配筋设计程序框图

```
      SUBROUTINE SJJM(MK,NO,A,AS1,MG,FSD2,D,EG,DJ,S,FE,K,L0)
```

（形式参数；MK——混凝土强度等级；NO——构件的设计轴力；A ——混凝土截面面积；AS1——设计计算得到的钢筋面积数组，轴心拉压构件的钢筋面积放在 AS1(1)中；MG——钢筋种类号；FSD2——圆截面构件螺旋箍筋的抗拉设计强度；D——圆截面构件的截面直径；EG——钢筋的位置数组，圆截面构件钢筋的保护层厚度放在 EG(1)中；DJ、S——圆截面螺旋箍筋的直径及间接钢筋的螺距或间距；FE——轴心受力构件的稳定系数；K——截面类型指示信息，K = 0 为圆截面，K = 1 为用梯形节线法分块的任意截面；L0——受压构件的计算长度）

```
      DIMENSION AS1(2),EG(2)
      REAL NO,L0,KCB
      IF(NO) 20,20,10  （图 2-11 中的第①框，判别构件受力性质）
10    CALL REG(MG,MK,FSD,FSD1,ES,KCB)  （图 2-11 第②框，计算钢筋强度设计值、弹性模量等）
      AS1(1) = NO/FSD * 10  （图 2-11 第③框，按轴心受拉构件计算钢筋面积）
      RETURN
20    CALL REH(MK,FCD,FTD,EC,BETA,EPSLON)
      CALL REG(MG,MK,FSD,FSD1,ES,KCB)  （图 2-11 第④框，计算混凝土设计强度、钢筋抗压设计强度）
      IF(K.EQ.1) GOTO 80  （图 2-11 第⑤框，判别构件截面性质）
      IF(L0/D.GT.12.0.OR.DJ.LE.1E-5) GOTO 80  （判别构件截面配筋形式及构件长细比，图 2-11 第⑦框）
      ACOR = 3.1416 * (D - 2 * EG(1)) * * 2/4
      ASOL = 3.1416 * (DJ/10) * * 2/4
      ASO = 3.1416 * (D - 2.0 * EG(1)) * ASOL/S
      IF((S.GE.8).OR.(S.GE.(D - 2 * EG(1)/5))) GOTO 80  （按《规范》5.3.2 条考虑间接钢筋的判别条件）
      KS = 2.0 - 0.3 * (MK - 50)/30.0
```

（以下开始按式(2-22)计算配置有螺旋式或焊接环式间接钢筋时的纵向钢筋面积，图 2-11 第⑧框）

```
      IF(MK.LE.50) KS = 2.0
      AS1(1) = - NO/0.9/FSD1 * 10 - (FCD * ACOR + KS * FSD2 * ASO)/FSD1
      IF(AS1(1).LT.0.0) AS1(1) = 0.0
      RETURN
80    AS1(1) = - NO/FE/FSD1 * 10 - FCD * A/FSD1
```

（80 标号开始的语句为按式(2-21)计算普通配筋轴心受压构件的钢筋面积，图 2-11 第⑥框）

```
IF(AS1(1).LT.0.0) AS1(1)=0.0
RETURN
END
```

二、受弯构件的配筋设计

1. 基本公式

中和轴位置由式(2-5)确定，把式(2-5)改写为：

$$\gamma_0 M = M_d \tag{2-23}$$

式中：$\gamma_0 M$ ——截面所受到的设计弯矩；

M_d ——截面配筋后所能承受的弯矩；$M_d = M_{dc} + M_{ds}$，M_{dc} 是混凝土部分的承载弯矩；M_{ds} 是受压钢筋部分的承载弯矩。

按式(2-23)寻找中和轴也是采用二分法进行，其基本思路与本章第一节中受弯构件承载力计算时用二分法寻找中和轴相同，只要把中和轴上升、下降的条件判别式改为 $\gamma_0 M > M_d$ 即可。

求得中和轴后，受弯构件钢筋面积按下式计算：

$$A_s \geqslant (f_{cd}A_c + f'_{sd}A'_{sd})/f_{sd} \tag{2-24}$$

当受压区钢筋 A'_{sd} 产生的 $M_{ds} > \gamma_0 M$ 时，钢筋面积按下式计算：

$$A_s \geqslant \frac{\gamma_0 M}{f_{sd}(h_0 - a'_s)} \tag{2-25}$$

式中符号意义均与本章第一节相同。

2. 程序框图

受弯构件配筋设计程序框图如图 2-12 所示。

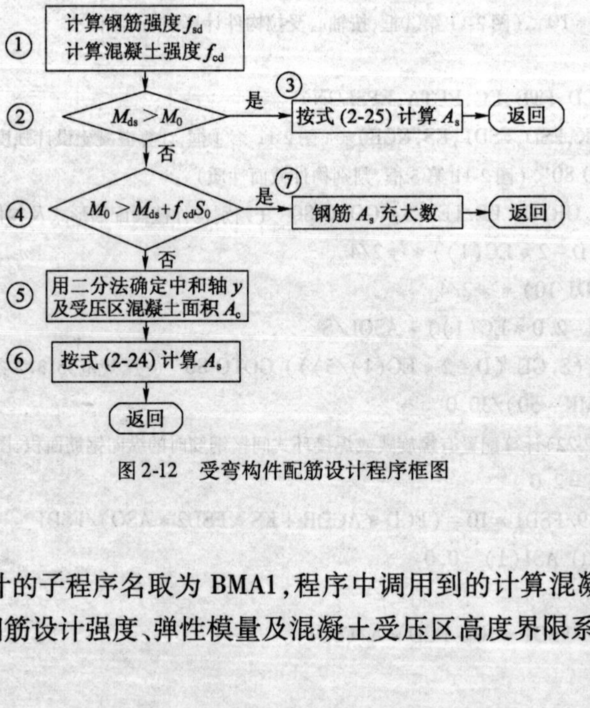

图 2-12　受弯构件配筋设计程序框图

3. 源程序

受弯构件配筋设计的子程序名取为 BMA1，程序中调用到的计算混凝土强度及弹性模量的子程序 REH，计算钢筋设计强度、弹性模量及混凝土受压区高度界限系数的子程序 REG 以及计算钢筋混凝土构件截面特性的子程 FSJYA 都与本章第一节中列出的子程序相同，编程设计时，把 $\gamma_0 M_d$ 记作设计内力 M_0，源程序语句如下：

```
      SUBROUTINE BMA1(MK,MO,HS,BS,NS,E,AS,MG,NGO,NN,Y,YE)
      (形式参数:MK——混凝土强度等级;MO——构件的设计弯矩,即式(2-23)中的 γ0M;HS——用梯形节线法描述
      断面时,节线到断面上边缘的距离数组;BS——节线处宽度数组;NS——断面的节线数;E——初始确定的钢筋位
      置数组;AS——进入子程序时是初始的钢筋面积数组,子程序结束是计算得到的钢筋面积数组;MG——钢筋种类
      号;NGO——考虑弯矩正负的逻辑变量,负弯矩时,NGO 取“真”,正弯矩时取“假”;NN——钢筋与混凝土弹性模量
      之比;Y——中和轴到断面上边缘的距离;YE——中和轴的最大高度)
      LOGICAL NGO
      REAL NN,MO,J,KCB,MD
      DIMENSION HS(NS),BS(NS),AS(2),E(2)
      CALL REH(MK,FCD,FTD,EC,BETA,EPSLON)
        (计算混凝土强度设计值fcd、钢筋抗拉强度设计值fsd,图 2-12 的第①框)
      CALL REG(MG,MK,FSD,FSD1,ES,KCB)
      IF (FSD1 * AS(2) * (E(1) - E(2)) * 0.001.GT.MO) THEN
        (判别 Mds > M0,确定程序转向,图 2-12 第②框)
        AS(1) = MO/FSD/(E(1) - E(2)) * 1000   (按式(2-25)计算钢筋面积,图 2-12 第③框)
        RETURN
      ENDIF
      H0 = E(1)
      CALL FSJYA(1,H0,F,S,J,NS,BS,HS,NGO,E,AS,NN)
      YC = H0 - S/F
      IF(MO.GT.(FSD1 * AS(2) * (E(1) - E(2)) + FCD * F * (E(1) - YC)) * 0.001)
      GOTO 75   (判别截面,图 2-12 第④框)
70    C1 = 0.0
      C2 = H0
      YE = KCB * H0
71    Y = (C1 + C2)/2.0
      CALL FSJYA(1,Y,F,S,J,NS,BS,HS,NGO,E,AS,NN)
      YC = Y - S/F
      MD = (FSD1 * AS(2) * (E(1) - E(2)) + FCD * F * (E(1) - YC)) * 0.001
      IF(MO.GT.MD) C1 = Y   (中和轴下降)
      IF(MO.LE.MD) C2 = Y   (中和轴上升)
      IF (ABS((C2 - C1)/H0).GT.1E-4) GOTO 71   (判别中和轴计算精度)
        (自 70 至此为二分法确定中和轴,图 2-12 第⑤框)
      AS(1) = (F * FCD + FSD1 * AS(2))/FSD   (按式(2-24)计算钢筋面积,图 2-12 第⑥框)
      RETURN
75    AS(1) = 8192   (截面设计不合理时,钢筋面积充大数,返回,图 2-12 第⑦框)
      RETURN
      END
```

三、偏心拉压构件的配筋设计

1. 配筋设计原理

偏心受力构件的配筋是调用本章第一节中的承载力计算子程序 LEWES 用步长增量的直

接法进行的,即首先假定一个初始的钢筋面积,然后计算在这种情况下构件的偏心拉压承载力 N_d,当这个 N_d 小于构件的设计轴向力 N_0 时,初始钢筋面积增加一倍,再计算 N_d,比较 N_0,直到 N_d 大于构件的设计轴向力 N_0,就可以找出配筋的区间范围,再在这个区间范围内用二分法寻找出一个配筋值,使得这个配筋值算得的 N_d 最接近构件的设计轴向力 N_0,这就是要计算的偏心受力构件的配筋值。

以上是在确定了一侧钢筋(例如受压一侧的钢筋 A'_s)的情况下计算另一侧钢筋,编程框图见图 2-13,至于 A'_s 应该取什么数值使得所配的钢筋总量为最小,留到下面优化配筋时再讨论。

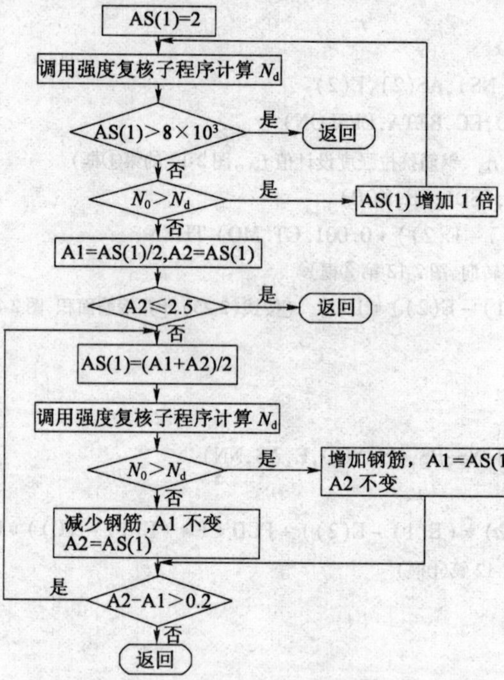

图 2-13　偏心受力构件配筋设计程序框图

2. 程序框图

程序框图见 2-13。

3. 源程序

偏心受压构件配筋设计子程序取名为 LEWSJ,源程序语句如下:

```
SUBROUTINE LEWSJ(L0,NS,BS,HS,NO,ND,AS,E,MK,MG,NGO,E0,NN,Y,YE)
```

(形式参数:L0——构件的计算长度;NS——用梯形节线法描述断面时,断面的节线数;BS——节线处的宽度数组;HS——节线到断面上边缘的距离数组;NO——构件的设计轴力;ND——偏心受压构件截面的承载力;AS、E——钢筋面积和位置数组;MK——混凝土的强度等级;MG——钢筋种类号;NGO——考虑弯矩正负的逻辑变量;E0——初始偏心距;NN——钢筋与混凝土的弹性模量比值;Y——中和轴到截面上边缘的距离,YE——受压区的极限高度。)

```
REAL L0,NO,ND,NN
LOGICAL NGO
DIMENSION BS(NS),HS(NS),AS(2),E(2)
AS(1) =2  (取配筋设计钢筋的初始面积为2cm²)
10 CALL LEWES(L0,NS,BS,HS,NO,ND,AS,E,MK,MG,NGO,E0,NN,Y,YE)
```

```
    （调用偏心受压构件正截面承载力计算子程序，计算承载力 Nd，与 N0 比较，确定配筋面积的增减）
   IF(AS(1).GT.8E3) RETURN
   IF(ABS(NO).GT.ABS(ND)) THEN
     AS(1) = 2 * AS(1)
     GOTO 10
   ELSE
     A1 = AS(1)/2
     A2 = AS(1)
   ENDIF  （以上为确定配筋面积的区间 A1、A2）
   IF(A2.LE.2.5) RETURN
20 AS(1) = (A1 + A2)/2  （以下用二分法确定配筋面积值）
   CALL LEWES(L0,NS,BS,HS,NO,ND,AS,E,MK,MG,NGO,E0,NN,Y,YE)
    （调用偏心受压构件正截面承载力计算子程序，计算承载力 Nd，与 N0 比较，确定二分法的上下界值）
   IF(ABS(NO).GT.ABS(ND)) A1 = AS(1)
   IF(ABS(NO).LE.ABS(ND)) A2 = AS(1)
   IF(A2 - A1.GT.0.2) GOTO 20  （以 0.2cm² 作为二分法计算的收敛精度）
   AS(1) = A2  （满足精度后的最后配筋值）
   END
```

四、配筋设计优化

以上讨论了轴心受力、受弯和偏心受力构件配筋设计的子程序，受弯和偏心拉压构件配筋设计时都是在一侧钢筋面积确定的情况下求另一侧的钢筋面积，这样配筋得到的钢筋面积能满足设计受力的要求，但不一定是最好，要求配筋设计得到的钢筋总面积为最小，这就是优化设计的问题。

如图 2-14 所示，钢筋的总面积 AS = AS(1) + AS(2) 是优化设计中的目标函数，设计变量为 AS(2)，优化设计就是寻找目标函数的最优点。

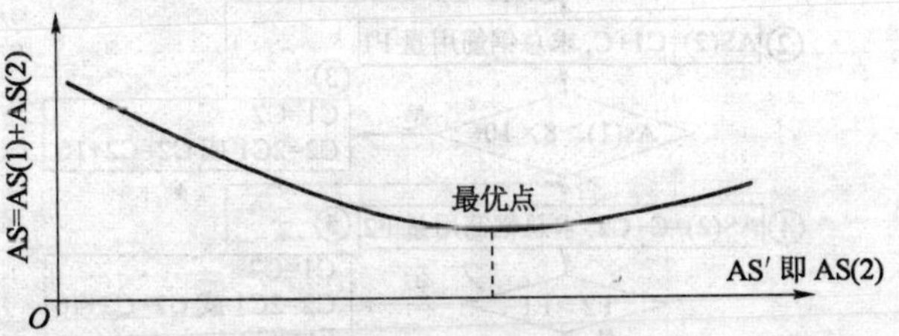

图 2-14　配筋设计优化函数

因为在配筋优化设计中得不到钢筋总面积 AS 的解析式，无法利用解析式对自变量的一阶导数来找最优值，于是就采用直接法进行优化计算，直接法就是直接利用目标函数值来调优。在配筋设计中分两步进行：第一步是寻找最优区间；第二步是在最优区间里用 0.618 优选法找出最优点。在寻找最优区间和用 0.618 法调优时都要建立一个优化设计的目标函数（配筋设计时就是钢筋面积 AS 的计算程序）。下面依次讲述优化目标函数、区间估计和 0.618 法调优。

1. 优化目标函数

优化目标函数就是根据已知的 AS(2)，按不同的受力情况调用不同的子程序计算出 AS(1)，目标函数 AS = AS(1) + AS(2)，用函数子程序（或函数过程）ASSJYH 来表示这个目标函

数,FORTRAN 语言源程序如下:

```
FUNCTION ASSJYH(L0,NS,BS,HS,NO,ND,MO,AS,E,MK,MG,NGO,E0,NN,Y,YE)
```

(形式参数:L0——构件的计算长度;NS——用梯形节线法描述断面时,断面的节线数;BS——节线处的宽度数组;HS——节线到断面上边缘的距离数组;NO——构件的设计纵向力;ND——构件截面的承载力;MO——构件的设计弯矩;AS、E——钢筋面积和位置数组;MK——混凝土的强度等级;MG——钢筋种类号;NGO——考虑弯矩正负的逻辑变量;E0——初始偏心距;NN——钢筋与混凝土的弹性模量比值;Y——中和轴到截面上边缘的距离,YE——受压区的极限高度)

```
REAL L0,NO,ND,MO,NN
LOGICAL NGO
DIMENSION BS(NS),HS(NS),AS(2),E(2)
IF(ABS(NO).GT.1E-4) CALL LEWSJ(L0,NS,BS,HS,NO,ND,AS,E,MK,MG,NGO,E0,NN,Y,YE)
```

(偏心拉压构件时计算截面的钢筋面积 AS(1))

```
IF(ABS(NO).LT.1E-4)CALL BMA1(MK,MO,HS,BS,NS,E,AS,MG,NGO,NN,Y,YE)
```

(受弯构件时计算截面的钢筋面积 AS(1))

```
ASSJYH = AS(2) + AS(1)    (优化的目标函数 AS)
RETURN
END
```

2. 区间估计

在开始调优之前,如果先估计好一个最优值的所在区间,再用 0.618 等方法细调优化就可以得到满意的结果。区间估计的方法是:

取一个适当的步长(例如 h),逐次计算 $c+h$、$c+2h$、$c+2^2h$、$c+2^3h$……$c+2^lh$ 等点上的函数值,若

$$F(c+2^0h) > F(c+2^1h) > \cdots\cdots > F(c+2^{l-1}h) \leqslant F(c+2^lh)$$

则最优值的区间一定在 $[c+2^{l-2}h, c+2^lh]$ 内。

区间估计的编程框图见图 2-15。

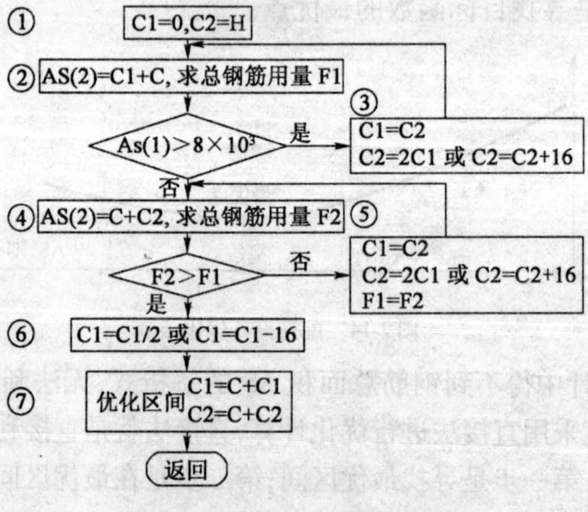

图 2-15　区间估计子程序框图

区间估计的子程序取名为 BORDER,源程序如下:

```
SUBROUTINE BORDER(C,H,C1,C2,L0,NS,BS,HS,NO,ND,MO,AS,E,MK,MG, NGO,E0,NN,Y,YE)
```

(形式参数:C——区间估计的起始点;H——区间估计的步长;C1、C2——区间估计子程序结束时返回的优化区间的下界和上界;L0——构件的计算长度;NS——用梯形节线法描述断面时,断面的节线数;BS——节线处的宽度数组;HS——节线到断面上边缘的距离数组;NO——构件的设计纵向力;ND——构件截面的承载力;MO——构件的

```
      设计弯矩;AS、E——钢筋面积和位置数组;MK——混凝土的强度等级;MG——钢筋种类号;NGO——考虑弯矩正负
      的逻辑变量;E0——初始偏心距;NN——钢筋与混凝土的弹性模量比值;Y——中和轴到截面上边缘的距离,
      YE——受压区的极限高度)
      REAL L0,NO,ND,MO,NN
      LOGICAL NGO
      DIMENSION BS(NS),HS(NS),E(2),AS(2)
      C1 =0.0
      C2 = H  (对优化区间的下界和上界赋初值,图 2-15 第①框)
5     AS(2) = C1 + C  (计算总钢筋用量,图 2-15 第②框)
      F1 = ASSJYH(L0,NS,BS,HS,NO,ND,MO,AS,E,MK,MG,NGO,E0,NN,Y,YE)
      IF(AS(1).GT.8E3) THEN
        C1 = C2
        IF(C2.GT.17.0)C2 = C2 +16.0
        IF(C2.LT.17.0)C2 =2.0 * C2  (当目标函数值 AS(1)很大时,增大步长,重新进行区间估算,图 2-15 第③框)
        GOTO 5
      ENDIF
10    AS(2) = C + C2
      F2 = ASSJYH(L0,NS,BS,HS,NO,ND,MO,AS,E,MK,MG,NGO,E0,NN,Y,YE)  (图 2-15 第④框)
      IF(F2.GE.F1) GOTO 20
      C1 = C2
      IF(C2.GT.17.0) C2 = C2 +16.0
      IF(C2.LE.17.0) C2 =2.0 * C2  (当目标函数值减小,扩大步长,继续进行区间估算,图 2-15 第⑤框)
      F1 = F2
      GOTO 10
20    IF(C1.LT.33.0) C1 = C1/2.0
      IF(C1.GT.33.0) C1 = C1 -16.0
      (当目标函数值增大,区间估算结束,找出区间估计的初始值点,图 2-15 第⑥框)
      C1 = C + C1
      C2 = C + C2  (图 2-15 第⑦框,算得优化区间的下界和上界)
      RETURN
      END
```

3.0.618 法调优

0.618 法调优计算就是在如图 2-16 所给定的区间 $[c_1, c_2]$ 内找到一个 a 点,使得这一点上的目标函数 $A_s + A_s'$(AS(1) + AS(2))的值为极小,具体做法是在区间$[c_1, c_2]$内选取两个试算点:

第一个试算点选在 $l_2 = c_1 + k(c_2 - c_1)$ 处,

第二个试算点选在 $l_1 = c_1 + (1-k)(c_2 - c_1)$ 处 $\left(k = \dfrac{\sqrt{5}-1}{2} \approx 0.618\right)$。

分别计算出这两个试算点上的目标函数值 $f(l_1)$ 和 $f(l_2)$,若 $f(l_1) < f(l_2)$,则 a 一定在 $(c_1, l_2]$ 区段内,于是舍去 $(l_2, c_2]$ 区段,紧缩极值的可行区,在区间 $[c_1, l_2]$ 内来寻找 a 点,由于上面选择的 l_2, l_1 值是按照优选的黄金分割法来进行的,所以原来的 l_1 点在新的区间 $[c_1, l_2]$ 中可以代替该区间的 l_2,只要再选一个新的 l_1,计算新的目标函数值 $f(l_1)$,再进行比较;

若$f(l_1)>f(l_2)$，则舍去$[c_1,l_1)$区段，原来的l_2点在新的区间$[l_1,c_2]$中可以代替该区间的l_1，只要再选一个新的l_2，计算$f(l_2)$，进行比较。这样每试算一次，就把极值的可行区紧缩一次，直到这个可行区的区段很小，满足精度要求时，我们取可行区的中点$\left(a=\dfrac{c_2+c_1}{2}\right)$作为目标函数的极值点。因此，采用0.618法调优计算，每试算一次只要新算一个目标函数值就能紧缩极值可行区，这对于目标函数复杂的问题进行调优计算是很合适的。

0.618法调优计算的编程框图见图2-17。

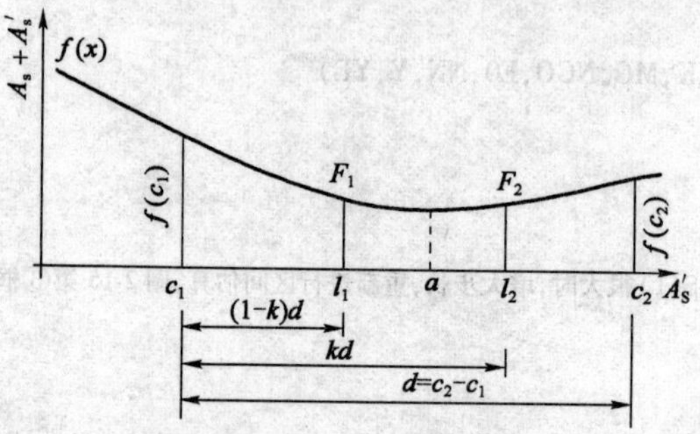

图2-16 0.618法调优计算图

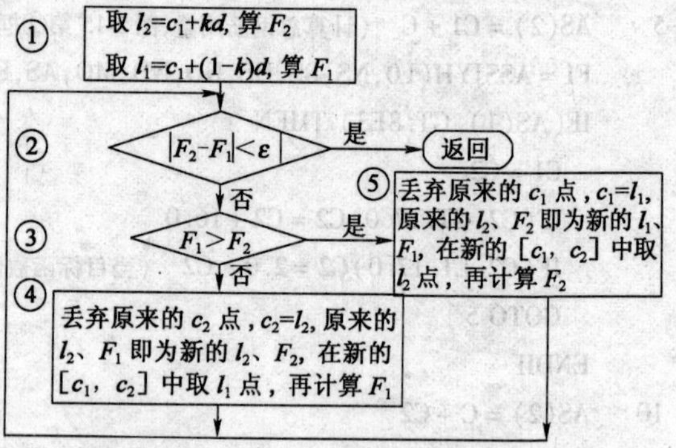

图2-17 0.618法调优编程框图

0.618法调优计算子程序取名O618，源程序语句如下：

```
      SUBROUTINE O618(C1,C2,EPS,L0,NS,BS,HS,NO,ND,MO,AS,E,MK,MG, NGO,E0,NN,Y,YE)
      （形式参数：C1、C2——调优计算时优化区间的下界和上界；EPS——调优计算的精度；L0——构件的计算长度；NS——用梯形节线法描述断面时，断面的节线数；BS——节线处的宽度数组；HS——节线到断面上边缘的距离数组；NO——构件的设计纵向力；ND——构件截面的承载力；MO——构件的设计弯矩；AS、E——钢筋面积和位置数组；MK——混凝土的强度等级；MG——钢筋种类号；NGO——考虑弯矩正负的逻辑变量；E0——初始偏心距；NN——钢筋与混凝土的弹性模量比值；Y——中和轴到截面上边缘的距离；YE——受压区的极限高度，调优计算的结果存放在钢筋面积数组AS中）
      REAL L0,NO,ND,MO,NN,L1,L2,K
      LOGICAL NGO
      DIMENSION BS(NS),HS(NS),E(2),AS(2)
      K=(SQRT(5.0)-1.0)/2.0
      D=C2-C1
      L2=C1+K*D
      L1=C1+(1.0-K)*D
      AS(2)=L2
      F2=ASSJYH(L0,NS,BS,HS,NO,ND,MO,AS,E,MK,MG,NGO,E0,NN,Y,YE)
      AS(2)=L1
      F1 =ASSJYH(L0,NS,BS,HS,NO,ND,MO,AS,E,MK,MG,NGO,E0,NN,Y,YE)
        （以上完成图2-17中第①框计算，取两个试算点L2、L1，计算两个试算点的目标函数值F2、F1）
10    IF(ABS(F2-F1).LE.EPS) RETURN  （图2-17第②框，调优计算精度判别，满足精度要求时返回）
      IF(F1.GT.F2) GOTO 15  （图2-17第③框，紧缩调优区间判别，确定程序的不同走向）
      C2=L2
      L2=L1
      F2=F1
      D=C2-C1
```

```
      L1 = C1 + (1.0 - K) * D
      AS(2) = L1
      F1  = ASSJYH(L0,NS,BS,HS,NO,ND,MO,AS,E,MK,MG,NGO,E0,NN,Y,YE)
        (以上完成图 2-17 第④框计算内容)
      GOTO 10
15    C1 = L1
      L1 = L2
      F1 = F2
      D = C2 - C1
      L2 = C1 + K * D
      AS(2) = L2
      F2  = ASSJYH(L0,NS,BS,HS,NO,ND,MO,AS,E,MK,MG,NGO,E0,NN,Y,YE)
        (以上完成图 2-17 第⑤框计算内容)
      GOTO 10
      END
```

五、任意受力的钢筋混凝土构件配筋设计

1. 程序粗框图

利用上面给出的各个子程序,可以方便地编写任意受力钢筋混凝土构件配筋设计的主程序,编程粗框图如图 2-18 所示。

输入基本计算数据后,程序根据不同的受力情况调用不同的配筋设计子程序计算钢筋面积,受弯构件及偏心受压、大偏心受拉构件要考虑优化配筋设计,使所配钢筋的总面积为最小。

图 2-18 中受弯构件按单筋配筋设计后,验算中和轴是否超出受压区高度界限用到的子程序 BMA0 先列出于后,它与本章第一节中的子程序 BMSTS1 基本类同,只是增加了受压区极限高度 YE 等形式参数,FORTRAN 语言源程序如下:

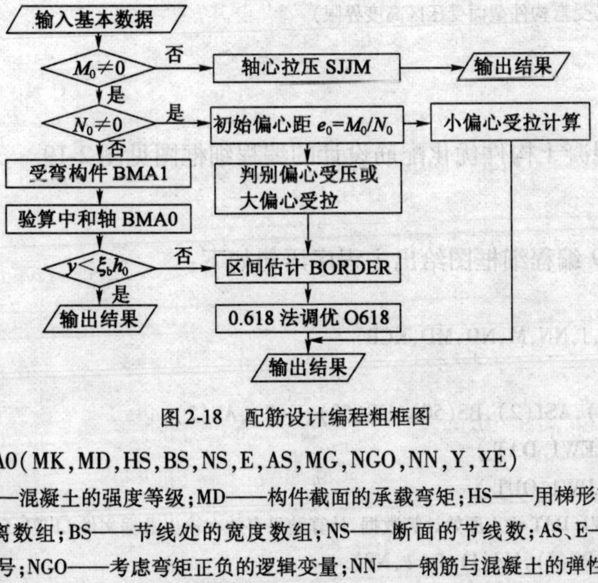

图 2-18　配筋设计编程粗框图

```
      SUBROUTINE BMA0(MK,MD,HS,BS,NS,E,AS,MG,NGO,NN,Y,YE)
```

(形式参数:MK——混凝土的强度等级;MD——构件截面的承载弯矩;HS——用梯形节线法描述断面时,节线到断面上边缘的距离数组;BS——节线处的宽度数组;NS——断面的节线数;AS、E——钢筋面积和位置数组;MG——钢筋种类号;NGO——考虑弯矩正负的逻辑变量;NN——钢筋与混凝土的弹性模量比值;Y——中和轴到截面上边缘的距离;YE——受压区的极限高度)

```
      LOGICAL NGO
```

```
      REAL NN,J,MD,KCB,MD1
      DIMENSION HS(NS),BS(NS),AS(2),E(2)
      CALL REH(MK,FCD,FTD,EC,BETA,EPSLON)
      CALL REG(MG,MK,FSD,FSD1,ES,KCB)
      IAG=1   (IAG 为考虑受压区钢筋的指示信息,IAG=1 时,考虑受压区钢筋,IAG=0 时不考虑)
      IF(AS(1).GT.AS(2)) GOTO 75
72    MD 1=FSD*AS(1)*(E(1)-E(2))*0.001
        (受拉区钢筋小于受压钢筋时,不计受压区钢筋,并给考虑受压区钢筋的指示信息 IAG 赋值为 0)
      IAG=0
75    H0=E(1)   (以下开始用二分法求中和轴)
      C1=0.0
      C2=H0
81    Y=(C1+C2)/2.0
      CALL FSJYA(1,Y,F,S,J,NS,BS,HS,NGO,E,AS,NN)
      IF((IAG.EQ.1.AND.F*FCD.LT.FSD*AS(1)-FSD1*AS(2)).OR.
     $   (IAG.EQ.0.AND. F*FCD.LT.FSD*AS(1)) THEN   (判别中和轴上升和下降的条件)
          C1=Y
      ELSE
          C2=Y
      ENDIF
      IF(ABS((C2-C1)/H0).GT.1E-4) GOTO 81   (判别求中和轴精度,直到满足精度要求,中和轴计算完成)
      IF (IAG.EQ.1.AND.Y.LT.2*E(2)) GOTO 72
        (当受压区高度小于两倍受压钢筋保护层高度时,不计受压区钢筋)
      YC=Y-S/F
      IF(IAG.EQ.1)MD=(FCD*F*(H0-YC)+FSD1*AS(2)*(H0-E(2)))*0.001
      IF(IAG.EQ.0)MD=FCD*F*(H0-YC)*0.001   (计算受弯构件正截面承载弯矩)
      IF(MD1.GT.MD) MD=MD1
      YE=KCB*H0   (受弯构件截面受压区高度界限)
      END
```

2. 程序细框图

任意受力钢筋混凝土构件优化配筋设计的编程细框图见图 2-19。

3. 主程序

以下根据图 2-19 编程细框图给出主程序语句如下:

```
      PROGRAM LEW1
      REAL L0,NO,MO,J,NN,M,ND,MD,KCB
      LOGICAL NGO
      DIMENSION EG(2),AS1(2),BS(50),HS(50),E(2),AS(2)
      OPEN(1,FILE='LEW1.DAT')
      OPEN(2,FILE='LEW1.OUT')
        (用数据文件 LEW1.DAT 输入原始计算数据,计算结果存放在输出数据文件 LEW1.OUT 中)
5     READ(1,*)NS,(BS(I),HS(I),I=1,NS)
      READ(1,*)MK,MG   (输入截面信息、混凝土强度等级、钢筋种类号,图 2-19 中第①框)
10    READ(1,*)(AS1(I),EG(I),I=1,2)
```

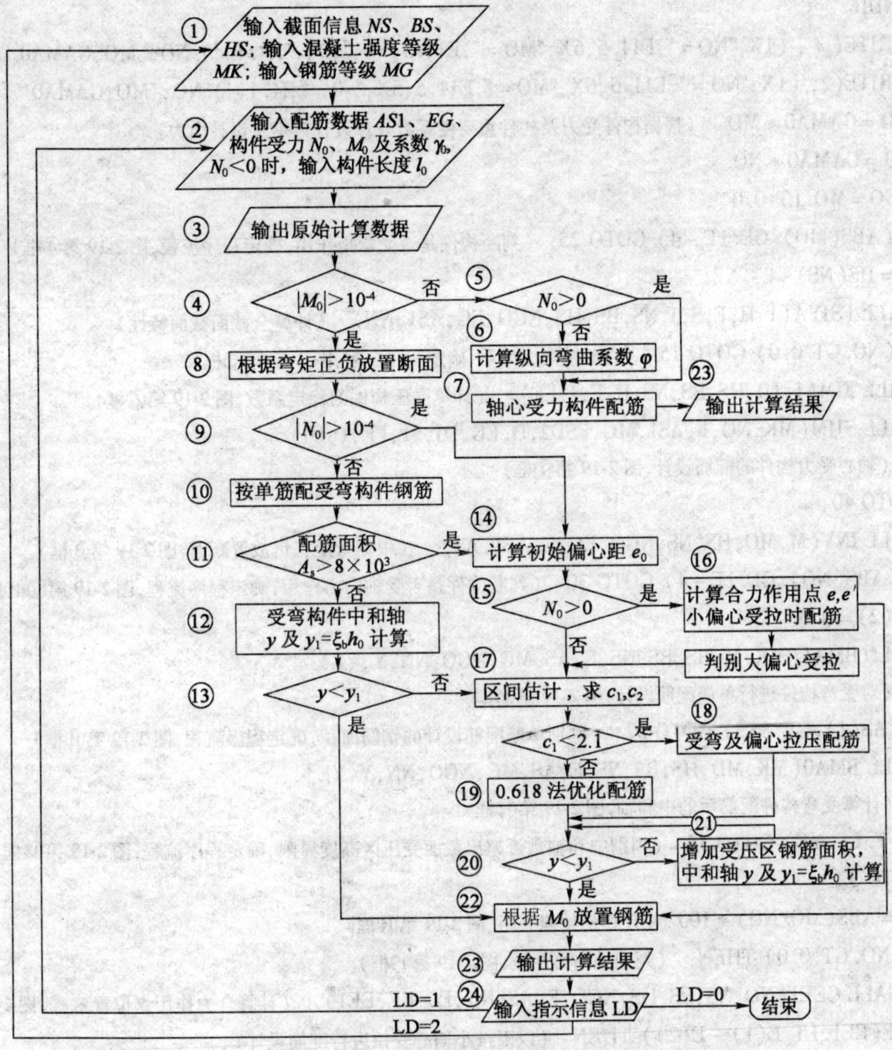

图 2-19　配筋设计程序编程细框图

（输入配筋数据：钢筋位置、构件受力、桥梁构件重要性系数；当构件受压时输入构件的计算长度，图 2-19 中第②框）

```
READ(1,*)NO,MO,GAMA0
IF(NO.LT.0.0) READ(1,*)L0)
WRITE(*,'(/1x,"输入的计算数据:")')
```

（以下用屏幕显示及写入数据文件两种方式输出原始数据，用作计算校核，图 2-19 第③框）

```
WRITE(2,'(/1x,"输入的计算数据:")')
WRITE(*,101) (BS(I),HS(I),I=1,NS)
WRITE(2,101) (BS(I),HS(I),I=1,NS)
IF(NO.LT.0.0) THEN
  WRITE(*,103)MK,MG,L0
  WRITE(2,103)MK,MG,L0
ELSE
WRITE(*,'(1X,"MK=",I2,3X,"MG=",I1)')MK,MG
WRITE(2,'(1X,"MK=",I2,3X,"MG=",I1)')MK,MG
```

```
      ENDIF
      WRITE( * ,'(1X,"NO =",E11.5,6X,"MO =",E11.5,5X,"γ0 =",f4.1)') NO, MO,GAMA0
      WRITE(2,'(1X,"NO =",E11.5,6X,"MO =",E11.5,5X,"γ0 =",f4.1)') NO, MO,GAMA0
      MO = GAMA0 * MO   （根据构件受力及构件重要性系数计算设计弯矩及设计内力）
      NO = GAMA0 * NO
      NGO = MO. LT. 0.0
      IF( ABS( MO). GE. 1E -4) GOTO 25   （判断构件是否受弯矩作用,确定程序流程,图 2-19 第④框）
      H = HS( NS)
      CALL FSJYA(1,H,F,S,J,NS,BS,HS,NGO,EG,AS1,NN)   （计算全截面截面特性）
      IF( NO. GT. 0.0) GOTO 15   （判断轴向力性质,确定程序流程,图 2-19 第⑤框）
      CALL FIM(1,L0,HS,BS,NS,D,F,J,FE)   （计算受压构件的稳定系数,图 2-19 第⑥框）
15    CALL SJJM( MK,NO,F,AS1,MG,FSD2,D,EG,DJ,S1,FE,1,L0)
        （轴心受力构件的配筋设计,图 2-19 第⑦框）
      GOTO 40
25    CALL INV( M,MO,HS,NS,NGO,EG,E,AS1,AS)   （根据弯矩正负放置断面,图 2-19 第⑧框）
      IF( ABS( NO). GE. 1E -4) GOTO 30   （判断构件是否受轴向力作用,确定程序流程,图 2-19 第⑨框）
      AS(2) =0.0
      CALL BMA1( MK,M,HS,BS,NS,E,AS,MG,NGO,NN,Y,YE)
        （对受弯构件进行单筋配筋设计,图 2-19 第⑩框）
      IF( AS(1). GE. 8E3) GOTO 32   （判别单筋配筋设计的钢筋面积,确定程序流程,图 2-19 第⑪框）
      CALL BMA0( MK,MD,HS,BS,NS,E,AS,MG,NGO,NN,Y,YE)
        （计算受弯构件配筋后的中和轴,图 2-19 第⑫框）
      IF( Y. LE. YE) GOTO 35   （判别中和轴是否超出截面受压区高度界限,确定程序流程,图 2-19 第⑬框）
      GOTO 32
30    E0 = ABS( MO/NO) * 100   （计算初始偏心距,图 2-19 第⑭框）
      IF( NO. GT. 0.0) THEN   （判别轴向力性质,图 2-19 第⑮框）
        CALL CEE1( NO,NS,BS,HS,NGO,E,AS,NN,E0,EE,EE1)   （计算合力作用点位置 e、e′,图 2-19 第⑯框）
        IF( EE1. LT. E(1) - E(2)) THEN   （以下按小偏心受拉进行配筋设计）
          CALL REG( MG,MK,FSD,FSD1,ES,KCB)
          AS(1) = NO * EE1 * 12.5/( EE + EE1)/FSD
          AS(2) = NO * EE * 12.5/( EE + EE1)/FSD
          GOTO 35
        ENDIF
      ENDIF
32    C = AS(2)   （从标号 32 语句开始进行配筋设计的优化区间估计,图 2-19 第⑰框）
      CALL BORDER( C,2.0,C1,C2,L0,NS,BS,HS,NO,ND,M,AS,E,MK,MG, NGO,E0,NN,Y,YE)
      IF( C2. LT. 2.1) THEN   （以下为偏心拉压构件或受弯构件进行配筋计算,图 2-19 第⑱框）
        AS(2) =0.0
        IF( ABS( NO). GT. 1E -4) CALL LEWSJ( L0,NS,BS,HS,NO,ND,AS,E,MK,MG, NGO,E0,NN,Y,YE)
        IF( ABS( NO). LT. 1E -4) CALL BMA1( MK,M,HS,BS,NS,E,AS,MG,NGO,NN,Y, YE)
        GOTO 33
      ENDIF
      CALL O618( C1,C2,0.5,L0,NS,BS,HS,NO,ND,M,AS,E,MK,MG,NGO,E0,NN, Y,YE)
        （采用 0.618 法进行配筋设计的优化,图 2-19 第⑲框）
```

```
33    IF(Y.LE.YE) GOTO 35  （判别中和轴是否超出截面受压区高度界限，确定程序流程，图 2-19 第⑳框）
      AS(2) = AS(2) + 1.0  （以下图 2-19 第㉑框：增加受压区钢筋，计算中和轴 Y 及 YE）
      IF(ABS(NO).GT.1E-4) CALL LEWSJ(L0,NS,BS,HS,NO,ND,AS,E,MK,MG,NGO,E0,NN,Y,YE)
      IF(ABS(NO).LT.1E-4)CALL BMA1(MK,M,HS,BS,NS,E,AS,MG,NGO,NN,Y,YE)
      GOTO 33
35    IF(NGO) THEN  （以下根据弯矩的正负，重新放回钢筋，图 2-19 第㉒框）
        AS1(1) = AS(2)
        AS1(2) = AS(1)
      ELSE
        AS1(1) = AS(1)
        AS1(2) = AS(2)
      ENDIF
40    IF(ABS(MO).LT.1E-4) THEN  （以下将配筋设计结果显示在屏幕上及输出到数据文件，图 2-19 第㉓框）
        IF(NO.GE.0) THEN
          WRITE (*,'(/1x,"轴心受拉构件配筋结果:")')
          WRITE (2,'(/1x,"轴心受拉构件配筋结果:")')
        ELSE
          WRITE (*,'(/1x,"轴心受压构件配筋结果:")')
          WRITE (2,'(/1x,"轴心受压构件配筋结果:")')
        ENDIF
      ELSE
        IF(ABS(NO).LT.1E-4) THEN
          WRITE (*,'(/1x,"受弯构件配筋结果:")')
          WRITE (2,'(/1x,"受弯构件配筋结果:")')
        ELSE
          IF(NO.GT.0)THEN
            WRITE (*,'(/1x,"偏心受拉构件配筋结果:")')
            WRITE (2,'(/1x,"偏心受拉构件配筋结果:")')
          ELSE
            WRITE (*,'(/1x,"偏心受压构件配筋结果:")')
            WRITE (2,'(/1x,"偏心受压构件配筋结果:")')
          ENDIF
        ENDIF
      ENDIF
      IF(ABS(MO).GT.1E-4) THEN
        WRITE(*,102) (AS1(I),EG(I),I=2,1,-1)
        WRITE(2,102) (AS1(I),EG(I),I=2,1,-1)
      ELSE
        WRITE(*,'(1X,"AS(1) =",E11.5)')AS1(1)
        WRITE(2,'(1X,"AS(1) =",E11.5)')AS1(1)
      ENDIF
      WRITE(*,'(80A1)') ('*',I=1,50)
      WRITE(2,'(80A1)') ('*',I=1,50)
      READ(1,*)LD
```

```
    （输入下一步计算指示信息，根据指示信息 LD，确定程序流程，图 2-19 第㉔框）
    IF(LD-1)50,10,5
50  STOP
101 FORMAT(5X,'BS(I)',11X,'HS(I)'/(1X,E11.5,5X,E11.5))
102 FORMAT(4X,'AS(I)',11X,'EG(I)'/(1X,E11.5,5X,E11.5))
103 FORMAT(1X,'MK=',I2,3X,'MG=',I1,3X,'L0=',E11.5)
    END
```

第三节　任意受力钢筋混凝土构件的应力验算

按容许应力法计算钢筋混凝土受弯构件是最早采用的一个经典方法，它是基于钢筋混凝土为弹性匀质材料、不计混凝土拉应力、截面变形服从平面假定及同一受力纤维处钢筋和混凝土的应变相等的假定条件下计算钢筋和混凝土的应力，我国的《铁路桥涵钢筋混凝土和预应力混凝土结构设计规范》(TB 10002.3—99)（以下简称《铁路桥规》）仍沿用此法。

本节钢筋混凝土构件的应力验算适用于用梯形节线法分块组成的任意截面，本章第一节讲述的横截面几何特性计算程序 FSJYA 以及计算轴心受压构件纵向弯曲系数的子程序 FIM 仍然适用于应力验算，以下依次给出轴向受力构件、受弯构件及偏心受力构件应力验算的基本公式、编程框图及子程序，最后给出任意受力钢筋混凝土构件的应力验算的主程序及应力验算表。

一、轴心受压构件的应力计算

1. 基本公式

钢筋混凝土轴心受压构件根据截面内箍筋形式的不同采用不同的应力计算公式。

一般箍筋的轴心受压构件的强度与稳定性按式(2-26)、式(2-27)计算。

强度：

$$\sigma_c = \frac{N}{A_c + mA'_s} \leqslant [\sigma_c] \tag{2-26}$$

稳定性：

$$\sigma_c = \frac{N}{\varphi(A_c + mA'_s)} \leqslant [\sigma_c] \tag{2-27}$$

式中：σ_c ——混凝土压应力(MPa)；

N——计算轴向压力(MN)；

A_c ——构件横截面的混凝土面积(m^2)；

A'_s——受压纵向钢筋截面积(m^2)；

m——钢筋计算强度与混凝土抗压极限强度之比；

$[\sigma_c]$ ——混凝土容许压应力(MPa)；

φ——根据混凝土构件长细比计算的纵向弯曲系数。

采用螺旋式或焊接环式间接钢筋的轴心受压构件，其强度按式(2-28)计算：

$$\sigma_c = \frac{N}{A_{he} + mA'_s + 2.0m'A_j} \leqslant [\sigma_c] \qquad A_j = \frac{\pi d_{he} a_j}{s} \tag{2-28}$$

式中：A_{he}——混凝土核心截面面积(m^2)；

m、m'——钢筋及间接钢筋的计算强度与混凝土抗压极限强度之比；

A_j——间接钢筋的换算面积(m^2)；

d_{he}——构件核心半径(m)；

a_j——单根间接钢筋的截面积(m^2)；

s——间接钢筋的间距(m)。

2. 编程框图

轴心受力构件应力计算的编程框图如图 2-20 所示。

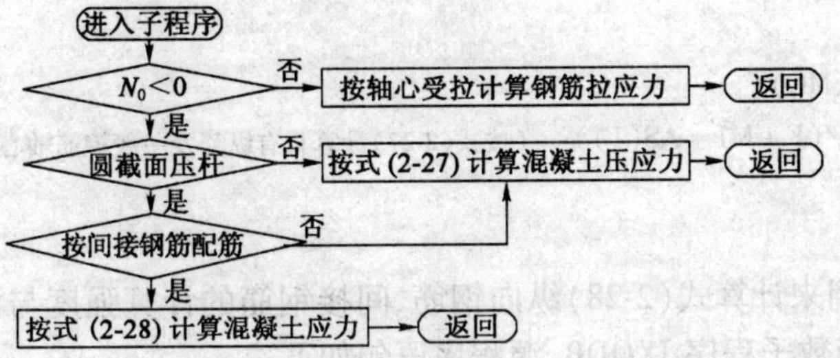

图 2-20　轴心受力构件应力计算编程框图

3. 源程序

子程序 ESJMT 用于按现行《铁路桥规》计算轴心受力构件的应力。

```
      SUBROUTINE ESJMT(MK,NO,F,AS,MG,MG2,D,EG,SJG,FE,K,SIH,SIG,LTYP)
        (输入参数:MK——混凝土的强度等级;NO——构件的轴向力;F——构件的截面积;AS——受压构件钢筋面积数
        组,AS(1)为纵向受力钢筋;AS(2)为轴心受压构件的单根间接钢筋面积;MG——钢筋等级;MG2——间接钢筋等
        级;D——圆截面轴心受压构件的直径;EG——纵向受力钢筋的保护层厚度;SJG——间接钢筋的间距;FE——轴
        心受压构件的纵向弯曲系数;K——轴心受力构件截面形状指示信息,K=0 为圆截面,K=1 为其他用节线描述的
        截面;
        输出参数:SIH——轴心受压构件混凝土的压应力;SIG——轴心受拉构件钢筋应力存放在 SIG(1)中;LTYP——构
        件受力类型指数,LTYP=1 为轴心受拉,LTYP=2 为轴心受压)
      DIMENSION AS(2),EG(2),SIG(2)
      REAL NO,M1,M2,JXQDB
      IF(NO)20,20,10
10    SIG(1)=10*NO/AS(1)   (计算轴心受拉构件的钢筋应力)
      LTYP=1
      RETURN
20    LTYP=2
      IF(K.EQ.0) F=3.14159*D**2/4
      IF(K.NE.0) GOTO 80
      IF((AS(2).LE.1E-5).OR.(ABS(FE-1.0).GT.1E-4)) GOTO 80
        (按间接配筋计算轴心受压构件的条件判别)
      M1=JXQDB(MK,MG)
      M2=JXQDB(MK,MG2)
      SIH=10*NO/(F+M1*AS(1))
        (先按式(2-27)计算具有纵筋及 般箍筋轴心受压构件的混凝土应力,单位 MPa)
      AJ=3.14159*(D-2*EG(1))*AS(2)/SJG
```

```
      AHE = 3.14159 * (D - 2 * EG(1)) * * 2/4
      ASO = AHE + M1 * AS(1) + 2.0 * M2 * AJ
      SIH2 = 10 * NO/ASO  (按式(2-28)计算采用间接配筋轴心受压构件的混凝土应力)
      IF(ABS(SIH2).GE.ABS(SIH))RETURN
      IF (ABS(SIH2).LT.ABS(SIH).AND.ABS(SIH2).GT.ABS(SIH)/1.6)THEN
       (按间接配筋计算的轴心受压构件混凝土应力不超过未使用间接钢筋时的60%)
        SIH = SIH2
      ELSE
        SIH = SIH/1.6
      ENDIF
      RETURN
80    M1 = JXQDB(MK,MG)
      SIH = 10 * NO/FE/(F + M1 * AS(1))   (按式(2-27)计算具有纵筋及一般箍筋轴心受压构件的混凝土应力)
      RETURN
      END
```

上面子程序中用来计算式(2-28)纵向钢筋、间接钢筋的计算强度与混凝土抗压极限强度比 m、m' 是调用了函数子程序 JXQDB,源程序语句如下:

```
      REAL FUNCTION JXQDB(MK,MG)
       (形式参数:MK——混凝土的强度等级;MG——钢筋等级。计算得到的纵向钢筋、间接钢筋的计算强度与混凝土
       抗压极限强度比赋值给函数名 JXQDB)
      DIMENSION QB1(10),QB2(10)
      DATA QB1/20.4,15.7,12.4,10.4,9.0,8.0,7.1,6.4,5.9,5.4/
      DATA QB2/29.1,22.3,17.6,14.9,12.9,11.4,10.2,9.2,8.4,7.7/
       (以上两个 DATA 语句根据钢筋种类、混凝土强度等级,按照《铁路桥规》的表 5.2.3-1 对钢筋计算强度与混凝土
       抗压极限强度比赋初值)
      I = MK/5 - 2
      IF(MG.EQ.1) JXQDB = QB1(I)
      IF(MG.EQ.2) JXQDB = QB2(I)
      RETURN
      END
```

二、受弯构件的应力计算

1. 基本公式

如图 2-21 所示,已知任意截面钢筋混凝土受弯构件的设计弯矩 M、受拉区及受压区的钢筋面积 A_s 和 A'_s、钢筋重心到截面边缘的保护层厚度分别为 a_s 和 a_s',任意截面的描述仍采用梯形分块的节线法,应力验算需计算的内容是混凝土的压应力 σ_c 和受拉钢筋的应力 σ_s,分别计算如式(2-29)和式(2-30)。

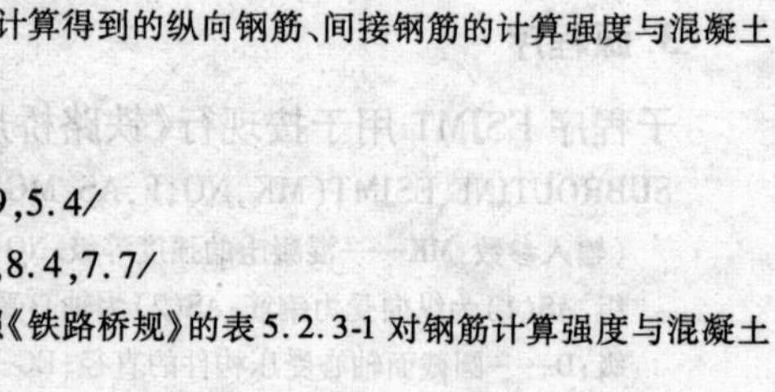

图 2-21 受弯构件应力计算图式

混凝土的压应力:

$$\sigma_c = \frac{M}{W_0} \leqslant [\sigma_b] \tag{2-29}$$

钢筋的拉应力：

$$\sigma_s = n \cdot \frac{M}{W_s} \leqslant [\sigma_s] \qquad (2\text{-}30)$$

式中：σ_c——混凝土应力(MPa)；

σ_s——钢筋拉应力(MPa)；

M——计算弯矩(MN·m)；

n——钢筋的弹性模量与混凝土的变形模量之比，按《铁路桥规》第5.1.3条取值；

$[\sigma_b]$、$[\sigma_s]$——混凝土弯曲受压容许应力及钢筋容许应力；

W_0、W_s——对混凝土受压边缘及受拉钢筋重心处的换算截面抵抗矩(m^3)。

要计算换算截面抵抗矩先要确定中和轴，如图2-21所示，中和轴位置 y 应满足下式要求：

$$S_y = S_{hy} + S_{gy} \qquad (2\text{-}31)$$

式中：S_{hy}——受压区混凝土及受压区钢筋换算面积对中和轴的静矩(m^3)；

S_{gy}——受拉区钢筋换算面积对中和轴的静矩(m^3)；

于是，

$$W_0 = \frac{J}{y}, W_s = \frac{J}{(h_0 - y)} \qquad (2\text{-}32)$$

式中：J——换算截面对中和轴的惯性矩；

h_0——截面的有效高度；

y——换算截面中和轴到截面受压区边缘的距离。

2. 编程原理及框图

按图2-21及式(2-29)、式(2-30)计算混凝土和钢筋应力必须首先确定中和轴位置，利用本章第一节中给出的梯形截面几何特性计算子程序FSJYA和二分法的基本思想来寻找中和轴。

用二分法确定受弯构件应力计算的中和轴时，判别中和轴可行区舍弃的条件是式(2-31)的 S_y 是否小于0。

若 $S < 0$，表示受压区混凝土面积太小，应该增加受压区高度，中和轴应下降；

反之，若 $S > 0$，表示受压区混凝上面积太大，应该减小受压区高度，中和轴应上升。

二分法求中和轴的编程框图见图2-22。

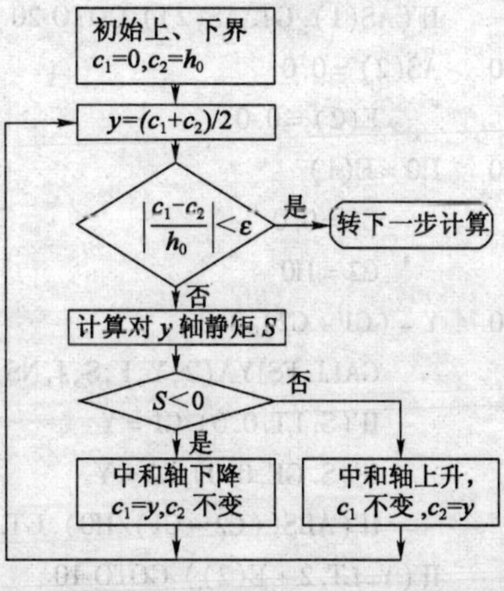

图2-22 受弯构件应力验算求中和轴编程框图

3. 源程序

以下给出受弯构件应力计算子程序BMSTS，其中调用的根据弯矩正负放置断面子程序INV、计算钢筋容许应力及受压区高度界限子程序REGT编程原理已在本章第一节中阐述，以下先列出计算弹性模量比的子程序TXMLB，然后给出计算受弯构件截面应力的子程序BMSTS。

```
SUBROUTINE TXMLB(MK,LX,NN)
  (形式参数：MK——混凝土的强度等级；LX——计算结构构件的类型，按《铁路桥规》规定，桥跨结构及桥墩顶帽
   时，取LX=1，其他结构时，取LX-2；NN——钢筋的弹性模量与混凝土的变形模量比)
REAL NN,NN1(10),NN2(10)
```

```
DATA NN1/2 * 20,3 * 15,5 * 10/  （给结构类型为桥跨结构及顶帽时的弹性模量比赋初值）
DATA NN2/2 * 15,3 * 10,5 * 8/  （给其他结构时的弹性模量比赋初值）
I = MK/5 - 2
IF(LX. EQ. 1) NN = NN1(I)
IF(LX. EQ. 2) NN = NN2(I)
RETURN
END
```

计算受弯构件截面应力的子程序：

```
SUBROUTINE BMSTS(MK,MO,LX,NS,BS,HS,EG,AS1,MG,NMID,SIH,SIG,Y,LTYP)
```

（输入参数：MK——混凝土的强度等级；MO——构件的设计弯矩；LX——计算结构构件的类型，按《铁路桥规》规定，桥跨结构及顶帽时，取 LX = 1，其他结构时，取 LX = 2；NS——用梯形节线法描述断面时，断面的节线数；BS——节线处的宽度数组；HS——节线到断面上边缘的距离数组；EG——钢筋位置数组；AS1——钢筋面积数组；MG——钢筋种类号；NMID——构件的设计荷载的类型，NMID = 1 为主力，NMID = 2 为主力 + 附加力；

输出参数：SIH——受弯构件混凝土的压应力；SIG——钢筋应力，SIG(1)为受拉钢筋应力，SIG(2)为受压钢筋应力；Y——中和轴高度；LTYP——构件受力类型指数，LTYP = 3 为受弯构件，LTYP = 4 表示受弯构件受压区高度偏大，应修改截面）

```
      DIMENSION HS(NS),BS(NS),AS1(2),AS(2),EG(2),E(2),SIG(2)
      LOGICAL NGO
      REAL MO,NN,M,J,KCB
      LTYP = 3
      NGO = MO. LT. 0.0  （对判别弯矩正负的逻辑变量赋值）
      CALL TXMLB(MK,LX,NN)  （计算弹性模量比）
      CALL REGT(MG,NMID,SIGMAS,ES,KCB)  （参照《规范》，规定受弯构件受压区高度界限）
      CALL INV(M,MO,HS,NS,NGO,EG,E,AS1,AS)  （负弯矩时倒转断面）
      IF(AS(1). GT. AS(2)) GOTO 20
10    AS(2) = 0.0
         E(2) = 0.0
20    H0 = E(1)
         C1 = 0.0
         C2 = H0
30    Y = (C1 + C2)/2.0
         CALL FSJYA(2,Y,F,S,J,NS,BS,HS,NGO,E,AS,NN)
         IF(S. LT. 0.0) C1 = Y
         IF(S. GE. 0.0) C2 = Y
         IF(ABS((C2 - C1)/H0). GT. 1E - 4) GOTO 30  （自 10 至此为按图 2-22 用二分法确定中和轴）
      IF(Y. LT. 2 * E(2)) GOTO 10
      IF(Y. GT. KCB * H0) THEN  （检查受压区高度界限）
        WRITE(2,100) Y,KCB * H0,('*',I = 1,60)
        WRITE(*,100) Y,KCB * H0,('*',I = 1,60)
        LTYP = 4  （受弯构件截面受压区高度超过界限时，LTYP = 4，应修改截面）
      ENDIF
      SIH = -1000 * M * Y/J  （SIH 为混凝土压应力）
      SIG(1) = -1000 * NN * M * (Y - E(1))/J  （SIG(1)为受拉钢筋应力）
      SIG(2) = -1000 * NN * M * (Y - E(2))/J  （SIG(2)为受压钢筋应力）
```

```
100  FORMAT  (1X,'受压区高度 Y:',F6.2,'  受压区高度极限:KCB * H0:',F6.2/1X,'受压区高度太大,请修改截
   $     面。'/80A1)
     RETURN
     END
```

三、偏心受力构件的应力计算

1. 基本公式

按照《铁路桥规》第 5.2.6 条,偏心受压构件在弯矩作用平面内的强度按下式计算:

$$\sigma_c = \frac{N}{A_0} + \frac{\eta M}{W_0} \leqslant [\sigma_b]$$

$$\eta = \frac{1}{1 - \dfrac{KN}{\alpha \dfrac{\pi^2 E_c I_c}{l_0^2}}} \tag{2-33}$$

$$\alpha = \frac{0.1}{0.2 + \dfrac{e_0}{h}} + 0.16$$

式中: σ_c——混凝土应力(MPa);

N——换算截面重心处的计算轴向压力(MN);

A_0——不计受拉区的钢筋混凝土构件截面换算面积(m^2);

W_0——钢筋混凝土换算面积对受压边缘或受压较大边缘的截面抵抗矩(m^3);

M——计算弯矩(MN·m);

η——挠度对偏心距影响的增大系数;

$[\sigma_b]$——混凝土弯曲受压容许应力;

K——安全系数,主力时用 2.0,主力 + 附加力时用 1.6;

E_c——混凝土的受压弹性模量(MPa);

I_c——混凝土全截面的惯性矩(m^4);

α——考虑偏心距对 η 值的影响系数;

e_0——轴向力作用点至构件截面重心的距离(m);

h——弯曲平面内的高度(m);

l_0——压杆计算长度(m)。

求截面中和轴时,应采用纵向弯曲后所增大的偏心:

$$e = \frac{\eta M}{N}$$

式中:e——纵向弯曲后所增大的偏心(m)。

对于偏心受压杆件,除了验算弯矩平面内的强度外,还应按式(2-27)验算垂直于弯矩作用平面的受压构件稳定性,此时不考虑弯矩作用。

在结构计算时得到的弯矩和轴力通常都是对纯混凝土截面形心轴的,而以上计算公式中的 M 应是作用在换算截面重心轴上,因此编程计算时需要将纯混凝土截面形心轴上的弯矩移轴到换算截面重心轴上,然后计算截面内应力,图 2-23 给出了偏心受力构件应力计算图式,以下分大小偏心受力两种情况给出应力计算公式。

1)小偏心受力

小偏心受力构件截面内离换算截面重心轴距离 x_1 处的应力按式(2-34)计算:

$$\sigma_x = \frac{N}{A_0} - \eta\frac{\overline{M}}{J_0}x_1 \tag{2-34}$$

式中:N——轴向力;

A_0、J_0——换算断面面积及惯性矩,小偏心压杆是全部混凝土及钢筋的换算几何量,小偏心拉杆只计算钢筋的换算几何量;

η——挠度对偏心距影响的增大系数;

$\overline{M}$——对换算断面重心轴的弯矩,可用移轴方法得到:

$$\overline{M} = M + N(R - y) \tag{2-35}$$

其中 M——对纯混凝土截面形心轴的弯矩,

R——纯混凝土截面形心轴到截面上缘的距离,

y——换算截面形心轴到截面上缘的距离;

x_1——计算应力点的位置,如图 2-23 所示,从截面上缘算起计算应力点位置 x 时,得:

$$x_1 = y - x$$

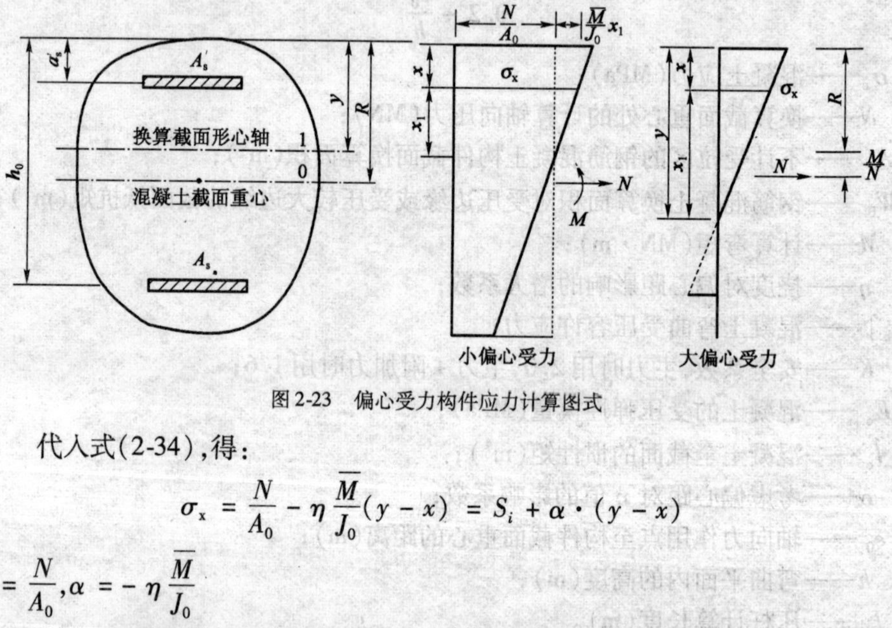

图 2-23 偏心受力构件应力计算图式

代入式(2-34),得:

$$\sigma_x = \frac{N}{A_0} - \eta\frac{\overline{M}}{J_0}(y - x) = S_i + \alpha\cdot(y - x) \tag{2-36}$$

式中:$S_i = \frac{N}{A_0}$,$\alpha = -\eta\frac{\overline{M}}{J_0}$

当小偏心压杆中混凝土出现拉应力、小偏心受拉构件钢筋出现压应力时,按大偏心受力计算。

2)大偏心受力

如图 2-23,大偏心受力构件中和轴 y 处截面应力等于零,中和轴位置 y 应满足下式要求:

$$\frac{J_y}{S_y} = y - R - \frac{M}{N} \tag{2-37}$$

式中:J_y、S_y——钢筋混凝土换算断面对 y 轴的惯性矩和静矩。

找到中和轴后,大偏心受力构件截面内离中和轴距离 x_1 处的应力按式(2-38)计算:

$$\sigma_x = \frac{N}{S_y}x_1 = \frac{N}{S_y}(y - x) = \alpha(y - x) \tag{2-38}$$

式中：$\alpha = \dfrac{N}{S_y}$。

2. 编程框图

图 2-24 是偏心受力构件应力计算编程框图。第①框是根据《铁路桥规》第 5.1.3 条，计算钢筋弹性模量与混凝土变形模量之比，调用子程序 TXMLB 来完成；第②框是根据弯矩正负来放置断面，负弯矩时，将断面倒转，弯矩取正；第③框计算纯混凝土断面形心及换算断面重心，通过调用子程序 FSJYA 完成；第④框是把作用在纯混凝土断面形心上的力和弯矩移轴到换算断面的重心轴上得到 $\overline{M}$，并根据《铁路桥规》的 5.2.6 条计算挠度对偏心距影响的增大系数，由调用子程序 ETAE1T 来完成。第⑤框是按小偏心受力计算出式(2-36)中的 S_i，α，然后进行大小偏心受力判别，如果是小偏心受力则转到第⑫框计算构件截面混凝土和钢筋的应力，子程序中应力计算用一个语句函数来执行；如果不是小偏心受力，则转到第⑥框开始按大偏心受力构件计算。

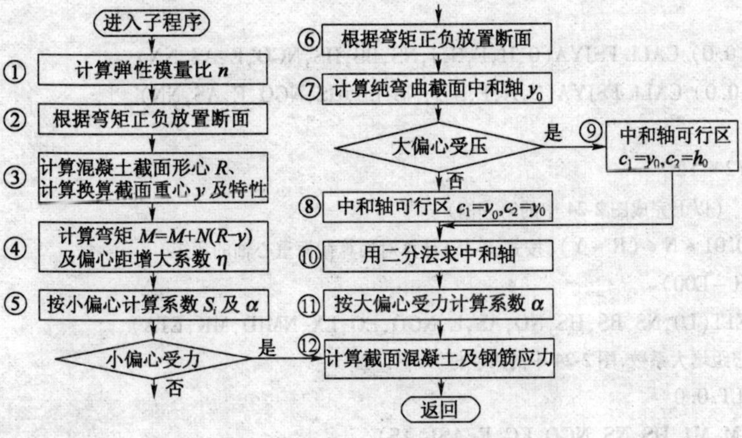

图 2-24 偏心受力构件应力计算编程框图

因为第④框把弯矩移到了换算断面形心轴，它的值有可能又变成负值，第⑥框是根据弯矩 $\overline{M}$ 的正负重新放置断面；第⑦框～第⑩框是计算大偏心受力构件截面的中和轴，先由第⑦框用二分法求得纯弯构件截面的中和轴 y_0，再根据大偏心受力的性质确定中和轴的可行区间，大偏心受压时中和轴在纯弯中和轴下方，大偏心受拉时中和轴在纯弯中和轴上方，如第⑧、⑨框所示；确定中和轴的可行区间后，再用二分法确定大偏心受力构件的中和轴，判别条件是式(2-37)；第⑪、⑫框是按大偏心受力先计算出式(2-38)中的 α，然后计算构件截面混凝土和钢筋的应力。

3. 源程序

偏心受力构件截面应力计算的子程序 RCSTS 如下：

```
SUBROUTINE RCSTS(L0,NS,BS,HS,NO,MO,MK,LX,NMID,EG,AS1,SIH,SIG,Y,LTYP)
```

（输入参数：L0——偏心受力构件计算长度；NS——用梯形节线法描述断面时，断面的节线数；BS——节线处的宽度数组；HS——节线到断面上边缘的距离数组；NO——构件的轴向力；MO——构件的设计弯矩；MK——混凝土的强度等级；LX——计算结构构件的类型，按《铁路桥规》规定，桥跨结构及顶帽时，取 LX = 1，其他结构时，取 LX = 2；NMID——构件的设计荷载的类型，NMID = 1 为主力，NMID = 2 为主力 + 附加力；EG——钢筋位置数组；AS1——钢筋面积数组，输出参数:SIH——偏心受力构件混凝土的压应力;SIG——钢筋应力,SIG(1)为受拉钢筋应力,SIG(2)为受压钢筋应力;Y——中和轴高度;LTYP——构件受力类型指数,LTYP = 5 为小偏心受拉,LTYP = 6 为大偏心受拉,LTYP = 7 为小偏心受压,LTYP = 8 为大偏心受压)

```
      STS(X) = SI + AL * (Y - X)   (按式(2-36)或式(2-38)计算应力的语句函数)
      REAL L0,NO,MO,M1,M,N,J,NN
      LOGICAL NGO
      DIMENSION BS(NS),HS(NS),EG(2),E(2),AS1(2),AS(2),SIB(2),SIG(2)
      H = HS(NS)
      M1 = MO
      N = NO
      NGO = M1.LT.0.0
      CALL TXMLB(MK,LX,NN)   (图 2-24 中的第①框)
      CALL INV(M,M1,HS,NS,NGO,EG,E,AS1,AS)   (根据弯矩正负放置断面,图 2-24 第②框)
      CALL FSJYA(1,H,F,S,J,NS,BS,HS,NGO,E,AS,NN)
      E00 = ABS(M/N) * 100
      R = H - S/F
      IF(NO.GT.0.0) CALL FSJYA(0,H,F,S,J,NS,BS,HS,NGO,E,AS,NN)
      IF(NO.LT.0.0) CALL FSJYA(2,H,F,S,J,NS,BS,HS,NGO,E,AS,NN)
      Y2 = S/F
      J = J - F * Y2 * Y2
      Y = H - Y2   (以上完成图 2-24 中的第③框)
      M1 = M1 + 0.01 * N * (R - Y)(按式(2-35)计算对换算截面重心轴的弯矩)
      EO = Y - (R - E00)
      CALL ETAE1T(L0,NS,BS,HS,NO,AS,E,NGO,EO,LX,NMID,MK,ETA)
        (计算偏心距增大系数,图 2-24 中的第④框)
      NGO = M1.LT.0.0
      CALL INV(M,M1,HS,NS,NGO,EG,E,AS1,AS)
50    SI = 10 * N/F
      AL = - ETA * 1000 * M/J   (按式(2-36)计算小偏心受力时截面应力的系数,图 2-24 第⑤框)
      IF((STS(H).GT.0.0).AND.(STS(0).GT.0.0))THEN   (以下受力性质判别)
        LTYP = 5   (小偏心受拉)
        GOTO 180
      ENDIF
      IF((NO.LT.0.0).AND.(STS(H).LT.0.0).OR.(NO.GT.0.0).AND.(STS(E(2)).GT.0.0)) THEN
        LTYP = 7   (小偏心受压)
        GOTO 180
      ENDIF
      IF(NO.GT.0) LTYP = 6   (大偏心受拉)
      IF(NO.LT.0) LTYP = 8   (大偏心受压)
      M1 = MO
      NGO = M1.LT.0.0
      CALL INV(M,M1,HS,NS,NGO,EG,E,AS1,AS)   (根据移轴后的弯矩正负放置断面,图 2-24 第⑥框)
      IF(AS(1).GT.AS(2)) GOTO 90
80    AS(2) = 0.0
```

```
      E(2) =0.0
90    H0 = E(1)
      C1 =0.0
      C2 = H0
100   Y0 = (C1 + C2)/2.0
      CALL FSJYA(2,Y0,F,S,J,NS,BS,HS,NGO,E,AS,NN)
      IF(S.LT.0.0) C1 = Y0
      IF(S.GE.0.0) C2 = Y0
      IF(ABS((C2 - C1)/H0).GT.1E -4) GOTO 100
      IF(Y0.LT.2 * E(2)) GOTO 80  （自 95 至此为用二分法确定纯弯时的中和轴,图 2-24 第⑦框）
      IF(NO.GT.0.0) THEN
        C1 =0.0
        C2 = Y0  （大偏心受拉时的中和轴可行区,图 2-24 中的第⑧框）
      ELSE
        C1 = Y0
        C2 = H0  （大偏心受压时的中和轴可行区,图 2-24 中的第⑨框）
      ENDIF
110   Y = (C1 + C2)/2.0
          CALL FSJYA(2,Y,F,S,J,NS,BS,HS,NGO,E,AS,NN)
          IF(ETA * (Y - R - 100 * M/N).LT.J/S) C1 = Y
          IF(ETA * (Y - R - 100 * M/N).GE.J/S) C2 = Y
          IF (ABS((C2 - C1)/H0).GT.1E -4) GOTO 110
           （自 110 至此为用二分法确定大偏心受力的中和轴,图 2-24 第⑩框）
      AL = 10 * N/S
      SI = 0.0  （按式(2-38)计算大偏心受力时截面应力的系数,图 2-24 第⑪框）
180   DO 190 I = 1,2
        SIG(I) = STS(E(I)) * NN    （计算钢筋应力）
        SIB(I) = STS(H * (2 - I))   （计算混凝土应力）
190   CONTINUE
      SIH = SIB(1)
      IF(ABS(SIB(2)).GT.ABS(SIB(1))) SIH = SIB(2)
      RETURN
      END
```

四、任意受力钢筋混凝土构件应力验算程序

1.程序框图

利用以上给出的应力计算子程序,输入基本计算数据,程序根据构件受力情况判别调用不同的子程序,计算钢筋混凝土构件截面的混凝土受压应力及钢筋应力,进行应力验算,打印输出计算结果,再输入程序下一步计算的指示信息,确定程序下一步走向。

任意受力钢筋混凝土构件应力验算程序的编程框图见图 2-25。

2.源程序

以下给出任意受力钢筋混凝土构件应力验算主程序,有关程序的使用及应用实例留到本

章第五节讲述。子程序中调用的输入原始计算数据及输出计算结果子程序不再赘述列出，读者可自行读通。

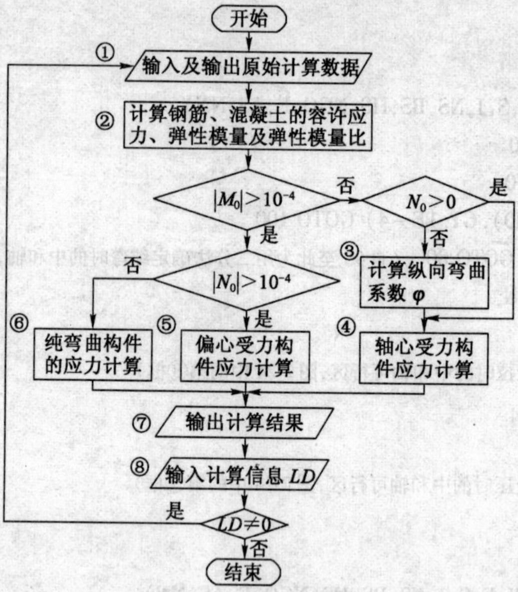

图 2-25　任意受力钢筋混凝土构件应力验算程序编程框图

```
      PROGRAM LEW2  （主程序取名为 LEW2）
      REAL L0,NO,MO,J,NN,M,KCB
      LOGICAL NGO
      DIMENSION BS(50),HS(50),EG(2),E(2),AS1(2),AS(2),SIG(2)
10    CALL IODATA(K,D,NS,BS,HS,MK,MG,LX,MG2,SJG,AS1,EG,NO,MO,NMID,L0)
      （图 2-25 的编程第①框，子程序 IODATA 用来输入原始计算数据，输入数据文件取名为 LEW2.DAT，数据输入顺序在本章第五节中讲述，子程序还把输入的原始数据显示在屏幕上和写入到输出数据文件 LEW2.OUT 中，以作为计算校核）
      NGO = MO.LT.0.0
      CALL TXMLB(MK,LX,NN)  （图 2-25 第②框，计算钢筋弹性模量与混凝土变形模量比）
      CALL REHT(MK,NMID,SIGMAC,SIGMAB,EC)  （计算混凝土容许应力、混凝土弹性模量）
      CALL REGT(MG,NMID,SIGMAS,ES,KCB)  （计算钢筋容许应力等，图 2-25 第②框结束）
      IF(ABS(MO).GE.1E-4) GOTO 25
      IF(K.EQ.1) THEN
        H = HS(NS)
        CALL FSJYA(1,H,F,S,J,NS,BS,HS,NGO,EG,AS1,NN)  （计算构件纯混凝土断面的截面特性）
        J = J - S * S/F
      ENDIF
      IF(NO.GT.0.0) GOTO 15
      CALL FIM(K,L0,HS,BS,NS,D,F,J,FE)  （计算轴心受压构件的纵向弯曲系数，图 2-25 第③框）
15    CALL ESJMT(MK,NO,F,AS1,MG,MG2,D,EG,SJG,FE,K,SIH,SIG,LTYP)
      （轴心受压构件的应力计算，图 2-25 第④框）
      SIGMAH = SIGMAC
      GOTO 40
```

```
25    IF(ABS(NO).GE.1E-4) GOTO 30
      CALL BMSTS(MK,MO,LX,NS,BS,HS,EG,AS1,MG,NMID,SIH,SIG,Y,LTYP)
        (纯弯曲构件的应力计算,图 2-25 第⑥框)
      SIGMAH = SIGMAB
      GOTO 40
30    CALL INV(M,MO,HS,NS,NGO,EG,E,AS1,AS)
      CALL RCSTS(L0,NS,BS,HS,NO,MO,MK,LX,NMID,EG,AS1,SIH,SIG,Y,LTYP)
        (偏心受力构件的应力计算,图 2-25 第⑤框)
      SIGMAH = SIGMAB
40    CALL OUTPUT(LTYP,Y,SIH,SIGMAH,SIG,SIGMAS,EG)  (输出计算结果,图 2-25 第⑦框)
      READ(1,*)LD  (输入下一步计算指示信息,图 2-25 第⑧框)
      IF(LD.NE.0) GOTO 10  (根据下一步计算指示信息,确定程序走向)
      STOP
      END
```

五、应力计算表

以下用 VB 编程和 Excel 表结合计算钢筋混凝土受力构件的应力,在 Excel 中加入了 VB 编写的宏命令,把 VB 编程的计算功能和 Excel 的可视化界面、表格的统计计算功能结合起来,兼容了两者的优点,使用方便,计算结果清晰明了。本节给出偏心受压圆柱应力计算表及任意截面轴心受压、纯弯应力计算表,编程原理与以上程序相同,以下给出 VB 编程的源程序,计算表的使用及应用实例在本章第五节给出。

在任意截面轴心受压、纯弯应力计算表中编写了 6 个函数过程,全断面几何特性计算的函数过程 Function fsjy(iid, ns, bss, hss)已在第一章第四节中给出,以下给出混凝土及钢筋容许应力等参数的计算过程 sigma、轴心受压应力计算过程 sigmac 及受弯构件应力计算过程 bmsgm 的源程序语句。

(1)计算混凝土及钢筋容许应力、钢筋计算强度与混凝土抗压极限强度比、混凝土弹性模量参数的函数过程:

```
Function sigma(ID, mk, mg, mf)
  (形式参数:ID——指示信息,根据 ID 不同的数值,函数过程返回不同的值;mk——混凝土强度等级;mg——钢筋种类号,mg = 1 为 I 级钢筋,mg = 2 为 II 级钢筋;mf——构件受力类型号,mf = 1 为主力,mf = 2 为主力 + 附加力)
  sic = Array(4.6, 6.1, 7.6, 9, 10.3, 11.6, 13.2, 14.6, 16, 17.4)
    (轴心受压容许应力)
  sib = Array(6.1, 7.8, 9.5, 11.2, 13, 14.7, 16.5, 18.2, 20, 21.7)
    (弯曲受压及偏心受压容许应力)
  ml = Array(20.4, 15.7, 12.4, 10.4, 9, 8, 7.1, 6.4, 5.9, 5.4)
    (I 级钢筋及 II 级钢筋计算强度 与混凝土抗压极限强度比)
  m2 = Array  (29.1, 22.3, 17.6, 14.9, 12.9, 11.4, 10.2, 9.2,8.4, 7.7)
  eec = Array (25500, 28000, 30000, 32000, 33000, 34000, 34500, 35500, 36000,
              36500)  (混凝土弹性模量)
  i = mk / 5 - 2
  sigc = sic(i)
  sigb = sib(i)
```

```
If mf = 2 Then sigc = 1.3 * sigc
If mf = 2 Then sigb = 1.3 * sigb
If mg = 1 Then mm = m1(i) Else mm = m2(i)
If mf = 1 Then
 If mg = 1 Then sigs = 130 Else sigs = 180
Else
 If mg = 1 Then sigs = 160 Else sigs = 230
End If
If ID = 1 Then sigma = sigc
If ID = 2 Then sigma = sigb
If ID = 3 Then sigma = sigs
If ID = 4 Then sigma = mm
If ID = 5 Then sigma = eec(i)
End Function
```

(2)计算轴心受压构件应力的函数过程:

```
Function sigmac(kp, k, lamt, n, ac, m, m1, as1, fi, ahe, aj)
```

(形式参数:kp——采用的箍筋类型,kp = 1 为一般箍筋,kp = 2 为螺旋式或焊接环式箍筋;k——截面类型信息,k = 0为圆形截面,k = 1 为矩形截面,k = -1 为用节线描述的任意截面;lamt——轴心受压构件长细比;n——构件所受轴心压力;ac——构件横截面面积;m,m1——分别为纵向受力钢筋和箍筋的计算强度与混凝土抗压极限强度之比;as1——纵向受力钢筋面积;fi——轴心受压构件纵向弯曲系数;ahe——构件核心截面面积;aj——间接钢筋的换算面积)

```
If fi < 1 Then sc1 = Abs(n) / (ac + m * as1) / fi Else sc1 = Abs(n) / (ac + m * as1)
 (按配普通箍筋计算)
If kp = 2 And k = 0 And lamt < 7 Then
  aso1 = ahe + m * as1 + 2 * m1 * aj
  sc2 = Abs(n) / aso1  (按配螺旋式或焊接环式箍筋计算混凝土应力)
  If sc2 < sc1 And sc2 > sc1 / 1.6 Then sc1 = sc2
  If sc2 < sc1 / 1.6 Then sc1 = sc1 / 1.6
End If
sigmac = 10 * sc1
End Function
```

(3)计算受弯构件应力的函数过程:

```
Function bmsigma(kkd, ns, bss, hss, ag, a, ag1, a1, mk, m0)
```

(形式参数:kkd——指示信息,根据 kkd 不同的数值,函数过程返回不同的值;ns——用梯形节线法描述断面时,断面的数组;bss——节线处宽度数组;hss——节线到断面上边缘的距离数组;ag——受拉钢筋的面积;a——受拉钢筋保护层厚度;ag1——受压钢筋的面积;a1——受压钢筋保护层厚度;mk——构件混凝土强度等级;m0——构件所受的弯矩)

```
Dim bs(1 To 10), hs(1 To 10)
i = 1
For Each ii In bss
  bs(i) = ii.Value
  i = i + 1
Next ii
i = 1
```

```
For Each ii In hss
  hs(i) = ii. Value
  i = i + 1
Next ii （以上是从表中读入截面的节线处宽度和高度数组）
h0 = hs(ns) - a
If mk < = 20 Then （根据构件混凝土强度等级计算钢筋的弹性模量与混凝土的变形模量之比）
  nn = 20
ElseIf mk > = 40 Then
  nn = 10
Else
  nn = 15
End If
c1 = 0 （中和轴可行区的初始上、下限）
c2 = h0
10 y = (c1 + c2) / 2 （以下开始用二分法计算受弯构件的中和轴）
k = 1
Do While y > hs(k)
  k = k + 1
Loop
jt = 0
st = 0
ft = 0
For i = 2 To (k - 1)
  b = bs(i) - bs(i - 1)
  h = hs(i) - hs(i - 1)
  jt = jt + 2 * h * st + h * h * ft + (bs(i - 1) + b / 4) * h ^ 3 / 3
  st = st + h * ft + (bs(i - 1) + b / 3) * h * h / 2
  ft = ft + h * (bs(i) + bs(i - 1)) / 2
Next i
h = y - hs(k - 1)
b = h * ((bs(k) - bs(k - 1)) / (hs(k) - hs(k - 1)))
jt = jt + 2 * h * st + h * h * ft + (bs(k - 1) + b / 4) * h ^ 3 / 3
st = st + h * ft + (bs(k - 1) + b / 3) * h * h / 2
ft = ft + h * (b + 2 * bs(k - 1)) / 2
jt = jt + nn * (AG * (y - h0) ^ 2 + AG1 * (y - a1) ^ 2)
st = st + nn * (AG * (y - h0) + AG1 * (y - a1))
ft = ft + nn * (AG + AG1)
If st < 0 Then c1 = y
If st > 0 Then c2 = y （根据换算截面静矩的正负确定中和轴的取值区间）
If Abs((c2 - c1) / h0) > = 0.001 Then GoTo 10 （判别中和轴值的计算精度）
F = -m0 / jt * 1000 （满足计算精度后开始计算应力）
If kkd = 0 Then bmsigma = y （返回中和轴到截面上缘的距离）
If kkd = 1 Then bmsigma = F * y （返回混凝土应力）
If kkd = 2 Then bmsigma = F * (y - a1) * nn （返回受压钢筋应力）
```

```
    If kkd = 3 Then bmsigma = F * (y - h0) * nn  (返回受拉钢筋应力)
    If kkd = 4 Then bmsigma = F * (y - hs(ns))
End Function
```

计算表中编写的计算轴心受压构件纵向弯曲系数的函数过程 fim、直线内插计算的函数过程 fe,读者可参照本章第一节轴心拉压的 FORTRAN 语言源程序自行读通,并根据本节偏心受力构件应力计算的基本原理和编程思路编写一个任意截面偏心受压构件应力计算表,偏心受压圆截面构件应力计算的基本公式及计算表编写留到本章第四节中讲述。

第四节　圆形截面钢筋混凝土构件的计算

圆形截面的钢筋混凝土构件主要用作轴心受压和偏心受压构件,中小跨桥梁排架墩的圆形墩柱以及桥墩基础的钻孔灌注桩都属于这类受力构件,本章第一节、第二节讲述的承载力计算子程序 ESJM 和配筋设计子程序 SJJM 都适用于圆形截面的钢筋混凝土构件,所引用的公式和编程框图都一致,本节讲述的是偏心受压圆形截面钢筋混凝土构件的承载力计算和配筋设计,主要讲述编写承载力计算和配筋设计程序的基本原理,并给出 VB 编程、Excel 表格计算实现的偏心受压钢筋混凝土圆形截面构件承载力、应力及裂缝宽度的计算表。

一、基本公式

如图 2-26 所示的圆形截面钢筋混凝土偏心受压构件,钢筋是沿圆截面周边均匀配置的,计算公式是基于实验基础上推演得到的。

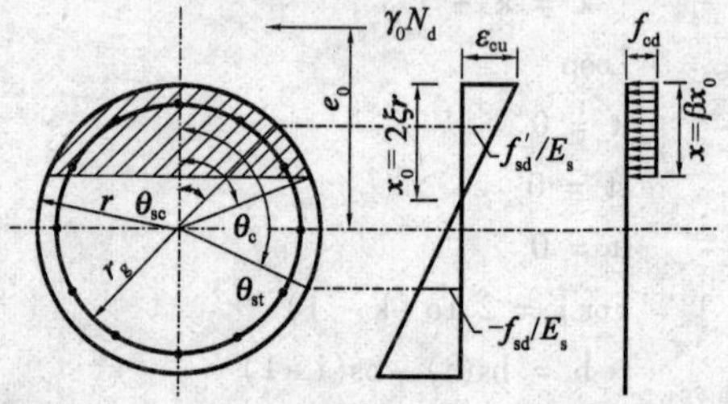

图 2-26　圆形截面偏心受压构件强度计算图

它的基本假定是:

①截面变形符合平截面假定,混凝土的极限应变 $\varepsilon_{cu}=0.0033$;

②受压区混凝土采用换算的等效矩形应力图,取受弯强度设计值为 f_{cd},受压区应力图高度 $x=\beta x_0$,β 是等效矩形应力图高度系数,按式(2-39)计算:

$$\beta=\begin{cases}0.8 & \xi\leqslant 1\\ 1.0667-0.2667\xi & 1<\xi\leqslant 1.5\end{cases} \tag{2-39}$$

式中:ξ——截面实际受压区高度 x_0 与圆截面直径的比值,$\xi=x_0/2r$。

③不考虑受拉区混凝土的抗力。

于是,圆截面偏心受压钢筋混凝土构件的正截面强度按式(2-40)、式(2-41)计算:

$$\gamma_0 N_d\leqslant Ar^2 f_{cd}+C\rho r^2 f'_{sd} \tag{2-40}$$

$$\gamma_0 N_d e_0\leqslant Br^3 f_{cd}+D\rho g r^3 f'_{sd} \tag{2-41}$$

式中: γ_0——桥梁构件重要性系数;

N_d——构件所受到的纵向力;

r——构件圆截面半径;

f_{cd}——混凝土抗压强度设计值;

f'_{sd}——钢筋抗压强度设计值;

e_0——考虑增大系数 η 后的纵向力的偏心距，η 按式(2-19)计算；

g——配筋半径与圆截面半径之比；

ρ——纵向钢筋配筋率，$\rho = A_s/\pi r^2$，A_s 为纵向钢筋面积；

A、B、C、D——圆截面偏心受压构件有关混凝土和钢筋承载力的计算系数。

圆截面偏心受压构件有关混凝土和钢筋承载力的计算系数与 ξ、f'_{sd}、E_s 及 g 有关，《规范》附录 C 给出了计算公式和附表供计算时查用，可以根据这些计算公式编写程序得到承载力计算系数 A、B、C、D。以下给出的子程序 ABCD 就是用来计算这些系数的。

```
SUBROUTINE ABCD(KC,FSD1,ES,G,A,B,C,D)
  (形式参数:KC——中性轴相对系数即图 2-26 中的 ξ;FSD1——钢筋的抗压强度设计值;ES——钢筋的弹性模量;
  G——配筋半径与圆截面半径之比;A、B、C、D——要计算的有关混凝土和钢筋承载力的计算系数)
REAL KC
PI = 3.14159
EPCU = 0.0033  (混凝土极限应变,取 εcu = 0.0033)
BT = 1.0667-0.2666 * KC
IF(KC.LE.1.0) BT = 0.8  (计算等效矩形应力图高度系数 β)
CTC1 = 1.0-2.0 * BT * KC
IF(ABS(CTC1).GE.1) CTC = PI
IF(ABS(CTC1).LT.1) CTC = ACOS(CTC1)  (计算 θc,混凝土受压区的起点角度)
CTSC1 = 2.0 * KC/G/EPCU * FSD1/ES + (1.0-2.0 * KC)/G
IF(ABS(CTSC1).GE.1) CTSC = PI
IF(ABS(CTSC1).LT.1) CTSC = ACOS(CTSC1)  (计算 θsc,钢筋达到抗压强度设计值时的角度)
CTST1 = -2.0 * KC/G/EPCU * FSD1/ES + (1.0-2.0 * KC)/G
IF(ABS(CTST1).GE.1) CTST = PI
IF (ABS(CTST1).LT.1) CTST = ACOS(CTST1)  (计算 θt,钢筋达到抗拉强度设计值时的角度)
   (以下计算圆截面偏心受压钢筋混凝土构件的强度计算系数 A、B、C、D)
A = 0.5 * (2.0 * CTC-SIN(2.0 * CTC))
B = 2.0 * (SIN(CTC)) * * 3/3.0
C = CTSC-PI + CTST + 1.0/(G * COS(CTSC)-(1.0-2.0 * KC)) * (G * (SIN(CTST) -SIN(CTSC))
$   -(1.0-2.0 * KC) * (CTST-CTSC))
D = SIN(CTSC) + SIN(CTST) + 1.0/(G * COS(CTSC)-(1.0-2.0 * KC)) * (G * ((CTST-CTSC)/2.0
$   + (SIN(2.0 * CTST)-SIN(2.0 * CTSC))/4.0)- (1.0-2.0 * KC) * (SIN(CTST)-SIN(CTSC)))
RETURN
END
```

二、承载力计算

用式(2-40)去除式(2-41)，得：

$$e_0 = \frac{Bf_{cd} + D\rho g f'_{sd}}{Af_{cd} + C\rho f'_{sd}} r \tag{2-42}$$

承载力计算的步骤是：调用圆截面偏心受压构件强度计算系数的子程序，f'_{sd}、E_s 及 g 是确定的，只要假定一个中性轴相对系数 ξ，就能算出一组系数 A、B、C、D，代入式(2-42)，试算得到一个纵向力的偏心距 e_0 的值。

如果它与偏心受压构件的偏心值（ $e_0 = M/N$，并考虑偏心距增大）相一致，此时的 ξ 即为所求，A、B、C、D 即为所要的计算系数，代入式(2-40)，计算得到截面承载力；如果试算得到的 e_0 值与偏心受压构件的偏心值不符，则重新假定 ξ 值，再进行试算，直到两者相符。

这个假定 ξ 值试算的过程可以采用二分法编写程序计算，编程框图如图 2-27 所示。

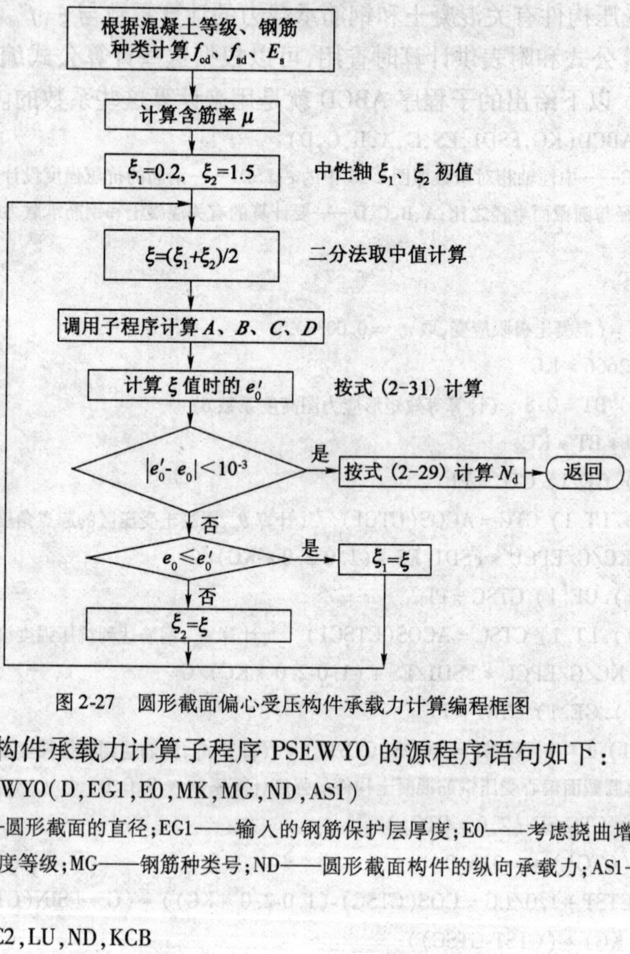

图 2-27　圆形截面偏心受压构件承载力计算编程框图

圆截面偏心受压构件承载力计算子程序 PSEWY0 的源程序语句如下：

```
      SUBROUTINE PSEWY0(D,EG1,E0,MK,MG,ND,AS1)
      (形式参数:D——圆形截面的直径;EG1——输入的钢筋保护层厚度;E0——考虑挠曲增大后的纵向力偏心距;
      MK——混凝土强度等级;MG——钢筋种类号;ND——圆形截面构件的纵向承载力;AS1——输入的纵向钢筋面
      积)
      REAL KC,KC1,KC2,LU,ND,KCB
      R = D/2.0
      G = (R-EG1)/R
      CALL REH(MK,FCD,FTD,EC,BETA,EPSLON)
      CALL REG(MG,MK,FSD,FSD1,ES,KCB)
      LU = AS1/(3.14159 * R * R)   (计算圆形截面的配筋率ρ)
      KC1 = 0.1  (以下用二分法计算中性轴时的ξ,并得到计算系数 A、B、C、D, ξ1、ξ2 为二分法区间上、下界限)
      KC2 = 1.5
10    KC = (KC1 + KC2)/2.0
      CALL ABCD(KC,FSD1,ES,G,A,B,C,D1)   (根据ξ计算系数 A、B、C、D1)
      E0 0 = (B * FCD + D1 * LU * G * FSD1) * R/(A * FCD  + C * LU * FSD1)
      (按式(2-42)计算ξ时的偏心距 e00 )
      IF(ABS(E00-E0).LE.1E-3) GOTO 20   (将ξ时的偏心距 e00 与构件实际的偏心距 e0 比较,确定程序流向)
      IF(E0.LE.E00) KC1 = KC
      IF(E0.GT.E00) KC2 = KC
```

```
      GOTO 10
20    ND = -(A * R * R * FCD + C * LU * R * R * FSD1) * 0.1
        （偏心距满足精度要求时，按式(2-40)计算承载力）
      RETURN
      END
```

三、配筋设计

由式(2-42)得：

$$\rho = \frac{f_{cd}}{f'_{sd}} \cdot \frac{Br - Ae_0}{Ce_0 - Dgr} \tag{2-43}$$

配筋设计的步骤是：假定一个中性轴相对系数 ξ 值，调用子程序算出系数 A、B、C、D，代入式(2-43)计算得到 ρ，再代入式(2-40)计算 $\gamma_0 N_d$，若此 $\gamma_0 N_d$ 的数值与设计值相符，则假定的 ξ 值及依此计算得到的 ρ 值即为设计用值；若两者不符，需重新假定 ξ 值，重复以上计算，直至依假定的 ξ 值计算得到的 $\gamma_0 N_d$ 与设计的 N_0 相符为止，得到的 ρ 值即为设计用值。

最后根据所确定的 ξ 值计算出含筋率 ρ，并按式(2-44)计算出配筋面积：

$$A_s = \rho \pi r^2 \tag{2-44}$$

在编写计算程序时，假定 ξ 值的试算过程可以先用步长增量法来确定 ξ 值的可行性区间，然后再在这个区间里用二分法来确定符合设计要求的中性轴相对系数 ξ 值，编程框图见图 2-28。

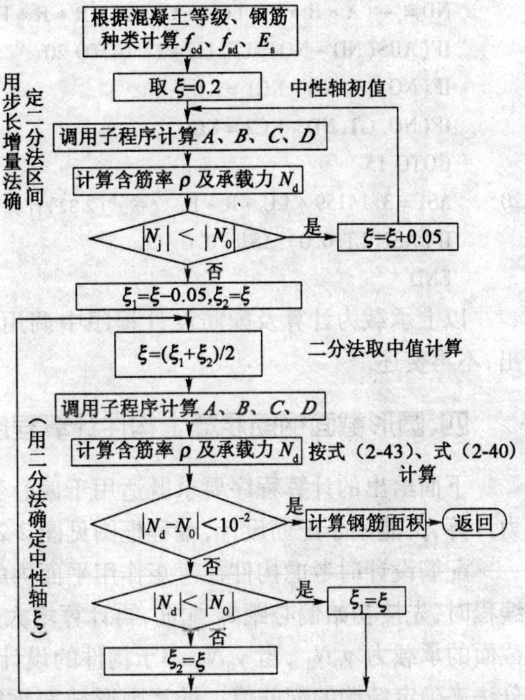

图 2-28　圆形截面偏心受压构件配筋设计编程框图

以下给出圆形截面偏心受压构件配筋设计子程序 PSEWY1 的源程序语句：

```
      SUBROUTINE PSEWY1(D,EG1,E0,MK,MG,
        NO,ND,AS1)
        （形式参数：D——圆形截面的直径；EG1——输入的钢筋保护层厚度；E0——考虑挠曲增大后的纵向力偏心距；
        MK——混凝土强度等级；MG——钢筋种类号；NO——构件的设计纵向力；ND——构件配筋后的纵向承载力；
        AS1——构件的纵向钢筋配筋面积）
      REAL KC,LU,NO,ND,KCB,KC1,KC2
      R = D/2.0
      G = (R-EG1)/R
      CALL REH(MK,FCD,FTD,EC,BETA,EPSLON)
      CALL REG(MG,MK,FSD,FSD1,ES,KCB)
      KC = 0.1
10    CALL ABCD(KC,FSD1,ES,G,A,B,C,D1)
      LU = FCD * (B * R-A * E0)/FSD1/(C * E0 - D1 * G * R)
```

```
      ND = -(A * R * R * FCD + C * LU * R * R * FSD1) * 0.1
      IF (ABS(ND).LE.ABS(NO)) THEN  (以下是用步长增量法确定中性轴相对系数ξ的可行区间ξ1、ξ2)
      IF(ABS((ND - NO)/NO).LE.1E-2) GOTO 20
      KC = KC + 0.05
      GOTO 10
      ENDIF
      KC1 = KC - 0.05
      KC2 = KC
15    KC = (KC1 + KC2)/2  (在可行区间ξ1、ξ2内用二分法计算得到ξ,并依此计算含筋率ρ)
      CALL ABCD(KC,FSD1,ES,G,A,B,C,D1)
      LU = FCD * (B * R - A * E0)/FSD1/(C * E0 - D1 * G * R)
      ND = -(A * R * R * FCD + C * LU * R * R * FSD1) * 0.1
      IF(ABS(ND - NO).LE.1E-2) GOTO 20
      IF(NO.LE.ND) KC1 = KC
      IF(NO.GT.ND) KC2 = KC
      GOTO 15
20    AS1 = 3.14159 * LU * R * R  (按式(2-32)计算配筋面积)
      IF(AS1.LT.0.0) AS1 = 0.0
      END
```

以上承载力计算及配筋设计程序中调用到的子程序 REH、REG 在本章第一节中都已给出,不再赘述。

四、圆形截面钢筋混凝土构件计算程序

下面给出的计算程序要求既适用于偏心受压构件,又适用于轴心拉压构件;既能用作承载力计算,又能用于配筋设计,编程框图见图 2-29。

配筋设计时考虑构件在弯矩作用平面内的挠曲对纵向力偏心距增大的影响。在配筋设计编程时,先按初始偏心距 e_0 配筋,再计算增大后的偏心距 e_{01},以此进行承载力计算,计算构件截面的承载力 $\gamma_0 N_d$,当 $\gamma_0 N_d$ 小于构件的设计纵向力 N_0 时,把初始配筋值增大 1.5 倍,再用二分法来确定精确的配筋值。计算圆形截面钢筋混凝土构件纵向弯曲系数 φ 仍采用本章第一节中的子程序 FIM,计算偏心距增大系数 η 的基本公式见式(2-19),下面给出的子程序 ETAE0 用来计算考虑圆形截面构件偏心距增大系数 η 后的偏心距 e_{01}。

```
      SUBROUTINE ETAE0(L0,D,EG1,E0,E01)
       (形式参数:L0——构件的计算长度;D——圆形截面的直径;EG1——向钢筋的保护层厚度;E0——纵向力的初
       始偏心距;E01——考虑纵向挠曲增大后的偏心距)
      REAL L0
      IF(L0/D.LE.7.0) THEN  (当构件的长细比l0/d≤7时,不考虑偏心距增大)
        E01 = E0
        RETURN
      ENDIF
      H0 = D - EG1
      CATA1 = 0.2 + 2.7 * E0/H0
      IF (CATA1.GE.1.0) CATA1 = 1.0  (按《规范》5.3.10条计算荷载偏心率对截面曲率的影响系数ξ1)
```

```
CATA2 = 1.15 - 0.01 * L0/D
IF (CATA2.GE.1.0) CATA2 = 1.0   (按《规范》5.3.10 条计算构件长细比对截面曲率的影响系数ξ2)
ETA = 1 + H0/1400/E0 * L0 * L0/D/D * CATA1 * CATA2   (按《规范》5.3.10 条计算偏心距增大系数η)
E01 = E0 * ETA   (计算增大后的偏心距e01)
RETURN
END
```

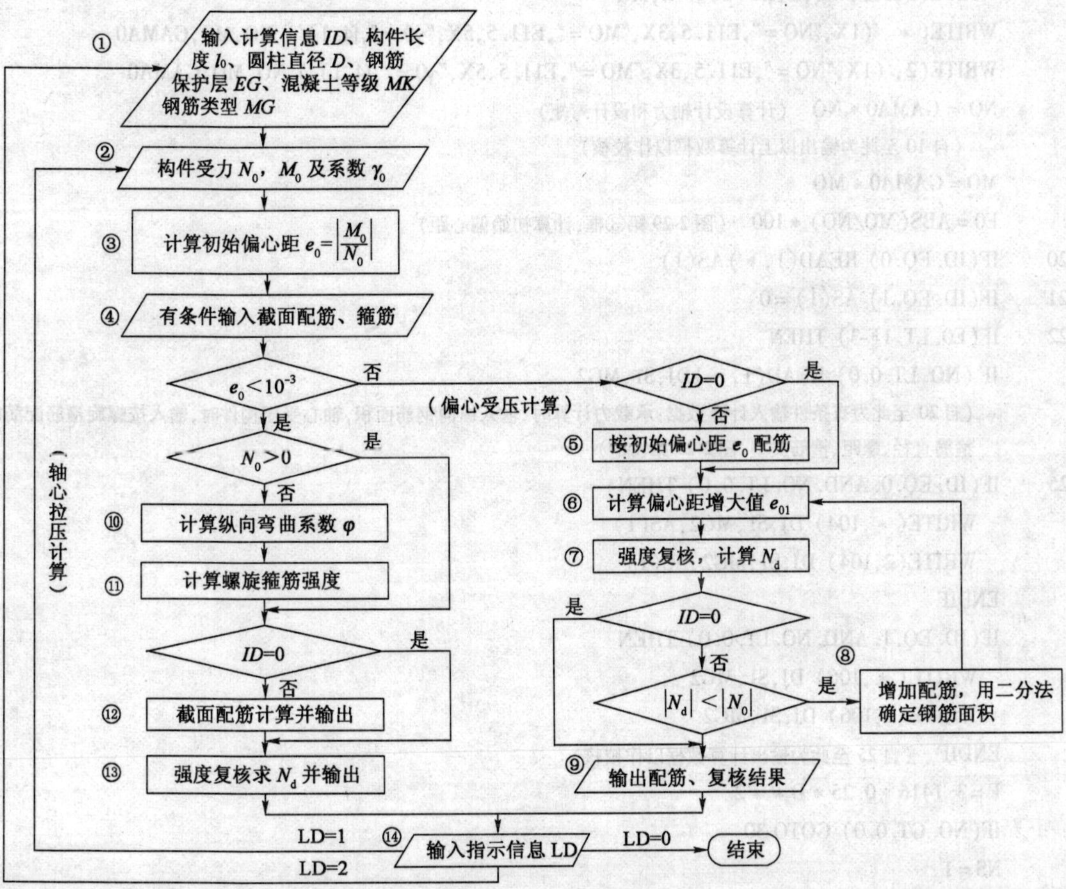

图 2-29　钢筋混凝土圆柱承载力计算及配筋设计编程总框图

以下给出圆形截面钢筋混凝土构件承载力计算和配筋设计的主程序：

```
      PROGRAM YPSEW
      CHARACTER * 4 STR
      REAL L0,ND,NO,MO,KCB,J
      DIMENSION EG(2),AS(2),BS(50),HS(50)
      OPEN(1,FILE = 'YPSEW.DAT')
      OPEN(2,FILE = 'YPSEW.OUT')
1     READ(1, * )ID
      READ(1, * )L0,D,EG(1),MK,MG
5     READ(1, * )NO,MO,GAMA0   (自 1 至此为图 2-29 第①框、第②框：输入计算基本数据)
      IF(ID.EQ.1)THEN
10    WRITE( * ,'(/1x,"输入的计算数据：截面配筋设计")')
```

```
      WRITE(2,'(/1x,"输入的计算数据：截面配筋设计")')
      ELSE
      WRITE( * ,'(/1x,"输入的计算数据：截面承载力计算")')
      WRITE(2,'(/1x,"输入的计算数据：截面承载力计算")')
      ENDIF
      WRITE( * ,102) L0,D,EG(1),MK,MG
      WRITE(2,102) L0,D,EG(1),MK,MG
      WRITE( * ,'(1X,"NO =",E11.5,3X,"MO =",E11.5,5X,"γ0 =",f4.1)') NO,MO,GAMA0
      WRITE(2,'(1X,"NO =",E11.5,3X,"MO =",E11.5,5X,"γ0 =",f4.1)') NO,MO,GAMA0
      NO  = GAMA0 * NO   （计算设计轴力和设计弯矩）
        （自 10 至此为输出以上计算数据以作校核）
      MO = GAMA0 * MO
      E0 = ABS(MO/NO) * 100   （图 2-29 第③框，计算初始偏心距）
20    IF(ID.EQ.0) READ(1, * )AS(1)
21    IF(ID.EQ.1) AS(1) =0
22    IF(E0.LT.1E-3) THEN
      IF (NO.LT.0.0) READ(1, * )DJ,S1,MG2
        （自 20 至此为有条件输入计算数据:承载力计算时，输入纵向钢筋面积，轴心受压构件时，输入按螺旋箍筋配筋的
        箍筋直径、螺距、箍筋类型，图 2-29 第④框）
25    IF(ID.EQ.0.AND.NO.LT.0.0) THEN
        WRITE( * ,104) DJ,S1,MG2,AS(1)
        WRITE(2,104) DJ,S1,MG2,AS(1)
      ENDIF
      IF(ID.EQ.1.AND.NO.LT.0.0) THEN
        WRITE( * ,106) DJ,S1,MG2
        WRITE(2,106) DJ,S1,MG2
      ENDIF   （自 25 至此为输出计算数据以作校核）
      F =3.1416 * 0.25 * D * * 2
      IF(NO.GT.0.0) GOTO 30
      NS =1
      CALL FIM(0,L0,HS,BS,NS,D,F,J,FE)   （图 2-29 第⑩框，调用子程序 FIM，计算纵向弯曲系数）
      IF (MG2.NE.0) CALL REG(MG2,MK,FSD2,FSD21,ES,KCB)
        （图 2-29 第⑪框，计算螺旋箍筋抗拉强度设计值）
      IF(MG2.EQ.0)FSD2 =0
30    IF(ID.EQ.0) GOTO 35
      CALL SJJM(MK,NO,F,AS,MG,FSD2,D,EG,DJ,S1,FE,0,L0)
      WRITE( * ,109) AS(1),NO
      WRITE(2,109) AS(1),NO
        （自 30 至此为图 2-29 中第⑫框，调用子程序 SJJM，进行轴心拉压构件截面配筋并输出结果）
35    CALL ESJM(MK,NO,ND,F,AS,MG,FSD2,D,EG,DJ,S1,FE,L0,0)
      STR =' < '
      IF(ABS(ND) - ABS(NO).GT.0.2) STR =' > '
      IF (ABS(NO - ND).LE.0.2) STR =' = '
        （自 35 至此为图 2-29 第⑬框，调用子程序 EJSM，进行承载力计算并输出结果；自 22 至此为轴心拉压构件计算）
```

```
      ELSE
40    IF(ID.EQ.0) GOTO 45
      CALL PSEWY1(D,EG(1),E0,MK,MG,NO,ND,AS(1))
       (图 2-29 第⑤框,按初始偏心距进行配筋设计)
45    CALL ETAE0(L0,D,EG(1),E0,E01)  (图 2-29 第⑥框,计算偏心距增大)
      CALL PSEWY0(D,EG(1),E01,MK,MG,ND,AS(1))  (图 2-29 第⑦框,进行承载力计算)
      STR = ' < '
      IF(ABS(ND-NO).LE.0.2) STR = ' = '
      IF(ABS(ND)-ABS(NO).GT.0.2) STR = ' > '
      IF(ID.EQ.0) GOTO 55
      IF (STR.EQ.' < ') THEN
        AS(2) = AS(1) * 1.5
50      AS1 = (AS(1) + AS(2))/2
        CALL ETAE0(L0,D,EG(1),E0,E01)
        CALL PSEWY0(D,EG(1),E01,MK,MG,ND,AS1)
        IF(ND.GT.NO) AS(1) = AS1
        IF(ND.LT.NO) AS(2) = AS1
        IF(ABS(AS(1)-AS(2)).GT.0.2) GOTO 50  (自 50 至此为图 2-29 中第⑧框,用二分法确定钢筋面积)
        AS(1) = AS(2) +0.2
        GOTO 45
      ENDIF
55    WRITE( *,'(1X,"E0 =",E11.5,3X,"E01 =",E10.5)')E0,E01
         WRITE(2,'(1X,"E0 =",E11.5,3X,"E01 =",E10.5)')E0,E01
      IF (ID.EQ.0) THEN
         WRITE( *,108)AS(1),ND
         WRITE(2,108)AS(1),ND
      ELSE
         WRITE( *,109)AS(1),ND
         WRITE(2,109)AS(1),ND  (自 55 至此为图 2-29 中第⑨框,输出计算结果)
      ENDIF  (自 40 至此为偏心拉压构件计算)
     ENDIF
     WRITE( *,110)STR,('*',I=1,63)
     WRITE(2,110)STR,('*',I=1,63)
     READ(1,*)LD  (图 2-29 中第⑭框,输入下一步计算指示信息,根据 LD 的数值确定程序的下一步流向)
     IF(LD-1) 60,5,1
60    STOP
102   FORMAT(1X,'L0 =',E11.5,3X,'D =',E10.5,3X,'EG1 =',E10.5,3X,'MK =',I2,2X,'MG =',I1)
104   FORMAT(1X,'DJ =',E11.5,3X,'S1 =',E11.5,3X,'MG2 =',I1,3X, 'AS(1) =',E11.5)
106   FORMAT(1X,'DJ =',E11.5,3X,'S1 =',E11.5,3X,'MG2 =',I1)
108   FORMAT(1X,'AS(1) =',F8.3,3X,'截面承载力 =',E11.4)
109   FORMAT(1X,'配筋面积 =',F5.1,3X,'配筋后截面承载力 =',E11.4)
110   FORMAT(1X,'截面承载力',A6,' 设计内力'/80A1)
      END
```

五、偏心受压圆柱计算表

本节给出采用 Visual Basic 语言编程，在 Excel 表格中嵌入宏命令的偏心受压圆柱计算表，它包括了《规范》按极限承载能力计算偏心受压圆柱的正截面承载力，也包括了《铁路桥规》按容许应力法计算偏心受压圆柱的钢筋和混凝土应力及裂缝宽度，按《规范》计算见式(2-39)~式(2-41)，计算步骤及编程思路均与前面相同，《铁路桥规》未给出圆形截面大偏心受压构件应力验算的基本公式，计算程序编制是参考了《配筋混凝土结构设计原理》(袁国干主编，同济大学出版社，1990 年)第六章第三节给出的公式及计算顺序，裂缝宽度计算按照《铁路桥规》第 5.2.9 条进行，下面给出能用于两种规范的承载力计算表及应力、裂缝宽度计算表。

1. 截面承载力计算表

1)用户界面

表 2-1 为按公路规范的偏心受压圆柱截面承载力计算表的用户界面，第 3~14 行为计算基本数据，第 15~28 行为中间计算过程及结果，第 29~34 行为计算结果及构件承载能力校核。

偏心受压圆柱承载力计算表　　表 2-1

圆形截面偏心受压构件正截面强度是按《规范》第 5.3.9、第 5.3.10 条计算的，可考虑圆截面内配置两种不同直径纵向受力钢筋的计算。表中例题取自《配筋混凝土结构设计原理》							
2				例题 6-1	例题 6-4	例题 12-8	例题 12-9
3	弯矩	M_d	kN·m	300	383.8	706	870
4	轴力	N_d	kN	-2 400	-943.9	-4 704	-800
5	桥梁结构重要性系数	γ_0		1.4	1.4	1	1
6	偏心受压圆柱自由长度	l_0	cm	100	400	100	300
7	圆截面直径	d	cm	100	100	100	120
8	混凝土强度等级			20	20	20	25
9	纵向受力钢筋类型	(0 = R235；1 = HRB335；-1 = HRB400 或 KL400)		R235	R235	R235	HRB335
10	纵向钢筋直径	d_1	mm	16	16	20	22
11	根数	n_1	根	16	16	12	12
12	纵向钢筋直径	d_2	mm				
13	根数	n_2	根				
14	纵向钢筋保护层	A_s	cm	5.0	4	5	5
15	钢筋半径相对系数	g		0.900	0.920	0.900	0.917
16	混凝土轴心抗压强度设计值	f_{cd}	MPa	9.2	9.2	9.2	11.5
17	混凝土截面面积	A_h	cm^2	7 854.0	7 854.0	7 854.0	1 1309.7
18	纵向钢筋面积	A_s	cm^2	32.17	32.17	37.70	45.62
19	配筋率	μ		0.004 1	0.004 1	0.004 8	0.004 0
20	钢筋弹性模量	E_s	MPa	2.10E+05	2.10E+05	2.10E+05	2.00E+05

续上表

21	钢筋抗压强度设计值	f'_{sd}	MPa	195	195	195	280
22	初始偏心距	e_0	cm	12.50	40.66	15.01	108.75
23	长细比	l_0/d		1.00	4.00	1.00	2.50
24	偏心距放大系数	η		1.000	1.000	1.000	1.000
25	计算采用偏心距	$e_0'=\eta e_0$	cm	12.50	40.66	15.01	108.75
26	中性轴相对系数	ξ		0.855	0.413	0.807	0.219
27	受压区高度相对界限系数	ξ_b		0.620	0.620	0.620	0.560
28	中性轴位置	x	cm	68.36	33.07	64.53	21.03
29	偏心受力性质			小偏心	大偏心	小偏心	大偏心
30	设计轴力	$\gamma_0 N_d$	kN	-3 360	-1 321	-4 704	-800
31	设计弯矩	$\gamma_0 M_d$	kN · m	420	537	706	870
32	构件正截面承载轴力	N_j	kN	-5 654	-2 009	-5 323	-989
33	构件正截面承载弯矩	M_j	kN · m	707	817	799	1 075
34	校核			OK	OK	OK	OK

例题6-1、例题6-4中γ_0取1.4是考虑容许应力法计算时的内力用到极限承载力计算复核时扩大的倍数。

2）函数过程及调用

计算表中调用到的用VB编写的函数过程是：

（1）根据钢筋类型（表2-1第9行）计算钢筋抗压强度设计值f'_{sd}（表2-1第21行）：

```
Function fsd1(mg)
    //(mg——钢筋类型号,mg=0为R235钢筋,mg=1为HRB335钢筋,mg=-1为HRB400或KL400钢筋,根据
    //不同类型钢筋按《规范》第3.2.3条计算钢筋抗压强度设计值)
    If mg = 0 Then fsd1 = 195
    If mg = 1 Then fsd1 = 280
    If mg = -1 Then fsd1 = 330
End Function
```

（2）根据混凝土强度等级（表2-1第7行）计算混凝土的抗压强度设计值f_{cd}（表2-1第16行）：

```
Function fcd(mk)
    //(mk——混凝土强度等级,根据混凝土的强度等级按《规范》第3.1.4条计算混凝土轴心抗压强度设计值)
    fcdd = Array(6.9,9.2,11.5,13.8,16.1,18.4,20.5,22.4,24.4,26.5,28.5,30.5,32.4,34.6)
    i = mk / 5 - 2
    fcd = fcdd(i)
End Function
```

（3）计算圆截面偏心受压构件强度系数A、B、C、D的函数

```
Function abcdn(ID, kc, fsd1, es, g)
    //形式参数;ID——计算指示信息:ID=1、2、3、4时函数过程分别返回强度计算系数A、B、C、D,ID=5时返回
    //等效矩形应力图高度系数β;kc——中性轴相对系数ξ;fsd1——钢筋的抗压强度设计值;es——钢筋的弹性
    //模量;g——配筋半径与圆截面半径之比)
```

```
    Pi = 3.14159
    epcu = 0.0033
    bt = 1.0667 - 0.2666 * kc
    If kc < 1 Then bt = 0.8
    ctc1 = 1 - 2 * bt * kc
    If Abs(ctc1) > 1 Then ctc = Pi
    If Abs(ctc1) > 1 Then GoTo 10
    If ctc1 > 0 Then ctc = Atn(Sqr(1 / ctc1 / ctc1 - 1))
    If ctc1 = 0 Then ctc = Pi / 2
    If ctc1 < 0 Then ctc = Atn(-Sqr(1 / ctc1 / ctc1 - 1)) + Pi
10  ctsc1 = 2 * kc / g / epcu * fsd1 / es + (1 - 2 * kc) / g
    If Abs(ctsc1) > 1 Then ctsc = Pi
    If Abs(ctsc1) > 1 Then GoTo 20
    If ctsc1 > 0 Then ctsc = Atn(Sqr(1 / ctsc1 / ctsc1 - 1))
    If ctsc1 = 0 Then ctsc = Pi / 2
    If ctsc1 < 0 Then ctsc = Atn(-Sqr(1 / ctsc1 / ctsc1 - 1)) + Pi
20  ctst1 = -2 * kc / g / epcu * fsd1 / es + (1 - 2 * kc) / g
    If Abs(ctst1) > 1 Then ctst = Pi
    If Abs(ctst1) > 1 Then GoTo 30
    If ctst1 > 0 Then ctst = Atn(Sqr(1 / ctst1 / ctst1 - 1))
    If ctst1 = 0 Then ctst = Pi / 2
    If ctst1 < 0 Then ctst = Atn(-Sqr(1 / ctst1 / ctst1 - 1)) + Pi
30  a1 = 0.5 * (2 * ctc - Sin(2 * ctc))
    b1 = 2 * (Sin(ctc)) ^3 / 3
    c1 = ctsc - Pi + ctst + 1 / (g * Cos(ctsc) - (1 - 2 * kc)) * (g * (Sin(ctst) - Sin(ctsc)) - (1 - 2 * kc)
    * (ctst - ctsc))
    d1 = Sin(ctsc) + Sin(ctst) + 1 / (g * Cos(ctsc) - (1 - 2 * kc)) * (g * ((ctst - ctsc) / 2 + (Sin(2
    * ctst) - Sin(2 * ctsc)) / 4) - (1 - 2 * kc) * (Sin(ctst) - Sin(ctsc)))
    If (ID = 1) Then abcdn = a1
    If (ID = 2) Then abcdn = b1
    If (ID = 3) Then abcdn = c1
    If (ID = 4) Then abcdn = d1
    If (ID = 5) Then abcdn = bt
End Function
```

(4)计算偏心距放大系数η的函数过程(表2-1中第24行)：

```
Function eita(l0, d, e0, ag)
  //形式参数：l0——构件的计算长度；d——圆形截面的直径；e0——纵向力对截面重心的偏心距；ag——纵
  //向钢筋保护层厚度
  If ((l0 / d) < = 4.375) Then
    //按《规范》5.3.10条对长细比 l0/i > 17.5 的构件，考虑构件在弯矩作用平面内的挠曲对轴向力偏心距
    //的影响，圆截面构件 l0/d ≤ 4.375 时不考虑偏心距放大
    eita = 1
    GoTo 100
  End If
```

```
        cata1 = 0.2 + 2.7 * e0 / (d - ag)
        If cata1 > 1 Then cata1 = 1
        cata2 = 1.15 - 0.01 * l0 / d
        If cata2 > 1 Then cata2 = 1
        eita = 1 + (d - ag) / 1400 / e0 * l0 * l0 / d / d * cata1 * cata2
         //按《规范》5.3.10 条计算ζ1、ζ2、η
100     End Function
```

(5)计算受压区高度相对界限系数 ξ_b(第 26 行),根据《规范》第 5.3.5 条用来判别偏心受力性质:

```
    Function kcb(mg, mk)
      //形式参数:mg——钢筋类别号;mk——混凝土强度等级。按《规范》5.2.1 条计算正截面受压区高度相对
      //界限系数
      kcb1 = Array(0.62, 0.56, 0.53)
      kcb2 = Array(0.6, 0.54, 0.51)
      kcb3 = Array(0.58, 0.52, 0.49)
      mgg = mg + 1
      If mg < 0 Then mgg = 3
      kcb = kcb2(mgg)
      If mk <= 50 Then kcb = kcb1(mgg)
      If mk >= 65 Then kcb = kcb3(mgg)
    End Function
```

(6)偏心受压圆柱正截面承载力计算(表 2-1 中第 27、31、32 行),用来计算中性轴及正截面承载力:

```
    Function psewy0n(JD, d, fcd, fsd1, es, g, lu, e01)
       //形式参数 JD——计算指示信息:JD=1 返回截面承载力,JD=2 返回中性轴相对系数ξ,JD=3 返回等效//
       矩形应力图高度系数β;d——圆形截面的直径;fcd——混凝土轴心抗压强度设计值;fsd1——钢筋抗压//强
       度设计值;es——钢筋弹性模量;g——配筋半径与圆截面半径之比;lu——纵向钢筋配筋率;e01——
       //已考虑挠曲影响增大后的纵向力偏心距
      kc1 = 0.1
      kc2 = 1.5
10    kc = (kc1 + kc2) / 2   //用二分法计算中性轴相对系数ξ
      a11 = abcdn(1, kc, fsd1, es, g)
      b11 = abcdn(2, kc, fsd1, es, g)
      c11 = abcdn(3, kc, fsd1, es, g)
      d11 = abcdn(4, kc, fsd1, es, g)
      e00 = (b11 * fcd + d11 * lu * g * fsd1) * d / 2 / (a11 * fcd + c11 * lu * fsd1)
      If (Abs(e00 - e01) <= 0.001) Then GoTo 20
      If (e01 <= e00) Then kc1 = kc
      If (e01 > e00) Then kc2 = kc
      GoTo 10
20    If (JD = 1) Then psewy0n = -(a11 * d * d * fcd + c11 * lu * d * d * fsd1) / 4 * 0.1
         //按《规范》第 5.3.9 条计算截面承载力、计算中性轴相对系数及等效矩形应力图高度系数
      If (JD = 2) Then psewy0n = kc
      If (JD = 3) Then psewy0n = abcdn(5, kc, fsd1, es, g)
    End Function
```

2. 应力及裂缝宽度计算表

1)用户界面

表2-2为按《铁路桥规》编写的偏心受压圆柱截面应力及裂缝宽度计算表的用户界面，第3~13行为计算基本数据，第14~28行为中间计算过程及结果，第29~38行为计算结果及构件应力、裂缝宽度验算。

偏心受压圆柱截面应力及裂缝宽度计算表

表2-2

圆形截面偏心受压构件应力验算的计算公式及顺序参考《配筋混凝土结构设计原理》(袁国干主编)P.145~154，裂缝宽度按《铁路桥规》第5.2.9条计算，常用来计算排架墩圆柱及钻孔灌注桩等，表中例题取自《配筋混凝土结构设计原理》							
2				例题6-4	例题6-1	例题12-8	例题12-9
3	活载弯矩	M_1	kN·m	76.8	60.0	141.3	150.0
4	恒载弯矩	M_2	kN·m	307.0	240.0	329.7	406.0
5	附加弯矩	M_3	kN·m	0.0	0.0	0.0	24.0
6	设计轴力	N	kN	943.8	2 400.0	3 136.0	533.0
7	圆截面直径	D	m	1.000	1.000	1.000	1.200
8	保护层厚	a	m	0.040	0.050	0.050	0.050
9	混凝土强度等级	C		25	25	25	25
10	钢筋种类	(0=I级；1=II级)		I级钢筋	I级钢筋	I级钢筋	II级钢筋
11	钢筋根数	m	根	16	16	12	12
12	钢筋直径	d	mm	16	16	20	22
13	钢筋最大直径	d_{max}	mm	16	16	20	22
14	设计弯矩	M	kN·m	383.8	300	471	580
15	钢筋弹性模量	E_g	MPa	210 000	210 000	210 000	210 000
16	弹性模量比	n		15	15	15	15
17	钢筋面积	A_g	m^2	0.003 2	0.003 2	0.003 8	0.004 6
18	中性轴位置	α		84.370 1	180.000 0	149.351 2	66.850 8
19		$\cos\alpha$		0.098 1	-1.000 0	-0.860 3	0.393 1
20	受压区高度	x	m	0.450 9	1.000 0	0.930 2	0.364 1
21	钢筋位置	r_g	m	0.460 0	0.450 0	0.450 0	0.550 0
22	混凝土面积	A_c	m^2	0.785 4	0.785 4	0.785 4	1.131 0
23	配筋率	m		0.004 1	0.004 1	0.004 8	0.004 0
24	表面形状系数	K_1		0.80	0.80	0.80	1.00
25	荷载特征系数	K_2		1.46	1.46	1.44	1.48
26	比值	g		1.079	0.000	1.200	1.064

续上表

27	混凝土有效面积	A_z	m^2	0.231	0.283	0.283	0.346
28	有效配筋率	μ_z		0.014	0.011	0.013	0.013
29	混凝土最大应力	σ_{hmax}	MPa	-6.77	-5.76	-8.04	-7.08
30	混凝土容许应力	$[\sigma_h]$	MPa	9.50	9.50	9.50	12.35
31	判别			OK	OK	OK	OK
32	钢筋最大拉应力	σ_g		114.56	-4.32	2.57	229.13
33	钢筋最大压应力	σ_g'	MPa	-92.48	-82.05	-114.11	-91.59
34	钢筋容许应力	$[\sigma_g]$	mm	130.00	130.00	130.00	230.00
35	判别			OK	OK	OK	OK
36	裂缝宽度	δ_f	mm	0.110 7	0.000 0	0.002 9	0.297 2
37	容许裂缝宽度	$[\delta_f]$	mm	0.250	0.250	0.250	0.250
38	判别			OK	OK	OK	OUT

2)截面应力计算

如图2-30所示,按容许应力法计算圆形截面大偏心受压构件时,偏心轴力 N 和偏心弯矩 $M = Ne$ 由受压部分混凝土的压力 D_h、受压钢筋的压力 D_g 及受拉钢筋的拉力 Z_g 来平衡,由此可得到中性轴位置、混凝土边缘最大压应力及钢筋应力的计算公式。

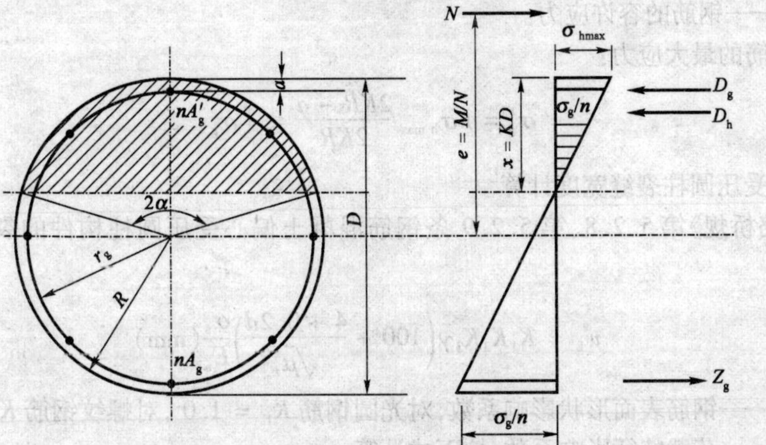

图2-30　圆形截面大偏心受力构件计算图

中性轴位置:

$$e/R = \frac{W + 24\pi n\mu\left(\frac{r_g}{R}\right)^2}{16(V - 3\pi n\mu\cos\alpha)} \tag{2-45}$$

式中:e——偏心受压圆柱轴向力的偏心距, $e = M/N$,M、N 为偏心受压圆柱的设计弯矩和轴力;

R——圆截面半径;

W——与偏心受压圆柱中性轴时半圆心角 α 相关的函数,$W = 12\alpha - 3\sin4\alpha - 32\cos\alpha\sin^3\alpha$, $\pi = 3.14159$;

n——钢筋与混凝土弹性模量比；

μ——构件的截面配筋率；

r_g——$r_g = R - a$，a 是截面主筋的保护层厚度；

V——与偏心受压圆柱中性轴时半圆心角 α 相关的函数，$V = 2\sin^3\alpha + 3(\sin\alpha\cos^2\alpha - \alpha\cos\alpha)$。

中性轴位置计算时可以假定一个半圆心角 α，式(2-45)等号右边部分，如果与构件的荷载偏心率 e/R 相等，则假定的半圆心角 α 正确，如果式(2-45)等号右边部分大于荷载偏心率 e/R 则加大半圆心角 α，再进行计算和比较，反之则减小半圆心角 α，直到两者相差很小，满足精度，此时的半圆心角 α 即为中性轴时的半圆心角，编程时可采用二分法进行。

混凝土受压边缘处最大压应力：

$$\sigma_{h\max} = \frac{6KN}{R^2(V - 3\pi n\mu\cos\alpha)} \leqslant [\sigma_w] \tag{2-46}$$

式中：K——与偏心受压圆柱中性轴时半圆心角 α 相关的函数，$K = \frac{1}{2}(1 - \cos\alpha)$；

N——钢筋与混凝土弹性模量比；

$[\sigma_w]$——偏心受压时混凝土的容许应力。

受拉钢筋的最大应力：

$$\sigma_g = n\sigma_{h\max}\frac{r_g + R\cos\alpha}{R(1 - \cos\alpha)} \leqslant [\sigma_g] \tag{2-47}$$

式中：$[\sigma_g]$——钢筋的容许应力。

受压钢筋的最大应力：

$$\sigma'_g = n\sigma_{h\max}\frac{2KR - a}{2KR} \leqslant [\sigma_g] \tag{2-48}$$

3）偏心受压圆柱裂缝宽度计算

按《铁路桥规》第5.2.8、第5.2.9条钢筋混凝土偏心受压圆柱构件的裂缝宽度按下式计算：

$$w_f = K_1K_2K_3\gamma\left(100 + \frac{4 + 0.2d}{\sqrt{\mu_z}}\right)\frac{\sigma_s}{E_s}(\text{mm}) \tag{2-49}$$

式中：K_1——钢筋表面形状影响系数，对光圆钢筋 $K_1 = 1.0$，对螺纹钢筋 $K_1 = 0.8$；

K_2——荷载特征影响系数，按下式计算：

光圆钢筋 $K_2 = 1 + 0.5\frac{M_1 + M_2}{M}$

螺纹钢筋 $K_2 = 1 + 0.3\frac{M_1}{M} + 0.5\frac{M_2}{M}$

M_1、M_2、M——活载弯矩、恒载弯矩及全部计算弯矩，单位：MN·m，主力作用时，$M = M_1 + M_2$，主力加附加力作用时 $M = M_1 + M_2 + M_3$，M_3 为附加力引起的弯矩；

K_3——截面形状系数，圆形截面时，$K_3 = 1.0$；

γ——中性轴 x 至受拉边缘的距离与中性轴至最大拉应力钢筋中心的距离之比，$\gamma = \frac{2R - x}{R + r_g - x} \leqslant 1.2$，当 $\gamma > 1.2$ 时，取1.2；

d——纵向钢筋直径(mm),当钢筋直径不相同时,按大直径取用;

μ_z——纵向钢筋的有效配筋率,单根钢筋配筋时按下式计算:

$$\mu_z = \frac{A_g}{A_z},当\mu_z < 0.005时,取0.005;$$

A_g——纵向钢筋的总面积(m^2);

A_z——与纵向钢筋相互作用的混凝土面积(m^2),$A_z = 4\pi r_g(R - r_g)$;

σ_s——钢筋的最大拉应力(MPa);

E_s——钢筋的弹性模量(MPa)。

4)函数过程及调用

计算表中调用到的、用VB编写的函数过程是:

(1)计算中性轴时半圆心角 α 的函数过程(表2-2第18行):

```
Function neutralaxis(m, n, d, a, nn, ag, Optional err0, Optional alph1, Optional alph2)
  //形式参数:m——设计弯矩;n——设计轴力;d——圆形截面的直径;a——主筋保护层厚度;nn——钢筋与
  //混凝土弹性模量的比值;ag——纵向钢筋的面积;err0——二分法计算中性轴时半圆心角 α 的精度;alph1、
  //alph2——二分法计算中性轴时半圆心角 α 的上下限取值
      If m = 0 Then acircrc = "m=0": Exit Function
      If n = 0 Then acircrc = "n=0": Exit Function
      If IsMissing(err0) Then err0 = 0.001
      If IsMissing(alph1) Then alph1 = 0
      If IsMissing(alph2) Then alph2 = 180
      Pi = 3.1415926
      r = d / 2
      er0 = (m / n) / r   //(偏心受压圆柱实际的荷载偏心率)
      ac = r * r * Pi
      MU = ag / ac   //(圆截面配筋率)
      RG = r - a
      rrg = 24 * Pi * nn * MU * (RG / r) ^ 2
        //计算式(2-45)等号右边分子部分的24πnμ(r_g/R)^2
      nmu = 3 * Pi * nn * MU
      vcos = -nmu
Do While vcos <= 0
      If alph1 >= 180 Then Exit Do: acircrc = "ERR"
      alph = Pi * (alph1) / 180
      vcos = (coefficientV(alph) - nmu * Cos(alph))
        //计算式(2-45)等号右边的分母,coefficientV 是根据 α 计算系数 K 的函数
      If vcos <= 0 Then alph1 = alph1 + 1
Loop
alph10 = Pi * alph1 / 180
alph20 = Pi * alph2 / 180
er = (coefficientW(alph10) + rrg) / vcos / 16 - er0
  //二分法计算中性轴时半圆心角 α 的判别式,coefficientW 是根据 α 计算系数 W 的函数
```

```
i = 0
Do While Abs(er) > err0
   i = i + 1
   If i > 100000 Then Exit Do: acircrc = "ERR"
   al ph = (alph10 + alph20) / 2
     //二分法计算中性轴时的半圆心角α,按此半圆心角计算的荷载偏心率应与构件受力实际的荷载偏心//率
     一致,编程计算时要求这两者之差满足精度要求
   er = (coefficientW(alph) + rrg) / (coefficientV(alph) - nmu * Cos(alph)) / 16 - er0
   If er > 0 Then
     alph10 = alph
   Else
     alph20 = alph
   End If
Loop
neutralaxis = alph * 180 / Pi   //中性轴时的半圆心角α,用角度表示
End Function
```

(2)根据半圆心角 α 计算系数 K、V、W 的函数过程:

```
Function coefficientK(alph)   //系数K用来计算中性轴位置、混凝土和钢筋最大应力
  coefficientK = (1 - Cos(alph)) / 2   //[式(2-46)]
End Function
Function coefficientV(alph)   //系数V用来计算中性轴位置和混凝土最大应力
  coefficientV = 2 * (Sin(alph)) ^3 + 3 * (Sin(alph) * (Cos(alph)) ^2 - alph * Cos(alph))  //式(2-45)
End Function
Function coefficientW(alph)   //系数W用于计算中性轴位置
  coefficientW = 12 * alph - 3 * Sin(4 * alph) - 32 * Cos(alph) * (Sin(alph)) ^3
    //式(2-45)
End Function
```

(3)计算混凝土最大应力 $\sigma_{h\max}$ 函数过程(表 2-2 第 29 行):

```
Function sigmahmax(n, d, nn, ag, Optional alph1)
  //形式参数:n——设计轴力;d——圆形截面的直径; nn——钢筋与混凝土弹性模量的比值;ag——纵向钢//
  筋的面积;alph1—中性轴时半圆心角α
  If IsMissing(alph1) Then alph1 = 90
  Pi = 3.1415926
  r = d / 2
  ac = r * r * Pi
  MU = ag / ac
  nmu = 3 * Pi * nn * MU
  alph = Pi * (alph1) / 180
  vcos = (coefficientV(alph) - nmu * Cos(alph))
  sigmahmax = 6 * coefficientK(alph) * n / (r * r * vcos)
    //按式(2-46)计算混凝土受压边缘处最大压应力
End Function
```

(4)计算混凝土容许应力 $[\sigma_w]$ 函数过程(表2-2 第30 行):

```
Function sigmaw(mk)
    //形式参数:mk——混凝土标号,按《铁路桥规》第 5.2.1 条计算偏心受压混凝土容许应力
    sigmawd = Array(6.1, 7.8, 9.5, 11.2, 13.0, 14.7, 16.5, 18.2, 20.0, 21.7)
    i = mk / 5 - 2
    sigmaw = sigmawd(i)
End Function
```

第五节　应用程序

本节给出按极限状态法的任意截面钢筋混凝土构件承载力计算程序及相应计算表、配筋设计程序、按容许应力法的钢筋混凝土构件应力验算程序及相应计算表、圆形截面偏心受压构件的承载力计算及配筋设计程序。计算程序都采用数据文件输入,运行可执行程序,计算结果记录在输出数据文件中。

每个计算程序都给出输入数据的顺序及单位,输入数据采用自由格式,计算程序及计算表都给出计算实例的输入数据,经考核,计算结果与理论分析一致,可用于钢筋混凝土构件的承载力计算、配筋设计及应力验算。

一、任意截面钢筋混凝土构件承载力计算程序

1. 程序使用说明

任意截面钢筋混凝土构件承载力计算程序取名为 LEW0,适用于轴心拉压、纯弯及偏心拉压等各种受力情况,任意截面是指构件的横截面可以采用梯形节线分割法描述,程序采用数据文件输入,数据文件取名为 LEW0. DAT,根据计算要求建立输入数据文件后运行承载力计算程序,计算结果记录在输出文件 LEW0. OUT 中。

输入数据的顺序及单位是:

NS:　梯形节线分割法描述截面时的节线数;

(BS(I),HS(I),I=1,NS):节线的宽度及节线到截面上边缘的距离(cm);

MK:　混凝土强度等级;

MG:　钢筋类型号;

(AS1(I),EG(I),I=1,2):钢筋面积数组(cm^2)及钢筋重心到截面上边缘的距离(cm),轴心受压时,钢筋面积存放在数组元素 AS1(1)中,其余均输 0;

NO:　构件断面所受的纵向力,受拉为正、受压为负(kN);

MO:　构件断面所受的弯矩,以截面下缘受拉为正,反之为负(kN · m);

GAMA0:桥梁结构的重要性系数;

当 NO <0 时,即构件受压时,输入 L0:受压构件的计算长度(cm);

LD:　下一步计算信息,取 LD=0,1,2;当 LD=0 时,计算结束;当 LD=1 时,再输入 AS1(I)、EG(I)……表示对同一截面、同一材料、不同受力情况时的承载力计算;当 LD=2 时,从 NS 开始重新输入,表示对新的断面进行承载力计算。

2. 计算实例

钢筋混凝土构件承载力计算的计算实例取自《配筋混凝土结构设计原理》，计算实例中包括了受弯构件、轴心受压构件、偏心受压及偏心受拉构件（构件受力性质及偏心拉压的大小偏心由程序自动区分）；构件断面可以是矩形截面、T形截面及工字形截面（用节线及梯形分块法描述）；受弯构件的弯矩正负也由程序自动处理。以下给出计算实例的输入数据文件。

2,20,0,20,60 （《配筋混凝土结构设计原理》中例题7-2，矩形截面的受弯构件）

25,2

14.04,53.3,0,0

0,176.25,1

2 （下一步计算指示信息，2 表示进行新的构件截面承载力计算）

4,150,0,150,12,25,12,25,80 （《配筋混凝土结构设计原理》中例题7-4，T形截面受弯构件）

30,2

15.54,70.5,7.70,3.8

0,-151.2,1 （计算负弯矩时）

1 （下一步计算指示信息，1 表示截面相同，材料相同，进行不同截面配筋的承载力计算）

15.54,70.5,7.70,3.8

0,277.2,1 （计算正弯矩时）

2

2,30,0,30,30 （《配筋混凝土结构设计原理》中例题10-1，矩形截面轴心受压构件）

15,1

8.04,0,0,0

-556,0,1

455

2

2,30,0,30,60 （《配筋混凝土结构设计原理》中例题12-1，矩形截面大偏心受压构件）

25,2

12.72,56,6.03,4

-284,213,1

600

2

2,60,0,60,120 （《配筋混凝土结构设计原理》中例题12-2，矩形截面小偏心受压构件）

20,2

15.2,116,19.0,4

-5000,1000,1

100

2

4,50,0,50,12,30,12,30,60 （《配筋混凝土结构设计原理》中例题12-6，T形截面大偏心受压构件）

20,2

15.2,56,8.51,4

-750,300,1

100

2

2,30,0,30,45 （《配筋混凝土结构设计原理》中例题13-1，矩形截面小偏心受拉构件）

20,2

18.47,41,6.03,4

600,54,1

2

2,90,0,90,100 （《配筋混凝土结构设计原理》中例题 13-2,矩形截面大偏心受拉构件）

30,2

25.13,94,19,6

500,390,1

0 （下一步计算指示信息,0 表示计算结束）

运行任意截面钢筋混凝土构件承载力计算程序 LEW0,得到以上不同受力、不同截面构件的承载力,经考核,程序计算结果与《配筋混凝土结构设计原理》中计算示例的理论计算结果一致,程序编制是正确的。

3. 钢筋混凝土构件承载力计算表

对于常用的轴心受压、受弯及偏心受压构件承载力计算,采用 VB 编程语言,在 Excel 表格中嵌入宏命令,实现以上承载力计算程序的功能,用 Excel 表格输入计算数据及使用都比较方便,结果也直观明了,表 2-3 ~ 表 2-5 承载力计算表中计算实例的数据都取自上节输入数据文件,计算表的结果与程序计算结果一致。计算表中嵌入由 VB 语言编写的宏命令语句不再列出,读者可从计算表的宏命令中调出阅读,其计算公式与本章第一节中各种受力构件承载力计算公式一致,编程思路及程序语句也与承载力计算程序一致,读者可以自行读通。

任意截面钢筋混凝土轴心受压构件承载力计算表 表 2-3

轴心受压构件正截面承载力计算根据《规范》第 5.3 节计算,适用于以节线分割的任意截面。构件截面为圆截面时,节线数填 1,BS(1)为圆截面直径;当轴心受压构件配置螺旋式或焊接环式间接钢筋时填入计算表中第 44 ~ 47 行数据,否则不填。表中例题取自《配筋混凝土结构设计原理》

计算示例			例题 10-2	例题 10-1
节线数	NS	根	1	2
节线宽度	BS(I)	cm	45	30
				30
节线高度	HS(I)	cm		0
				30
轴力	N_0	kN	-1 175	430
桥梁结构重要性系数	γ_0		1.0	1.0
轴心受压构件计算长度	l_0	cm	300	455
混凝土强度等级	C		20	15
受压钢筋种类	（0 = R235;1 = HRB335; -1 = HRB400 或 KL400）		R235	R235
受压钢筋 1:直径	d'	mm	16	16
根数	n'	根	6	4
保护层	$a_{g'}$	cm	4	4

续上表

计算示例			例题 10-2	例题 10-1
受压钢筋 2:直径	d'	mm		
根数	n'	根		
保护层	a'_g	cm		
螺旋式或焊接环式箍筋直径	d	mm	10	
箍筋种类	(0 = R235;1 = HRB335; -1 = HRB400 或 KL400)		R235	
箍筋间距	S	cm	8	
构件截面核心直径	d_{cor}	cm	40	
混凝土抗压强度设计值	f_{cd}	MPa	9.20	6.90
受压钢筋弹性模量	E'_s	MPa	2.10E+05	2.10E+05
受压钢筋强度设计值	f'_{sd}	MPa	195	195
受压钢筋面积	A'_s	cm^2	12.06	8.04
箍筋抗拉设计强度	f_{sd}	MPa	195.00	195.00
单根间接钢筋(箍筋)截面面积	A_{sol}	cm^2	0.785	0.00
受压构件截面积	f	cm^2	1 590.4	900.0
截面配筋率	ρ		0.759%	0.894%
轴压构件稳定系数	ϕ		1.000	0.891
设计轴力	$\gamma_0 N_0$	kN	-1 175	430
截面承载轴力	N_d	kN	-1 714	-624
校核			OK	OK

任意截面钢筋混凝土受弯构件承载力计算表 表 2-4

任意截面受弯构件正截面抗弯承载力参照《规范》第 5.2.3 条计算,本表不考虑预应力钢筋,当考虑受压区钢筋计算的中性轴高度小于 2 倍受压钢筋保护层厚度时,不计受压钢筋。计算负弯矩时将截面数据倒转输入。表中例题取自《配筋混凝土结构设计原理》

计算示例			例题 7-2	例题 4-1	例题 4-5	倒转截面
节线数	NS		2	2	4	4
节线宽	BS(I)	cm	100	40	150	25
			100	40	150	25
					25	150
					25	150

续上表

计 算 示 例			例题 7-2	例题 4-1	例题 4-5	倒转截面
节线高	HS(I)	cm	0	0	0	0
			19	130	12	68
					12	68
					80	80
弯矩	M_0	kN · m	42.56	1 400	277.2	151.2
桥梁结构重要性系数	γ_0		1.1	1	1	1
混凝土强度等级	C		25	25	30	30
受拉钢筋类型	(0 = R235;1 = HRB335;- 1 = HRB400 或 KL400)		HRB335	R235	HRB335	HRB335
受拉钢筋直径	d	mm	12	30	0	14
受拉钢筋根数		根	11.11	12	0	5
受拉钢筋保护层	a	cm	2.5	9	9.5	3.8
受压钢筋类型	(0 = R235;1 = HRB335;- 1 = HRB400 或 KL400)		HRB335	R235	HRB335	HRB335
受压钢筋直径	d'	mm	0	30	14	0
受压钢筋根数		根	0	4	5	0
受压钢筋保护层	a'	cm	15.2	4.5	3.8	9.5
截面高度	h	cm	19	130	80	80
混凝土轴心抗压强度	f_{cd}	MPa	11.5	11.5	13.8	13.8
受拉钢筋面积	A_s	cm^2	12.57	84.82	15.54	7.70
受拉钢筋强度设计值	f_{sd}	MPa	280	195	280	280
受压钢筋面积	A_s'	cm^2	0.00	28.27	7.70	15.54
受压钢筋设计强度	f_{sd}'	MPa	280	195	280	280
中性轴位置	x	cm	3.059	23.965	2.104	6.246
受压区高度界限	$\xi_b h_0$	cm	9.24	75.02	39.48	42.672
设计弯矩	$\gamma_0 M_0$	kN · m	46.816	1 400	277.2	151.2
截面承载弯矩	M_j	kN · m	52.7	1 844.1	302.5	157.5
校核			OK	OK	OK	OK

《配筋混凝土结构设计原理》例题 4-5 在承受负弯矩时，计算表是采用将构件截面节线分割断面的数据倒过来输入，弯矩按正值输入，如果要求计算表既能计算正弯矩，也能计算负弯矩，只要在编写宏命令时，也如同本章第一节那样，引入考虑负弯矩的指示信息，负弯矩时，程序自动将断面倒置，读者可参照本章第一节受弯构件承载力计算子程序 BMSTS1 自行补充完善。

任意截面钢筋混凝土偏心受压构件承载力计算表 表 2-5

任意截面偏心受压构件正截面抗压承载力计算按《规范》参照第 5.3.5 条、第 5.3.6 条计算，本表不考虑预应力钢筋，考虑偏心受压构件轴向力偏心距增大系数，自动区分大、小偏心受压。表中例题取自《配筋混凝土结构设计原理》

计算示例			例题 12-6	例题 12-1	例题 12-2	例题 12-7
节线数	NS	根	4	2	2	6
节线宽度	BS(I)	cm	50	30	60	65
			50	30	60	65
			30			25
			30			25
						65
						65
节线高度	HS(I)	cm	0	0	0	0
			12	60	120	15
			12			15
			60			85
						85
						100
轴力	N_0	kN	-750	-284	-5 000	-1 000
弯矩	M_0	kN·m	300	213	1 000	850
桥梁结构重要性系数	γ_0		1.0	1.0	1.0	1.0
偏心受压构件计算长度	l_0	cm	100	600	100	1 000
混凝土强度等级	C		20	25	20	30
受拉钢筋种类	(0 = R235；1 = HRB335；-1 = HRB400 或 KL400)		HRB335	HRB335	HRB335	HRB335
受拉钢筋直径	d	mm	22	18	22	22
受拉钢筋根数	n	根	4	5	4	5
受拉钢筋保护层	a_g	cm	4	4	4	4
受压钢筋种类	(0 = R235；1 = HRB335；-1 = HRB400 或 KL400)		HRB335	HRB335	HRB335	HRB335
受压钢筋直径	d'	mm	19	16	22	22
受压钢筋根数	n'	根	3	3	5	5
受压钢筋保护层	a_g'	cm	4	4	4	4
混凝土抗压设计强度	f_{cd}	MPa	9.20	11.50	9.20	13.80
受拉钢筋弹性模量	E_s	MPa	2.00E+05	2.00E+05	2.00E+05	2.00E+05
受拉钢筋设计强度	f_{sd}	MPa	280	280	280	280
受拉钢筋面积	A_s	cm^2	15.21	12.72	15.21	19.01
受压钢筋弹性模量	E'_s	MPa	2.00E+05	2.00E+05	2.00E+05	2.00E+05

续上表

计 算 示 例			例题 12-6	例题 12-1	例题 12-2	例题 12-7
受压钢筋设计强度	f'_{sd}	MPa	280	280	280	280
受压钢筋面积	A'_s	cm^2	8.51	6.03	19.01	19.01
截面高度	h	cm	60	60	120	100
截面面积	f	cm^2	2 040	1 800	7 200	3 700
截面形心到上缘的距离	R	cm	27.176	30.000	60.000	50.000
截面配筋率	ρ		1.162%	1.042%	0.475%	1.027%
初始偏心距	e_0	cm	40.00	75.00	20.00	85.00
偏心距增大系数	η		1.000	1.053	1.000	1.081
增大后的偏心距	ηe_0	cm	40.00	79.00	20.00	91.86
纵向力至受拉钢筋的距离	e	cm	68.82	105.00	76.00	137.86
纵向力至受压钢筋的距离	e'	cm	16.82	53.00	36.00	45.86
中性轴位置	x	cm	28.36	14.64	89.09	11.47
受压区高度界限系数	ξ_b		0.56	0.56	0.56	0.56
受压区高度界限	$\xi_b h_0$	cm	31.36	31.36	64.96	53.76
判别受力性质			大偏心	大偏心	小偏心	大偏心
设计轴力	$\gamma_0 N_0$	kN	-750	-284	-5 000	-1 000
设计弯矩	$\gamma_0 M_0$	kN·m	300	213	1 000	850
截面承载轴力	N_j	kN	-816	-318	-5 408	-1 029
截面承载弯矩	M_j	kN·m	326	238	1 082	874
校核			OK	OK	OK	OK

表中计算实例取自上节输入数据文件,结果与理论分析及程序计算都一致,其中任意截面偏心受压构件承载力计算表可以适用于矩形截面,仅在输入时用节线数 NS = 2 的梯形分块数据来描述矩形截面即可。

二、任意截面钢筋混凝土构件配筋设计程序

任意截面钢筋混凝土构件配筋设计程序取名为 LEW1,适用于轴心拉压、纯弯及偏心拉压等各种受力情况,与承载力计算程序一样,任意截面是指构件的横截面可以采用梯形节线分割法来描述,程序也采用数据文件输入,数据文件取名为 LEW1. DAT,根据计算要求建立输入数据文件后运行配筋设计程序,计算得到的钢筋面积记录在输出文件 LEW1. OUT 中。

数据文件 LEW1. DAT 中输入数据的顺序及单位均与上节的数据文件 LEW0. DAT 相同,因为是配筋设计,钢筋面积 AS1(I)数组(cm^2)一项的数据一般都填为 0,也可先确定受压钢筋面积再计算受拉钢筋面积,而钢筋重心到截面上边缘距离 EC(I)数组(cm)的数据要按实填写。

下一步计算信息 LD 的取值是:当 LD = 0 时,计算结束;当 LD = 1 时,再输入 AS1(I)、EG

(I)……，表示对同一截面、同一材料、不同受力情况进行配筋设计；当 LD = 2 时，从 NS 开始重新输入，表示对新的构件断面进行配筋设计。

下面给出的数据文件是上节承载力计算相应例题的基本数据，用来进行配筋设计，计算得到的钢筋面积与理论分析及上节承载力计算时采用的配筋一致，结果正确。

2,20,0,20,60 （《配筋混凝土结构设计原理》中例题 7-2，矩形截面的受弯构件配筋设计）
25,2
0,53.3,0,0
0,176.25,1
2 （下一步计算指示信息，2 表示进行新的构件截面配筋设计）
2,100,0,100,19 （《配筋混凝土结构设计原理》中例题 7-3，矩形截面的受弯构件配筋设计）
25,5
0,16.5,0,0
0,4.256,1
2 （下一步计算指示信息）
4,150,0,150,12,25,12,25,80 （《配筋混凝土结构设计原理》中例题 7-4，T 形截面受弯构件，受负弯矩时的配筋设计）
30,2
0,70.5,0,3.8
0，-151.2,1 （受负弯矩时的配筋设计）
1 （下一步计算指示信息，1 表示截面相同，材料相同，进行不同受力的截面配筋设计）
0,70.5,0,3.8
0,277.2,1 （计算同一个 T 形截面受弯构件，受正弯矩时的配筋设计）
2
2,30,0,30,30 （《配筋混凝土结构设计原理》中例题 10-1，矩形截面轴心受压构件的配筋设计）
15,1
0,0,0,0
-556,0,1
455
2
2,30,0,30,60 （《配筋混凝土结构设计原理》中例题 12-2，矩形截面偏心受压构件的配筋设计）
25,2
0,56,6.03,4
-284,213,1
600
0 （下一步计算指示信息，0 表示计算结束）

读者可参照以上数据文件，将上节承载力计算的其余计算实例填写出配筋设计数据文件，进行配筋设计，并与上节计算结果校核。

三、任意受力钢筋混凝土构件应力验算程序

1. 程序使用说明

任意受力钢筋混凝土构件应力验算程序取名为 LEW2，适用于轴心拉压、纯弯及偏心拉压等各种受力情况，它可用于圆截面，也可用于采用梯形节线分割法描述的任意截面，程序采用数据文件输入，数据文件取名为 LEW2. DAT，根据计算要求建立输入数据文件后运行应力验算程序，计算结果记录在输出文件 LEW2. OUT 中。

输入数据的顺序及单位是：

K——构件截面类型指示信息，K＝0 为圆截面，K＝1 为采用梯形节线分割法描述的任意截面；

当 K＝0 时输入：D——圆截面的直径（cm）；

当 K＝1 时输入：NS——梯形节线分割法描述截面时的节线数；（BS（I），HS（I），I＝1，NS）——节线的宽度及节线到截面上边缘的距离（cm）；

MK、MG、LX——分别为混凝土强度等级、钢筋等级及计算结构构件的类型，桥跨结构及顶帽时，取 LX＝1，其他结构时，取 LX＝2；

当 K＝0 时输入：MG2、SJG——分别为间接钢筋等级及间接钢筋的间距；SJG＝0 时为配置一般箍筋；

（AS1（I），EG（I），I＝1，2）——钢筋面积数组（cm^2）及钢筋重心到截面上边缘的距离（cm），轴心受压时，纵向钢筋面积存放在数组元素 AS1（1）中，纵向钢筋保护层存放在数组元素 EG（1）中，圆截面构件单根间接钢筋面积存放在数组元素 AS1（2）中，其余均输 0；

NO、MO、NMID——NO 为构件断面所受的纵向力，受拉为正、受压为负（kN），MO 为构件断面所受的弯矩，以截面下缘受拉为正，反之为负（kN · m），NMID 是构件所承受荷载的类型，NMID＝1 为主力，NMID＝2 为主力＋附加力；

当 NO＜0 时，即构件受压时，输入 L0：受压构件的计算长度（cm）；

LD——下一步计算信息，当 LD＝0 时，计算结束；当 LD＝2 时，重新输入新的原始计算数据，进行应力验算。

2. 计算实例

钢筋混凝土构件应力验算程序的计算实例亦取自《配筋混凝土结构设计原理》，计算实例中包括了受弯构件、轴心受力构件及偏心受力构件（构件受力性质及偏心大小由程序自动区分）；构件断面可以是矩形截面、T 形截面及工字形截面（用节线及梯形分块法描述）；受弯构件的弯矩正负也由程序自动处理，轴心受力构件可以是圆形截面构件，箍筋形式可以是螺旋式或焊接环式间接钢筋，以下给出计算实例的输入数据文件。

```
1    (《配筋混凝土结构设计原理》中例题 4-1，矩形截面的受弯构件)
2,25,0,25,60
30,2,1
18.85,54.3
0,0
0,120,1
2    (下一步计算指示信息，2 表示重新输入新的计算数据，进行新构件的应力验算)
1    (《配筋混凝土结构设计原理》中例题 4-2，平衡设计的矩形截面受弯构件)
2,30,0,30,65
20,2,1
19.64,60.65
0,0
0,146.81,1
2
1    (《配筋混凝土结构设计原理》中例题 4-3，低筋设计的矩形截面受弯构件)
2,30,0,30,70
20,2,1
18.10,65.8
```

0,0

0,149.41,1

2

1 （《配筋混凝土结构设计原理》中例题 4-4，超筋设计的矩形截面受弯构件）

2,30,0,30,60

20,2,1

31.86,53.8

0,0

0,144.14,1

2

1 （《配筋混凝土结构设计原理》中例题 4-5，双筋设计的矩形截面受弯构件）

2,40,0,40,130

25,1,1

84.83,121

28.27,4.5

0,1000,1

2

1 （《配筋混凝土结构设计原理》中例题 4-7，双筋设计的矩形截面受弯构件）

2,60,0,60,130

15,1,1

95.56,122.9

26.55,4.3

0,1250,1

2

1 （《配筋混凝土结构设计原理》中例题 7-4，双筋设计的 T 形截面，承受负弯矩时应力验算）

4,150,0,150,12,25,12,25,80

30,2,1

15.54,70.5

7.7,3.8

0,-118.0,2

2

1 （《配筋混凝土结构设计原理》中例题 7-4，双筋设计的 T 形截面，承受正弯矩时应力验算）

4,150,0,150,12,25,12,25,80

30,2,1

15.54,70.5

7.7,3.8

0,195.2,2

2

1 （轴心受拉，现行《铁路桥规》未给出轴心受拉构件应力计算方法）

2,30,0,30,30

25,2,1

19.64,0

0,0

430,0,1

2

1 （《配筋混凝土结构设计原理》中例题 10-1，矩形截面构件轴心受压时应力验算）

2,30,0,30,30

15,1,1

8.04,3

0,0

-430,0,1

455

2

0　（《配筋混凝土结构设计原理》中例题 10-2，圆形截面构件，箍筋采用螺旋式间接钢筋、轴心受压时应力验算）

45

20,1,1

1,7.5

12.06,2.5

0.785,0

-1175,0,1

300

2

1　（《配筋混凝土结构设计原理》中例题 13-1，矩形截面小偏心受拉，现行《铁路桥规》未给出小偏心受拉构件应力计算方法）

2,30,0,30,45

20,2,1

18.47,41

6.03,4

430,38.6,1

2

1　（《配筋混凝土结构设计原理》中例题 13-2，矩形截面大偏心受拉，现行《铁路桥规》未给出大偏心受拉构件应力计算方法）

2,90,0,90,100

30,2,1

25.13,94

19,6

358,278,1

2

1　（《配筋混凝土结构设计原理》中例题 6-2，矩形截面小偏心受压时应力验算）

2,60,0,60,120

25,1,1

29.45,115.7

72.63,4.8

-4000,720,1

500

2

1　（《配筋混凝土结构设计原理》中例题 6-3，矩形截面大偏心受压时应力验算）

2,60,0,60,125

25,1,1

54.48,120.2

36.32,4.8

-900,890,1

950

0　（下一步计算指示信息，0 表示计算结束）

运行任意受力钢筋混凝土构件应力验算程序 LEW2，得到以上不同受力、不同截面构件截面的混凝土压应力及钢筋应力，经考核与《配筋混凝土结构设计原理》中计算示例的理论分析结果一致，表明程序编制是正确的。

3. 钢筋混凝土构件应力计算表

和钢筋混凝土构件承载力计算表一样，对于常用的轴心受压、受弯构件也采用 VB 编程语言，在 Excel 表格中嵌入宏命令，编写了钢筋混凝土构件应力计算表，表中嵌入由 VB 语言编写的源程序语句已在本章第二节列出，表 2-6、表 2-7 应力计算表中计算实例的数据取自以上应力验算程序 LEW2 的输入数据文件，计算表的结果与程序计算结果一致。

任意截面钢筋混凝土轴心受压构件应力计算表

表 2-6

任意截面轴心受压构件应力按《铁路桥规》第 5.2.3、第 5.2.4 条计算，可用于圆截面及用节线描述的任意截面的轴心受压构件。表中例题取自《配筋混凝土结构设计原理》					
计 算 示 例			例题 10-1	例题 10-1	例题 10-2
截面信息 K	0:圆形截面， 1:矩形截面； -1:任意截面	单位	矩形截面	任意截面	圆形截面
节线数	NS		2	2	
节线宽	BS	cm	30 30	30 30	
节线高	HS	cm	0 30	0 30	
设计轴力	N	kN	-430	-430	-1 175
设计荷载类型	1:主力，2:主力 + 附加力		主力	主力	主力
构件计算长度	l_0		455	455	300
混凝土强度等级	MK		15	15	20
纵向钢筋等级	1:I 级钢筋，2:II 级钢筋		I 级钢筋	I 级钢筋	I 级钢筋
箍筋形式	1:一般箍筋，2:螺旋式或焊接环式		一般箍筋	一般箍筋	螺旋式
箍筋等级	1:I 级钢筋，2:II 级钢筋		I 级钢筋	I 级钢筋	I 级钢筋
受压纵向钢筋面积	A_s'	cm^2	8.04	8.04	12.06
圆截面时截面直径	d	cm			45
纵向钢筋保护层厚度	a	cm			2.5
单根箍筋直径	d_j	mm			10
间接箍筋间距	s	cm			7.5
间接钢筋的换算面积	A_j	cm^2			13.159
构件横截面面积	A_c	cm^2	9.000E+02	9.000E+02	1.590E+03
构件核心截面面积	A_{he}	cm^2			1.257E+03
构件横截面迴转半径	i	cm		8.660E+00	
构件长细比	l_0/d 或 l_0/b 或 l_0/i		15.17	52.54	6.67
纵向钢筋计算强度与混凝土抗压极限强度之比	m		20.4	20.4	15.700
箍筋计算强度与混凝土抗压极限强度之比	m		20.4	20.4	15.7
纵向弯曲系数	ϕ		0.890 8	0.887 6	1.000 0
混凝土压应力	σ_c	MPa	4.537	4.553	6.320
混凝土容许压应力	$[\sigma_c]$	MPa	4.60	4.60	6.10
校核			OK	OK	OUT

任意截面钢筋混凝土受弯构件应力计算表

表 2-7

任意截面受弯构件应力按《铁路桥规》第 5.2.5 条计算，用来计算用节线描述的任意截面受弯构件。表中例题取自《配筋混凝土结构设计原理》						
计算示例			例题 4-1	例题 4-4	例题 4-5	例题 7-4
节线数	NS		2	2	2	4
节线宽	BS(I)	cm	25	30	40	150
			25	30	40	150
						25
						25
节线高	HS(I)	cm	0	0	0	0
			60	60	130	12
						12
						80
设计弯矩	M_0	kN · m	120	144.14	1 000	195.2
弯矩类型	（1 = 主力；2 = 主力 + 附加力）		主力	主力	主力	主力
混凝土强度等级	C		30	20	25	30
受拉钢筋类型	（1 = I 级；2 = II 级）		II 级钢筋	II 级钢筋	II 级钢筋	II 级钢筋
受拉钢筋直径	d	mm	20	26	30	
受拉钢筋根数		根	6	6	12	
受拉钢筋保护层	a_g	cm	5.7	6.2	9	9.5
受压钢筋类型	（1 = I 级；2 = II 级）		II 级钢筋	II 级钢筋	II 级钢筋	II 级钢筋
受压钢筋直径	d'	mm			30	14
受压钢筋根数		根			4	5
受压钢筋保护层	a'_g	cm			4.5	3.8
截面高度	h	cm	60	60	130	80
混凝土容许压应力	$[\sigma_b]$	MPa	11.2	7.8	9.5	11.2
受拉钢筋面积	A_s	cm^2	18.85	31.86	84.82	15.54
受拉钢筋容许应力	$[\sigma_s]$	MPa	180	180	180	180
受压钢筋面积	A'_s	cm^2	0.00	0.00	28.27	7.70
受压钢筋容许应力	$[\sigma'_s]$	MPa	180	180	230	230
中性轴位置	x	cm	25.506	31.051	55.419	12.875
混凝土压应力	σ_{ha}		-8.21	-7.11	-6.27	-2.82
校核			OK	OK	OK	OK
受压钢筋应力	σ_{ga}		无受压钢筋	无受压钢筋	-86.39	-29.85
校核					OK	OK
受拉钢筋应力	σ_{gl}		139.06	104.25	111.26	189.53
校核			OK	OK	OK	OUT

四、圆形截面钢筋混凝土构件承载力计算及配筋设计程序

1. 程序使用说明

圆形截面钢筋混凝土构件承载力计算及配筋设计的主程序已在本章第四节给出，取名为YPSEW，适用于轴心拉压及偏心拉压圆形截面钢筋混凝土构件的承载力计算及配筋设计，程序采用数据文件输入，数据文件取名为YPSEW. DAT，根据计算要求建立输入数据文件后运行可执行程序，计算结果记录在输出文件YPSEW. OUT中。

按照程序输入的各项计算数据顺序及单位是：

ID：　计算指示信息，ID=0时进行承载力计算，ID=1时进行配筋设计；

L0：　构件的计算长度(cm)；

D：　圆形截面的直径(cm)；

EG(1)：纵向实例钢筋保护层厚度(cm)；

MK：　混凝土强度等级；

MG：　钢筋类别号；

NO：　构件断面所受的纵向力，受拉为正、受压为负(kN)；

MO：　构件断面所受的弯矩，程序中规定只输入正值(kN·m)；

γ_0：　桥梁结构重要性系数；

当ID=0时，输入纵向钢筋面积AS1(1) (cm^2)；

当MO=0时，输入螺旋式间接钢筋配筋的数据：

　DJ：　螺旋箍筋的直径(mm)；

　SI：　螺旋箍筋的纵向间距(cm)；

　MG2：　螺旋钢筋的类别号：

LD：　下一步计算的指示信息：

　LD=0，计算结束；

　LD=1，再输入NO、MO……表示对同一截面、同一材料、不同受力时的承载力计算或配筋设计；

　LD=2，从ID、L0……开始重新输入各项数据，表示对新的构件进行承载力计算或配筋设计。

2. 计算实例

下面给出计算实例的输入数据文件，这些计算实例取自《配筋混凝土结构设计原理》，包括了配置螺旋箍筋的轴心受压圆柱的配筋设计、偏心受压圆柱的承载力计算及配筋设计，按以下输入数据文件，运行可执行程序，结果记录在输出数据文件中，得到的配筋面积、极限承载力都与理论计算分析一致，其中《配筋混凝土结构设计原理》中例题12-8用上节偏心受压圆柱承载力计算表也得到相同结果。

```
1 （《配筋混凝土结构设计原理》中例题10-2，螺旋箍筋形式轴心受压圆柱的配筋设计）
300,45,2.5,20,1
-1519,0,1
10,7.5,1
2 （下一步计算指示信息，2表示重新输入新的计算数据，进行新构件的承载力计算或配筋设计）
0 （《配筋混凝土结构设计原理》中例题12-8，偏心受压钢筋混凝土圆柱的承载力计算）
```

100,100,5,20,1

-4704,706,1

37.70

2

1 （《配筋混凝土结构设计原理》中例题 12-9，偏心受压钢筋混凝土圆柱的配筋设计）

300,120,5,25,2

-800,870,1

0 （下一步计算指示信息，0 表示计算结束）

第三章　梁桥荷载横向分布计算

梁桥上部结构是由承重结构的主梁及传力结构的横梁、桥面板两部分组成，多片主梁依靠横梁和桥面板联成空间结构整体受力，桥梁在活荷载（汽车、人群）作用下，每片主梁受力的大小和荷载类型、荷载作用位置、主梁横截面形式及构造有关，这实际上是一个空间结构受力分析的问题。

本章介绍的梁桥荷载横向分布计算是桥梁结构空间受力分析的一种实用近似方法，把桥梁结构空间受力后的内力影响面 $\eta(x,y)$ 近似地分解为内力影响线 $\eta_1(x)$ 和横向分布影响线 $\eta_2(y)$ 的乘积，所谓荷载横向分布实际上是荷载在横向不同位置时，梁桥内力的横向分布，以车辆荷载为例计算梁桥内力可以归结为：

$$S(x)=\sum_{x,y}p(x,y)\cdot\eta(x,y)=\sum_{x,y}p(x,y)\cdot\eta_1(x)\cdot\eta_2(y)=\sum_{y}\alpha(y)\cdot\eta_2(y)\sum_{x}p(x)\cdot\eta_1(x)$$
$$=m_c\sum_{x}p(x)\cdot\eta_1(x)$$

式中：$\alpha(y)$——汽车轮重与轴重的比例数；

m_c——荷载横向分布系数，通过在横向分布影响线上布置车轮荷载计算得到，$m_c=\sum_{y}\alpha(y)\eta_2(y)$。

严格地说，梁桥横向分布系数在各个不同截面位置都是不相同的，计算横向分布影响线时在梁桥支点处采用杠杆分布法，在跨中常采用的方法有：基于梁格理论的刚性横梁法、基于梁系理论的刚接及铰接梁、板法和基于弹性薄板理论把主梁、横梁刚度在桥梁的纵横向均摊的比拟正交异性板法，得到横向分布影响线后，横向布置车轮荷载计算横向分布系数可采用动态规划加载法。

本章第一节讲述刚接及铰接梁、板法横向分布的计算原理和横向影响线计算，第二节讲述横向分布影响线加载，第三节给出比拟正交异性板法计算横向分布系数的程序，第四节给出可供实际应用的计算程序和实例。

第一节　按梁系原理计算横向分布

按梁系原理计算横向分布就是把桥跨结构在纵向沿主梁连接处切开，分割成一片片主梁，切缝处以赘余力取代，整个结构看作为用赘余力连接起来的超静定结构，根据切口处的变形协调条件，建立力法正则方程式，求解赘余力，然后计算横向分布影响线、横梁弯矩影响线及主梁扭矩影响线，最后给出铰接梁板的处理。

一、基本假设

研究简支梁桥的荷载横向分布时，把横向移动的集中荷载沿着桥的纵向展开成三角级数，取级数的首项，即半波的正弦荷载 $p=\sin\frac{\pi x}{l}$ 来代替，如图 3-1a)，当简支梁的断面沿桥长方向不变时，主梁受到半波正弦荷载的作用，梁的挠曲线、梁内弯矩、各梁间接缝内剪力及梁的横向弯矩都是沿桥长方向呈半波的正弦曲线分布，于是可以把一个复杂的空间受力问题简化为平面问题，其力学计算模型为图 3-1b）所示的弹性支承横梁，用各根主梁的挠度横向分布值作为荷载的横向分布，横梁内力可根据各主梁处待求的正弦荷载峰值确定。

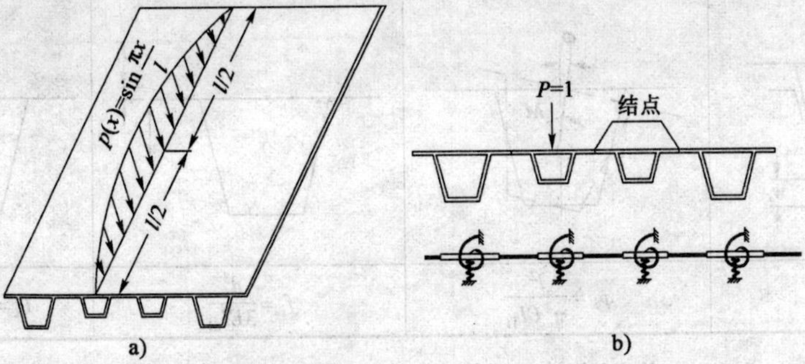

图 3-1　梁桥横向分布计算图式

主梁之间为刚性连接时，各主梁结点切缝处的赘余力包括横向弯矩、竖向剪力、纵向水平剪力及轴向力四项，后两项对荷载横向分布影响不大，可以略去不计，于是每个结点上的赘余力仅为横向弯矩 M_i 和竖向剪力 Q_i 两项，如图 3-2 所示。

二、计算图式及基本公式

图 3-2 所示的桥梁横断面共有 m 片主梁，有 $m-1$ 个结点，各片主梁之间为刚接，在主梁结点处切开，切缝处共有 $2\times(m-1)$ 个赘余力，下面列出采用力法正则方程求解时的柔度系数、载变位及影响线求解。

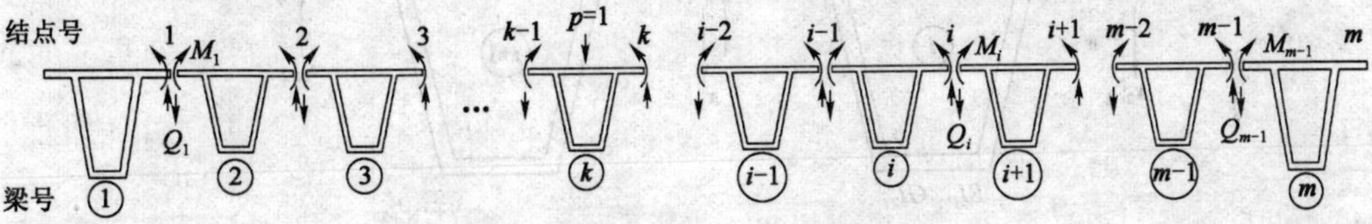

图 3-2　梁桥横断面及力法计算基本结构

1. 柔度系数

如图 3-2，设第 i 个结点的赘余力列阵为 $\boldsymbol{X}_i=\begin{Bmatrix}M_i\\Q_i\end{Bmatrix}=\begin{Bmatrix}x_{2i-1}\\x_{2i}\end{Bmatrix}$，根据第 i 结点的变形协调条件，得：

$$\boldsymbol{\delta}_{i,i-1}\boldsymbol{X}_{i-1}+\boldsymbol{\delta}_{i,i}\boldsymbol{X}_i+\boldsymbol{\delta}_{i,i+1}\boldsymbol{X}_{i+1}+\boldsymbol{\Delta}_i=0 \tag{3-1}$$

式中：
$$\boldsymbol{\delta}_{i,i-1}=\begin{bmatrix}a_{2i-1,2i-3} & a_{2i-1,2i-2}\\ a_{2i,2i-3} & a_{2i,2i-2}\end{bmatrix}$$

$$\boldsymbol{\delta}_{i,i}=\begin{bmatrix}a_{2i-1,2i-1} & a_{2i-1,2i}\\ a_{2i,2i-1} & a_{2i,2i}\end{bmatrix}$$

$$\boldsymbol{\delta}_{i,i+1}-\begin{bmatrix}a_{2i-1,2i+1} & a_{2i-1,2i+2}\\ a_{2i,2i+1} & a_{2i,2i+2}\end{bmatrix}$$

$i=2,3,\cdots,m-2$

当 $i=1$ 时，式(3-1)中无 $\boldsymbol{\delta}_{i,i-1}\boldsymbol{X}_{i-1}$ 项，当 $i=m-1$ 时，式(3-1)中无 $\boldsymbol{\delta}_{i,i+1}\boldsymbol{X}_{i+1}$ 项。

在以下柔度系数计算式(3-2)中用到的各个变形量列出在表 3-1 中。

柔度系数的基本变形量表　　表 3-1

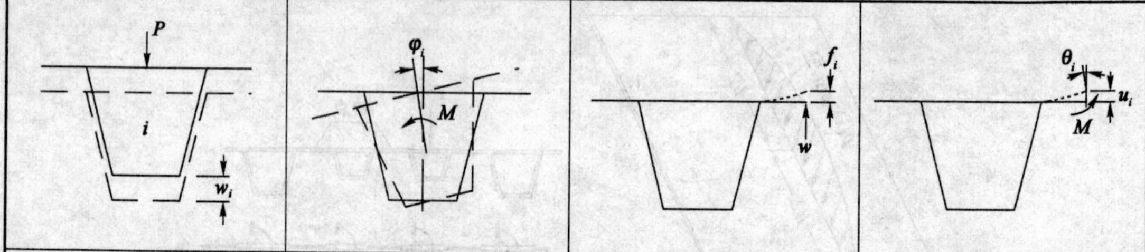

$w_i=\dfrac{l^4}{\pi^4 EI_i}$	$\varphi_i=\dfrac{l^2}{\pi^2 GI_{\mathrm{T}i}}$	$f_i=\dfrac{d_i^3}{3EI_{\mathrm{d}i}}$	$\theta_i=\dfrac{d_i}{EI_{\mathrm{d}i}},u_i=\dfrac{d_i^2}{2EI_{\mathrm{d}i}}$

表 3-1 中：w_i——$P=1$ 作用在第 i 号梁上时，梁的竖向位移；

φ_i——$M=1$ 作用在第 i 号梁上时，梁的转角；

f_i——$P=1$ 作用在第 i 号结点时，桥面板的竖向位移；

θ_i,u_i——$M=1$ 作用在第 i 号结点时，桥面板的转角和竖向位移；

l——梁的计算跨径；

其余符号 $EI_i,GI_{\mathrm{T}i},EI_{\mathrm{d}i},d_i$ 均见图 3-3。

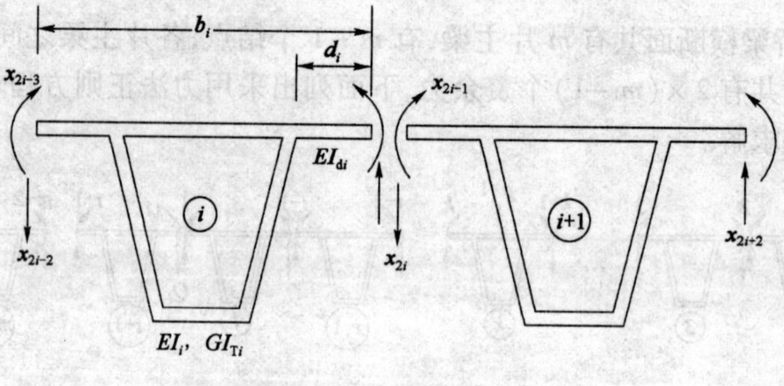

图 3-3　柔度系数计算基本图式

按照表 3-1 中的各个基本变形量及图 3-3，可以求出式(3-1)中的各柔度系数如下：

$$
\left.
\begin{aligned}
a_{2i-1,2i-3} &= -\varphi_i\\
a_{2i-1,2i-2} &= \varphi_i\cdot\frac{b_i}{2}\\
a_{2i-1,2i-1} &= \varphi_i+\varphi_{i+1}+\theta_i+\theta_{i+1}\\
a_{2i,2i-3} &= -\varphi_i\cdot\frac{b_i}{2}\\
a_{2i-1,2i-2} &= -w_i+\varphi_i\left(\frac{b_i}{2}\right)^2\\
a_{2i,2i-1} &= \varphi_i\cdot\frac{b_i}{2}-\varphi_{i+1}\cdot\frac{b_{i+1}}{2}+u_i-u_{i+1}\\
a_{2i,2i} &= w_i+w_{i+1}+f_i+f_{i+1}+\varphi_i\left(\frac{b_i}{2}\right)^2+\varphi_{i+1}\left(\frac{b_{i+1}}{2}\right)^2
\end{aligned}
\right\}
\tag{3-2}
$$

式中 b_i, b_{i+1} 是第 i 号、$i+1$ 号主梁的宽度，式(3-1)中的其他柔度系数可以通过位移互等定理得出，对每个结点都可按式(3-1)列出方程，得到力法的正则方程式：

$$\boldsymbol{A}\boldsymbol{x} + \boldsymbol{\Delta} = 0 \tag{3-3a}$$

或令 $-\boldsymbol{\Delta} = \boldsymbol{B}$，得：

$$\boldsymbol{A}\boldsymbol{x} = \boldsymbol{B} \tag{3-3b}$$

式中：$\boldsymbol{A}$——总柔度矩阵，当桥梁跨径及横截面确定时，可根据式(3-1)、式(3-2)计算得到；

$\boldsymbol{B}$——与荷载作用位置有关的变位列阵；

$\boldsymbol{x}$——各主梁接缝结点内的赘余力(横向弯矩和竖向剪力)列阵。

2. 载变位

式(3-3b)中的变位列阵 $\boldsymbol{B}$ 可根据图 3-4 中的三种荷载作用位置计算求得。

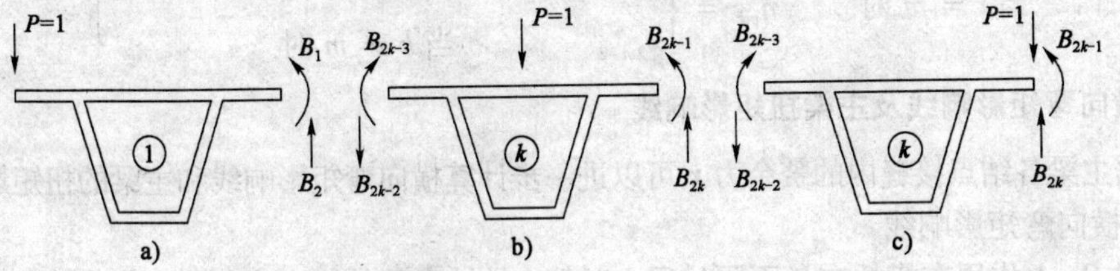

图 3-4 单位荷载布置及载变位计算图式

(1)荷载 $P=1$ 作用在 k 号梁中线处[图 3-4b)]

$$\left.\begin{aligned} B_{2k} &= w_k \\ B_{2k-2} &= -w_k \\ &\text{其余载变位为 } 0 \end{aligned}\right\} k = 2,3,\cdots,m-1 \tag{3-4}$$

当 $k=1$ 时，无 B_{2k-2} 项，当 $k=m$ 时，无 B_{2k} 项。

(2)荷载 $P=1$ 作用在 k 号梁右端时[图 3-4c)]

$$\left.\begin{aligned} B_{2k-3} &= -\phi_k \frac{b_k}{2} \\ B_{2k-2} &= -w_k + \phi_k \left(\frac{b_k}{2}\right)^2 \\ B_{2k-1} &= \phi_k \frac{b_k}{2} + u_k \\ B_{2k} &= w_k + \phi_k \left(\frac{b_k}{2}\right)^2 + f_k \\ &\text{其余载变位为 } 0 \end{aligned}\right\} k = 2,3,\cdots m-1 \tag{3-5}$$

当 $k=1$ 时，无 B_{2k-3} 及 B_{2k-2} 项，当 $k=m$ 时，无 B_{2k-1} 及 B_{2k} 项。

(3)荷载 $P=1$ 作用在 1 号梁左端时[图 3-4a)]

$$\left.\begin{aligned} B_1 &= -\phi_1 \frac{b_1}{2} \\ B_2 &= w_1 - \phi_1 \left(\frac{b_1}{2}\right)^2 \\ &\text{其余载变位为 } 0 \end{aligned}\right\} \tag{3-6}$$

3. 横向分布影响线

按图3-4的单位荷载布置在横桥向移动，主梁片数为m时，单位荷载 $P=1$ 可移动布置 $2m+1$ 个点，根据荷载作用点位置的不同，按式(3-4)~式(3-6)计算得到式(3-3b)]的变位列阵 $\boldsymbol{B}$，于是求解正则方程式 $\boldsymbol{Ax}=\boldsymbol{B}$，得到主梁各结点接缝内的赘余力 $\boldsymbol{x}$，这样就可以计算出荷载 $P=1$ 作用在横桥向各不同位置 k 时第 i 片主梁所承受的荷载值 η_{ik}，这就是荷载横向分布影响线纵坐标。

$$
\left.\begin{array}{l}
\eta_{ik}=\begin{cases}1-x_{2i-2}-x_{2i} & \text{当}\ k=i\ \text{时}\\ x_{2i-2}-x_{2i} & \text{当}\ k\neq i\ \text{时}\end{cases} \qquad (i=2,3,\cdots,m-1)\\
\text{当}\ i=1\ \text{时}\quad \eta_{1k}=\begin{cases}1-x_2 & \text{当}\ k=1\ \text{时}\\ -x_2 & \text{当}\ k\neq 1\end{cases}\\
\text{当}\ i=m\ \text{时}\quad \eta_{mk}=\begin{cases}1+x_{2m-2} & \text{当}\ k=m\ \text{时}\\ x_{2m-2} & \text{当}\ k\neq m\ \text{时}\end{cases}
\end{array}\right\} \tag{3-7}
$$

4. 横向弯矩影响线及主梁扭矩影响线

根据主梁各结点接缝内的赘余力 $\boldsymbol{x}$ 可以进一步计算横向弯矩影响线和主梁的扭矩影响线。

(1)横向弯矩影响线

荷载 $P=1$ 作用在横桥向各不同位置 k 时第 i 号结点处的横向弯矩 M_{ik} 按式(3-8)计算。

$$
M_{ik}=x_{2i-1}\quad i=1,2,\cdots,m-1 \tag{3-8}
$$

(2)主梁扭矩影响线

荷载 $P=1$ 作用在横桥向各不同位置 k 时第 i 号主梁的扭矩 T_{ik} 按式(3-9)计算。

$$
\left.\begin{array}{l}
T_{ik}=\begin{cases}x_{2i-3}-x_{2i-2}\dfrac{b_i}{2}-x_{2i-1}-x_{2i}\dfrac{b_i}{2}+\dfrac{b_i}{2} & \text{当}\ P=1\ \text{作用在}\ i\ \text{号梁右端时}\\ x_{2i-3}-x_{2i-2}\dfrac{b_i}{2}-x_{2i-1}-x_{2i}\dfrac{b_i}{2} & \text{当}\ P=1\ \text{作用在其他位置时}\end{cases} \qquad i=2,3,\cdots,m-1\\
\text{当}\ i=1\ \text{时}\quad T_{1k}=\begin{cases}-x_1-x_2\dfrac{b_1}{2}-\dfrac{b_1}{2} & \text{当}\ P=1\ \text{作用在}\ l\ \text{号梁左端时}\\ -x_1-x_2\dfrac{b_1}{2}+\dfrac{b_1}{2} & \text{当}\ P=1\ \text{作用在}\ l\ \text{号梁右端时}\\ -x_1-x_2\dfrac{b_1}{2} & \text{当}\ P=1\ \text{作用在其他位置时}\end{cases}\\
\text{当}\ i=m\ \text{时}\quad T_{mk}\begin{cases}x_{2m-3}-x_{2m-2}\dfrac{b_m}{2}-\dfrac{b_m}{2} & \text{当}\ P=1\ \text{作用在}\ m\ \text{号梁右端时}\\ x_{2m-3}-x_{2m-2}\dfrac{b_m}{2} & \text{当}\ P=1\ \text{作用在其他位置时}\end{cases}
\end{array}\right\} \tag{3-9}
$$

5. 铰接情况

以上计算图式及基本公式(3-1)~式(3-9)都是基于主梁之间为刚接得到的，即主梁结点处接缝内有横向弯矩及竖向剪力两个赘余力存在。如果主梁之间为铰接，则主梁结点处接缝内横向弯矩等于零，只有竖向剪力存在。

例如第 i 号结点为铰接，则赘余力 $x_{2i-1}=0$，于是在式(3-3b)力法正则方程式的柔度矩阵

A 中，把相应于 x_{2i-1} 的第 $2i-1$ 行及列都剔除掉，把变位列阵 **B** 的第 $2i-1$ 行也剔除掉，形成一个紧缩存放的柔度矩阵，得到一个紧缩的线性方程组，求解这个线性方程组，得到赘余力 $\boldsymbol{x}$，这样，以上用于刚接梁、板时计算柔度系数、载变位、横向影响线纵坐标的公式及求解方法都适用于铰接梁、板，简化了横向分布计算程序的编制。

三、梁桥横向分布程序

为了计算梁桥荷载横向分布系数，首先应计算出它的横向分布影响线，然后按《规范》要求在横向分布影响线上布置荷载，称为影响线加载，求得的最大值即为荷载横向分布系数。为便于影响线加载时反复调用横向分布影响线，本节按子程序形式给出梁桥横向分布程序，给出的程序可以用来计算各根主梁的横向分布影响线、横向弯矩影响线及主梁的扭矩影响线；程序适用于刚接梁、板的情况，也适用于铰接梁、板的情况；还可考虑各号主梁截面刚度不一的情况。

以下给出编程框图和源程序。

1. 编程框图

主梁编号、结点号及横向影响线 $P=1$ 作用点号均自左向右排序，如表 3-2 所示，当主梁根数为 m 时，主梁之间的结点数 $m-1$ 个，横向影响线点数为 $2m+1$ 点。

主梁、结点及影响线作用点号 表 3-2

梁号	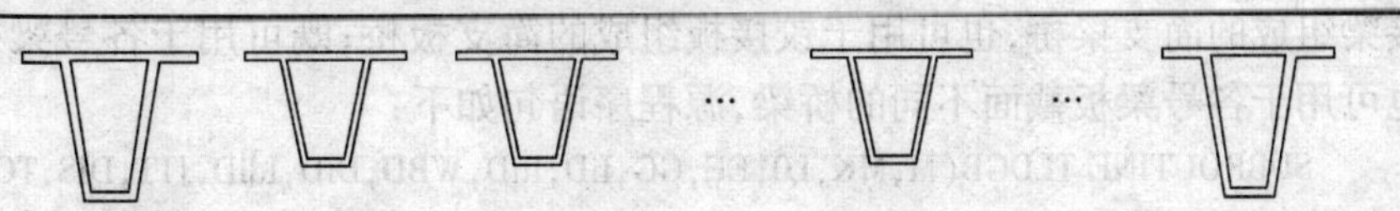 ① ② ③ … i … m
结点号	1　2　3 … $i-1$　i … $m-1$
影响线点号	1　2　3　4　5　6　7 … $2i-1$　$2i$　$2i+1$ … $2m-1$　$2m$　$2m+1$

采用力法求解主梁结点赘余力时，正则方程式的总柔度矩阵是一个对称、等带宽的稀疏矩阵，采用等带宽二维存放，影响线计算又需要根据单位荷载作用位置的不同，形成不同的变位列阵，求解多组不同右端项的线性方程组，因此采用改进平方根法解线性方程组，将总柔度矩阵进行三角化分解，根据单位荷载作用位置的不同，形成不同的变位列阵（右端项），回代求解出不同荷载位置时结点内的赘余力，再计算出主梁的内力分配、横向弯矩及主梁扭矩。

图 3-5 为横向影响线编程总框图。

第①框是用来处理铰接梁、板的情况，当主梁之间为铰接时，将铰接结点的弯矩未知力项从总柔度矩阵中划去，计算出划去铰接结点弯矩项以后正则方程组阶数，即紧缩存放后的方程阶数 NT，并建立紧缩存放对应地址表，存储在数组 LA 中，这样，原来方程组的第 i 行就由 LA(i) 行来代替。

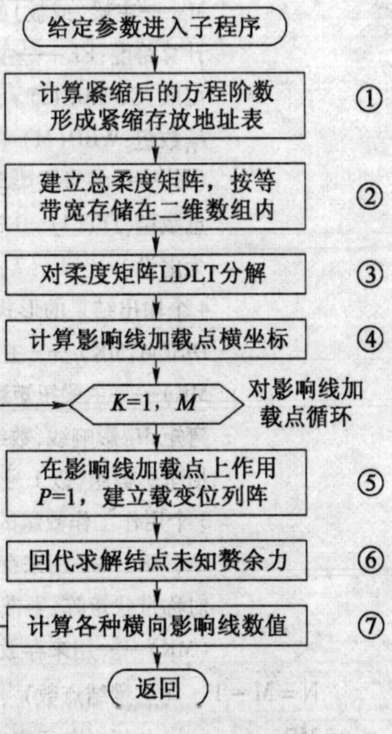

图 3-5　横向影响线编程总框图

第②框是形成总柔度矩阵，因为柔度矩阵对称，只需要形成矩阵的下三角部分。形成总柔度矩阵时，对结点数循环，每一结点按式(3-1)建立方程，先计算单元的各种变位量，然后计算出式(3-1)中的各个系数，存放在数组C中，迭加到等带宽存储的总柔度矩阵中，用数组A存放。

第③框是对柔度矩阵进行三角化分解，三角化分解后的柔度矩阵是一个等带宽的矩阵，带宽与原来的柔度矩阵的带宽相同，因此仍然存放在数组A中。

第④框是按照表3-2影响线点号顺序计算影响线加载点的横坐标 x。

第⑤框是根据式(3-4)～式(3-6)计算 $P=1$ 作用在某个确定的影响线加载点上的载变位列阵 $\boldsymbol{B}$。

第⑥框是通过回代求解 $P=1$ 作用在某个影响线加载点上的主梁结点内的赘余力 $\boldsymbol{x}$，仍然存放在 $\boldsymbol{B}$ 数组中。

第⑦框是按照式(3-7)～式(3-9)计算横向分布影响线 η_{ik}、横向弯矩影响线 M_{ik}、及主梁扭矩影响线 T_{ik}，分布存放在数组DIS、TM及TOR中。

通过对所有影响线加载点循环，重复以上第⑤～⑦框的计算，求得各横向影响线，完成横向分布计算。

2. 源程序

以下用子程序形式给出按梁系原理计算梁桥横向分布系数的子程序，子程序既可用于刚接梁组成的简支梁桥，也可用于铰接板组成的简支板桥；既可用于各号梁板截面相同的桥梁，也可用于各号梁板截面不同的桥梁，源程序语句如下：

```
SUBROUTINE TLDGB(M,MK,L0,EE,GG,IiD,ItiD,WBD,DiD,IdiD,JTT,DIS,TOR,TM,X,IA,A,B)
REAL L0,IiD,ItiD,IdiD
DIMENSION IiD(M),ItiD(M),WBD(M),DiD(M),IdiD(M),JTT(M),DIS(M,MK),TOR(M,MK),TM
   (M,MK),X(MK),IA(MK),A(MK,4),B(MK),C(2,4),T(4),D(5)
```

（子程序共有18个形式参数，

11个输入的形式参数是：

M——主梁（或板）的数目；MK——横向影响线单位荷载 $P=1$ 作用的点数，MK = 2 * M + 1；L0——主梁计算跨度；EE——主梁材料的弯曲弹性模量；GG——主梁材料的剪切弹性模量，计算钢筋混凝土桥梁时，可取：GG = 0.425 * EE；IiD(M)——各号主梁的抗弯惯性矩 I_i 数组；ItiD(M)——各号主梁的抗扭惯性矩 I_{Ti} 数组；WBD(M)——各号主梁的宽度B数组；DiD(M)——各号主梁桥面板的悬臂长度 d_i 数组；IdiD(M)——各号主梁单位长度桥面板的抗弯惯性矩 I_{di} 数组；JTT(M)——各号主梁之间连接方式的指示信息数组，JTT(I) = 1表示第I号结点为铰接，JTT(I) = 2为刚接，JTT(M)数组有M－1个元素，第M个元素为虚设。

4个输出结果的形式参数是：

DIS(M,MK)——主梁横向分布影响线 η_{ik} 数组，数组的一行为一片主梁的横向分布影响线；TOR(M,MK)——主梁扭矩影响线 T_{ik} 数组，数组的一行为一片主梁的扭矩影响线；TM(M,MK)——结点处横向弯矩 M_{ik} 影响线，数组的一行为一个结点的横向弯矩影响线；X(MK)——横向分布影响线 P = 1作用点的横坐标数组，以1号梁的左端为坐标原点。

3个用作工作数组的形式参数是：

IA(MK)——用来存放紧缩柔度矩阵的地址数组；A(MK,4)——存放总柔度矩阵，因为柔度矩阵是一个对称带状矩阵，半带宽加上对角元素的个数为4，所以用A(MK,4)来存放总柔度矩阵的下三角部分；B(MK)——用来存放载变位列阵，回代求解后存放结点未知力）

```
N=M-1      （主梁结点数）
MB=4       （包括对角元素在内的总柔度矩阵半带宽）
N2=2*N     （未经紧缩存放的方程阶数）
```

```
      DO 90 II = 1,N
        DO 85K = 1,2
          I = (II - 1) * 2 + K
          IA(I) = 1
          IF(K.EQ.1.AND.JTT(II).EQ.1)IA(I) = 0   (JTT(II) = 1 表示该结点铰接)
85      CONTINUE
90    CONTINUE
      K = 0
      DO 100 I = 1,N2  (以下形成紧缩存放总柔度矩阵的地址数组)
        K = K + IA(I)
        IF(IA(I).NE.0) IA(I) = K
100   CONTINUE  (以下形成紧缩存放总柔度矩阵的地址数组 IA,完成图 3-5 第①框)
      NT = K  (NT 为紧缩存放的方程阶数)
      DO 150 II = 1,N  (以下对节点数循环,对每一个节点建立方程(3-1),迭加形成总柔度矩阵,图 3-5 第②框)
        DO 120 I = 1,2
          DO 110 J = 1,4
            C(I,J) = 0.0   (C(2,4)是工作数组,用来存放式(3-1)中的δ_{i,i-1}及δ_{i,i})
110       CONTINUE
120     CONTINUE
        S2 = L0 * L0  (以下按表 3-1 计算第 i 号梁和第 i+1 号梁的各种变形量)
        FI = S2/GG/ItiD(II)/9.8696  (计算 φ_i)
        FI1 = S2/GG/ItiD(II+1)/9.8696  (计算 ϕ_{i+1})
        W = S2 * S2/EE/IiD(II)/97.409  (计算 w_i)
        W1 = S2 * S2/EE/IiD(II+1)/97.409  (计算 w_{i+1})
        IF(IdiD(II).LE.1E-5) THEN  (计算 θ_i)
          CT = 0
        ELSE
          CT = DiD(II)/EE/IdiD(II)
        ENDIF
        U = CT * DiD(II)/2.0  (计算 u_i)
        F = U * DiD(II)/1.5  (计算 f_i)
        IF(IdiD(II+1).LE.1E-5) THEN  (计算 θ_{i+1})
          CT1 = 0
        ELSE
          CT1 = DiD(II+1)/EE/IdiD(II+1)
        ENDIF
        U1 = CT1 * DiD(II+1)/2.0  (计算 u_{i+1})
        F1 = U1 * DiD(II+1)/1.5  (计算 f_{i+1})
```

(下面计算式(3-2)中的各个系数,并按照下面的对应关系存放在 **C** 数组中:

$$\boldsymbol{C}=\boldsymbol{\delta}_{i,i-1}\boldsymbol{\delta}_{i,i}=\begin{bmatrix} a_{2i-1,2i-3} & a_{2i-1,2i-2} & a_{2i-1,2i-1} & a_{2i-1,2i} \\ a_{2i,2i-3} & a_{2i,2i-2} & a_{2i,2i-1} & a_{2i,2i} \end{bmatrix}$$

)

```
        C(1,3) = FI + FI1 + CT + CT1
        C(2,3) = FI * WBD(II)/2.0 + U - FI1 * WBD(II+1)/2.0 - U1
```

```
      C(2,4) = W + FI * WBD(II) * WBD(II)/4.0 + F + W1 + FI1 * WBD(II + 1) * * 2/4.0 + F1  (计算δ_{i,i}项)
      IF(II.NE.1) THEN
        C(1,1) = -FI
        C(1,2) = FI * WBD(II)/2.0
        C(2,1) = -C(1,2)                           } (计算δ_{i,i-1}项)
        C(2,2) = -W + FI * WBD(II) * WBD(II)/4.0
      (下面是将柔度矩阵各元素迭加到总柔度矩阵中去,I是行号,J是列号,总柔度矩阵按等带宽紧缩存放在数组A
      (MK,4)中,原来柔度矩阵元素a_{l,n}存放到A(I,J)中时,行列号的对应关系是:I = IA(L),J = MB - I + IA(N))
      IF(JTT(II).NE.1) THEN   (JTT(II)≠1表示第II结点为刚接)
        I = IA(2 * II - 1)
        J = MB - I + IA(2 * II - 3)
        IF(J.GE.1) THEN
          A(I,J) = C(1,1)   (计算a_{2i-1,2i-3})
          A(I+1,J-1) = C(2,1)   (计算a_{2i,2i-3})
        ENDIF
        J = MB - I + IA(2 * II - 2)
        A(I,J) = C(1,2)   (计算a_{2i-1,2i-2})
      ENDIF
      I = IA(2 * II)
      J = MB - I + IA(2 * II - 2)
      A(I,J) = C(2,2)   (计算a_{2i,2i-2})
     ENDIF
     IF(JTT(II).NE.1) THEN
      I = IA(2 * II - 1)
      J = MB
      A(I,J) = C(1,3)   (计算a_{2i-1,2i-1})
      A(I+1,J-1) = C(2,3)   (计算a_{2i,2i-1})
     ENDIF
     I = IA(2 * II)
     J = MB
     A(I,J) = C(2,4)   (计算a_{2i,2i})
150  CONTINUE
      (以下对紧缩存放的总柔度矩阵A进行三角化分解,按改进平方根法的LDLT将柔度矩阵分解为一个下三角矩
      阵、对角矩阵及上三角矩阵(下三角矩阵的转置矩阵)的乘积,三角化分解后的柔度矩阵仍然存放在数组A中,图
      3-5第③框)
     DO 190 I = 1,NT
      L = I - MB + 1
      IF(L.LT.1) L = 1
      DO 180 J = L,I
        JI = MB - I + J
        SM = 0.0
        IF(J.NE.1) THEN
          J1 = J - 1
          DO 160 K = L,J1
```

```
            KI = MB + K - I
            KJ = MB + K - J
            SM = SM + T(KI) * A(J,KJ)
160       CONTINUE
        ENDIF
        IF((I-J).LT.0) GOTO 190
        IF((I-J).EQ.0) THEN
          A(I,MB) = A(I,MB) - SM
          GOTO 190
        ELSE
          T(JI) = A(I,JI) - SM
          A(I,JI) = T(JI)/A(J,MB)
        ENDIF
180     CONTINUE
190   CONTINUE
```

（以下对各号主梁循环，计算 $P=1$ 影响线加载点的横坐标，存放在数组 X 中，图 3-5 中的第④框）

```
      X(1) = 0.0
      DO 200 K = 1,M
        X(2*K) = X(2*K-1) + WBD(K)/2.0
        X(2*K+1) = X(2*K) + WBD(K)/2.0
200   CONTINUE
```

（以下对影响线加载点数循环，先计算 $P=1$ 作用在影响线加载点上的载变位，回代求解结点的未知赘余力，再计算各种横向影响线，图 3-5 中的第⑤、⑥、⑦框）

```
      DO 400 K = 1,MK   （对影响线加载点数 MK 循环，MK = 2*M+1）
        KB = K/2
        IF(K.EQ.1)KB = 1   （KB 为单位荷载 P=1 所在的梁号）
        DO 210 I = 1,NT   （对紧缩方程号循环，变位列阵赋初值为零）
          B(I) = 0.0
210     CONTINUE
        S2 = L0 * L0
        FI = S2/GG/ItiD(KB)/9.8696   （计算式(3-5)中的 φk）
        W = S2 * S2/EE/IiD(KB)/97.409   （式(3-4)、式(3-5)中的 wk）
        IF(IdiD(KB).LE.1E-5) THEN
          CT = 0
        ELSE
          CT = DiD(KB)/EE/IdiD(KB)
        ENDIF
        U = CT * DiD(KB)/2.0   （式(3-5)中的 uk）
        F = U * DiD(KB)/1.5   （式(3-5)中的 fk）
```

（下面 D(5) 是工作数组，D(1) 存放式(3-4)中 w_k，D(2) ~ D(5) 存放式(3-5)中的载变位 B_{2k-3}、B_{2k-2}、B_{2k-1} 和 B_{2k}）

```
        D(1) = W
        D(2) = -FI * WBD(KB)/2.0
        D(3) = -W + FI * WBD(KB) * WBD(KB)/4.0
```

```
      D(4) = FI * WBD(KB)/2.0 + U
      D(5) = W + FI * WBD(KB) * WBD(KB)/4.0 + F
      IF (K.EQ.1) THEN
        (以下开始迭加形成总变位列阵,图 3-5 的第⑤框,K = 1 表示 P = 1 作用在 1 号梁的左端)
        I = IA(1)
        IF(I.GT.0) B(I) = D(2)   (按式(3-6)计算载变位 B1、B2)
        I = IA(2)
        B(I) = -D(3)
      ELSE
        IF(KB * 2.EQ.K) THEN   (当 P = 1 作用在 K 号梁的中间时)
          IF(KB.NE.M) THEN
            I = IA(2 * KB)
            B(I) = D(1)   (按式(3-4)计算载变位 B2k,k = m 时,无 B2k 项)
        ENDIF
        IF(KB.NE.1) THEN
          I = IA(2 * KB - 2)
          B(I) = -D(1)   (按式(3-4)计算载变位 B2k-2,k = 1 时,无 B2k-2 项)
        ENDIF
      ELSE
        IF(KB.NE.1) THEN
          I = IA(2 * KB - 3)
          IF(I.GT.0) B(I) = D(2)   (按式(3-5)计算载变位 B2k-3,k = 1 时,无 B2k-3 项)
          I = IA(2 * KB - 2)
          B(I) = D(3)   (按式(3-5)计算载变位 B2k-2,k = 1 时,无 B2k-2 项)
        ENDIF
        IF(KB.NE.M) THEN
          I = IA(2 * KB)
          B(I) = D(5)   (按式(3-5)计算载变位 B2k,k = m 时,无 B2k 项)
          I = IA(2 * KB - 1)
          IF(I.GT.0) B(I) = D(4)   (按式(3-5)计算载变位 B2k-1,k = m 时,无 B2k-1 项)
          ENDIF
        ENDIF
      ENDIF   (以上完成图 3-5 第⑤框的计算内容,迭加形成载变位列阵,存放在数组 B 中)
      DO 260 I = 2,NT   (以下对紧缩方程号循环,进行回代求解,计算结点未知赘余力,图 3-5 中的第⑥框)
        SM = 0.0
        L = I - MB + 1
        IF(L.LT.1) L = 1
        I1 = I - 1
        DO 250 J = L,I1
          JI = MB + J - I
          SM = SM + A(I,JI) * B(J)
250     CONTINUE
        B(I) = B(I) - SM   (自上而下的回代)
260   CONTINUE
```

```
      DO 270 I = 1,NT
        B(I) = B(I)/A(I,MB)  （除以对角元素）
270   CONTINUE
      N1 = NT - 1
      DO 290 II = 1,N1
        I = NT - II
        SM = 0.0
        KN = NT
        IF(NT.GT.I + MB - 1) KN = I + MB - 1
        I1 = I + 1
        DO 280 J = I1,KN
          IJ = MB + I - J
          SM = SM + A(J,IJ) * B(J)
280     CONTINUE
        B(I) = B(I) - SM  （自下而上的回代,回代结束,B 数组存放结点赘余力）
290   CONTINUE
      DO 330 I = 1,M  （以下对每一片梁循环,计算各种横向影响线,图 3-5 第⑦框）
        IF(I.EQ.1) THEN  （计算 1 号梁时）
          I2 = IA(2 * I)
          B2 = B(I2)  （B2 即为结点 1 处赘余力 x2）
          DIS(I,K) = 1.0 - B2
          IF(KB.NE.1) DIS(I,K) = - B2  （按式(3-7)计算横向分布影响线 ηik）
          I1 = IA(1)
          B1 = 0.0
          IF(I1.GT.0) B1 = B(I1)  （B1 即为结点 1 处赘余力 x1）
300       TOR(I,K) = - B1 - B2 * WBD(I)/2.0
          IF(K.EQ.1) TOR(I,K) = - B1 - (B2 + 1.0) * WBD(I)/2.0
          IF (K.EQ.3) TOR(I,K) = - B1 - (B2 - 1.0) * WBD(I)/2.0
            （自 300 至此为按式(3-9)计算主梁扭矩影响线 Tik）
        ELSE
          IF(I.NE.M) THEN  （当 i = m 时,无赘余力 x2m 及 x2m-1 项）
          I1 = IA(2 * I)
          B0 = B(I1)  （B0 即为赘余力 x2i）
          I1 = IA(2 * I - 1)
          B1 = 0.0
          IF(I1.GT.0) B1 = B(I1)  （B1 即为赘余力 x2i-1）
        END IF
          I1 = IA(2 * I - 2)
          B2 = B(I1)  （B2 即为赘余力 x2i-2）
          I1 = IA(2 * I - 3)
          B3 = 0.0
          IF(I1.GT.0) B3 = B(I1)  （B3 即为赘余力 x2i-3）
          IF(I.NE.M) THEN  （计算 i = 2,3,…,m - 1 各号梁时）
            DIS(I,K) = B2 - B0
```

```
          IF(KB.EQ.I) DIS(I,K) = 1.0 + B2 - B0   (按式(3-7)计算横向分布影响线 η_ik)
          TOR(I,K) = B3 - B1 - (B2 + B0) * WBD(I)/2.0
          IF(K.EQ.2 * I + 1) TOR(I,K) = TOR(I,K) + WBD(I)/2.0   (按式(3-9)计算主梁扭矩影响线 T_ik)
        ELSE   (计算第 m 号梁时)
          DIS(I,K) = B2
          IF(KB.EQ.I) DIS(I,K) = 1.0 + B2   (按式(3-7)计算横向分布影响线 η_ik)
          TOR(I,K) = B3 - B2 * WBD(I)/2.0
          IF(K.EQ.MK) TOR(I,K) = TOR(I,K) + WBD(I)/2.0   (按式(3-9)计算主梁扭矩影响线 T_ik)
        ENDIF
      ENDIF
330   CONTINUE
      DO 350 I = 1,N   (对主梁每一个结点循环,计算结点的横向弯矩影响线)
        I1 = IA(2 * I - 1)
        B2 = 0.0
        IF(I1.GT.0) B2 = B(I1)   (B2 是结点赘余力中横向弯矩项,即式(3-8)中的 x_{2i-1})
        TM(I,K) = B2   (按式(3-8)计算主梁结点横向弯矩影响线 M_ik)
350   CONTINUE
400   CONTINUE   (对影响线加载点数 MK 循环结束,完成横向分布影响线)
      RETURN
      END
```

第二节　横向分布影响线加载

横向分布影响线加载就是在上节计算得到的主梁横向分布影响线上根据规范布置活载(人群荷载、汽车荷载),计算这些荷载产生的最大影响值,或称极值,求出每片主梁分担到的活载份额,这就是桥梁的横向分布系数,汽车荷载在桥梁横向的布置在满足规范要求条件下是可以任意移动的,计算移动荷载产生最大影响值问题较好的方法是动态规划法。

动态规划法是最优设计决策的一种方法,用于横向分布影响线加载就是把横向多个车道的加载问题分解为一个一个车道的加载,依次寻求最优决策,求得极值,利用递推关系得到多车道横向加载时的极值,动态规划法是一种较有效的加载方法。

本节讲述动态规划法加载原理、基本公式及横向影响线加载程序,最后给出按梁系原理计算梁桥横向分布系数的程序。

一、加载原理

为了说明动态规划法加载求极值,对图 3-6a)影响线 $f(x)$ 在区间 $[B,E]$ 上进行横向加载,求取最大影响值。定义 $u(x)$ 为在区间 $[B,x]$ 内加载可能求得的最大影响值,称为极值函数。

汽车车列横向加载时我们把两个车轮荷载化为一个等效的集中力来处理,因为两个车轮荷载的横向间距为 1.8m,车轮荷载自左向右移动,当左侧车轮作用在 x 点时,等效集中力的影响值是:

$$g(x) = [f(x) + f(x+1.8)]/2 \tag{3-10}$$

下面先来写出一列车极值曲线 U_1 的递推公式:

当 x 在 B 点时 $U_1(x)$ 的值：

$$U_1(B) = \begin{cases} g(B), & g(B) > 0 \\ 0, & g(B) \leqslant 0 \end{cases} \tag{3-11}$$

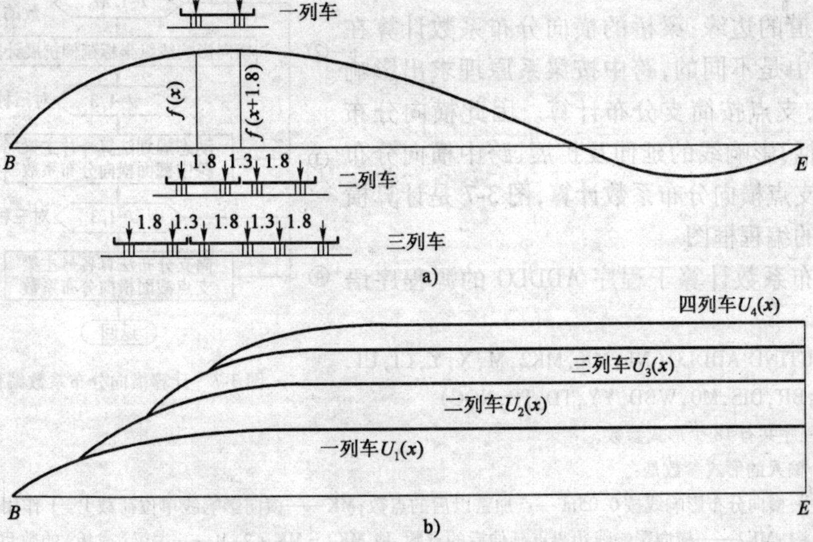

图 3-6　横向影响线加载及极值曲线

当 x 在 B+1 点向右移动到可能加载的最右端(即 $B+E1-1$ 点，$E1$ 是车轮在横向影响线上最大的移动距离，以影响线点数计)时，极值曲线 $U_1(x)$ 值的递推公式：

$$U_1(x) = \begin{cases} g(x), & g(x) > U_1(x-1) \\ U_1(x-1), & g(x) \leqslant U_1(x-1) \end{cases} \tag{3-12}$$

有了一列车的极值曲线 $U_1(x)$ 后，就可以递推得到 $U_2(x)\cdots\cdots U_{n-1}(x)$、$U_n(x)$，下面根据 $U_{n-1}(x)$ 来写出 $U_n(x)$ 的递推公式：

当 $B \leqslant x \leqslant B+(n-1)\times A1-1$（$A1$ 是汽车车轮横向间距，以影响线点数计）时，$U_n(x)$ 的递推公式：

$$U_n(x) = U_{n-1}(x) \tag{3-13}$$

当　$B+(n-1)\times A1 \leqslant x \leqslant B+E1-1$ 时，$U_n(x)$ 的递推公式：

$$U_n(x) = \begin{cases} g(x) + U_{n-1}(x-A1), & g(x) + U_{n-1}(x-A1) > U_n(x-1) \\ U_n(x-1), & g(x) + U_{n-1}(x-A1) \leqslant U_n(x-1) \end{cases} \tag{3-14}$$

根据式(3-11)～式(3-14)可以求得各汽车车列横向加载的极值曲线，如图 3-6b)所示，各列汽车极值曲线最右端的值 $U(E)$ 表示该列汽车荷载在影响线上加载得到的最大影响值。

二、横向分布系数计算

以下用一个子程序来完成简支梁桥的横向分布系数计算，它能用来计算人群荷载、公路汽车荷载及城市汽车荷载三种情况的横向分布系数计算；能计算梁支点处及跨中截面不同的横向分布系数。

因为以上计算梁桥横向分布影响线时，单位荷载 $P=1$ 作用点的左右边界是两侧边梁的外边缘，计算横向分布系数时首先需要将影响线边界点延伸到人行道的边缘，没有人行道的桥梁就需要找出车行道的边缘；梁桥的横向分布系数计算在支点处和跨中是不同的，跨中按梁系原理求出影响线进行加载，支点按简支分布计算。因此横向分布系数计算包括：影响线的延伸及扩展、跨中横向分布系数计算和支点横向分布系数计算，图 3-7 是计算横向分布系数的编程框图。

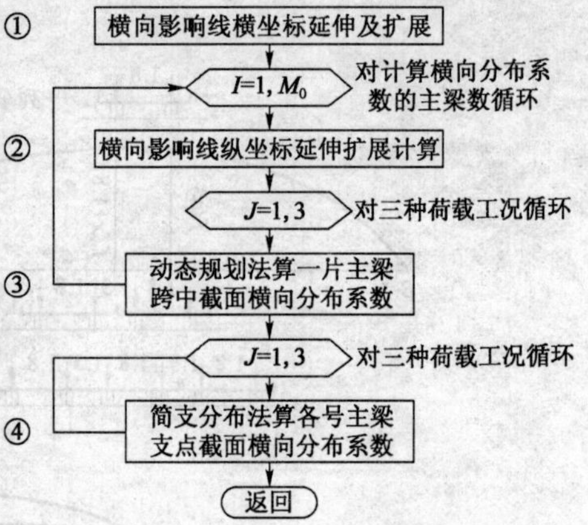

图 3-7　计算横向分布系数编程框图

横向分布系数计算子程序 ADDLO 的源程序语句如下：

```
      SUBROUTINE ADDLO(N1,MK,MK2,M,X,Y,CI,UI,
     FY,BC,BR,DIS,M0,WBD,YY,TD,TC,NQC)
```

（子程序共有 18 个形式参数，

11 个输入的形式参数是：

N1——横向分布影响线按 0.05m 一点加密以后的点数；MK——横向影响线单位荷载 P = 1 作用的点数，MK = 2 * M + 1；MK2——横向影响线边界点延伸后的点数，取 MK2 = MK + 2；M——主梁（或板）的数目；X(MK2)——输入时为横向分布影响线 P = 1 作用点的横坐标，子程序中延伸到人行道或车行道的边缘，X(MK2)为延伸后的横向影响线横坐标；BC——车行道宽度；BR——人行道宽度数组；DIS(M,MK)——主梁横向分布影响线 η_{ik} 数组；M0——计算影响线的梁数目；WBD(M)——各号主梁的宽度 B 数组；NQC——汽车车道数。

2 个输出结果的形式参数是：

TD(M,3)——支点横向分布系数数组，数组的一行为一片梁的 3 个横向分布系数，分别为：人群荷载、公路桥梁汽车荷载和城市桥梁汽车荷载；TC(M,3)——跨中横向分布系数数组。

5 个用作工作数组的形式参数是：

Y(MK2)——根横向影响线的纵坐标数组，纵坐标点数已延伸至边界点；CI(N1)、UI(N1)——跨中横向加载子程序 TRLOD 用到的工作数组；FY(N1)——加密后的横向分布影响线纵坐标数组；YY(M)——支点横向加载子程序 LDG 用来存放各片梁简支横向分布系数的工作数组）

```
      DIMENSION X(MK2),Y(MK2),CI(N1),UI(N1),FY(N1),DIS(M,MK), YY(M),WBD(M),TD(M,
     3),TC(M,3),BR(2)
      BL = BC + BR(1) + BR(2)  （桥面总宽度 = 车行道宽度 + 两侧人行道宽度）
      DB = (BL - X(MK)) * 0.5  （延伸横向影响线时，需要延伸宽度的一半）
      X(1) = 0.0  （以下是通过直线外插延伸横向影响线到两侧人行道的外侧点）
      IF(ABS(DB).GT.0.001) THEN  （以下是完成延伸横向影响线时的横坐标数组 X 值变换）
        IF(DB.GT.0.001) THEN
          DO 10 J = MK + 1,2, - 1
            X(J) = X(J - 1) + DB
10        CONTINUE
        X(MK2) = X(MK + 1) + DB  （要延伸的宽度为正值时，增加两个横坐标点并计算横坐标值）
        ELSE
        DO 15 J = 2,MK - 1
          X(J) = X(J) + DB
15      CONTINUE
        X(MK) = X(MK) + DB * 2  （延伸的宽度为负值时，横坐标点不增加，数值变换）
```

```
      ENDIF
    ENDIF
    DO 45 I = 1,M0  (以下开始计算跨中横向分布系数,对计算的主梁数循环)
      DO 25 J = 1,MK  (将第 I 号主梁的横向分布影响线数组赋值给 Y 数组)
        Y(J) = DIS(I,J)
25    CONTINUE
      IF(ABS(DB).GT.0.001) THEN  (以下是完成延伸横向影响线时的纵坐标数组 Y 值变换)
        IF (DB.GT.0.001) THEN
          (延伸的宽度为正值时:变换中间各点的纵坐标数组 Y 值,直线外插计算两个延伸点的纵坐标值)
          DO 30 J = MK + 1,2, -1
            Y(J) = Y(J-1)
30          CONTINUE
          Y(1) = Y(3) + (Y(2) - Y(3)) * X(3)/(X(3) - X(2))
          Y(MK2) = Y(MK) + (Y(MK+1) - Y(MK)) * X(3)/(X(3) - X(2))
        ELSE
          Y(1) = Y(2) + (Y(1) - Y(2))/X(2) * (X(2) + DB)
            (延伸的宽度为负值时:只需直线内插计算两个延伸点的纵坐标值)
          Y(MK) = Y(MK-1) + (Y(MK) - Y(MK-1))/X(2) * (X(2) + DB)
        ENDIF
      ENDIF
      DO 40 J = 1,3  (对三种横向荷载情况计算横向分布系数)
        TC(I,J) = 0.0
        LD = J - 1  (LD = 0 为人群荷载;LD = 1 为公路桥梁汽车荷载;LD = 2 为城市桥梁汽车荷载)
        TC (I,J) = TRLOD(MK2,X,Y,BC,N1,LD,CI,UI,FY,BR,NQC)
          (TRLOD 为跨中横向影响线加载的函数子程序,计算结果存放在跨中横向分布系数数组 TC 中)
        TC(M + 1 - I,J) = TC(I,J)
40    CONTINUE
45  CONTINUE
    DO 70 J = 1,3  (对三种横向荷载情况计算支点横向分布系数)
      LD = J - 1  (LD = 0 为人群荷载;LD = 1 为公路桥梁汽车荷载;LD = 2 为城市桥梁汽车荷载)
      CALL LDG(M,BR(1),WBD(1),BC,LD,YY)
        (LDG 为按简支分布计算一种荷载情况下各号主梁支点横向分布系数的子程序,结果存放在数组 YY 中)
    - DO 60 I = 1,  M(对梁数循环,将计算结果存放在支点横向分布系数数组 TD 中)
      TD(I,J) = YY(I)
60  CONTINUE
70  CONTINUE
    RETURN
    END
```

三、横向影响线加载计算

本小节横向影响线加载计算横向分布系数包括:跨中截面按动态规划法加载计算,支点截面按简支分布法计算。

1. 横向影响线的动态规划法加载

采用动态规划法对横向影响线加载计算横向分布系数时先要对横向影响线加密,并用一个等效的集中力来处理两个车轮荷载的加载效应，以下先列出影响线加密子程序 SPRI 及等效集中力处理的函数子程序 G，然后给出横向影响线动态规划加载计算横向分布系数的子程序 TRLOD。

1）影响线加密

横向分布影响线形状不复杂，加密步长较小，采用直线内插法较为，且能满足精度要求。

```
      SUBROUTINE SPRI(MK2,X,Y,N1,DX,FY)
```

（形式参数：MK2——横向影响线边界点延伸后的点数；X(MK2)——延伸后的横向影响线横坐标数组；Y(MK2)——延伸后的横向影响线纵坐标数组；N1——横向分布影响线加密的点数；DX——加密的步长；FY(N1)——加密后的横向分布影响线）

```
      DIMENSION X(MK2),Y(MK2),FY(N1)
      K=2
      DO 100 I=1,N1
        X1=X(1)+FLOAT(I-1)*DX
        IF(X1.GT.X(K)) K=K+1
        FY(I)=(Y(K)-Y(K-1))/(X(K)-X(K-1))*(X1-X(K-1))+Y(K-1)
100   CONTINUE
      FY(1)=Y(1)
      FY(N1)=Y(MK2)
      RETURN
      END
```

2）等效集中力处理

把两个车轮荷载化为一个等效集中力处理的基本公式见式(3-10)，在编写等效集中力函数子程序时，用影响线点号来表示横向距离，又因为要建立极值曲线，在以下子程序中处理影响线点号 I 及汽车左侧车轮实际作用点号 J 时考虑了左侧人行道宽度及汽车与路缘石之间距离进行转换，源程序语句如下：

```
      FUNCTION G(I,LD,BR1,DX,FY,N1)
```

（形式参数：I——影响线点号；LD——横向影响线加载类型，LD=0，人群荷载；LD=1，公路桥梁汽车荷载；LD=2，城市桥梁汽车荷载；BR1——左侧人行道宽度；DX——加密影响线步长；FY(N1)——加密后的横向分布影响线；N1——横向分布影响线加密的点数）

```
      DIMENSION FY(N1)
      J=IFIX((BR1+0.5+(LD-1)*0.1)/DX+0.01)+I
```

（J 点=I 点+左侧人行道宽度及汽车与路缘石之间距离的点数）

```
      G=(FY(J)+FY(J+IFIX(1.8/DX)))/2.0
```

（将两个车轮荷载的效应化为一个等效集中力的效应）

```
      RETURN
      END
```

3）动态规划加载

为了便于调用，把横向影响线加载程序编写成函数子程序 TRLOD，调用一次就得到一种荷载在一根横向影响线上加载的最大效应，即荷载横向分布系数。子程序包括对影响线加密、建立极值曲线及根据极值曲线找出影响线加载的最大效应等内容。源程序语句如下：

```
      FUNCTION TRLOD(MK2,X,Y,BC,N1,LD,CI,UI,FY,BR,NQC)
```

（形式参数：MK2——横向影响线边界点延伸后的点数；X(MK2)——延伸后的横向影响线横坐标；Y(MK2)——延伸后的横向影响线纵坐标；BC——车行道宽度；N1——横向分布影响线加密的点数；LD——横向影响线加载类型，LD=0，人群荷载；LD=1，公路桥梁汽车荷载；LD=2，城市桥梁汽车荷载；CI(N1)、UI(N1)——工作数组；FY(N1)——加密后的横向分布影响线；BR(2)——人行道宽度数组；NQC——汽车车道数）

```
    REAL L1,MC1
    INTEGER E,E1,EI1,A
    DIMENSION FY(N1),X(MK2),Y(MK2),UI(N1),CI(N1),BR(2),ETA1(8),ETA2(8)
    DATA ETA1/1.0,1.0,0.78,0.67,0.6,0.55,0.52,0.50/  (用来考虑公路桥梁车道折减的 DATA 语句)
    DATA ETA2/1.0,1.0,0.80,0.67,0.6,0.55,0.55,0.55/  (用来考虑城市桥梁车道折减的 DATA 语句)
    BR1 = BR(1)  (左侧人行道宽度)
   DX = 0.05  (横向影响线加密区间步长取为 0.05m)
   TT = 2.8 + (LD - 1) * 0.2  (汽车车辆在车行道上不能横向移动的距离)
   L1 = BC - TT  (汽车仅能在 L1 长度范围内横向移动,求取最大加载效应)
   E1 = IFIX(L1/DX + 0.001) + 1  (汽车在车行道上横向移动的终点)
   I1 = IFIX(3.1/DX + 0.001)  (用影响线点数表示的两列汽车加载点之间的间距)
   CALL SPRI(MK2,X,Y,N1,DX,FY)  (横向影响线加密)
   MC1 = 0.0
    IF(LD.EQ.0) THEN
      IF (BR1.GE.1E-3) THEN
      (LD = 0 且人行道宽度≠0 时计算人群荷载,人群荷载的横向分布系数是计算左右人行道宽度范围内影响线纵
      坐标的平均值)
     E = IFIX(BR1/DX + 0.01) + 1
     DO 300 I = 1,E
     IF(FY(I).GT.0) MC1 = MC1 + FY(I)/FLOAT(E)
300    CONTINUE
     N11 = N1 - E + 1
     DO 400 I = N11,N1
        IF(FY(I).GT.0) MC1 = MC1 + FY(I)/FLOAT(E)
400     CONTINUE
      ENDIF
    ELSE
      (以下进行 LD = 1、2 横向加载,公路桥梁和城市桥梁汽车加载的横向轮距及车间距都相同,区别仅在于汽车车轮
      到车行道边缘的距离及多车道折减系数,前者在函数子程序中处理,因此可用以下相同的程序语句执行计算)
      UI(1) = 0.0            (按式(3-11)计算第 1 点的极值,存放在工作数组 UI 中)
      IF(G(1,LD,BR1,DX,FY,N1).GT.0.0) UI(1) = G(1,LD,BR1,DX,FY,N1)
      DO 500 I = 2,E1  (用递推法按式(3-12)计算第 1 列车其他各点的极值)
        UI(I) = UI(I - 1)
        IF(G(I,LD,BR1,DX,FY,N1).GT.UI(I - 1)) UI(I) = G(I,LD,BR1,DX,FY,N1)
        IF(I.LE.E1 - I1) CI(I) = UI(I)  (用工作数组 CI 存放第 1 列车各点的极值)
500     CONTINUE
     MC1 = UI(E1)  (极值曲线终点 E1 处的值为最大效应值,即所要计算的横向分布系数)
     DO 700 K = 2,NQC
       (按式(3-13)、式(3-14)递推,对车道数循环计算多车道的极值曲线,存放在工作数组 UI 中)
       KI1 = (K - 1) * I1 + 1
       DO 600 I = KI1,E1
         UI(I) = UI(I - 1)
         IF(G(I,LD,BR1,DX,FY,N1) + CI(I - I1).GT.UI(I - 1)) UI(I) = G(I,LD,BR1,DX,FY,N1)
     $    + CI(I - I1)
```

```
600     CONTINUE
        IF(LD.EQ.1) ETA = ETA1(NQC)    (计算公路桥梁汽车荷载多车道折减系数)
        IF(LD.EQ.2) ETA = ETA2(NQC)    (计算城市桥梁汽车荷载多车道折减系数)
        MC1 = ETA * UI(E1)    (K 列车的横向分布系数)
        IF(K.EQ.2) WMC = MC1
        IF(MC1.LT.WMC) MC1 = WMC (汽车荷载多车道折减后的横向分布系数不得小于二车道的值)
620     EI1 = E1 - I1
        DO 650 I = KI1,EI1
          CI(I) = UI(I)   (用工作数组 CI 存放 K 列车各点的极值,再去计算 K+1 列车各点的极值)
650     CONTINUE
700   CONTINUE
      ENDIF
1000  TRLOD = MC1    (计算得到的横向分布系数赋值给函数名)
      RETURN
      END
```

2. 简支分布加载

支点断面按简支分布计算横向分布系数,计算原理简单,编程时用一个子程序 LDG 来完成指定横向荷载下各号梁的横向分布系数计算,其中又调用了迭加汽车轮载影响值的子程序 CYYI,下面给出源程序:

1)迭加汽车轮载影响值

当汽车轮载作用在横向简支分布影响线 X 点时,计算得到了加载影响值 YYI,在 X 点后面 X12 长度范围内,还有可能布置车轮轮载,再迭加汽车轮载的影响值,这由下面子程序 CYYI 来完成,子程序中其他形式参数 CK 是简支分布影响线的斜率,CJ1、CJ2 是所迭加前两个汽车轮载到 X 点的距离,因为横向一辆汽车两个车轮的轮距为 1.8m、二辆汽车之间的轮距为 1.3m,所以 CJ1、CJ2 的取值是 1.3 和 1.8,子程序返回时 YYI 值已经迭加了可能加载的汽车轮载影响值。

```
      SUBROUTINE CYYI(YYI,X,X12,CK,CJ1,CJ2)
10    X = X + CJ1
      IF(X.GE.X12) RETURN
      YYI = YYI + (X12 - X) * CK   (迭加 CJ1 处汽车轮载影响值)
      X = X + CJ2
      IF(X.GE.X12) RETURN
      YYI = YYI + (X12 - X) * CK   (迭加 CJ2 处汽车轮载影响值)
      GOTO 10
      END
```

2)简支分布计算横向分布系数

```
      SUBROUTINE LDG(M,BR1,B,BC,LD,YY)
       (形式参数:M——主梁根数;BR1——左侧人行道宽度;B——主梁宽度;BC——车行道宽度; LD——横向影响线
       加载类型,LD=0,人群荷载;LD=1,公路桥梁汽车荷载;LD=2,城市桥梁汽车荷载;YY(M)——按简支分布计算
       各号主梁的横向分布系数)
      DIMENSION YY(M)
      CK = 1/B   (计算简支分布影响线值的斜率)
```

```
      M0 = (M + 1)/2  (要计算横向分布系数的主梁数目)
      C1 = (FLOAT(M) * B - BC)/2  (人行道内侧到 1 号主梁左端的距离)
      C2 = 3 * B/2  (第 2 号主梁中线到 1 号主梁左端的距离)
      DO 10 I = 1,M0
        YY(I) = 0
10    CONTINUE
      IF(LD.EQ.0) THEN
        IF(BR1.GE.1E-3) THEN  (当 LD = 0 且人行道宽度 BR1≠0 时,计算人行道中线
          X = C2 - C1 + BR1/2  处的影响线坐标值,即为人群荷载横向分布系数)
          YY(1) = X * CK
          X = X - B
          YY(2) = -X * CK
          IF(YY(2).LT.0.0) YY(2) = 0.0
          DO 60 I = 1,M0
            YY(M + 1 - I) = YY(I)
60        CONTINUE
        ENDIF
      ELSE  (以下计算当 LD = 1、2 汽车荷载的简支横向分布系数)
        X = C1 + 0.5  (LD = 1,公路桥梁汽车荷载第 1 个车轮离车行道边缘 0.5m)
        IF(LD.EQ.2) X = C1 + 0.6  (LD = 2,城市桥梁汽车荷载第 1 个车轮离车行道边缘 0.6m)
        XA = X
          IF(X.LT.C2) THEN
            YY(1) = (C2 - X) * CK
            CALL CYYI(YY(1),X,C2,CK,1.8,1.3)  (计算第 1 号主梁汽车荷载的简支横向分布系数)
          ENDIF
        DO 130 I = 2,M0  (计算其他各号主梁汽车荷载的简支横向分布系数)
          XI = (I - 1) * B + B/2  (XI 为汽车荷载横向加载的最大点横坐标)
          X = XI
          IF(XI.GE.XA + 1.8) THEN  (以下根据 XI 值的大小进行汽车横向加载,计算和迭加车轮荷载的影响值)
            YY(I) = 1.0  (在影响线最大值处布载,并迭加其后第 2 辆车车轮荷载的影响值)
          CALL CYYI(YY(I),X,XI + B,CK,1.3,1.8)
          X = XI
120         X = X - 1.8
            IF(X.LE.XI - B) GOTO 125
            YY(I) = YY(I) + (X + B - XI) * CK
            X = X - 1.3
            IF(X.LE.XI - B) GOTO 125
            YY(I) = YY(I) + (X + B - XI) * CK
            GOTO 120
          ELSEIF(XI.GE.XA + 0.9) THEN
            (对称于影响线最大值处布载两个轮载、迭加其后车轮荷载的影响值,并与在影响线最大值处布载比较,求
            得最大影响值)
            YYI = 2 * (B - 0.9) * CK
            X = XI + 0.9
```

```
            CALL CYYI(YYI,X,XI+B,CK,1.3,1.8)
            YY(I)=1.0
            X=XI
            CALL CYYI(YY(I),X,XI+B,CK,1.8,1.3)
            IF(YY(I).LT.YYI) YY(I)=YYI
            GOTO 125
          ELSEIF(XI.GE.XA) THEN  (在影响线最大值处布载,迭加该辆车第2个车轮荷载的影响值)
            YY(I)=1.0
            X=XI
            CALL CYYI(YY(I),X,XI+B,CK,1.8,1.3)
          ELSEIF(XI.LT.XA.AND.XI+B.GE.XA) THEN
            (在影响线可以布载处加第1个轮载布载,并迭加其后第2个车轮荷载的影响值)
            YY(I)=(XI+B-XA)*CK
            X=XA
            CALL CYYI(YY(I),X,XI+B,CK,1.8,1.3)
          ENDIF
125       CONTINUE
130     CONTINUE
180     DO 190 I=1,M0
          YY(I)=YY(I)/2  (将一个车轮荷载的影响值变换为一辆车的影响值,即一个车列的横向分布系数)
          YY(M+1-I)=YY(I)  (对称的其他各号主梁的横向分布系数)
190     CONTINUE
        ENDIF
        RETURN
        END
```

有了本章第一节的横向分布影响线及本节的横向分布影响线加载,再加上输入计算数据及输出计算结果,可以编写出梁桥横向分布系数的计算程序,留在本章第四节应用程序中讲述。

第三节　按比拟正交异性板原理计算横向分布

本章第一节按梁系原理计算横向分布是把全桥看作为由并排放置的主梁组成的梁格或梁系,对主梁之间的横向联结作不同的假定,进行力学分析得到横向分布影响线。本节按正交异性板原理计算横向分布是把由主梁、连续的桥面板和多个横隔梁所组成的梁桥比拟简化为一块正交、各向异性的矩形平板,采用古典的弹性薄板理论分析得到横向分布影响线。以下讲述比拟正交异性板基本原理及公式、横向分布影响线计算及横向分布系数计算。

一、基本原理及公式

1. 正交异性板的比拟

图 3-8 表示实际桥梁结构换算为比拟正交异性板的计算图式,图中桥梁计算跨径 l,每片主梁间的中心距离 b,截面抗弯惯矩 I_x,抗扭惯矩 I_{Tx};横隔梁的中心距离 a,截面抗弯惯矩和抗

扭惯矩为 I_y 和 I_{Ty}。

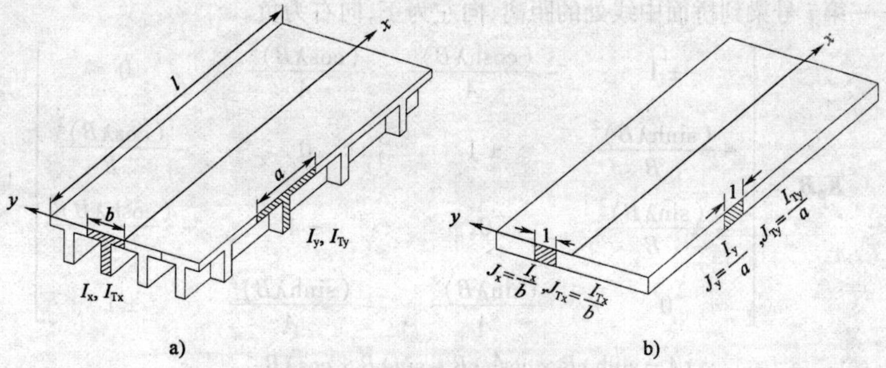

图 3-8　实际结构换算成比拟板的图式

a)实际结构;b)换算后的比拟正交异性板

当主梁中心间距 b、横隔梁中心距离 a 与桥梁计算跨径 l、桥梁全宽 $2B$ 的比值相当小时,把主梁的截面惯矩 I_x 和 I_{Tx} 平均分摊于宽度 a,把横隔梁的截面惯矩 I_y 和 I_{Ty} 平均分摊于宽度 b:

$$\left.\begin{aligned} J_x &= \frac{I_x}{b}, \quad J_{Tx} = \frac{I_{Tx}}{b} \\ J_y &= \frac{I_y}{a}, \quad J_{Ty} = \frac{I_{Ty}}{a} \end{aligned}\right\} \tag{3-15}$$

这样图 3-8a)由主梁、横隔梁组成的实际桥跨结构就比拟成了一块假想的平板,由此建立弹性薄板的挠曲面微分方程,忽略混凝土材料泊松比 v 的影响,得到一块在 x 和 y 两个正交方向的截面单宽刚度 EJ_x、GJ_{Tx} 和 EJ_y、GJ_{Ty} 的比拟正交异性板,求解正交异性板的挠曲微分方程,可以得到单位荷载在横向位置 j 点时第 i 片梁所分担的荷载比例 η_{ij},这就是第 i 片梁的横向分布影响线纵坐标。

2. 基本公式

单位荷载作用在横向位置 j 点时第 i 片梁横向分布影响线纵坐标按下式计算:

$$\eta_{ij}(K_\alpha/M) = [K_0 + (K_1 - K_0) \times \sqrt{\alpha}]/M \tag{3-16}$$

式中:$K_0 = \lambda \times B \times \boldsymbol{K_0}$——$\alpha = 0$ 时的影响线纵坐标;

λ——纵、横向截面抗弯刚度之比,$\pi = 3.141\,59$,$\lambda = \frac{\pi \times \vartheta}{\sqrt{2} \times B}$,$\vartheta = \frac{B}{l} \times \sqrt[4]{\frac{J_x}{J_y}}$;

B——桥梁宽度的一半;

$K_1 = \frac{1}{2}\sigma \times B\boldsymbol{K_1}$——$\alpha = 1$ 时的影响线纵坐标,$\sigma = \frac{\pi \times \vartheta}{B} = \sqrt{2} \times \lambda$;

$\alpha = \frac{G \times (J_{Tx} + J_{Ty})}{2E \times \sqrt{J_x \times J_y}}$——结构的扭弯参数,$G$ 为抗扭弹性模量,E 为抗弯弹性模量;

M——主梁数目。

$\boldsymbol{K_0}$、$\boldsymbol{K_1}$ 都表达为下列三个矩阵的乘积:

$$\begin{aligned} \boldsymbol{K_0} &= \boldsymbol{K_0Y} \times \boldsymbol{K_0B} \times \boldsymbol{K_0E} \\ \boldsymbol{K_1} &= \boldsymbol{K_1Y} \times \boldsymbol{K_1B} \times \boldsymbol{K_1E} \end{aligned} \tag{3-17}$$

其中:　$\boldsymbol{K_0Y} = [\cos\lambda y \times \cosh\lambda y, \cos\lambda y \times \sinh\lambda y, \sin\lambda y \times \cosh\lambda y, \sin\lambda y \times \sinh\lambda y]$　(3-18)

$$K_1Y = [\cosh\sigma y, \sinh\sigma y, \sigma y \times \cosh\sigma y, \sigma y \times \sinh\sigma y] \tag{3-19}$$

式中：y——第 i 号梁到桥面中线处的距离，向左为正，向右为负。

$$K_0B = \begin{bmatrix} \pm 1 & -\frac{(\cosh\lambda B)^2}{A} & \frac{(\cos\lambda B)^2}{A} & 0 \\ -\frac{(\sinh\lambda B)^2}{B} & \pm 1 & 0 & -\frac{(\cos\lambda B)^2}{B} \\ -\frac{(\sin\lambda B)^2}{B} & 0 & \pm 1 & -\frac{(\cosh\lambda B)^2}{B} \\ 0 & \frac{(\sin\lambda B)^2}{A} & -\frac{(\sinh\lambda B)^2}{A} & \pm 1 \end{bmatrix} \tag{3-20}$$

式中矩阵元素分母系数：$\begin{cases} A = \sinh\lambda B \times \cosh\lambda B - \sin\lambda B \times \cos\lambda B \\ B = \sinh\lambda B \times \cosh\lambda B - \sin\lambda B \times \cos\lambda B。\end{cases}$

K_0B 中主对角元素正负号根据 $\begin{cases} y < e \text{ 时，取 } -1 \\ y \geqslant e \text{ 时，取 } +1 \end{cases}$ 确定，e 表示荷载作用点到桥面中线处的距离，向左为正，向右为负；

$$K_1B = \begin{bmatrix} \mp 1 & \frac{3(\cosh\sigma B)^2 - 1}{C} & -\frac{(\sigma B)^2 + 2}{C} & 0 \\ -\frac{3(\sinh\sigma B)^2 + 1}{D} & \mp 1 & 0 & -\frac{(\sigma B)^2 + 2}{D} \\ -\frac{1}{D} & 0 & \mp 1 & -\frac{3(\cosh\sigma B)^2 - 1}{D} \\ 0 & -\frac{1}{C} & \frac{3(\sinh\sigma B)^2 + 1}{C} & \mp 1 \end{bmatrix} \tag{3-21}$$

式中矩阵元素分母系数：$\begin{cases} C = \sigma B - 3\sinh\sigma B \times \cosh\sigma B \\ D = \sigma B + 3\sinh\sigma B \times \cosh\sigma B。\end{cases}$

K_1B 中主对角元素正负号根据 $\begin{cases} y < e \text{ 时，取 } -1 \\ y \geqslant e \text{ 时，取 } +1 \end{cases}$ 确定。

$$K_0E = \begin{bmatrix} \cos\lambda e \cdot \sinh\lambda e - \sin\lambda e \cdot \cosh\lambda e \\ \sin\lambda e \cdot \sinh\lambda e - \cos\lambda e \cdot \cosh\lambda e \\ \sin\lambda e \cdot \sinh\lambda e + \cos\lambda e \cdot \cosh\lambda e \\ -\cos\lambda e \cdot \sinh\lambda e - \sin\lambda e \cdot \cosh\lambda e \end{bmatrix} \tag{3-22}$$

$$K_1E = \begin{bmatrix} \sinh\sigma e - \sigma e \cdot \cosh\sigma e \\ -\cosh\sigma e + \sigma e \cdot \sinh\sigma e \\ \cosh\sigma e \\ -\sinh\sigma e \end{bmatrix} \tag{3-23}$$

二、横向分布影响线

与本章第三节按梁系原理计算横向分布影响线一样，图 3-9 表示单位荷载在横桥向移动，根据主梁 i 的梁位坐标 y 及荷载作用点 j 的坐标 e，按式(3-16)~式(3-23)可以计算得到第 i

片主梁在不同荷载点 j 时所承受的荷载值 η_{ij}，这就是荷载横向分布影响线的纵坐标。

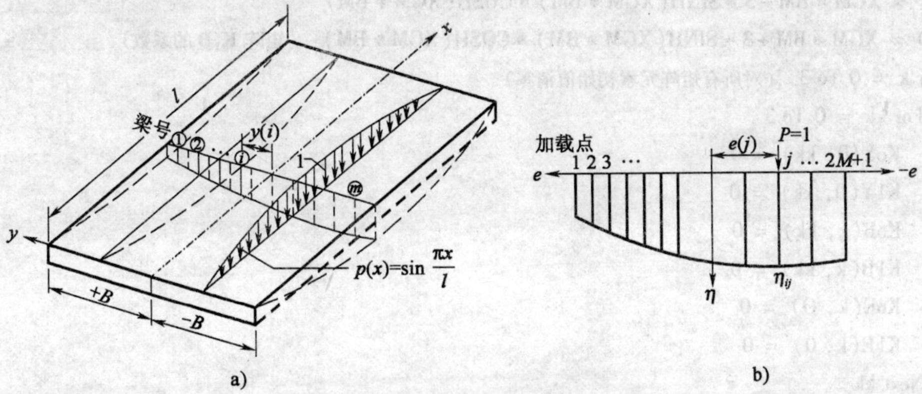

图 3-9　比拟正交异性板横向影响线计算图式

a）比拟板横向单位荷载；b）横向分布影响线

本节横向分布影响线采用 VB 编写宏命令，嵌入 Excel 表格，Excel 表格具有数据输入方便、表本身具有计算功能强、结果直观，能用图形显示等优点，并能配合横向分布影响线加载计算荷载横向分布系数。以下给出横向分布影响线编程框图及源程序。

1. 编程框图

图 3-10 为比拟正交板横向分布影响线编程框图。为便于调用，将横向分布影响线编写为子程序。

2. 源程序

用 VB 编写的按比拟正交异性板原理计算横向分布影响线源程序如下：

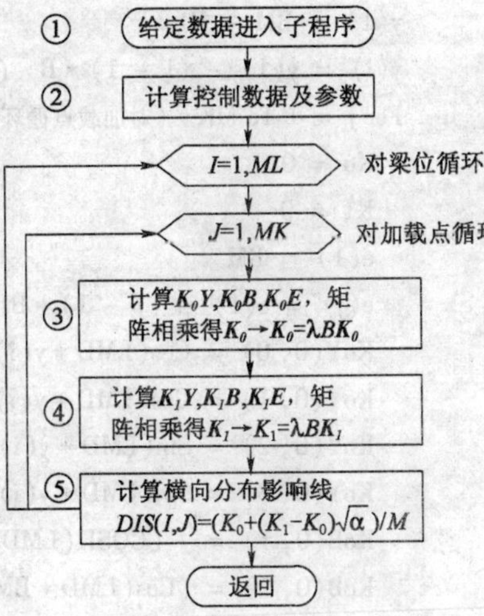

图 3-10　横向分布影响线编程框图

```
Public dis#(1 To 1000, 1 To 1000), disx#(1 To 1000, 1
  To 1000), e#(1 To 1000)
```

（声明数组：dis#(1 To 1000, 1 To 1000)用来存放各号主梁的横向分布影响线；disx#(1 To 1000, 1 To 1000)用来存放各号主梁加密的横向分布影响线；e#(1 To 1000)存放各加载点的横坐标）

```
Public Sub tldgb2(B, M, AFA, LMD, XGM, EE, GG, BM, ML)
```

（形式参数：B——一片主梁的宽度；M——主梁的片数；AFA, LMD, XGM——式(3-16)中的计算参数 α、λ 和 σ；EE、GG——比拟正交异性板材料的抗弯和抗扭弹性模量，可以采用 EE = 1, GG = 0.425；BM——桥梁宽度的一半，即式(3-16)～式(3-21)中的 B，在程序中用标识符 BM 表示；ML——计算横向影响线的主梁数目）

```
Dim x#(1 To 1000), y#(1 To 1000), Ko#, K1#,KoY#(0, 3), K1Y#(0, 3),
Dim KoB#(3, 3), K1B#(3, 3), KoE#(3, 0), K1E#(3, 0)
```

（数组说明：x#(1 To 1000), y#(1 To 1000)用来存放主梁横向分布影响线的横坐标和纵坐标；以下各数组名与式(3-16)～式(3-21)中各矩阵名的对应关系是：Ko#——$\mathbf{K_0}$, K1#——$\mathbf{K_1}$, KoY#(0, 3)——$\mathbf{K_0Y}$, K1Y#(0, 3)——$\mathbf{K_1Y}$, KoB#(3, 3)——$\mathbf{K_0B}$, K1B#(3, 3)——$\mathbf{K_1B}$, KoE#(3, 0)——$\mathbf{K_0E}$, K1E#(3, 0)——$\mathbf{K_1E}$。）

```
B1 = B / 2  （主梁间距的一半）
MK = Fix(2 * M + 1)  （横向影响线的点数，即单位荷载 P = 1 加载点数目）
AA = SINH(LMD * BM) * COSH(LMD * BM) + Sin(LMD * BM) * Cos(LMD * BM)
BB = SINH(LMD * BM) * COSH(LMD * BM) - Sin(LMD * BM) * Cos(LMD * BM)
```

```
  (矩阵 K0B 的系数)
CC = XGM * BM - 3 * SINH(XGM * BM) * COSH(XGM * BM)
DD = XGM * BM + 3 * SINH(XGM * BM) * COSH(XGM * BM)  (矩阵 K1B 的系数)
For k = 0 To 3  (对所有矩阵元素初始值清零)
  For kk = 0 To 3
    KoY(0, kk) = 0
    K1Y(0, kk) = 0
    KoB(k, kk) = 0
    K1B(k, kk) = 0
    KoE(k, O) = 0
    K1E(k, 0) = 0
  Next kk
Next k
For i = 1 To ML  (对要计算的主梁数循环)
  y(1) = BM - B1
  y(i) = y(1) - (i - 1) * B  (计算第 i 号主梁到桥面中线的距离)
  For j = 1 To MK  (对加载点循环)
    Ko = 0
    K1 = 0
    e(1) = BM
    e(j) = e(1) - (j - 1) * B1  (计算第 j 号加载点到桥面中线的距离)
    KoY(0, 0) = Cos(LMD * y(i)) * COSH(LMD * y(i))
    KoY(0, 1) = Cos(LMD * y(i)) * SINH(LMD * y(i))
    KoY(0, 2) = Sin(LMD * y(i)) * COSH(LMD * y(i))
    KoY(0, 3) = Sin(LMD * y(i)) * SINH(LMD * y(i))   (以上完成 K0Y 计算)
    KoB(0, 1) = -(COSH(LMD * BM)) ^ 2 / AA
    KoB(0, 2) = (Cos(LMD * BM)) ^ 2 / AA
    KoB(1, 0) = -(SINH(LMD * BM)) ^ 2 / BB
    KoB(1, 3) = -(Cos(LMD * BM)) ^ 2 / BB
    KoB(2, 0) = -(Sin(LMD * BM)) ^ 2 / BB
    KoB(2, 3) = -(COSH(LMD * BM)) ^ 2 / BB
    KoB(3, 1) = (Sin(LMD * BM)) ^ 2 / AA
    KoB(3, 2) = -(SINH(LMD * BM)) ^ 2 / AA
    If y(i) < e(j) Then
      For k = 0 To 3
        KoB(k, k) = -1
      Next k
    Else
      For k = 0 To 3
        KoB(k, k) = 1
      Next k
    End If  (以上完成 K0B 计算)
    KoE(0, 0) = Cos(LMD * e(j)) * SINH(LMD * e(j)) - Sin(LMD * e(j)) * COSH(LMD * e
    (j))
```

```
KoE(1, 0) = Sin(LMD * e(j)) * SINH(LMD * e(j)) - Cos(LMD * e(j)) * COSH(LMD * e
(j))
KoE(2, 0) = Sin(LMD * e(j)) * SINH(LMD * e(j)) + Cos(LMD * e(j)) * COSH(LMD * e(j))
KoE(3, 0) = -Cos(LMD * e(j)) * SINH(LMD * e(j)) - Sin(LMD * e(j)) * COSH(LMD * e
(j))  (以上完成 K0E 计算)
For mm = 0 To 3
  For kk = 0 To 3
    Ko = KoY(0, mm) * KoB(mm, kk) * KoE(kk, 0) + Ko   (矩阵相乘得到 K0)
  Next kk
Next mm
Ko = LMD * BM * Ko  (根据 K0 计算得到 α=0 时的横向影响线纵坐标 K0,完成图 3-10 第③框)
K1Y(0, 0) = COSH(XGM * y(i))
K1Y(0, 1) = SINH(XGM * y(i))
K1Y(0, 2) = XGM * y(i) * COSH(XGM * y(i))
K1Y(0, 3) = XGM * y(i) * SINH(XGM * y(i))  (以上完成 K1Y 计算)
K1B(0, 1) = (3 * (COSH(XGM * BM)) ^2 - 1) / CC
K1B(0, 2) = -(2 + (XGM * B1) ^2) / CC
K1B(1, 0) = -(3 * (SINH(XGM * BM)) ^2 + 1) / DD
K1B(1, 3) = -(2 + (XGM * BM) ^2) / DD
K1B(2, 0) = -1 / DD
K1B(2, 3) = -(3 * (COSH(XGM * BM)) ^2 - 1) / DD
K1B(3, 1) = -1 / CC
K1B(3, 2) = (3 * (SINH(XGM * BM)) ^2 + 1) / CC
If y(i) < e(j) Then
  For k = 0 To 3
    K1B(k, k) = -1
  Next k
Else
  For k = 0 To 3
    K1B(k, k) = 1
  Next k
End If  (以上完成 K1B 计算)
K1E(0, 0) = SINH(XGM * e(j)) - XGM * e(j) * COSH(XGM * e(j))
K1E(1, 0) = -COSH(XGM * e(j)) + XGM * e(j) * SINH(XGM * e(j))
K1E(2, 0) = COSH(XGM * e(j))
K1E(3, 0) = -SINH(XGM * e(j))  (以上完成 K1E 计算)
For mm = 0 To 3
  For kk = 0 To 3
    K1 = K1Y(0, mm) * K1B(mm, kk) * K1E(kk, 0) + K1  (矩阵相乘得到 K1)
  Next kk
Next mm
K1 = 1 / 2 * XGM * BM * K1  (根据 K1 计算得到 α=1 时的横向影响线纵坐标 K1,完成图 3-10 第④框)
dis(i, j) = (Ko + (K1 - Ko) * AFA ^(1 / 2)) / M
  (按式(3-16)计算单位荷载在第 j 点时,第 i 号主梁横向分布影响线的纵坐标,图 3-10 中的第⑤框)
```

```
    Next j
  Next i
End Sub
```

以上比拟正交异性板横向分布影响线中定义了两个双曲函数,源程序如下:

```
Public Function SINH(X)  (双曲正弦函数)
  SINH = (Exp(X) - Exp(-X)) / 2
End Function
Public Function COSH(X)  (双曲余弦函数)
  COSH = (Exp(X) + Exp(-X)) / 2
End Function
```

三、横向分布系数

以上给出用 VB 语言编写的子程序 tldgb2 可以计算得到比拟正交异性板的横向分布影响线,它与本章第一节按梁系原理计算横向分布影响线子程序 TLDGB 相比较,所计算的主梁根数相同,横向分布影响线坐标点数相同,因此本章第二节横向分布影响线加载计算横向分布系数的方法、原理都可以用在比拟正交异性板的横向分布系数计算中,所不同的是本节采用 VB 语言编写宏命令嵌入 Excel 表格中计算来代替 FORTRAN 语言的子程序。以下给出横向分布系数计算和横向影响线加载程序,横向分布计算表的编程、界面设计及使用在本章第四节应用程序中讲述。

1. 横向分布系数计算

横向分布系数计算的函数过程取名为 addlo2,它能用来计算人群荷载、公路桥梁汽车荷载及城市桥梁汽车荷载三种情况的横向分布系数,与 FORTRAN 语言的子程序 ADDLO 相比较,在函数过程 addlo2 中未涉及支点截面横向分布系数的计算,同时函数过程 addlo2 每调用一次只计算一根主梁在一种荷载情况下的横向分布系数,对主梁数目、横向荷载类型数二重循环就可以计算得到全部横向分布系数,这样编制程序便于每调用一次,得到一个横向分布系数,写入指定的 Excel 表的单元格中,再进行下一次调用计算。addlo2 源程序语句如下:

```
Public Function addlo2(B, M, AFA, LMD, XGM, EE, GG, BC, BR1, BR2, II, LD, ML, NQC)
  (形式参数:B——一片主梁的宽度;M——主梁的片数;AFA, LMD, XGM——式(3-16)中的计算参数 α、λ 和 σ;
  EE、GG——比拟正交异性板材料的抗弯和抗扭弹性模量,可以采用 EE = 1, GG = 0.425; BC——车行道宽度; BR1、
  BR2——左右人行道的宽度; II——计算横向分布系数的主梁序号; LD——横向荷载的类型号, LD = 0: 人群荷载, LD
  = 1: 公路桥梁汽车荷载, LD = 2: 城市桥梁汽车荷载; ML——计算横向影响线的主梁数目; NQC——车行道数目)
Dim fy#(1 To 1000)
BM = B * M / 2#
BCR = (BC + BR1 + BR2) / 2
N1 = Fix(BCR * 2 / 0.05 + 1#)
MK = 2 * M + 1#
Call spri2(M, N1, BCR, B, AFA, LMD, XGM, EE, GG, BM, MK, ML)
  (spri2 用来对影响线加密,源程序包含在本章第四节比拟正交异性板横向分布计算表中,编程原理与 FORTRAN 子
  程序 SPRI 相同,不再赘述)
For j = 1 To N1
  fy(j) = disx(II, j)   (将第 II 号梁的横向分布影响线纵坐标赋值给数组 fy,进行横向分布影响线加载)
Next j
```

```
addlo2 = trlod2(fy, BC, N1, LD, BR1, BR2, NQC)  (调用横向分布影响线加载函数过程,计算横向分布系数)
End Function
```

2. 横向影响线加载

横向影响线加载计算采用动态规划法,其基本原理、公式已在本章第二节中讲述,以下给出的函数过程 trlod2 与 FORTRAN 语言子程序 TRLOD 的编程思路相同。

```
Public Function trlod2(fy, BC, N1, LD, BR1, BR2, NQC)
  (形式参数:fy——横向分布影响线;BC——车行道宽度;N1——横向影响线加密的点数;LD——横向荷载的类型号,LD=0:人群荷载,LD=1:公路桥梁汽车荷载,LD=2:城市桥梁汽车荷载;BR1、BR2——左右人行道的宽度;NQC——车行道数目)
  Dim U1(1 To 1000), CI(1 To 1000)
  eta1 = Array(0#, 1#, 1#, 0.78, 0.67, 0.6, 0.55, 0.52, 0.5)
  (对公路桥梁车道荷载折减系数的数组赋初值)
  eta2 = Array(0#, 1#, 1#, 0.8, 0.67, 0.6, 0.55, 0.55, 0.55)
  (对城市桥梁车道荷载折减系数的数组赋初值)
  MC11 = 0#
  MC12 = 0#
  If LD = 0 Then  (计算人群荷载的横向分布系数)
    ER = Fix(BR1 / 0.05 + 0.01) + 1
    ER1 = ER
    For i = 1 To ER
      If (fy(i) > = 0) Then
        MC11 = MC11 + fy(i)
      Else
        ER1 = ER1 - 1
        If (ER1 = 0) Then
          ER1 = 1
        End If
      End If
    Next i
    MC11 = MC11 / ER1  (计算左侧人行道横向分布影响线纵坐标的平均值)
    N11 = N1 - ER + 1
    ER2 = N1 - N11 + 1
    For i = N11 To N1
      If (fy(i) > = 0) Then
        MC12 = MC12 + fy(i)
      Else
        ER2 = ER2 - 1
        If (ER2 = 0) Then
          ER2 = 1
        End If
      End If
    Next i
```

```
      MC12 = MC12 / ER2 （计算右侧人行道横向分布影响线纵坐标的平均值）
      MC1 = MC11 + MC12 （MC1 为人群荷载横向分布系数）
    Else （其他两种荷载的影响线加载:LD = 1 为公路桥梁汽车荷载,LD = 2 为城市桥梁汽车荷载）
      L1 = BC - 2.8 - (LD - 1) * 0.2
      E1 = Fix(L1 / 0.05 + 0.001) + 1
      I1 = Fix(3.1 / 0.05 + 0.001)
      U1 (1) = AOG(G(1, BR1, fy, N1, LD) > 0#, G(1, BR1, fy, N1, LD), 0#)
        （计算一列车极值曲线）
      For i = 2 To E1
        U1(i) = AOG((G(i, BR1, fy, N1, LD) > U1(i - 1)), G(i, BR1, fy, N1, LD), U1(i - 1))
        If (i <= (E1 - I1)) Then CI(i) = U1(i)
      Next i
      MC1 = U1(E1)
      If (NQC > 1) Then
        For k = 2 To NQC （对车道数循环,计算多列车极值曲线）
          KI1 = (k - 1) * I1 + 1
          For i = KI1 To E1
            U1(i) =AOG(G(i, BR1, fy, N1, LD) + CI(i - I1) > U1(i - 1), G(i, BR1, fy, N1,
                    LD) + CI(i - I1), U1(i - 1))
          Next i
          If (LD = 1) Then
            ETA = eta1(k) （公路桥梁汽车荷载多车道折减系数）
          Else
            ETA = eta2(k) （城市桥梁汽车荷载多车道折减系数）
          End If
          MC1 = ETA * U1(E1)
          If (k = 2) Then
            WMC = MC1
          ElseIf (MC1 < WMC) Then
            MC1 = WMC
          End If
          EI1 = E1 - I1
          For i = KI1 To EI1
            CI(i) = U1(i)
          Next i
        Next k
      End If
    End If
    trlod2 = MC1
  End Function
```

以上横向影响线加载程序中调用的两个函数过程 G 和 AOG,G 是将汽车在横桥向两个车轮等效为一个集中力计算的函数过程,AOG 为逻辑选值的函数过程,源程序包含在本章第四节的比拟正交异性板横向分布计算表中,其中 G 已在本章第二节中给出并予以说明,读者都不难读懂。

第四节　应　用　程　序

本节给出按梁系原理计算梁桥横向分布系数的计算程序及按比拟正交异性板原理计算横向分布系数表,分别讲述主程序编制及计算表界面设计,用工程实例考核验证计算程序及计算表的正确性,并说明其使用。

一、梁桥横向分布计算程序

本章第一节和第二节给出了用 FOTRAN 语言编写的横向分布影响线子程序 TLDGB 及横向分布系数计算子程序 ADDLO,利用这两个子程序,加上输入、输出语句及调用子程序的语句构成主程序,就可以计算得到横向分布影响线和横向分布系数,以下讲述主程序、计算数据输入及应用实例。

1. 主程序

用 FORTRAN 语言编写的按梁系原理计算横向分布的主程序如下:

```
PROGRAM HXFB
CHARACTER * 12 DAT,OUT
REAL L0,Ii(2),Iti(2),Idi(2)
DIMENSION LD(3),BR(2),Di(2)
COMMON Z(8000),NZ(1000)
```

在主程序的公用区中开设一个大实型数组,利用 FOTRAN 语言的特性,使得子程序中的虚拟数组与实数组中某个数组元素一一对应,根据虚拟数组的界偶,可以计算对应实数组元素的起始序号,实现数组的动态存储,这样可以最大限度的增大算题规模,编程中这个实数组可以与虚拟的实型数组对应,也可以与虚拟的整型数组对应,为明确起见,这里分别开设了一个实型数组 Z 和一个整型数组 NZ,在主程序中实型数组 Z 的元素序号与虚拟数组的对应关系如表 3-3 所示。

实型数组 Z 的元素序号与虚拟数组的对应关系表　　表 3-3

实型数组	虚拟数组	数组意义	实型数组	虚拟数组	数组意义
Z(K01)	IiD(M)	各主梁的抗弯惯矩	Z(K10)	A(MK,4)	总柔度矩阵
Z(K02)	ITiD(M)	各主梁的抗扭惯矩	Z(K11)	B(MK)	变位列阵、结点赘余力
Z(K03)	WBD(M)	各主梁的宽度	Z(K12)	Y(MK2)	横向影响线纵坐标
Z(K04)	DiD(M)	各主梁桥面板的悬臂长度	Z(K13)	CI(N1)	工作单元
Z(K05)	IdiD(M)	各主梁桥面板的抗弯惯矩	Z(K14)	UI(N1)	工作单元
Z(K06)	DIS(M,MK)	横向分布影响线	Z(K15)	FY(N1)	加密后的横向影响线
Z(K07)	TOR(M,MK)	主梁扭矩影响线	Z(K16)	YY(M)	计算支点横向分布系数时的工作数组
Z(K08)	TM(M,MK)	结点横向弯矩影响线	Z(K17)	TD(M,3)	支点横向分布系数
Z(K09)	X(MK2)	横向影响线横坐标	Z(K18)	TC(M,3)	跨中横向分布系数

整型数组 NZ 的元素序号与虚拟数组的对应关系如表 3-4 所示。

整型数组 NZ 的元素序号与虚拟数组的对应关系表 表 3-4

整型数组	虚拟数组	数组意义	整型数组	虚拟数组	数组意义
NZ(K01)	JTT(M)	各主梁间连接方式指示信息	NZ(K02)	IA(M)	紧缩存放柔度矩阵的地址数组

```
      WRITE( * ,'(A\)') ' Enter the Name of the Data File:'  (屏幕键入数据文件名的主部)
      READ( * ,'(A8)') DAT
      OUT = DAT
      CALL FNAME(DAT,'.DAT')   (建立输入数据文件名)
      CALL FNAME(OUT,'.OUT')   (建立输出数据文件名)
      OPEN (1,FILE = DAT)
      OPEN (2,FILE = OUT,STATUS = 'unknown')
      DO 10 I = 1,8000
        Z(I) = 0.0
10    CONTINUE
      DO 20 I = 1,1000
        NZ(I) = 0.0
20    CONTINUE
      CALL INPDATA(L0,BC,BR,B,M,NQC,JT,MTYP,Ii,Iti,Idi,Di)   (输入计算数据)
      CALL OUTDATA(L0,BC,BR,B,M,NQC,JT,MTYP,Ii,Iti,Idi,Di)   (输出原始计算数据,以作校核)
      EE = 1
      GG = 0.43
      K01 = 1   (计算虚拟数组与实数组对应的起始元素序号)
      K02 = K01 + M
      K03 = K02 + M
      K04 = K03 + M
      K05 = K04 + M
      K06 = K05 + M
      CALL SET(Z(K01),Z(K02),Z(K03),Z(K04),Z(K05),NZ(K01),Ii,Iti,B, Di,Idi,JT,M)
        (确定各号主梁按梁系原理计算横向影响线的基本数据)
      MK = 2 * M + 1
      K07 = K06 + M * MK
      K08 = K07 + M * MK
      K09 = K08 + M * MK
      K10 = K09 + MK + 2
      K11 = K10 + 4 * MK
      CALL TLDGB(M,MK,L0,EE,GG,Z(K01),Z(K02),Z(K03),Z(K04),Z(K05), NZ(K01),Z(K06),
                  Z(K07),Z(K08),Z(K09),NZ(K02),Z(K10),Z(K11))   (计算横向分布影响线)
      CALL OUTPUT1(M,MK,Z(K06),Z(K09))   (输出横向分布影响线)
      N1 = IFIX((BC + BR(1) + BR(2))/0.05 + 1.001)
      K12 = K11 + MK
      K13 = K12 + MK + 2
      K14 = K13 + N1
      K15 = K14 + N1
```

```
K16 = K15 + N1
K17 = K16 + M
K18 = K17 + M * 3
K19 = K18 + M * 3
MK2 = MK + 2
DB = ( BC + BR(1) + BR(2) - M * B)/2
M0 = M/2 + 1
IF( DB. LE. 0. 001) MK2 = MK
CALL ADDLO( N1, MK, MK2, M, Z( K09), Z( K12), Z( K13), Z( K14), Z( K15), BC, BR, Z( K06), M0,
1    Z( K03), Z( K16), Z( K17), Z( K18), NQC)   (计算各号主梁的各种横向分布系数)
CALL OUTPUT2( M, Z( K18), Z( K17))   (输出横向分布系数)
STOP
END
```

2. 计算数据输入

主程序中调用的输入数据子程序:

```
SUBROUTINE INPDATA( L0, BC, BR, B, M, NQC, JT, MTYP, Ii, Iti, Idi, Di)
  (形式参数:L0——主梁计算跨度;BC——车行道宽度;BR(2)——人行道宽度数组;B——主梁的宽度;M——主
  梁(或板)的数目;NQC——汽车车道数;JT——主梁之间连接方式的指示信息,JT = 1 表示铰接,JT = 2 为刚接;
  MTYP——主梁截面特性类型数;Ii——主梁的抗弯惯性矩;Iti——主梁的抗扭惯性矩;Idi——主梁单位长度桥面
  板的抗弯惯性矩;Di——主梁桥面板的悬臂长度)
REAL L0, Ii(2), Iti(2), Idi(2)
DIMENSION BR(2), Di(2)
READ(1, * ) L0, BC, BR(1), BR(2), B
READ(1, * ) M, NQC, JT, MTYP
READ(1, * ) Ii(2), Iti(2), Idi(2), Di(2)
IF( MTYP. EQ. 1) THEN
  Ii(1) = Ii(2)
  Iti(1) = Iti(2)
  Idi(1) = Idi(2)
  Di(1) = Di(2)
ELSE
  READ(1, * ) Ii(1), Iti(1), Idi(1), Di(1)
ENDIF
END
```

计算程序采用数据文件输入,输入数据文件取名为 <文件名>. DAT,程序运行时在屏幕上键入 <文件名>,计算程序就从 <文件名>. DAT 中读取数据,进行计算,结果写入输出文件 <文件名>. OUT 中。

根据以上输入数据主程序, <文件名>. DAT 中的数据均采用自由格式输入,输入的顺序是:

(1) READ(1, *) L0, BC, BR(1), BR(2), B

输入桥梁计算跨径、车行道宽度、左右人行道宽度及主梁宽度,均以 m 为单位;

(2) READ(1, *) M, NQC, JT, MTYP

输入主梁数、车行道数、主梁之间连接信息 JT(JT = 1, 铰接; JT = 2, 刚接) 及主梁截面类型数;

(3) READ(1, *) Ii(2),Iti(2),Idi(2),Di(2)

输入中梁截面抗弯、抗扭惯矩、单位长度桥面板的抗弯惯矩及中梁截面桥面板的悬臂长度；

(4)当 MTYP = 1,输入数据结束；

当 MTYP = 2:READ(1, *) Ii(1),Iti(1),Idi(1),Di(1)

输入边梁截面抗弯、抗扭惯性矩、桥面板抗弯惯性矩及边梁截面桥面板的悬臂长度。

3. 计算示例

下面给出的铰接板桥及刚接T形梁桥荷载横向分布计算示例均取自《公路桥梁荷载横向分布计算》,根据计算示例的数据填写输入数据文件后,运行计算程序,就可得到桥梁跨中和梁端处的横向分布系数,包括人群荷载、公路桥梁汽车荷载和城市桥梁汽车荷载,计算结果经考核后可用于实际工程设计。

1)铰接空心板桥

铰接板桥计算示例如图3-11,计算跨径 $l = 12.60$m,桥面净空为净 $7 + 2 \times 0.25$m 护轮带,由8块相同的预应力混凝土空心板组成,根据空心板的横截面尺寸计算得到:

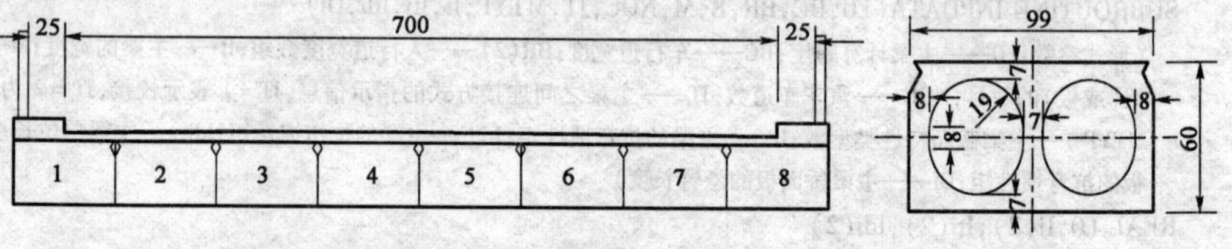

图3-11 铰接板桥横截面及空心板横截面(尺寸单位:cm)

板的截面抗弯惯性矩 $I = 0.013\,91\text{m}^4$,截面抗扭惯性矩 $I_T = 0.023\,70\ \text{m}^4$,于是该铰接板桥的输入计算数据文件 B1260. DAT 如下:

```
12.6,7.0,0.0,0.0,1.0
8,2,1,1
0.01391,0.02370,0.0,0.0
```

运行梁桥横向分布计算程序,屏幕键入数据文件名 B1260 后,根据输入的原始计算数据计算得到的横向分布影响线及跨中和支点横向分布系数,均写入输出文件 B1260. OUT 中,跨中和支点的横向分布系数与《公路桥梁荷载横向分布计算》中给出的数值一致,误差在 -1.64% ~1.3%之间。

2)刚接T形梁桥

刚接T形梁桥计算示例如图3-12,计算跨径 $l = 19.50$m,桥面净空为净 $7 + 2 \times 0.75$m 人行道,由5根相同的T形梁组成,根据主梁和横梁的横截面尺寸计算得到:

主梁的截面抗弯惯性矩 $I = 0.066\,26\text{m}^4$,截面抗扭惯性矩 $I_T = 0.002\,08\ \text{m}^4$,单位长度桥面板的抗弯惯性矩 $I_d = 0.\ 006\,64\ \text{m}^4$,于是刚接T形梁桥的输入计算数据文件 T1950. DAT 为:

```
19.5,7,0.75,0.75,1.6
5,2,2,1
0.06626,0.00208,0.00664,0.71
```

运行梁桥横向分布计算程序,屏幕键入数据文件名 T1950 后,根据输入数据计算的结果写入输出文件 T1950. OUT 中,以下列出各主梁跨中和支点的横向分布系数:

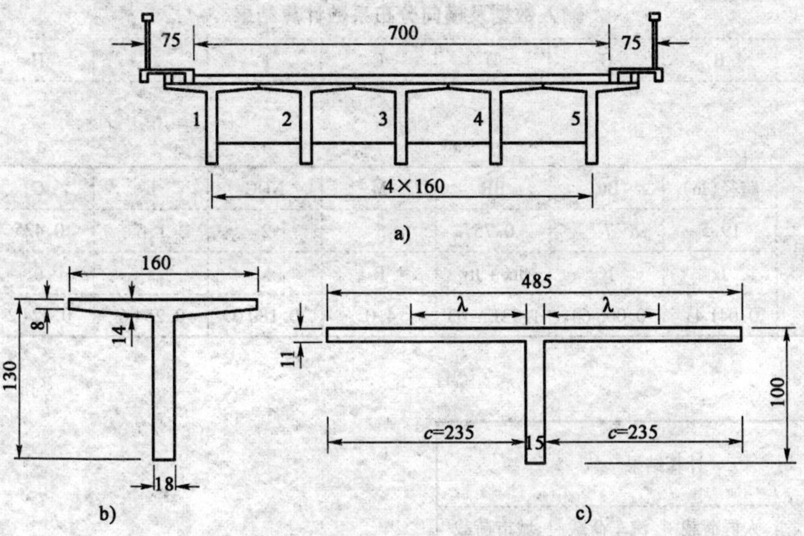

图 3-12　刚接 T 形梁桥横截面及主梁、横梁横截面（尺寸单位：cm）

a）桥梁横断面；b）主梁横断面；c）横梁横断面

跨中横向分布系数：

梁号	人群	公路桥梁	城市桥梁
I = 1	0.652 4(0.478)	0.520 9(0.517)	0.497 9
I = 2	0.412 3	0.464 1	0.452 9
I = 3	0.374 9(0.282)	0.405 5(0.407)	0.405 5
I = 4	0.412 3	0.464 1	0.452 9
I = 5	0.652 4	0.520 9	0.497 9

支点横向分布系数：

梁号	人群	公路桥梁	城市桥梁
I = 1	1.421 9(1.420)	0.437 5(0.436)	0.406 2
I = 2	0.000 0	0.500 0	0.500 0
I = 3	0.000 0(0.000)	0.593 7(0.594)	0.593 7
I = 4	0.000 0	0.500 0	0.500 0
I = 5	1.421 9	0.437 5	0.406 2

上述括弧内数据为《公路桥梁荷载横向分布计算》一书相应表格中给出的计算结果，比较表明：除跨中人群荷载的横向分布系数外，汽车横向分布系数误差在 ±1% 以下，支点断面处的横向分布系数与书中结果完全一致。

二、比拟正交异性板横向分布计算表

本章第三节讲述了按比拟正交异性板原理计算横向分布的基本公式及编程思路，给出了嵌入 Excel 计算表内、用 VB 语言编写的横向分布影响线、横向影响线加载及横向分布系数计算宏命令，只要把计算原始数据填写在 Excel 指定的单元格内，并在表格中点击“显示结果”按钮，调用宏命令，执行计算功能就将计算得到的横向分布影响线及横向分布系数写到指定的单元格内，利用 Excel 表的绘图功能，还可画出横向分布影响线；表格中设置了“清除内容”按钮，改换一组计算原始数据后，启动“清除内容”按钮就将原来的计算结果清除，再按“显示结果”按钮就根据新的数据执行计算和显示结果。以下给出计算表的界面及程序调用（表 3-5、表3-6）。

输入数据及横向分布系数计算结果 表 3-5

	A	B	C	D	E	F	G	H	I
1									
2	单位：m								
3	控制数据	跨径(lo)	BC	BR	M	NQC	b	G	E
4		19.5	7	0.75	5	2	1.6	0.425	1
5		Jx	Jy	Jtx + Jty	B	λ	s	θ	α
6		0.041 41	0.006 64	1.93E-03	4.0	0.180 0	0.254 6	0.324 2	0.024 7
7									
8									
9	计算结果								
10									
11		人群荷载	汽车荷载	城市荷载					
12	1 号梁	0.608 3	0.499 5	0.478 5					
13	2 号梁	0.392 2	0.451 0	0.440 7					
14	3 号梁	0.362 5	0.398 6	0.398 6					
15	4 号梁								
16	5 号梁								

清除内容　　显示结果

横向分布影响线计算结果 表 3-6

	A	B	C	D	E	F	G	H	I	J	K	L
21	加载点 梁号	0	0.8	1.6	2.4	3.2	4	4.8	5.6	6.4	7.2	8
22	1 号梁	0.622 0	0.533 9	0.445 2	0.357 3	0.271 2	0.187 3	0.105 4	0.025 3	-0.053 6	-0.132 0	-0.210 3
23	2 号梁	0.393 0	0.357 3	0.321 0	0.283 0	0.242 4	0.200 0	0.156 7	0.113 0	0.069 2	0.025 3	-0.018 7
24	3 号梁	0.180 1	0.187 3	0.194 0	0.200 0	0.204 5	0.206 3	0.204 5	0.200 0	0.194 0	0.187 3	0.180 1
25	4 号梁											
26	5 号梁											

1. 横向分布计算表界面

表 3-5 是横向分布计算表的输入数据及横向分布系数计算结果，按钮“清除内容”由下列程序完成：

```
Private Sub 清除内容_Click()
  (定义“清除内容”按钮的功能：一是清除 Excel 表格 B12～D16 单元格内的内容，B12～D16 是显示 1～5 号梁的人群荷载、公路桥梁汽车荷载及城市桥梁汽车荷载的横向分布系数；二是清除表格 B21～D16 单元格内的内容，B21～D16 单元格是横向分布影响线横坐标和纵坐标)
  Range("B12: D16").ClearContents
  Range("B21: v31").ClearContents
End Sub
```

“显示结果”通过以下程序来完成读入数据、执行运算和把计算结果显示在 Excel 指定的单元格中：

```
Private Sub 显示结果_Click( )  (定义"显示结果"按钮的功能)
  B = Cells(4, 7)  (将表格第4行、第7列的数值,即单元格G4中的数赋值给B,这里B是主梁的宽度)
  M = Cells(4, 5)  (单元格E4中的数值是主梁数目M)
  AFA = Cells(6, 9)
  LMD = Cells(6, 6)
  XGM = Cells(6, 7)  (以上三个单元格中存放的是式(3-16)中的α、λ和σ)
  EE = Cells(4, 9)
    (用于钢筋混凝土或预应力混凝土桥梁时,采用抗弯弹性模量EE=1,抗扭弹性模量GG=0.425)
  GG = Cells(4, 8)
  BC = Cells(4, 3)  (车行道宽度BC)
  BR1 = Cells(4, 4)
  BR2 = Cells(4, 4)  (两侧人行道宽度BR1、BR2,本计算表适用于两侧人行道宽度相同的情况)
  NQC = Cells(4, 6)  (车行道数目NQC,以上是将指定单元格中的数值赋值给相应的变量名)
  ML = Fix((M + 1) / 2)  (计算横向分布系数的主梁数)
  BM = B * M / 2  (桥梁宽度的一半,这里的标识符BM就是式(3-16)中的B)
  For i = 1 To ML  (对计算横向分布系数的主梁数循环)
    For k = 0 To 2  (对人群荷载、公路桥梁汽车荷载、城市桥梁汽车荷载循环)
      Cells(11 + i, 2 + k) = addlo2(B, M, AFA, LMD, XGM, EE, GG, BC, BR1, BR2, i, k, ML,
        NQC)  (将计算得到的第i号主梁、第k种荷载的横向分布系数写入相应的单元格)
    Next k
  Next i
  Call output(Range("b22:v31"), Range("b21:v21"), B, M, AFA, LMD, XGM, EE, GG, BM, ML)
    (将计算得到的横向分布影响线横坐标写入B21~V21单元格中,纵坐标写入单元格B22~V31中,结果见表3-6)
End Sub
```

调用到的输出影响线过程 output 的源程序是：

```
Sub output(rang0, rang1, B, M, AFA, LMD, XGM, EE, GG, BM, ML)
  (形式参数:rang0——输出影响线纵坐标dis的单元格范围;rang1——输出影响线横坐标x的单元格范围;其余所有
  形式参数都见本章第二节横向分布影响线源程序tldgb2)
  Call tldgb2(B, M, AFA, LMD, XGM, EE, GG, BM, ML)  (调用tldgb2,计算横向分布影响线)
  i = 1
  k = 1
  j = 1
  For Each II In rang0
    If k < = Fix(M * 2 + 1) Then
      II.Value = dis(i, j)  (将横向分布影响线纵坐标赋值给rang0内相应的单元格)
      j = j + 1
      If j = M * 2 + 2 Then j = 1
    End If
    If k = 21 Then
      i = i + 1
      k = k - 21
    End If
    k = k + 1
```

```
        If i > ML Then Exit For
    Next II
    i = 1
    For Each II In rang1
        II. Value = BM - e(i)   (将横向分布影响线横坐标赋值给 rang1 内相应的单元格)
        i = i + 1
        If i > M * 2 + 1 Then Exit For
    Next II
End Sub
```

2. 计算示例

采用图 3-12 刚接 T 形梁桥的计算示例再按比拟正交异性板原理计算其横向分布系数，在《桥梁工程》上册(范立础主编，人民交通出版社，1993 年第二版)中已采用传统的查 G-M 法曲线，内插得到横向分布影响线，再在横向影响线上布载，计算得到该计算示例按比拟正交异性板的荷载横向分布系数。

图 3-12 所示的计算示例，采用比拟正交异性板原理计算横向分布系数的基本数据是：

桥梁计算跨径： $l_0 = 19.5\text{m}$

车行道宽度： $BC = 7\text{m}$

人行道宽度： $BR = 0.75\text{m}$

主梁数目： $M = 5$

主梁宽度： $b = 1.6\text{m}$

车行道数目： NQC = 2

主梁截面抗弯惯性矩： $I_x = 0.066\ 26\text{m}^4$， 比拟单宽抗弯惯矩：$J_x = 0.041\ 41\text{m}^4/\text{m}$

横梁截面抗弯惯性矩： $I_y = 0.032\ 26\text{m}^4$， 比拟单宽抗弯惯矩：$J_y = 0.006\ 64\text{m}^4/\text{m}$

主梁和横梁截面抗扭惯性矩：

主梁翼板抗扭惯性矩： $I'_{Tx} = 0.002\ 08\ \text{m}^4$

横梁梁肋抗扭惯性矩： $I'_{Ty} = 0.000\ 886\ \text{m}^4$

主梁和横梁截面单宽抗扭惯性矩： $J_{Tx} + J_{Ty} = 0.001\ 928\ \text{m}^4/\text{m}$

正交异性板材料抗弯弹性模量： $E = 1$

抗扭弹性模量： $G = 0.425$

将以上基本数据填入正交异性板横向分布计算表，如表 3-4 中的控制数据，按"显示结果"按钮，计算得到的横向分布系数就显示在 Excel 表的计算结果中，列在表 3-7 中。

正交异性板横向分布系数表 表 3-7

	人群荷载	汽车荷载	城市荷载
1 号梁	0.608 3(0.620)	0.499 5(0.504)	0.478 5
2 号梁	0.392 2(0.391)	0.451 0(0.455)	0.440 7
3 号梁	0.362 5(0.342)	0.398 6(0.409)	0.398 6

表中括号内数据为《桥梁工程》上册的计算结果，两者相差不大，横向分布系数较大的 1 号边梁误差在 2% 之内，因此采用比拟正交异性板计算表得到的结果可以替代查曲线、内插计算、绘出横向分布影响线、加载计算求横向分布系数。

第四章　桥梁结构静力计算程序

桥梁结构的空间受力问题通常是分解为结构平面内的受力分析再乘以横向分布系数或乘以偏载系数来处理,大多数的桥梁结构,如桁架桥、斜拉桥、悬索桥、拱桥和连续梁桥在其结构平面内都可以看作为由一根根杆件组成的杆件系统,采用有限单元法求解杆系的节点位移和杆件内力。

本章第一节通过一个简单杆系程序的编制来讲述有限元编程的基本原理;第二节介绍一个用于桥梁结构计算的综合程序,讲述程序功能、结构及基本编程原理;第三～五节分别讲述桥梁结构计算综合程序的三个组成部分:静力计算程序、影响线计算程序及影响线加载程序;第六节给出应用程序和计算示例。

第一节　简单的杆系程序

本节介绍一个简单杆系程序,其目的是学习有限元编程的基本原理,主要内容有结构离散化为有限个单元组成结构的基本信息、单元刚度矩阵的建立及坐标转换、结构总刚度矩阵组装、荷载列阵形成及边界条件处理、求解结构位移方程得到节点位移和单元杆端内力求解。

下面讲解的简单杆系程序只考虑节点在结构平面内的三个位移,即平面内的转角 θ、沿单元轴向的线位移 u 和垂直单元轴向的线位移 v,是一个平面杆系静力计算程序,同时仅保留了有限元程序中最必要的部分和进行最简单的结构计算。程序功能的扩大、使用界面的改善都留到桥梁结构静力计算综合程序编程中去讲述。

有限单元法的基本思路是用有限个节点把结构划分成一个一个单元,每个单元只是在节点上与别的单元相连接,采用位移法在节点上用刚臂嵌固起来,计算杆端单位位移所需要的力(即单元刚度矩阵),由刚度矩阵转换、组拼形成结构总刚度矩阵,结构总刚度矩阵的物理意义是结构节点位移等于1时的节点力,于是就得到结构的位移方程是:

$$\boldsymbol{K}\cdot\boldsymbol{\delta}=\boldsymbol{P} \tag{4-1}$$

式中:$\boldsymbol{K}$——结构总刚度矩阵;

$\boldsymbol{\delta}$——结构的节点位移列阵;

$\boldsymbol{P}$——结构节点上的外荷载,或称做结构的总荷载列阵。

当结构节点上作用实际的外荷载 $\boldsymbol{P}$ 时,反过来就可以求得各节点在结构坐标系下的位移 $\boldsymbol{\delta}$,经过几何变换可以得到各单元在局部坐标系下的杆端位移,最后计算出杆件的内力。

一、结构的描述

有限单元法首先是把结构离散化,用有限个节点把结构划分为有限个单元。用几何、物理和力学的数据信息来描述结构、节点和单元,以此建立单元刚度矩阵、组拼总刚度矩阵及求解结构位移方程。现通过图4-1的结构为例,说明有限元求解结构时描述结构的信息。用4个节点把结构划分为3个单元,描述结构的信息包括:

节点总数 $N=4$,单元总数 $M=3$,支承约束的数目 $NS=6$;

表达单元连接信息的单元左节点号数组 IHL(M)和右节点号数组 IHR(M);

说明单元几何、物理参数的材料弹性模量 EE,单元的横截面积数组 FF(M)和横截面惯性矩数组 JJ (M);

说明结构边界支承约束的数组 LS(NS),约束数组 LS(NS)中对于支座位移约束的项填入该约束在位移列阵中的序号,例如图 4-1 结构支承约束数组 LS:1,2,3,10,11,12;

节点上的外荷载数组 P(NN),按每个节点三个力(弯矩 M、水平力 H 和竖向力 V)按序填入数组,例如图 4-1 结构的外荷载数组 P 共有 12 个数组元素,除第 6 项填 -60 外其余均为 0。

有了上述这些结构描述信息,就可采用有限元编程求解结构的位移和内力。

二、基本公式

1. 单元刚度矩阵

单元刚度矩阵就是当单元两端节点的位移为 1 时的杆端力,它用来表达单元杆端力和杆端位移之间的平衡关系:

$$\boldsymbol{k}_e' \cdot \boldsymbol{\delta}'^e = \boldsymbol{S}'^e \tag{4-2}$$

式中:$\boldsymbol{k}_e'$——单元的刚度矩阵;

$\boldsymbol{\delta}'^e$——单元两端节点的位移列阵;

$\boldsymbol{S}'^e$——单元两端的杆端力列阵。

单元刚度矩阵可以用能量法的虚功原理求解,也可由结构力学的直接刚度法得到,它与单元两端节点位移和杆端力的排列顺序有关,图 4-2 表示了单元 i—j 受力变形后到新的位置 i_1-j_1,单元两端的位移按 θ、u、v 排列,单元左节点号 i 到右节点号 j 取为单元局部坐标系 x' 轴的正方向,于是在局部坐标系下的单元刚度矩阵可表达为:

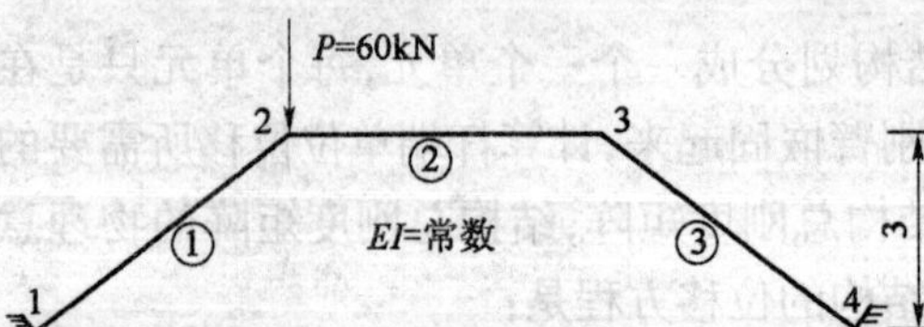

图 4-1　结构有限单元的划分(尺寸单位:m)

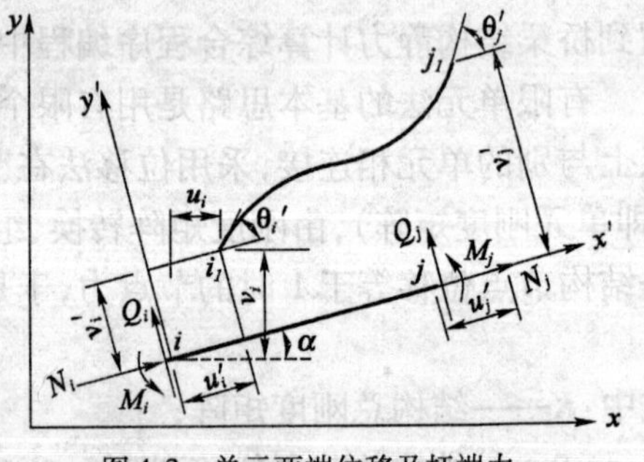

图 4-2　单元两端位移及杆端力

$$\boldsymbol{k}_e' = \frac{E}{l}\begin{bmatrix} 4J & 0 & \dfrac{6J}{l} & 2J & 0 & -\dfrac{6J}{l} \\ 0 & F & 0 & 0 & -F & 0 \\ \dfrac{6J}{l} & 0 & \dfrac{12J}{l^2} & \dfrac{6J}{l} & 0 & -\dfrac{12J}{l^2} \\ 2J & 0 & \dfrac{6J}{l} & 4J & 0 & -\dfrac{6J}{l} \\ 0 & -F & 0 & 0 & F & 0 \\ -\dfrac{6J}{l} & 0 & -\dfrac{12J}{l^2} & -\dfrac{6J}{l} & 0 & \dfrac{12J}{l^2} \end{bmatrix} \tag{4-3}$$

式中：E——单元所采用材料的弹性模量；

l——单元的长度；

F、J——单元横截面的面积及惯性矩。

单元两端节点的位移列阵是：$\boldsymbol{\delta}'^{e}=\begin{Bmatrix}\theta_i'\\u_i'\\v_i'\\\theta_j'\\u_j'\\v_j'\end{Bmatrix}$，杆端力列阵是：$\boldsymbol{S}'^{e}=\begin{Bmatrix}M_i\\N_i\\Q_i\\M_j\\N_j\\Q_j\end{Bmatrix}$

2. 坐标转换矩阵

为了将各单元的刚度矩阵组拼成结构总刚度矩阵，需要将单元局部坐标系下的单元位移列阵和单元刚度矩阵都转换到结构总体坐标系下，如图 4-2 所示，局部坐标系与总体坐标系之间单元两端节点位移的关系是：

$$\theta_i'=\theta_i \qquad \theta_j'=\theta_j$$

$$u_i'=u_i\cos\alpha+v_i\sin\alpha \qquad u_j'=u_j\cos\alpha+v_j\sin\alpha$$

$$v_i'=-u_i\sin\alpha+v_i\cos\alpha \qquad v_j'=-u_j\sin\alpha+v_j\cos\alpha$$

写成矩阵形式是：

$$\begin{Bmatrix}\theta_i'\\u_i'\\v_i'\\\theta_j'\\u_j'\\v_j'\end{Bmatrix}=\begin{bmatrix}1&0&0&0&0&0\\0&\cos\alpha&\sin\alpha&0&0&0\\0&-\sin\alpha&\cos\alpha&0&0&0\\0&0&0&1&0&0\\0&0&0&0&\cos\alpha&\sin\alpha\\0&0&0&0&-\sin\alpha&\cos\alpha\end{bmatrix}\cdot\begin{Bmatrix}\theta_i\\u_i\\v_i\\\theta_j\\u_j\\v_j\end{Bmatrix}$$

即：

$$\boldsymbol{\delta}'^{e}=\boldsymbol{L}\cdot\boldsymbol{\delta}^{e} \tag{4-4}$$

$$\boldsymbol{L}=\begin{bmatrix}1&0&0&0&0&0\\0&\cos\alpha&\sin\alpha&0&0&0\\0&-\sin\alpha&\cos\alpha&0&0&0\\0&0&0&1&0&0\\0&0&0&0&\cos\alpha&\sin\alpha\\0&0&0&0&-\sin\alpha&\cos\alpha\end{bmatrix} \tag{4-5}$$

式中：$\boldsymbol{L}$——坐标转换矩阵；

α——单元轴线与结构总体坐标系 x 轴的夹角；

$\boldsymbol{\delta}^{e}$——总体坐标系下单元两端节点的位移列阵。

局部坐标系下的单元刚度矩阵 $\boldsymbol{k}_e'$ 通过坐标转换矩阵得到总体坐标系下的单元刚度矩阵 $\boldsymbol{k}_e$：

$$\boldsymbol{k}_e=\boldsymbol{L}^{T}\cdot\boldsymbol{k}_e'\cdot\boldsymbol{L} \tag{4-6}$$

式中：L^T——坐标转换矩阵 L 的转置矩阵。

三、简单杆系程序的编制

1. 编程总框图

图 4-3 为简单杆系程序编程总框图，第①框要输入的基本数据已在结构的描述中予以说明，后面计算示例中根据主程序的输入语句给出输入数据文件；形成总刚度矩阵细框图如4-4所示，按单元循环，把一个一个单元在总体坐标系下刚度矩阵的各行各列元素迭加到总刚度矩阵相应的行和列中。

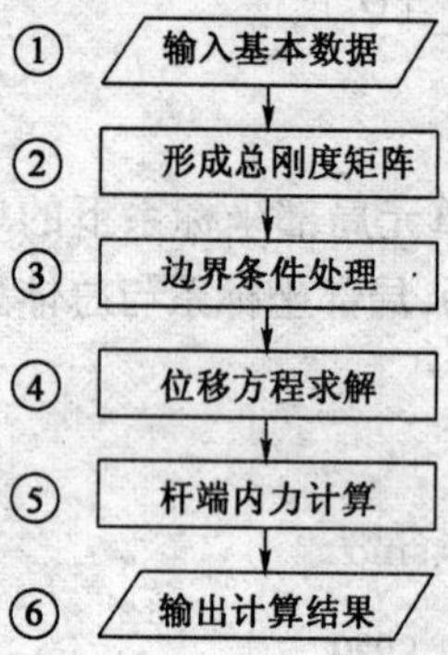

图 4-3 简单杆系编程总框图

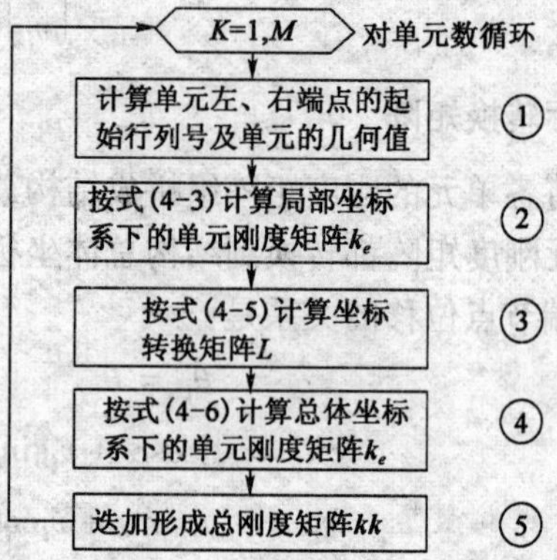

图 4-4 形成总刚度矩阵细框图

2. 源程序

下面先用 FORTRAN 语言给出简单杆系程序，讲述主程序及各子程序的编程，然后列出 C 语言的源程序，读者对照 FORTRAN 语言程序容易自行读懂。

```
      PROGRAM PMGX
      CHARACTER * 12 DAT,OUT
      REAL KK,KE,LA,L1,L,JJ
      DIMENSION LS(30),P(100),STS(30,6),FF(30),JJ(30),IHL(30),IHR(30), X(35),Y(35),KE(6,
     $         6),LA(6,6),L1(6,6),D1(6),D2(6),KK(100,100)
      WRITE( * ,'(A\)') ' Enter the Name of the Data File:'
      READ( * ,'(A8)') DAT
      OUT = DAT
      CALL FNAME(DAT,'.DAT')
      CALL FNAME(OUT,'.OUT')
      OPEN(5,FILE = DAT)
      OPEN(6,FILE = OUT,STATUS = 'unknown')
       (以上采用输入数据文件名，开设输入输出文件及后面的子程序 FNAME 都与第三章计算横向分布程序相同)
      READ(5, * )M,N,NS,EE
      NN = 3 * N  (NN 是总刚度矩阵阶数)
      READ(5, * )(IHL(I),IHR(I),I = 1,M)
      READ(5, * )(FF(I),JJ(I),I = 1,M)
      READ(5, * )(X(I),Y(I),I = 1,N)
```

```
READ(5,*)(LS(I),I=1,NS)
READ(5,*)(P(I),I=1,NN)
```

（以上 6 个输入语句是从已建的输入数据文件中读取计算的基本数据，图 4-3 第①框）

```
WRITE(6,'("输入的原始计算数据:")')
WRITE(6,200)M,N,NS,EE
WRITE(6,220)(I,IHL(I),IHR(I),I=1,M)
WRITE(6,240)(I,FF(I),JJ(I),I=1,M)
WRITE(6,260)(I,X(I),Y(I),I=1,N)
WRITE(6,280)(I,LS(I),I=1,NS)
WRITE(6,300)(I,P(3*I-2),P(3*I-1),P(3*I),I=1,N)
```

（以上是把输入数据输出到数据文件中，以作校核）

```
CALL CLEAR(NN,NN,KK)    (总刚度矩阵清零)
```

（以下执行图 4-3 第②框，开始按图 4-4 对单元数 M 循环，形成总刚度矩阵）

```
DO 80 K=1,M
  CALL CH1(K,IHL,IHR,X,Y,IO,JO,SI,CO,L,M,N)
```

（CH1 是计算第 K 号单元的左、右端节点位移的起始行号，单元轴线在总体坐标系中倾角的正弦、余弦值及单元长度，执行图 4-4 第①框）

```
  CALL DYK(K,KE,FF,JJ,EE,L,M)
```

（DYK 是按式(4-3)计算第 K 号单元局部坐标系下的单元刚度矩阵，图 4-4 第②框）

```
  CALL MLA(LA,SI,CO)
```

（MLA 是按式(4-5)计算第 K 号单元的坐标转换矩阵，存放在数组 LA 中，图 4-4 第③框）

```
  CALL MTMULT(6,6,6,KE,LA,L1)
```

（计算式(4-6)中的 $k'_e \cdot L$，存放在数组 L1 中）

```
  LA(2,3) = -SI
  LA(5,6) = -SI
  LA(3,2) = SI
  LA(6,5) = SI
```

（形成坐标转换矩阵的转置矩阵 L^T，仍然存放在 LA 数组中）

```
  CALL MTMULT(6,6,6,LA,L1,KE)
```

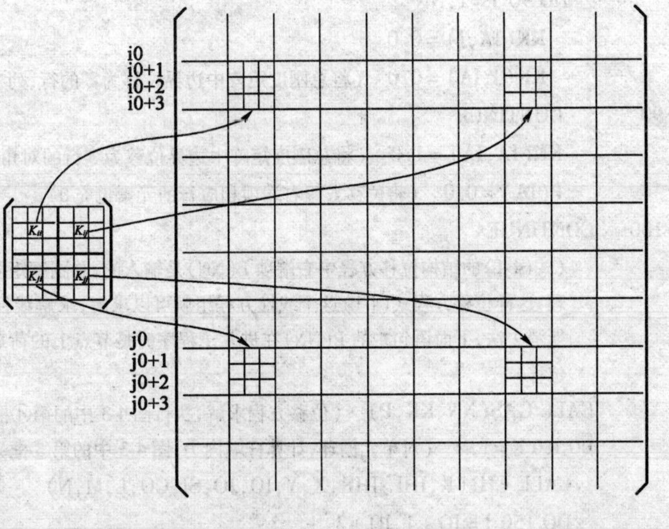

（按式(4-6)计算总体坐标系下的单元刚度矩阵，存放在数组 KE 中，以上完成图 4-4 中第⑤框计算，有了总体坐标系下的单元刚度矩阵就可以如右图所示迭加形成总刚度矩阵，i—j 单元的单元刚度矩阵可以划分为 kii、kij、kji 和 kjj 四个小块，根据单元的左、右节点号 i 和 j 可以计算出杆端位移的起始行列号 i0 和 j0，于是 kii 小块就迭加到总刚度矩阵的第 i0+1 行到第 i0+3 行、第 i0+1 列到第 i0+3 列的位置上，kij、kji 和 kjj 小块迭加到总刚度矩阵其他相应的位置上，其语句如下）

```
  DO 30 I=IO+1,IO+3
    DO 10 J=IO+1,IO+3
      KK(I,J)=KK(I,J)+KE(I-IO,J-IO)    (迭加单元刚度矩阵左上角的 kii 小块)
```

```
10          CONTINUE
            DO 20 J = JO + 1, JO + 3
              KK(I,J) = KK(I,J) + KE(I - IO, J - JO + 3)   (迭加单元刚度矩阵右上角的 kij 小块)
20          CONTINUE
30        CONTINUE
          DO 70 I = JO + 1, JO + 3
            DO 40 J = IO + 1, IO + 3
              KK(I,J) = KK(I,J) + KE(I - JO + 3, J - IO)   (迭加单元刚度矩阵左下角的 kji 小块)
40          CONTINUE
            DO 50 J = JO + 1, JO + 3
              KK(I,J) = KK(I,J) + KE(I - JO + 3, J - JO + 3)   (迭加单元刚度矩阵右下角的 kjj 小块)
50          CONTINUE
70        CONTINUE
80      CONTINUE  (对单元循环结束,总刚度矩阵形成完毕,完成图 4-3 第②框)
```

(以上形成的总刚度矩阵是一个奇异矩阵,还不能用来求解位移方程,从物理意义上讲是结构没有一个支点,因而有无数个位移,所有必须进行边界条件处理,使得求解得到的支点处位移为零。边界条件处理的常用方法有三种:

一是划去边界位移为零的各行各列元素,紧缩总刚度矩阵及荷载列阵,这个方法降低了位移方程的阶数,从而提高了计算速度及解题规模,但是紧缩总刚度矩阵的程序较为复杂;

二是对角元素充大数,就是把边界位移为零的那一行对角元素充一个大数,例如使总刚度矩阵元素 KK(I,I) = 10^{10},这时其余的总刚度矩阵元素 KK(I,J)相对地较小,结果求解得到的位移值 δ_i 趋于零,这个方法较简便,缺点是大数参加运算,影响了计算精度,有时还会使方程变成病态而得不到解;

第三种方法是"充 0 置 1",就是将边界位移为零这一行的对角元素置 1,与这个对角元素相应行和列的其他元素都充 0,位移方程右端项的相应行也充 0,这样做就保证了边界行的位移 $\delta_i = 0$,"充 0 置 1"法程序简单,又能保证精度,所以常常被采用,以下边界条件处理就采用这个方法,程序语句如下)

```
        DO 100 K = 1, NS  (对边界位移为零的支承约束数循环,进行边界条件处理,执行图 4-3 第③框)
          IA = LS(K)  (求出位移为零的支承约束在位移列阵中的序号)
          DO 90 J = 1, NN
            KK(IA,J) = 0.0
            KK(J,IA) = 0.0  (将总刚度矩阵中边界位移为零的行、列各元素充 0)
90        CONTINUE
          KK(IA,IA) = 1.0  (将总刚度矩阵中边界位移为零行的对角元素置 1)
          P(IA) = 0.0  (将位移方程右端项相应行的元素也充 0)
100     CONTINUE
```

(式(4-1)的结构位移方程中右端项 P(NN)是输入的,总刚度矩阵已经组装建立并和右端项一起都经过边界行处理,这样位移方程式(4-1)这个线性方程组就可以求解,求解线性方程组的方法很多,在简单杆系程序中采用高斯消去法,下面语句中的 P(NN)在进入子程序时是节点上的荷载,调用子程序返回的是节点在总体坐标系下的位移)

```
        CALL GAS(NN,KK,P)  (位移方程求解,执行图 4-3 中的第④框)
        DO 180 K = 1, M  (对单元循环,计算杆端内力,图 4-3 中的第⑤框)
          CALL CH1(K,IHL,IHR,X,Y,IO,JO,SI,CO,L,M,N)
          DO 150 I = IO + 1, IO + 3
            D1(I - IO) = P(I)
150       CONTINUE
          DO 160 I = JO + 1, JO + 3
```

```
          D1(I - JO + 3) = P(I)
160      CONTINUE
          (根据单元左、右节点的起始行列号,取出单元两端在总体坐标系下的位移,存放在 D1 数组中)
        CALL MLA(LA,SI,CO)
        CALL MTMULT(6,6,1,LA,D1,D2)
          (按式(4-4)计算得到单元两端在局部坐标系下的位移,存放在 D2 数组中)
        CALL DYK(K,KE,FF,JJ,EE,L,M)  (计算局部坐标系下的单元刚度矩阵)
        CALL MTMULT(6,6,1,KE,D2,D1)  (按式(4-2)计算得到单元两端的杆端力 S'ᵉ,存放在 D1 数组中)
        DO 170 I = 1,6
          STS(K,I) = D1(I)  (将计算得到的每个单元两端的杆端力存放到结构杆端力数组 STS 中)
170     CONTINUE
180     CONTINUE
        WRITE(6,'(/" 输出的计算结果:")')  (以下输出计算结果,包括节点位移及杆端力)
        WRITE(6,320)(I,P(3 * I - 2),P(3 * I - 1),P(3 * I),I = 1,N)
        WRITE(6,340)(I,(STS(I,J),J = 1,6),I = 1,M)
200     FORMAT(/1X,'单元数 M = ',I2,' 节点数 N = ',I2,' 支承约束数 NS = ', I2,' 弹性模量 E = ',E12.4)
220     FORMAT(/1X,'序号',2X,'左节点号',2X,'右节点号'/(1X,I3,2I8))
240     FORMAT(/1X,'序号',5X,'截面积 F',7X,'惯性矩 J'/(1X,I3,2E14.4))
260     FORMAT(/1X,'序号',5X,'横坐标 X',7X,'纵坐标 Y'/(1X,I3,2E14.4))
280     FORMAT(/1X,'序号',2X,'约束序号'/(1X,I3,I8))
300     FORMAT(/1X,'节点力数组:'/1X,'节点号',5X,'弯矩',8X,'水平力',8X, '竖向力'/(1X,I3,3E14.4))
320     FORMAT(/' 节点位移:'/1X,'节点号',5X,'转角',7X,'水平位移',6X, '竖向位移'/(1X,I3,3E14.4))
340     FORMAT(/' 杆端内力:'/1X,'单元号',5X,'Mi',10X,'Ni',10X, 'Qi',10X,'Mj',10X,'Nj',10X,'Qj' /
     $      (1X,I3,2X,6E12.4))
        STOP
        END
        SUBROUTINE FNAME(C,CE)
          (建立文件名的子程序,根据文件名主部的字符串 C,调用子程序加上不同文件的扩展名 CE,用于开设数据文
          件)
        CHARACTER * 1 C(12),CE(4)
        K = 0
        DO 10 I = 1,8
          IF(C(I).EQ.' '.OR.C(I).EQ.'.') THEN
            K = I
            GOTO 15
          ENDIF
10      CONTINUE
15      IF(K.EQ.0) K = 9
        DO 20 I = K,12
          C(I) = ' '
20      CONTINUE
        DO 30 I = K,K + 3
          C(I) = CE(I - K + 1)
30      CONTINUE
```

```
      END
      SUBROUTINE CLEAR(M,N,C)    (对两维数组 C(M,N)清零的子程序)
      DIMENSION C(M,N)
      DO 20 I=1,M
        DO 10 J=1,N
          C(I,J)=0.0
10      CONTINUE
20    CONTINUE
      RETURN
      END
      SUBROUTINE CH1(K,IHL,IHR,X,Y,IO,JO,SI,CO,L,M,N)
```

(计算单元左、右端节点位移的起始行号,单元倾角及单元长度的子程序,输入的形式参数:K——单元号;IHL(M)、IHR(M)——单元的左、右节点号;X(N)、Y(N)——节点坐标;M——单元总数;N——节点总数。计算结果的输出参数:IO、JO——单元左、右节点位移的起始行号;SI、CO——单元轴线倾角的正弦和余弦;L——单元的长度)

```
      REAL L
      DIMENSION IHL(M),IHR(M),X(N),Y(N)
      I=IHL(K)
      J=IHR(K)
      IO=(I-1)*3
      JO=(J-1)*3
      CO=X(J)-X(I)
      SI=Y(J)-Y(I)
      L=SQRT(CO*CO+SI*SI)
      CO=CO/L
      SI=SI/L
      RETURN
      END
      SUBROUTINE DYK(K,KE,FF,JJ,EE,L,M)
```

(按式(4-3)计算局部坐标系下单元刚度矩阵的子程序,输入参数:K——单元号;FF(M)、JJ(M)——单元横截面的面积和抗弯惯性矩;EE——结构所采用材料的弹性模量;L——单元的长度;M——单元总数。输出参数:KE(6,6)——单元在局部坐标系下单元刚度矩阵)

```
      REAL L,KE,JJ
      DIMENSION KE(6,6),FF(M),JJ(M)
      CALL CLEAR(6,6,KE)
      B=EE/L
      A=2.0*JJ(K)
      KE(1,4)=A
      KE(1,1)=2.0*A
      A=3.0*A/L
      KE(1,3)=A
      KE(3,4)=A
      KE(1,6)=-A
      A=2.0*A/L
```

```
      KE(3,3) = A
      KE(3,6) = -A
      A = FF(K)
      KE(2,2) = A
      KE(2,5) = -A
      DO 20 I = 1,3
        DO 10 J = I,3
          KE(I+3,J+3) = KE(I,J)
10      CONTINUE
20    CONTINUE
      KE(4,6) = -KE(4,6)
      DO 40 I = 1,6
        DO 30 J = I,6
          KE(I,J) = KE(I,J) * B
30      CONTINUE
40    CONTINUE
      DO 60 I = 1,6
        I1 = I + 1
        DO 50 J = I1,6
          KE(J,I) = KE(I,J)
50      CONTINUE
60    CONTINUE
      RETURN
      END
      SUBROUTINE MLA(T,SI,CO)
```

（按式(4-5)计算坐标转换矩阵的子程序，输入参数：SI、CO——单元轴线倾角的正弦和余弦；输出参数：T(6,6)——单元的坐标转换矩阵）

```
      DIMENSION T(6,6)
      CALL CLEAR(6,6,T)
      T(1,1) = 1.0
      T(2,2) = CO
      T(3,3) = CO
      T(2,3) = SI
      T(3,2) = -SI
      DO 20 I = 1,3
        DO 10 J = 1,3
          T(I+3,J+3) = T(I,J)
10      CONTINUE
20    CONTINUE
      RETURN
      END
      SUBROUTINE MTMULT(M,L,N,A,B,C)
```

（矩阵相乘的子程序，已知矩阵 **A** 和 **B**，求 **C** = **A** × **B**）

```
      DIMENSION A(M,L),B(L,N),C(M,N)
      DO 30 I = 1,M
```

```
      DO 20 K = 1,N
        C(I,K) = 0.0
        DO 10 J = 1,L
          C(I,K) = C(I,K) + A(I,J) * B(J,K)
10      CONTINUE
20    CONTINUE
30  CONTINUE
    RETURN
    END
    SUBROUTINE GAS(N,A,B)
```

（高斯消去法解线性方程组 ***AX*** = ***B*** 的子程序，已知系数矩阵 ***A*** 和右端项 ***B***，求得的线性方程组解 ***X*** 仍然存放在数组 B 中）

```
    DIMENSION A(100,100),B(100)
    DO 40 K = 1,N
      T = A(K,K)
      DO 10 J = K,N
        A(K,J) = A(K,J)/T
10    CONTINUE
      B(K) = B(K)/T
      DO 30 I = K + 1,N
        T = A(I,K)
        DO 20 J = K + 1,N
          A(I,J) = A(I,J) - T * A(K,J)
20      CONTINUE
        B(I) = B(I) - T * B(K)
30    CONTINUE
40  CONTINUE
    DO 60 I = N - 1,1, -1
     T = 0.0
     DO 50 J = I + 1,N
       T = T + A(I,J) * B(J)
50     CONTINUE
      B(I) = B(I) - T
60  CONTINUE
    RETURN
    END
```

四、程序运行示例

将以上用 FORTRAN 语言编写的简单杆系源程序录入，编译连接，建立可执行程序，根据要计算的结构实例建立输入数据文件，运行可执行程序，在屏幕提示下键入已建立的输入数据文件名，程序从输入数据文件中读取原始输入数据，执行运算，计算结果写入输出数据文件中。

例如图 4-1 的结构，取数据文件名为 EX68b. DAT，输入的数据及顺序是：

3,4,6,1 （控制数据：单元总数 M，节点总数 N，支承约束的数目 NS，结构材料弹性模量 EE）

1,2,2,3,3,4 （按单元序号排列的单元左节点号、右节点号）

10000,1,10000,1,10000,1 （按单元序号排列的单元横截面面积、抗弯惯性矩）

0,0,4,3,9,3,13,0 （按节点序号排列的节点横坐标和纵坐标）

1,2,3,10,11,12 （支承约束的数组 LS(NS)）

0,0,0,0,0,-60,0,0,0,0,0,0 （结构节点上的外荷载数组 P(NN)，按弯矩、水平力、竖向力排序）

计算结果写入输出数据文件 EX68b.OUT 中，计算得到的节点位移和杆端内力是：

节点位移：

节点号	转角	水平位移	竖向位移
1	0.0000E+00	0.0000E+00	0.0000E+00
2	0.8277E+01	0.6906E+02	-0.9213E+02
3	0.8297E+01	0.6904E+02	0.9202E+02
4	0.0000E+00	0.0000E+00	0.0000E+00

杆端内力：

单元号	Mi	Ni	Qi	Mj	Nj	Qj
1	0.3094E+02	0.5979E+02	0.1304E+02	0.3426E+02	-0.5979E+02	-0.1304E+02
2	-0.3426E+02	0.4000E+02	-0.1370E+02	-0.3425E+02	-0.4000E+02	0.1370E+02
3	0.3425E+02	0.4022E+02	0.1304E+02	0.3093E+02	-0.4022E+02	-0.1304E+02

程序计算结果与《结构力学》上册（朱慈勉主编，高等教育出版社，2004 年第一版）习题 8-6(b)一致，程序可以用来进行简单杆件结构的计算，通过这个程序的编制主要阐述了有限元程序的基本原理和编程步骤，用 C 语言编写的简单杆系程序的公式、原理和步骤都与 FORTRAN 语言编程相同，C 语言的源程序列出于后，采用的变量标识符及函数名都与 FORTRAN 语言源程序相同，读者不难读通。

```
#include "math.h"
#include "stdio.h"
  //数组清零函数
void clear(m,n,c)
int m,n;
double c[];
{ int i,j;
  for (i=0;i<=m-1;i++)
    for (j=0;j<=n-1;j++) c[i*n+j]=0.0;
  return;
}
  //计算单元左、右端节点位移的起始行号，单元倾角及单元长度的函数
void ch1(k,ihl,ihr,x,y,io,jo,si,co,l) //
int *io, *jo;
int ihl[],ihr[];
double *l, *co, *si;
double x[],y[];
{ int i,j;
  i-ihl[k];
  j=ihr[k];
   *io=3*i;
```

```
    *jo = 3 * j;
    *co = x[j] - x[i];
    *si = y[j] - y[i];
    *l = sqrt((*co) * (*co) + (*si) * (*si));
    *co = (*co)/(*l);
    *si = (*si)/(*l);
    return;
  }
  //计算局部坐标系下单元刚度矩阵的函数
void dyk(k,ke,ff,jj,ee,l)
double l,ee;
double ke[6][6],ff[],jj[];
{ double a,b;
  int i,j,i1;
  clear(6,6,ke);
  b = ee/l;
  a = 2.0 * jj[k];
  ke[0][3] = a;
  ke[0][0] = 2.0 * a;
  a = 3.0 * a/l;
  ke[0][2] = a;
  ke[2][3] = a;
  ke[0][5] = -a;
  a = 2.0 * a/l;
  ke[2][2] = a;
  ke[2][5] = -a;
  a = ff[k];
  ke[1][1] = a;
  ke[1][4] = -a;
  for(i = 0;i <= 2;i++)
    for(j = i;j <= 2;j++) ke[i+3][j+3] = ke[i][j];
  ke[3][5] = -ke[3][5];
  for(i = 0;i <= 5;i++)
    for(j = i;j <= 5;j++) ke[i][j] = ke[i][j] * b;
  for(i = 0;i <= 5;i++)
  { i1 = i+1;
    for(j = i1;j <= 5;j++) ke[j][i] = ke[i][j];
  }
  return;
}
```

```
//计算坐标转换矩阵的函数
void mla(t,si,co)
double t[6][6];
double si,co;
{ int i,j;
  clear(6,6,t);
  t[0][0] =1.0;
  t[1][1] =co;
  t[2][2] =co;
  t[1][2] =si;
  t[2][1] = -si;
  for(i =0;i< =2;i+ +)
    for(j =0;j< =2;j+ +)  t[i+3][j+3] =t[i][j];
  return;
}
//矩阵相乘的函数
void mtmult(m,n,l,a,b,c)
int m,n,l;
double a[ ],b[ ],c[ ];
{ int i,j,k,u;
  for (i =0; i< =m-1; i+ +)
    for (j =0; j< =l-1; j+ +)
    { u =i*l+j; c[u] =0.0;
      for (k =0; k< =n-1; k+ +)   c[u] =c[u] +a[i*n+k] *b[k*l+j];
    }
  return;
}
//高斯消去法解线性方程组 A X=B 的函数
void gas(n,a,b)
int n;
double a[ ],b[ ];
{ int i,j,k,p;
  double t;
  for(k =0;k< =n-1;k+ +)
  { p =n*k+k;
    t =a[p];
    for(j =k;j< =n-1;j+ +)
    { p =k*n+j;
      a[p] =a[p]/t;
    }
```

```
    b[k] = b[k]/t;
    for(i = k + 1;i < = n - 1;i + + )
    { p = i * n + k;
      t = a[p];
      for(j = k + 1;j < = n - 1;j + + )   a[i * n + j] = a[i * n + j] - t * a[k * n + j];
      b[i] = b[i] - t * b[k];
    }
  }
for(i = n - 2;i > = 0;i - - )
  { t = 0.0;
     for(j = i + 1;j < = n - 1;j + + )   t = t + a[i * n + j] * b[j];
     b[i] = b[i] - t;
  }
  return;
}
    //主程序
void main ( )
{ int ihl[30],ihr[30],ls[30];
  double l, * l2;
  double ff[30],jj[30],x[35],y[35],ke[6][6],la[6][6],l1[6][6],d1[6],d2[6],
    kk[6400];
  double p[80],sts[30][6];
  int m,n,ns,nn,io,jo, * io1, * jo1;
  double ee,si,co, * si2, * co2;
  int i,k,j,ia;
  FILE  * fp1, * fp2;
  if( (fp1 = fopen( "pmgs. dat" ,"r" ) ) = = NULL)
  { printf( "can not open this file" );
    return;
  }
  fp2 = fopen( "pmgs. out" ,"w + " );
  fscanf( fp1 ," % d% d% d% lf" ,&m,&n,&ns,&ee);
  printf( " = = = = = = = = = = = = This is input datas = = = = = = = = = = = = = \n" );
  printf( "   M    N    NS    EE\n" );
  printf( "   % d    % d    % d    % lf\n" ,m,n,ns,ee);
  printf( " \n" );
  fprintf(fp2," = = = = = = = = = = = = This is input datas = = = = = = = = = = = = = \n" );
  fprintf(fp2,"   M    N    NS    EE\n" );
  fprintf(fp2,"   % d    % d    % d    % lf\n" ,m,n,ns,ee);
  fprintf(fp2," \n" );
```

```
    nn = 3 * n;
    printf("  i   IHL   IHR\n");
    fprintf(fp2,"  i   IHL   IHR\n");
    for(i = 0;i < = m - 1;i + + )
    { fscanf(fp1,"%d%d",&ihl[i],&ihr[i]);
      printf("  %d   %d   %d\n",i,ihl[i],ihr[i]);
      fprintf(fp2,"  %d   %d   %d\n",i,ihl[i],ihr[i]);
    }
    printf("\n");
  fprintf(fp2,"\n");
    printf("  i     FF     JJ\n");
    fprintf(fp2,"  i     FF     JJ\n");
    for(i = 0;i < = m - 1;i + + )
    { fscanf(fp1,"%lf%lf",&ff[i],&jj[i]);
      printf("  %d   %lf   %lf\n",i,ff[i],jj[i]);
      fprintf(fp2,"  %d   %lf   %lf\n",i,ff[i],jj[i]);
    }
    printf("\n");
    fprintf(fp2,"\n");
    printf("  i     X       Y\n");
    fprintf(fp2,"  i     X       Y\n");
    for(i = 0;i < = n - 1;i + + )
    { fscanf(fp1,"%lf%lf",&x[i],&y[i]);
      printf("  %d   %lf   %lf\n",i,x[i],y[i]);
      fprintf(fp2,"  %d   %lf   %lf\n",i,x[i],y[i]);  }
    printf("\n");
    fprintf(fp2,"\n");
    printf("  i   LS\n");
    fprintf(fp2,"  i   LS\n");
    for(i = 0;i < = ns - 1;i + + )
    { fscanf(fp1,"%d",&ls[i]);
      printf("  %d     %d\n",i,ls[i]);
      fprintf(fp2,"  %d     %d\n",i,ls[i]);
    }
    printf("\n");
    fprintf(fp2,"\n");
    printf("  NN   P\n");
    fprintf(fp2,"  NN   P\n");
    for(i = 0;i < = nn - 1;i + + )
```

```
  { fscanf(fp1,"%lf",&p[i]);
    printf("   %d   %lf\n",i,p[i]);
    fprintf(fp2,"   %d   %lf\n",i,p[i]);
  }
  clear(nn,nn,kk);
  io1 =&io;
  jo1 =&jo;
  co2 =&co;
  si2 =&si;
  l2 =&l;
  for(k =0;k< =m-1;k++)
  { ch1(k,ihl,ihr,x,y,io1,jo1,si2,co2,l2);
    dyk(k,ke,ff,jj,ee,l,m);
    mla(la,si,co);
    mtmult(6,6,6,ke,la,l1);
    la[1][2] = -si;
    la[4][5] = -si;
    la[2][1] =si;
    la[5][4] =si;
    mtmult(6,6,6,la,l1,ke);
    for(i =io;i< =io+2;i++)
    { for(j =io;j< =io+2;j++)   kk[i*nn+j] =kk[i*nn+j] +ke[i-io][j-io];
      for(j =jo;j< =jo+2;j++)  kk[i*nn+j] =kk[i*nn+j] +ke[i-io][j-jo+3];
    }
    for(i =jo;i< =jo+2;i++)
    { for (j =io;j< =io+2;j++)  kk[i*nn+j] =kk[i*nn+j] +ke[i-jo+3][j-io];
      for(j =jo;j< =jo+2;j++)   kk[i*nn+j] =kk[i*nn+j] +ke[i-jo+3][j-jo+3];
    }
  }
  for(k =0;k< =ns-1;k++)
  { ia =ls[k];
    for(j =0;j< =nn-1;j++)
    { kk[ia*nn+j] =0.0;
      kk[j*nn+ia] =0.0;
    }
    kk[ia*nn+ia] =1.0;
    p[ia] =0.0;
  }
  gas(nn,kk,p);
  for(k =0;k< =m-1;k++)
```

```
    { ch1(k,ihl,ihr,x,y,io1,jo1,si2,co2,l2);
      for(i=io;i<=io+2;i++) d1[i-io]=p[i];
      for(i=jo;i<=jo+2;i++) d1[i-jo+3]=p[i];
      mla(la,si,co);
      mtmult(6,6,1,la,d1,d2);
      dyk(k,ke,ff,jj,ee,l);
      mtmult(6,6,1,ke,d2,d1);
      for(i=0;i<=5;i++)   sts[k][i]=d1[i];
    }
  printf("============This is results=============\n");
  printf("    ============displacement===========\n");
  printf("     SITA          U           V\n");
  fprintf(fp2,"==========This is results============\n");
  fprintf(fp2,"    =========displacement============\n");
  fprintf(fp2,"     SITA          U           V\n");
  for(i=0;i<=nn-1;i++)
  { if(i!=0&&fmod(i,3)==0)
    { printf("\n");
      fprintf(fp2,"\n");
    }
    printf("      %lf",p[i]);
    fprintf(fp2,"      %lf",p[i]);
  }
  printf("\n");
  printf("    =========internal force===========\n");
  printf("    Mi      Ni      Qi      Mj      Nj      Qj\n");
  fprintf(fp2,"\n");
  fprintf(fp2,"    ==========internal force=========\n");
  fprintf(fp2,"    Mi      Ni      Qi      Mj      Nj      Qj\n");
  for(i=0;i<=m-1;i++)
  { for(j=0;j<=5;j++)
    { printf("    %lf",sts[i][j]);
      fprintf(fp2,"    %lf",sts[i][j]);
    }
    printf("\n");
    fprintf(fp2,"\n");
  }
  fclose(fp1);
  fclose(fp2);
}
```

第二节　桥梁结构计算综合程序

上一节介绍的简单杆系程序包含了编制有限元程序的主要内容和过程，但它仅能计算节点荷载，单元内的荷载、温度变化及支坐标位移产生的结构变形和内力都不能计算，支坐标反力也不能计算，桥梁结构设计中计算移动荷载效应的结构内力、位移影响线及支坐标反力影响线都不能计算，程序功能不全；程序的输入数据中支承约束序号、节点荷载输入不方便；程序的总刚度矩阵采用二维方阵存放、用高斯消去法求解位移方程占用计算机单元多、效率低。因此简单杆系程序仅是一个教学示范程序，本节讲述的桥梁结构计算综合程序克服了简单杆系程序的功能不全、使用不便及计算规模不大、效率不高的缺点。

本节介绍桥梁结构计算综合程序的功能、讲述程序结构及编程的主要原理，桥梁结构计算综合程序中三个可独立执行程序（静力计算程序、影响线计算程序及影响线加载程序）的编程原理及源程序放在后面第三～五节讲述。

一、程序结构

桥梁结构计算综合程序采用分段程序结构，由三个独立的可执行的程序组成：静力计算程序、影响线计算程序及影响线加载程序。每个程序都有完整的数据输入输出，完成综合程序的一项独立的计算功能，程序之间通过数据文件进行联系，桥梁结构计算综合程序共采用 12 个数据文件，它们有同一个文件名的主部 <name>，用不同的扩展名表达不同的数据存储格式和内容，综合程序结构如图 4-5 所示。

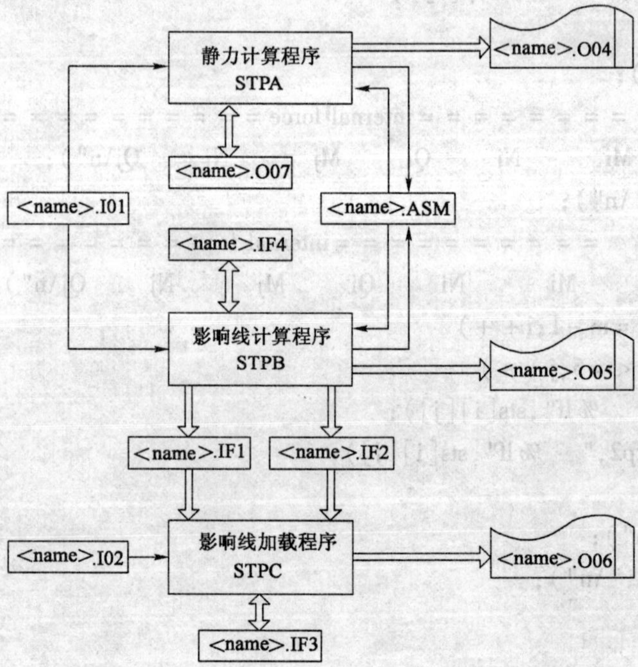

图 4-5　桥梁结构计算综合程序结构图

二、程序功能

1. 静力计算程序功能

(1)程序能用来计算如下各项内容:

由结构自重、恒载及杆件上的其他荷载产生的各节点位移、各支坐标反力及指定杆件断面的内力;

由杆端预加力、支坐标位移产生的各节点位移、各支坐标反力及指定杆件断面的内力;

由升温或降温产生的各节点位移、各支坐标反力及指定杆件断面的内力;

根据需要计算以上各项产生在指定杆件断面上下缘的应力。

(2)程序计算的结构可以考虑杆件端部与节点间采用刚臂连接;杆端之间的铰接或半铰连接可以采用主从约束来处理。

(3)程序在数据输入时考虑了结构的对称性利用,当结构对称时,可以只输入一半结构的数据;在节点数据及单元数据输入时,程序具有自动生成功能。

2. 影响线计算程序功能

影响线计算程序可以用来计算指定杆件断面的内力影响线、指定节点的位移影响线及指定支坐标的反力影响线。

3. 影响线加载程序功能

(1)可以对以上计算的全部影响线或部分影响线进行加载计算,得到所加荷载在影响线上的效应;

(2)影响线上所加荷载包括《公路桥涵设计通用规范》(JTG D60—2004)的公路—Ⅰ级、公路—Ⅱ级汽车荷载以及《城市桥梁设计荷载标准》(CJJ 77—1998)的城—A 级、城—B 级汽车荷载;

(3)影响线加载计算杆件断面一个内力或节点一个位移的最大效应时同时计算与该内力及位移相应的其他内力、位移的相应值。

三、综合程序的文件系统

如图 4-5 所示,桥梁结构计算综合程序三个独立的分段程序之间采用了 11 个数据文件,其中 2 个原始输入数据文件,3 个计算结果输出文件,其余 6 个文件用来进行分段程序内部及分段程序之间的数据传递,这些中间数据传递的文件大多采用无格式文件,为了便于计算数据传递,有的采用随机存储格式,表 4-1 为桥梁结构计算综合程序文件说明。

桥梁结构计算综合程序文件系统 表 4-1

文件号	文件名	存储格式	文件记录内容
2	<name>. I01	顺序有格式	静力计算程序及影响线计算程序的原始输入文件,数据输入顺序及说明见本章第六节应用程序使用说明
3	<name>. I02	顺序有格式	影响线加载程序的原始输入文件,数据输入顺序及说明见本章第六节应用程序使用说明
11	<name>. O04	顺序有格式	静力计算程序的输出结果文件
12	<name>. O05	顺序有格式	影响线计算程序的输出结果文件

续上表

文件号	文件名	存储格式	文件记录内容
13	<name>. 006	顺序有格式	影响线加载程序的输出结果文件
21	<name>. ASM	顺序无格式	记录未分解的结构总刚度矩阵，共 1 条记录，记录长度 8 * LA，LA 为总刚度矩阵元素个数
22	<name>. 007	随机无格式	静力计算程序内部的数据传输文件，记录长度 4 * NOUT，NOUT 取 3 * NF 和 3 * N 中较大者，NF 为计算内力的断面数，N 为节点数，记录内容见说明(1)
23	<name>. IF1	随机无格式	影响线计算与影响线加载程序间的数据传输文件，记录长度 4 * (NAT + 2)，NAT 为影响线单位荷载 P = 1 作用点数，记录内容见说明(2)
24	<name>. IF2	随机无格式	影响线计算与影响线加载程序间的数据传输文件，记录长度根据 NF，NV，NR，2 * NC1 确定，不小于 64 * 4，记录内容见说明(3)
25	<name>. IF3	随机无格式	影响线加载程序内部的数据传输文件，记录长度 36，记录内容见说明(4)
31	<name>. IF4	顺序无格式	影响线计算程序内部的数据传输文件，记录长度 4 * 500 00，记录内容见说明(5)

无格式存储数据文件说明：

(1) <name>. 007 文件记录内容：

①记录 N，NF，NC1，NG，NPS，NT，MM，NDS，IDWW，IDSIGM

N，NF，NC1，NG，NPS，NT，MM，NDS 均见本章第三节静力计算主程序中主控信息的输入数据说明；

IDWW——计算结构自重的指示信息，当材料容重 $\gamma = 0$ 时，不计自重，IDWW = 0，否则 IDWW = 1；

IDSIGM——计算截面应力的指示信息，当截面模量 $w = 0$ 时，不计应力，IDSIGM = 0，否则 IDSIGM = 1；

②当 IDWW≠0 时，记录自重内力 GMNQ(NF,3)、节点位移 GSHV(N,3)、反力 REC(NC1) 3 条记录；

当 IDSIGM≠0 时，记录自重产生的上、下缘应力及截面重心到下缘的距离 1 条记录；

③当 NG≠0 时，记录恒载内力、节点位移、反力 3 条记录；

当 IDSIGM≠0 时，记录恒载产生的截面应力 1 条记录；

④当 NPS≠0 时，记录预加力产生的内力、节点位移、反力 3 条记录；

当 IDSIGM≠0 时，记录预加力产生的截面应力 1 条记录；

⑤当 NT≠0 时，记录温度产生的内力、节点位移、反力 3 条记录；

当 IDSIGM≠0 时，记录温度产生的截面应力 1 条记录；

当 NT > 1 时，上述记录重复 NT 次；

⑥当 NDS≠0 时，记录支坐标位移产生的内力、节点位移、反力 3 条记录；

当 IDSIGM≠0 时，记录支坐标位移产生的截面应力 1 条记录；

⑦当 MM≠0 时，记录杆间荷载产生的内力、节点位移、反力 3 条记录；

当 IDSIGM≠0 时，记录杆间荷载产生的截面应力　　1 条记录；

当 MM >1 时，上述记录重复 MM 次。

(2) <name>. IF1 文件记录内容：

①记录影响线横坐标：(XP(I), I=1, NAT), 0, 0。

②当 NF≠0 时，记录：

截面弯矩影响线——(MIL(K,I), I=1, NAT), QM1, QM2;

截面轴力影响线——(NIL(K,I), I=1, NAT), QN1, QN2;

截面剪力影响线——(QIL(K,I), I=1, NAT), QQ1, QQ2。

上述记录重复 NF 次，共 3 * NF 条记录。当所取截面的杆件两端都在影响线 $P=1$ 荷载加载点上时，QM1 为截面的横坐标X，QM2 为截面处弯矩；QN1，QQ1，QN2，QQ2 是截面左右的轴力和剪力；当杆件两端不同时在 $P=1$ 荷载加载点上时，QM1 = 1E15，其余各项为 0。

③当 NV≠0 时，记录：

节点转角影响线——(SIL(K,I), I=1, NAT)

节点水平位移影响线——(HIL(K,I), I=1, NAT)

节点竖向位移影响线——(VIL(K,I), I=1, NAT)

当 NV >1 时，上述记录重复 NV 次，共 3 * NV 条记录。

④当 NR≠0 时，记录支承反力影响线 (REC(K,I), I=1, NAT)，重复 NR 次，共 NR 条记录。

(3) <name>. IF2 文件记录内容：

①记录控制信息：NA, NF, NV, NAT, NC1, NR　　第 1 条记录；

②当 NF≠0 时记录内力影响线截面的单元号 (IFN(I), I=1, NF) 及截面到单元左节点距离(FN(I), I=1, NF)　　2 条记录；

③当 NV≠0 时记录位移影响线的节点号(VN(I), I=1, NV)　　1 条记录；

④当 NR≠0 记录反力影响线的支承信息(NONR(I), I=1, NR) 及支承约束信息 (LS(J,I), J=1,2), I=1, NC)　　2 条记录。

(4) <name>. IF3 文件记录内容：

①记录控制信息：NF1, NV1, NR1, NLLD, QQ　　第 1 条记录；

②记录 NCC(I), NPP(I), NRR(I), LLD(I)　　I211 条记录，I211 为 NF1, NV1, NR1, NLLD 中较大数；

③记录截面内力加载的极大值、极小值　　2 条记录，有 NLLD 种荷载、NF1 个断面，共 2 * NLLD * NF1 条记录；

④记录节点位移加载的极大值、极小值　　2 条记录，有 NLLD 种荷载、NV1 个节点，共 2 * NLLD * NV1 条记录；

⑤记录支承反力加载的极大值、极小值　　1 条记录，有 NLLD 种荷载、NR1 个支承，共 NLLD * NR1 条记录。

(5) <name>. IF4 文件记录内容：

①记录控制信息：NA, NF, NV, NR, IND, NC11 条记录；

②记录影响线 $P=1$ 荷载加载点的节点号 (AN(I), I=1, NA)；

③记录影响线 $P=1$ 荷载加载点的横坐标 (X(AN(I)), I=1, NA)；

④当 NF≠0 时,记录截面内力影响线 NNQIL(NF,NA+2,3);

当 NV≠0 时,记录节点位移影响线 SHVIL(NV,NA,3);

当 NR≠0 时,记录支承反力影响线 REC3(NR,NA);

⑤当 IND≠0 时,重复以上第④项,记录反对称结构计算时的截面内力影响线、节点位移影响线及支承反力影响线。

第三节 静力计算程序

本节先给出编写静力计算程序的流程图,讲述程序中对结构对称性利用及节点主从约束的处理;带刚臂单元的处理;总刚度矩阵的紧缩存储及形成;荷载列阵的形成;位移方程求解;截面内力及支坐标反力计算和各种荷载工况的求解。主程序及输入数据的说明留到本章第六节应用程序中去说明。

一、静力计算程序流程

图 4-6 为静力计算程序流程框图,为了讲述清楚,下面先给出主程序中主控信息的输入语句及说明:

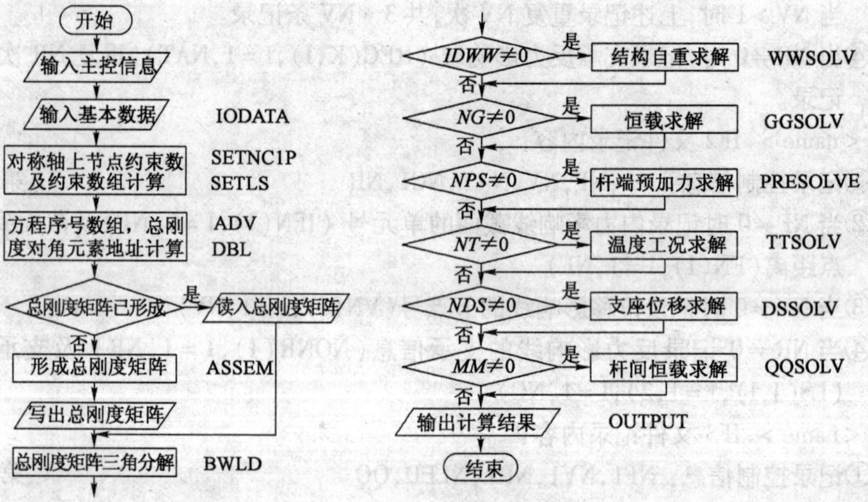

图 4-6 静力计算程序流程框图

READ(2, *)N,M,NC1,NC2,NKA,NEA,NJF,NA,NF,NV,NR,NG,NPS,NT,MM,NDS,ND,NPT

输入语句各标识符意义:

N——节点数;

M——单元数;

NC1——支承约束数;

NC2——主从约束数;

NKA——带刚臂的单元数,没有刚臂单元时,NKA=0;

NEA——单元的材料特性类型数;

NJF——单元的截面特性类型数;

NA——影响线单位荷载 P=1 作用点数,不计算影响线时,NA=0;

NF——计算内力的截面数,不计算内力时,NF = 0;

NV——计算位移的节点数,不计算位移时,NV = 0;

NR——计算支承反力的数目,不计算反力时,NR = 0;

NG——单元上作用恒载的类型数,不计算恒载时,NG = 0;

NPS——计算带预加力的单元数;不计算预加力时,NPS = 0;

NT——计算温度荷载的工况数,不计算温度内力时,NT = 0;

MM——单元上作用其他荷载工况数,不计算其他荷载时,MM = 0;

NDS——具有支坐标沉降的约束数,不计算支坐标沉降时,NDS = 0;

ND——对称轴上的节点数,不利用对称性时,ND = 0;

NPT——屏幕显示指示信息,NPT = 0 时,屏幕不显示。

二、结构对称性及主从约束处理

1. 结构对称性利用

当结构对称时,可以只输入一半结构数据,根据对称和反对称两种不同情况处理对称轴上节点的约束,计算增加后的支承约束总数及支承约束数组,然后分别计算对称和反对称的结构位移、内力和反力,然后迭加得到整个结构的位移、内力和反力。

处理对称轴上节点,计算增加对称轴上节点后的支承约束数由子程序 SETNC1P 完成,增加对称轴上节点后的支承约束数组由子程序 SETLS 完成。结构对称轴上的节点类型如表 4-2,根据对称和反对称计算情况不同,增加的支承约束数及支承约束情况列出在表 4-2。

结构对称轴上节点类型及对称性利用

表 4-2

对称轴上节点类型指数	1	2	3	4
对称轴线上的节点类型		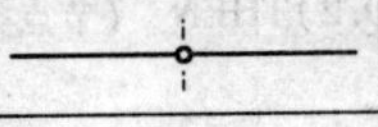		
对称计算时的支承约束			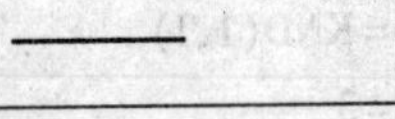	
反对称计算时支承约束	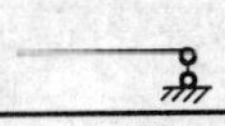	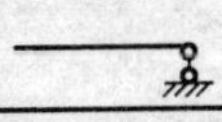	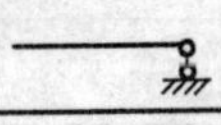	

计算增加对称轴上节点约束后的支承约束总数的源程序语句如下:

```
SUBROUTINE SETNC1P(NC1,ND,KND,NC1P,LD)
  (子程序输入的形式参数:NC1——支承约束数;ND——对称轴上的节点数,KND(2,ND)——对称轴上节点信息,
  第 1 行为对称轴上节点号,第 2 行为对称轴上节点的类型指数,数值见表 4-2;LD——对称性计算的指示信息,对
  称计算时 LD = 1,反对称计算时 LD = 2。
  输出参数:NCP1——增加对称轴上节点约束后的支承约束总数)
DIMENSION KND(2,ND)
NC1P = NC1
DO 10 I = 1,ND  (对所有对称轴上的节点数循环,计算要增加的支承约束数)
  (根据对称轴上节点的类型指数及对称计算和反对称计算两种不同情况,按表 4-2 计算增加后的支承约束总数)
  IF(KND(2,I).EQ.1.AND.LD.EQ.1)NC1P = NC1P + 2
  IF(KND(2,I).EQ.1.AND.LD.EQ.2)NC1P = NC1P + 1
  IF(KND(2,I).EQ.2)NC1P = NC1P + 1
  IF(KND(2,I).EQ.3.AND.LD.NE.1)NC1P = NC1P + 1
```

```
      IF(KND(2,I).EQ.4.AND.LD.EQ.1)NC1P=NC1P+3
      IF(KND(2,I).EQ.4.AND.LD.EQ.2)NC1P=NC1P+2
10    CONTINUE
      RETURN
      END
```

将对称轴上节点的约束加到原来支承约束数组中去的源程序语句如下：

```
SUBROUTINE SETLS(LS,NCI,NC1,KND,ND,LD)
```

（子程序输入的形式参数：LS(2,NCI)——进入子程序时是原来的支承约束数组，第1行为支承约束节点号，第2行为约束类型号，按转角、水平位移、竖向位移分别取值为1、2、3；NCI——考虑对称轴上支承约束增加后的支承约束总数的可能极大值，用来作为动态数组的上限，取为NCI=NC1+3*ND；NC1、KND(2,ND)、ND、LD均与子程序SETNC1P相同。

输出参数：LS(2,NCI)——增加对称轴上节点支承约束后的支承约束数组）

```
DIMENSION LS(2,NCI),KND(2,ND)
K=NC1
DO 20 I=1,ND  (对所有对称轴上的节点数循环,计算增加后的支承约束数组)
 (根据对称轴上节点的类型指数及对称计算和反对称计算两种不同情况,按表4-2计算增加的支承约束)
 IF(KND(2,I).EQ.1.AND.LD.EQ.1)THEN  (节点类型指数等于1、对称计算时)
   K=K+1
   LS(1,K)=KND(1,I)
   LS(2,K)=1
   K=K+1
   LS(1,K)=KND(1,I)
   LS(2,K)=2
 ENDIF
 IF(KND(2,I).EQ.1.AND.LD.EQ.2)THEN  (节点类型指数等于1、反对称计算时)
   K=K+1
   LS(1,K)=KND(1,I)
   LS(2,K)=3
 ENDIF
 IF(KND(2,I).EQ.2.AND.LD.EQ.1)THEN  (节点类型指数等于2、对称计算时)
   K=K+1
   LS(1,K)=KND(1,I)
   LS(2,K)=2
 ENDIF
 IF(KND(2,I).EQ.2.AND.LD.EQ.2)THEN  (节点类型指数等于2、反对称计算时)
   K=K+1
   LS(1,K)=KND(1,I)
   LS(2,K)=3
 ENDIF
 IF(KND(2,I).EQ.3.AND.LD.NE.1)THEN  (节点类型指数等于3、对称计算时)
   K=K+1
   LS(1,K)=KND(1,I)
   LS(2,K)=3
 ENDIF
```

```
      IF(KND(2,I).EQ.4.AND.LD.EQ.1)THEN   （节点类型指数等于4、对称计算时）
        K=K+1
        LS(1,K)=KND(1,I)
        LS(2,K)=1
        K=K+1
        LS(1,K)=KND(1,I)
        LS(2,K)=2
        K=K+1
        LS(1,K)=KND(1,I)
        LS(2,K)=3
      ENDIF
      IF(KND(2,I).EQ.4.AND.LD.EQ.2)THEN   （节点类型指数等于4、反对称计算时）
        K=K+1
        LS(1,K)=KND(1,I)
        LS(2,K)=2
        K=K+1
        LS(1,K)=KND(1,I)
        LS(2,K)=3
      ENDIF
20    CONTINUE
      RETURN
      END
```

2. 主从约束及边界约束处理

主从约束用来处理结构单元之间采用铰或半铰连接的情况，如图4-7，当杆端采用铰或半铰连接时，编程时采用多编一个节点号，同一个节点的两个节点分成主节点和从节点，例如图4-7中3号、5号节点就是2号、4号节点的从节点，3号节点的竖向位移与2号节点的竖向位移相同，5号节点的水平位移、竖向位移与4号节点的水平位移、竖向位移相同，因此示例中有3个主从约束，表示主从约束信息的数组LCC(3,NC2)是：

3,2,3

5,4,2

5,4,3

每一个主从约束的信息是：从节点号、主节点号、主从约束的位移序号。

主从约束处理就是将从节点的约束位移行去掉，由主节点的相同约束位移行代替，紧缩方程阶数，重排位移方程序号，如图4-7所示，处理主从约束的步骤是：

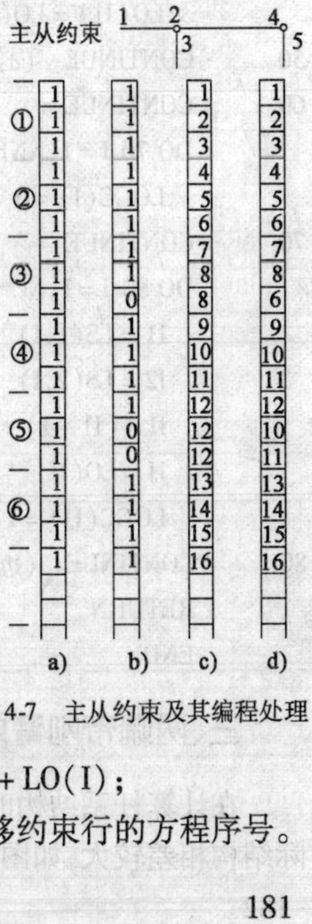

图4-7　主从约束及其编程处理

(a)建立方程序号数组LO，对所有节点的位移行的LO数组元素置1；

(b)对从节点的约束位移行的LO数组元素充0；

(c)对所有节点位移行计算累加LO数组，使得LO(I)=LO(I-1)+LO(I)；

(d)在LO数组中，用主节点位移约束行的方程序号替代从节点位移约束行的方程序号。

经以上主从约束处理后的方程序号数组紧缩了位移方程数,并重排了位移方程的序号,处理主从约束由子程序 ADV 来完成,子程序还对支承约束的边界行处理,建立标志边界约束行的数组 LOCC,源程序语句是:

```
      SUBROUTINE ADV(NN,NC,NCI,LS,LO,NC2,LCC,NNB,LOCC,LD)
       (子程序输入的形式参数:NN——总刚度矩阵阶数,NN=3*N;NC——边界约束行为0的个数,即增加对称轴上
       支承约束后的支承约束数 NCIP;NCI——支承约束数组元素总个数的上限,NCI=NC1+3*ND; LS(2,NCI)——
       增加对称轴上节点支承约束后的支承约束数组;NC2——主从约束数;LCC(3,NC2)——主从约束信息数组;
       NNB——去掉主从约束位移行后的总刚度矩阵阶数,NNB=NN-NC2; LD——对称性计算的指示信息。
       输出参数:LO(NN)——考虑主从约束后重新排列的方程序号数组;LOCC(NNB)——标志边界约束行信息的
       数组,LOCC(I)=1 为边界约束行,LOCC(I)=0 为非未边界约束行)
      DIMENSION LS(2,NCI),LO(NN),LCC(3,NC2),LOCC(NNB)
      IF(LD.EQ.2) GOTO 60
      DO 10 I=1,NN
        LO(I)=1
10    CONTINUE  (a:方程序号数组 LO 所有元素置 1)
      DO 25 I=1,NC2
        K=LCC(1,I)*3-3+LCC(3,I)
        LO(K)=0  (b:从节点约束位移行约束充 0)
25    CONTINUE
      DO 30 I=2,NN
        LO(I)=LO(I-1)+LO(I)
30    CONTINUE  (c:对 LO 数组约束累加计算)
      DO 50 I=1,NC2
        I1=LCC(1,I)*3-3+LCC(3,I)
        I2=LCC(2,I)*3-3+LCC(3,I)
        LO(I1)=LO(I2)
50    CONTINUE  (d:用主节点位移约束行的方程序号替代从节点位移约束行的方程序号)
60    CONTINUE
      DO 70 I=1,NNB
        LOCC(I)=0
70    CONTINUE
      DO 80 I=1,NC
        I1=LS(1,I)
        I2=LS(2,I)
        II=(I1-1)*3+I2
        IJ=LO(II)
        LOCC(IJ)=1
80    CONTINUE  (边界约束处理,建立边界位移约束行信息数组 LOCC)
      RETURN
      END
```

三、两端带刚臂单元的处理

在计算杆系结构时,理论上总是将各杆件轴线交于一点来建立计算图式,这样做往往与实际结构相差较大,如图 4-8a)所示在节点上的各个杆件未必会相交一点,常常有几根杆件的轴

线会偏离节点，并且杆件在节点附近是和刚度很大的节点刚性块连接的。杆件的刚度是指节点以外杆件的刚度，杆件长度是指节点之间的距离，这样节点部分的刚度按杆件取值就太小了，计算结果与实际结构受力的偏差太大，为此杆件端部与节点间的连接取为图 4-8b）所示的刚臂连接，这样比较符合结构的实际受力情况，这就产生了带刚臂的杆单元问题。

带刚臂单元的处理就是以杆单元刚度矩阵［式（4-3）］为基础，根据刚臂单元的信息进行一些变换，得到带刚臂单元的刚度矩阵，避免专门演引带刚臂单元的刚度矩阵，这样便于程序编写。以下讲述带刚臂单元的基本信息、单元刚度矩阵转换的基本公式、编程框图及源程序。

1. 带刚臂单元的基本信息

程序中用 IAK（NKA）及 AK（4，NKA）两个数组描述带刚臂单元的基本信息，它们都由数据文件输入。

IAK（NKA）——带刚臂单元的单元号，NKA 为带刚臂的单元数；

AK（4，NKA）——带刚臂单元的信息：AK（1，I）、AK（2，I）是单元左端刚臂在总体坐标系下的横坐标和纵坐标；AK（3，I）、AK（4，I）是单元右端刚臂在总体坐标标系下的横坐标和纵坐标。

2. 带刚臂单元处理的基本公式

图 4-9 表示带刚臂单元的计算图式，x''、y'' 为单元局部坐标系，x'' 轴取在单元节点 a、b 的连线上，i、j 是刚臂与直杆单元的连接点，x'、y' 为刚臂的局部坐标系，x' 轴取在刚臂连接点 i、j 的连线上。

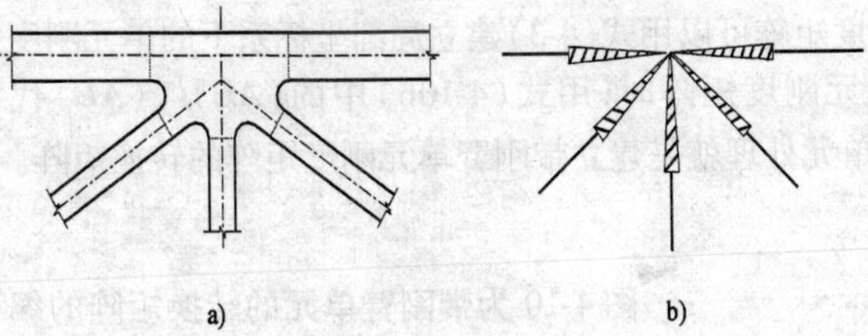

图 4-8 节点处杆件的刚臂连接

a）杆件连接实况；b）刚臂计算图式

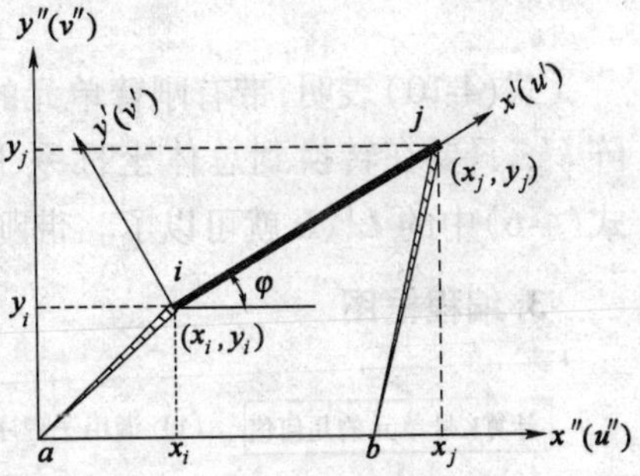

图 4-9 带刚臂单元的计算图式

因为不计刚臂本身的变形，于是刚臂端 i 点的位移 $\boldsymbol{\delta}'_i$ 可以用杆端 a 点局部坐标系下的位移 $\boldsymbol{\delta}''_a$ 来表示：

$$\boldsymbol{\delta}'_i = \begin{Bmatrix} \theta'_i \\ u'_i \\ v'_i \end{Bmatrix} = \begin{bmatrix} 1 & 0 & 0 \\ -y_i\cos\varphi + x_i\sin\varphi & \cos\varphi & \sin\varphi \\ y_i\sin\varphi + x_i\cos\varphi & -\sin\varphi & \cos\varphi \end{bmatrix} \cdot \begin{Bmatrix} \theta''_a \\ u''_a \\ v''_a \end{Bmatrix} = \boldsymbol{A}_a\boldsymbol{\delta}''_a$$

同理可得 j 点的位移：

$$\boldsymbol{\delta}'_j = \begin{Bmatrix} \theta'_j \\ u'_j \\ v'_j \end{Bmatrix} = \begin{bmatrix} 1 & 0 & 0 \\ -y_j\cos\varphi + x_j\sin\varphi & \cos\varphi & \sin\varphi \\ y_j\sin\varphi + x_j\cos\varphi & -\sin\varphi & \cos\varphi \end{bmatrix} \cdot \begin{Bmatrix} \theta''_b \\ u''_b \\ v''_b \end{Bmatrix} = \boldsymbol{A}_b\boldsymbol{\delta}''_b$$

于是刚臂两端 i、j 的位移 $\boldsymbol{\delta}'^e$ 可用单元节点 a、b 的位移 $\boldsymbol{\delta}''^e$ 来表示：

$$\boldsymbol{\delta}'^{e} = \begin{Bmatrix} \boldsymbol{\delta}'_i \\ \boldsymbol{\delta}'_j \end{Bmatrix} = \begin{bmatrix} \boldsymbol{A}_a & 0 \\ 0 & \boldsymbol{A}_b \end{bmatrix} = \boldsymbol{A} \cdot \boldsymbol{\delta}''^{e} \tag{4-7}$$

由虚功原理可以求得单元节点 a、b 处的杆端力 $\boldsymbol{S}''$ 与刚臂两端 i、j 处的杆端力 $\boldsymbol{S}'$ 之间关系是：

$$\boldsymbol{S}'' = \boldsymbol{A}^{T}\boldsymbol{S}' \tag{4-8}$$

刚臂两端 i、j 处的杆端力 $\boldsymbol{S}'$ 与刚臂端位移 $\boldsymbol{\delta}''$ 的关系是：

$$\boldsymbol{S}' = \boldsymbol{k}'_{e} \cdot \boldsymbol{\delta}'^{e} \tag{4-8a}$$

式中：$\boldsymbol{k}'_e$——以 i、j 为端点杆单元在局部坐标系下的单元刚度矩阵，按本章式(4-3)计算。

将式(4-7)、式(4-8a)代入式(4-8)，得：

$$\boldsymbol{S}'' = \boldsymbol{A}^{T} \cdot \boldsymbol{k}'_{e} \cdot \boldsymbol{A} \cdot \boldsymbol{\delta}''^{e} = \boldsymbol{k}''_{e} \cdot \boldsymbol{\delta}''^{e} \tag{4-8b}$$

$$\boldsymbol{k}''_{e} = \boldsymbol{A}^{T} \cdot \boldsymbol{k}'_{e} \cdot \boldsymbol{A} \tag{4-9}$$

式中：$\boldsymbol{k}''_e$——以 i、j 为端点刚臂单元在以 a、b 为节点杆单元局部坐标系 x''、y'' 下的单元刚度矩阵。

按式(4-6)，把单元局部坐标系 x''、y'' 下单元刚度矩阵转换到结构坐标系 x、y 中，得：

$$\boldsymbol{k}_{e} = \boldsymbol{L}^{T} \cdot \boldsymbol{k}''_{e} \cdot \boldsymbol{L} = \boldsymbol{L}^{T} \cdot \boldsymbol{A}^{T} \cdot \boldsymbol{k}'_{e} \cdot \boldsymbol{A} \cdot \boldsymbol{L} \tag{4-10a}$$

式中：$\boldsymbol{L}$、$\boldsymbol{L}^{T}$——坐标转换矩阵及其转置矩阵，按式(4-5)计算。

令：

$$\boldsymbol{L}^{T} \cdot \boldsymbol{A}^{T} = (\boldsymbol{AL})^{T}, \boldsymbol{A} \cdot \boldsymbol{L} = \boldsymbol{AL} \tag{4-10b}$$

得：

$$\boldsymbol{k}_{e} = (\boldsymbol{AL})^{T} \cdot \boldsymbol{k}'_{e} \cdot \boldsymbol{AL} \tag{4-10}$$

式(4-10)表明，带有刚臂单元的刚度矩阵可以用式(4-3)建立局部坐标系下的单元刚度矩阵 $\boldsymbol{k}'_e$，只要在转换到总体坐标系下单元刚度矩阵时，用式(4-10b)中的 $(\boldsymbol{AL})^{T}$、$(\boldsymbol{AL})$ 代替式(4-6)中的 $\boldsymbol{L}^{T}$、$\boldsymbol{L}$ 就可以了。带刚臂单元处理就是建立带刚臂单元刚度矩阵的转换矩阵。

3. 编程框图

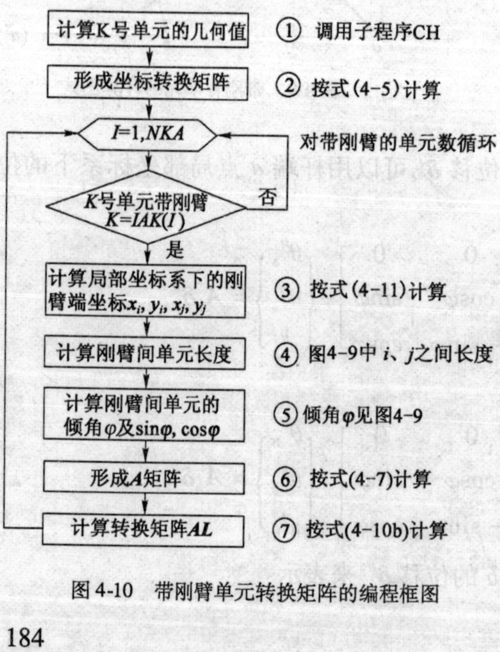

图 4-10　带刚臂单元转换矩阵的编程框图

图 4-10 为带刚臂单元的转换矩阵的编程框图，图中第③框计算刚臂端在局部坐标系下的坐标 x_i，y_i，x_j，y_j 是因为输入的带刚臂单元信息数组 AK(4，NKA)都是在结构总体坐标系下的数据，需要进行正交变换。

如图 4-11 所示，刚臂端 i 点在结构坐标系下的 Q、R 转换到局部坐标系下的 x_i，y_i 按式(4-11)计算。

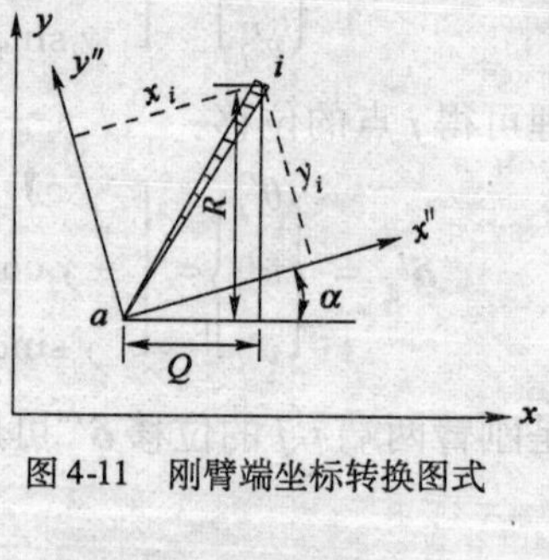

图 4-11　刚臂端坐标转换图式

结构坐标系下的 Q、R 值的计算可根据节点 a 的坐标及刚臂端点 i 的刚臂信息计算得到。

$$\begin{Bmatrix} x_i \\ y_i \end{Bmatrix} = \begin{bmatrix} \cos\alpha & \sin\alpha \\ -\sin\alpha & \cos\alpha \end{bmatrix} \cdot \begin{Bmatrix} Q \\ R \end{Bmatrix} \tag{4-11}$$

4. 带刚臂单元的坐标转换矩阵

按图 4-10 编写了带刚臂单元坐标转换矩阵 ***AL*** 的子程序 MAL，程序中调用了计算单元长度、倾角等几何量的子程序 CH，它与简单杆系程序中的子程序 CH1 类同，由子程序 CH1 中删去了计算单元两端节点起始行列号的语句得到，而单元两端节点的位移起始行列号计算专门编写了子程序 IOJO。另外第③框的计算编写了子程序 XY 来完成，下面给出这几子程序的源程序语句。

1）计算单元几何量的子程序

```
SUBROUTINE CH(K,IHL,IHR,X,Y,M,N,SI,CO,L)
  (子程序输入的形式参数：K——单元号；IHL(M)、IHR(M)——单元的左、右节点号数组；X(N)、Y(N)——结构
  坐标标系下节点的横坐标、纵坐标数组；M——单元数；N——节点数。
  输出参数：SI、CO——第 K 号单元杆件与结构坐标标系 X 轴夹角的正弦、余弦；L——第 K 号单元的长度)
REAL L
DIMENSION  IHL(M),IHR(M),X(N),Y(N)
I = IHL(K)
J = IHR(K)
CO = X(J) - X(I)
SI = Y(J) - Y(I)
L = SQRT(CO * CO + SI * SI)
CO = CO/L
SI = SI/L
RETURN
END
```

2）计算单元两端节点位移起始行列号

```
SUBROUTINE IOJO(K,IHL,IHR,M,IO,JO)
  (子程序输入的形式参数：K——单元号；IHL(M)、IHR(M)——单元的左、右节点号数组；M——单元数。
  输出参数：IO、JO——第 K 号单元左、右节点位移的起始行列号)
DIMENSION  IHL(M),IHR(M)
I = IHL(K) - 1
J = IHR(K) - 1
IO = 3 * I
JO = 3 * J
END
```

3）坐标正交变换计算子程序

```
SUBROUTINE XY(K,X1,Y1,Q,R,IHL,IHR,X,Y,M,N)
  (子程序输入的形式参数：K——单元号；Q、R——图 4-11 中带刚臂杆件刚臂端点与节点之间的水平和竖向距离；
  IHL(M)、IHR(M)——单元的左、右节点号数组；X(N)、Y(N)——结构坐标标系下节点的横坐标、纵坐标数组；
  M——单元数；N——阶段数。
  输出参数：X1、Y1——刚臂端点在单元局部坐标系中的横坐标、纵坐标，即式(4-11)中的 x_i, y_i)
REAL L
DIMENSION IHL(M),IHR(M),X(N),Y(N)
```

```
      CALL CH(K,IHL,IHR,X,Y,M,N,SI,CO,L)
      Y1 = R * CO - Q * SI
      X1 = R * SI + Q * CO
      RETURN
      END
```

4）坐标转换矩阵的计算

以下给出计算带刚臂单元的转换矩阵的子程序 MAL，当单元杆件没有刚臂时，程序按式(4-5)计算给出转换矩阵 ***L***，当单元杆件带有刚臂时，程序按式(4-10b)计算给出转换矩阵 ***AL***。

```
      SUBROUTINE MAL(K,AL,IHL,IHR,X,Y,IAK,AK,M,N,NKA,CX,CY,L)
```

（子程序输入的形式参数：K——单元号；IHL(M)、IHR(M)——单元的左、右节点号数组；X(N)、Y(N)——结构坐标标系下节点的横坐标、纵坐标数组；IAK(NKA)——带刚臂的单元号数组；AK(4,NKA)——带刚臂单元的刚臂信息数组；M——单元数；N——节点数；NKA——带刚臂的单元数。

输出参数：AL(6,6)——第 K 号单元刚度矩阵由局部坐标系到结构坐标系的转换矩阵；CX、CY——第 K 号杆件或 K 号杆件在两端刚臂间直杆对结构坐标系倾角的余弦、正弦；L——第 K 号单元的长度）

```
      REAL L
      DIMENSION  D(6,6),AL(6,6),IHL(M),IHR(M),X(N),Y(N),AK(4,NKA),IAK(NKA)
      CALL CLEAR(6,6,AL)
      CALL CH(K,IHL,IHR,X,Y,M,N,SI,CO,L)
       (图4-10 第①框，计算第 K 号单元杆件对结构坐标系倾角的正弦、余弦和单元长度)
      AL(1,1) = 1.0
      AL(2,2) = CO
      AL(3,3) = CO
      CX = CO
      AL(2,3) = SI
      AL(3,2) = -SI
      CY = SI
      DO 10 I = 1,3
        DO  8 J = 1,3
        AL(I+3,J+3) = AL(I,J)
8       CONTINUE
10    CONTINUE  (以上完成图4-10 第②框，计算第 K 号单元的坐标标转换矩阵)
      DO 60 I = 1,NKA  (对带刚臂的单元数循环，计算带刚臂单元的坐标标转换矩阵)
      KB = IAK(I)
      IF(KB.NE.K) GOTO 60
      IA = IHL(K)
      IB = IHR(K)
      Q = AK(1,I) - X(IA)
      R = AK(2,I) - Y(IA)
      CALL XY(K,XI,YI,Q,R,IHL,IHR,X,Y,M,N)  (图4-10 第③框，计算刚臂端 i 的局部坐标 x_i,y_i)
      Q = AK(3,I) - X(IB)
      R = AK(4,I) - Y(IB)
      CALL XY(K,XJ,YJ,Q,R,IHL,IHR,X,Y,M,N)  (计算刚臂端 j 的局部坐标 x_j,y_j)
      Q = AK(3,I) - AK(1,I)
      R = AK(4,I) - AK(2,I)
```

```
      CALL XY(K,A,B,Q,R,IHL,IHR,X,Y,M,N)  (计算两端刚臂之间的局部坐标差Δx,Δy)
      L = SQRT(A * A + B * B)  (图4-10第④框,计算两端刚臂之间杆件长度)
      C = A/L
      S = B/L  (图4-10第⑤框,计算两端刚臂之间杆件倾角的cosφ、sinφ)
      CX = Q/L
      CY = R/L
      CALL CLEAR(6,6,D)
      D(1,1) = 1.0
      D(4,4) = 1.0
      D(2,2) = C
      D(3,3) = C
      D(5,5) = C
      D(6,6) = C
      D(2,3) = S
      D(5,6) = S
      D(3,2) = -S
      D(6,5) = -S
      D(2,1) = -YI * C + XI * S
      D(3,1) = YI * S + XI * C
      D(5,4) = -YJ * C + XJ * S
      D(6,4) =  YJ * S + XJ * C  (以上完成图4-10第⑥框,按式(4-7)计算矩阵A,存放在工作数组D(6,6)中)
        DO 40 IQ = 1,3
          DO 35 IR = 1,3
            B = 0.0
            DO 20 IA = 1,3
              B = B + D(IQ,IA) * AL(IA,IR)
20          CONTINUE
            D(IQ,IR + 3) = B
            B = 0.0
            DO 30 IA = 4,6
              B = B + D(IQ + 3,IA) * AL(IA,IR + 3)
30          CONTINUE
            D(IQ + 3,IR) = B
35        CONTINUE
40      CONTINUE
        DO 50 IQ = 1,3
          DO 48 IR = 1,3
            AL(IQ,IR) = D(IQ,IR + 3)
            AL(IQ + 3,IR + 3) = D(IQ + 3,IR)
48        CONTINUE
50      CONTINUE  (图4-10第⑦框,矩阵相乘,完成坐标标转换矩阵AL = A · L,存放在数组AL(6,6)中)
60    CONTINUE
      RETURN
      END
```

四、总刚度矩阵的紧缩存储及形成

本章第一节介绍的简单杆系程序中总刚度矩阵采用二维数组存储，当计算的结构有 N 个节点、每个节点有 3 个位移自由度时，就需要 3N ×3N 个单元用来存储总刚度矩阵，耗费的内存单元多，影响了计算求解结构的规模和速度。

结构总刚度矩阵的特点是在对角线的周围有非零元素外，还有大量的零元素存在，总刚度矩阵的紧缩存储就是舍去对求解结构无效的零元素，用一维数组紧缩存储总刚度矩阵。以下讲述一维变带宽紧缩存储总刚度矩阵及总刚度矩阵的组装形成。

1. 一维变带宽紧缩存储总刚度矩阵

下面先用一个例子来说明总刚度矩阵的特点及采用一维数组紧缩存储的原理，然后讲述总刚度矩阵对角元素地址数组的建立。

1）紧缩存储基本原理

图 4-12a）所示用二维数组存储的总刚度矩阵除了对称的特点以外，它的元素都集中在对角线的周围，从每行第 1 个非零元素到对角元素之间的元素的个数称为半带宽，因此除了每行半带内的元素以外，矩阵中有大量的 0 元素区，这样的矩阵称为稀疏矩阵。0 元素区内总刚度矩阵的所有元素对求解结构都不起作用，因此只要把总刚度矩阵下三角阵每行半带宽内的元素及对角元素存储起来就足够了。要把非零元素摒弃掉，就需要用一维数组来存储，因为总刚度矩阵每行的半带宽是不同的，因此总刚度矩阵的这种存储方法称为一维变带宽紧缩存储。

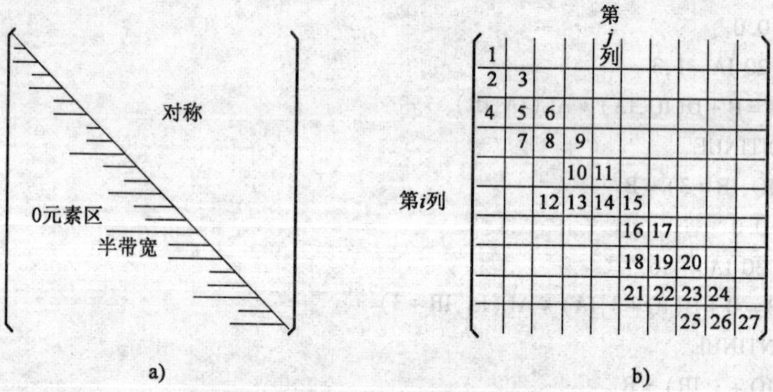

图 4-12　对称稀疏矩阵的一维紧缩存储

a）总刚度矩阵；b）二维数组元素对应序号

用图 4-12b）来说明紧缩存储的原理，命名二维数组为 A 矩阵，把 A 矩阵的每个非零元素顺序编号，把矩阵 A 的非零元素存储在一维数组 SK 中，元素之间的对应关系如表 4-3，引入矩阵 A 的对角元素地址数组 LV，将 A 矩阵第 i 行对角元素在一维数组中的序号记录在对角元素地址数组的 LV(I) 中，于是表 4-3 示例的对角元素地址数组是：

LV:1,3,6,9,11,15,17,20,24,27

于是矩阵元素 a_{ij} 转换到一维数组 SK 中的元素序号可按式(4-12)计算：

$$IP = LV(I) - I + J \tag{4-12}$$

一维紧缩存储元素对应关系表 表 4-3

一维数组 SK 元素序号	矩阵 A 数组元素	对角元素地址 LV	一维数组 SK 元素序号	矩阵 A 数组元素	对角元素地址 LV
1	a_{11}	1	15	a_{66}	6
2	a_{21}		16	a_{76}	
3	a_{22}	2	17	a_{77}	7
4	a_{31}		18	a_{86}	
5	a_{32}		19	a_{87}	
6	a_{33}	3	20	a_{88}	8
7	a_{42}		21	a_{96}	
8	a_{43}		22	a_{97}	
9	a_{44}	4	23	a_{98}	
10	a_{54}		24	a_{99}	9
11	a_{55}	5	25	$a_{10,8}$	
12	a_{63}		26	$a_{10,9}$	
13	a_{64}		27	$a_{10,10}$	10
14	a_{65}				

2）总刚度矩阵对角元素地址

实现总刚度矩阵一维紧缩存储的关键是要建立总刚矩阵的对角元素地址数组，亦即每行对角元素在一维数组中的序号。根据每个单元的左右节点号，可以在以 i 为右节点号的所有单元中找到左节点号最小的 k 号单元，于是 i 号节点 3 行总刚矩阵元素的个数应该是 k 号单元左右节点号差乘以 3 再加上 1、2 或 3，这就是每一行的半带宽 +1，有了每一行的元素个数就可以计算出对角元素地址、最大半带宽及总刚矩阵元素总数。

因为有主从约束的存在，方程序号经过紧缩后重新编号，上面按节点循环，找出 i 为右节点号的所有单元中最大的左右节点号差的方法应细化为一行一行地比较、找出该行最大的元素个数，图 4-13 为编程框图。LV 数组开始存放每行的元素个数，最后存放总刚矩阵对角元素地址。

下面给出计算总刚度矩阵对角元素地址、最大半带宽及元素总个数的子程序 DBL。

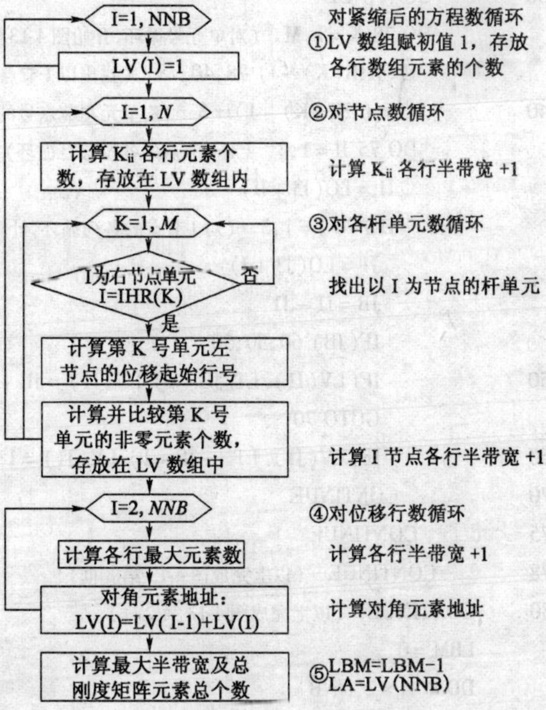

图 4-13 总刚矩阵对角元素地址编程框图

```
      SUBROUTINE DBL(M,N,NN,NNB,LBM,IHL,IHR,LO,LV,LA)
        (子程序输入的形式参数:M——单元数;N——节点数;NN——总刚度矩阵阶数,NN=3*N;NNB——去掉主
        从约束位移行后的总刚度矩阵阶数,NNB=NN-NC2; IHL(M)、IHR(M)——单元的左、右节点号数组;LO
        (NN)——考虑主从约束后重新排列的方程序号数组。
        输出参数:LBM——总刚度矩阵最大半带宽;LV(NNB)——总刚度矩阵对角元素地址数组;LA——总刚度矩
        阵元素总个数)
      DIMENSION LV(NNB),IHL(M),IHR(M),LO(NN)
      DO 10 I=1,NNB
        LV(I)=1
10    CONTINUE  (图4-13第①框,LV赋初值,用来存放每行的元素总个数)
      DO 80 I=1,N  (对节点号循环,开始图4-13第②框计算)
        I3=(I-1)*3
        DO 30 II=2,3  (对I节点的各位移行循环)
         I1=LO(I3+II)
         J2=II-1
         DO 25 JJ=1,J2  (对I节点的各列循环,计算比较各行元素个数,记录存放在LV数组中)
          J1=LO(I3+JJ)
          JB=I1-J1
          IF(JB) 23,22,22
22        IF(LV(I1).LT.JB+1) LV(I1)=JB+1
          GOTO 30
23        IF(LV(J1).LT.-JB+1) LV(J1)=-JB+1
25       CONTINUE
30      CONTINUE
        DO 78 K=1,M  (对单元号循环,开始图4-13第③框计算)
         IF(IHR(K)-I) 78,40,78  (找出以I节点为右节点号的单元K)
40       J3=(IHL(K)-1)*3  (K单元左节点号的位移起始行)
         DO 75 II=1,3  (对I节点的各位移行循环)
          I1=LO(I3+II)
          DO 70 J=1,3  (对I节点的各列循环,计算比较各行元素个数,记录存放在LV数组中)
           J1=LO(J3+J)
           JB=I1-J1
           IF(JB) 60,50,50
50         IF(LV(I1).LT.JB+1) LV(I1)=JB+1
           GOTO 70
60         IF(LV(J1).LT.-JB+1) LV(J1)=1-JB
70        CONTINUE
75       CONTINUE
78      CONTINUE  (以上完成图4-13第③框)
80    CONTINUE  (以上完成图4-13第②框)
      LBM=0
      DO 90 I=2,NNB
       IF(LBM.LT.LV(I)) LBM=LV(I)
       LV(I)=LV(I-1)+LV(I)
```

```
90    CONTINUE  （以上为图 4-13 第④框）
      LBM = LBM - 1
      LA = LV(NNB)  （图 4-13 第⑤框,计算最大半带宽及总刚矩阵元素总个数）
      RETURN
      END
```

2. 总刚度矩阵组装形成

一维变带宽紧缩存储总刚度矩阵组装形成的基本过程与简单杆系程序相同,都是对单元号循环,先计算生成总体坐标系下的单元刚度矩阵,计算该单元左右节点号的位移起始行列号,然后将 6×6 单元刚度矩阵的元素 K_{ij} 迭加到总刚度矩阵相应的位置上,循环结束就组装形成了总刚度矩阵。

所不同的是:一维变带宽紧缩存储的总刚度矩阵只存放单元刚度矩阵的下三角;单元左右节点号的位移起始行列号由经过主从约束后重新排列的方程序号数组 LO 给出;迭加到一维存放总刚度矩阵中的相应位置根据对角元素地址数组 LV,按式(4-12)进行地址转换得到。

以下给出生成单元刚度矩阵、二维数组元素在一维数组中地址转换子程序以及形成总刚度矩阵的子程序。

1)单元刚度矩阵

```
      SUBROUTINE DYK (K,M,N,IHL,IHR,X,Y,IAK,AK,NKA,NEJF,NEAL,EJF, EAL,NJF,NEA,LD,
                      KE)
      （子程序输入的形式参数:K——生成单元刚度矩阵的单元号; M——单元数;N——节点数;IHL(M)、IHR
      (M)——单元的左、右节点号数组;X(N)、Y(N)——节点的横坐标和纵坐标数组;NKA、IAK(NKA)、AK(4,
      NKA)——带刚臂单元的信息;NJF、EJF(4,NJF)、NEJF(M)——单元的截面特性信息;NEA、EAL(3,NEA)、
      NEAL(M)——单元的材料特性信息;LD——单元刚度矩阵计算信息,LD=1 时计算结构坐标系下的单元刚度
      矩阵,LD=2 时计算局部坐标系下的单元刚度矩阵。
      输出参数:KE(6,6)——第 K 号单元的单元刚度矩阵）
      DIMENSION NEJF(M),NEAL(M),EJF(4,NJF),EAL(3,NEA),IHL(M),IHR(M),X(N),Y(N),
                AK(4,NKA),AL(6,6),IAK(NKA)
      REAL KE(6,6),L,ALT(6,6)
      CALL CLEAR(6,6,KE)
      CALL MAL(K,AL,IHL,IHR,X,Y,IAK,AK,M,N,NKA,CX,CY,L)  （计算转换矩阵 AL）
      I1 = NEAL(K)
      B = EAL(1,I1)/L
      I1 = NEJF(K)
      A = 2.0 * EJF(1,I1)
      KE(1,4) = A
      KE(1,1) = 2.0 * A
      A = 3.0 * A/L
      KE(3,4) = A
      KE(1,3) = A
      KE(1,6) = - A
      A = 2.0 * A/L
      KE(3,3) = A
      KE(3,6) = - A
      A = EJF(2,I1)
```

```
      KE(2,2) = A
      KE(2,5) = -A
      DO 10 I = 1,3
        DO 9 J = I,3
          KE(I+3,J+3) = KE(I,J)
9       CONTINUE
10    CONTINUE
      KE(4,6) = -KE(4,6)
      DO 20 I = 1,6
        DO 15 J = I,6
          KE(I,J) = KE(I,J) * B
15      CONTINUE
20    CONTINUE
      DO 40 I = 1,6
        I1 = I+1
        DO 30 J = I1,6
          KE(J,I) = KE(I,J)
30      CONTINUE
40    CONTINUE  （以上按式(4-3)计算单元局部坐标系下的单元刚度矩阵 ke'）
      IF(LD.EQ.2)RETURN
      CALL MTMULT(6,6,6,KE,AL,ALT)  （计算 ke'·AL,存放在数组 ALT 中）
      CALL TRNSPS(6,6,AL,KE)  （计算 AL 的转置矩阵[AL]^T,存放在数组 KE 中）
      CALL MTMULT(6,6,6,KE,ALT,AL)  （计算 ke = [AL]^T·ke'·AL,存放在数组 AL 中）
      DO 50 I = 1,6
        DO 45 J = 1,6
          KE(I,J) = AL(I,J)
45      CONTINUE
50    CONTINUE  （用数组 KE 来存放总体结构坐标系下的单元刚度矩阵 ke）
      RETURN
      END
```

2）地址转换

地址转换就是把一个二维总刚度矩阵第 i 行、第 j 列元素 a_{ij} 转换到一维紧缩存放的总刚度矩阵 SK 中时，计算一维数组元素的序号，前面式(4-12)列出了计算公式，子程序语句如下：

```
      SUBROUTINE CIP(I,J,IP,NNB,LV)
      （子程序输入的形式参数：I、J——要转换地址的总刚度矩阵元素的行号和列号；NNB、LV(NNB)——紧缩存储
      总刚度矩阵的行数及对角元素地址数组。
      输出参数：IP——总刚度矩阵元素 aij 在一维数组中的元素序号）
      DIMENSION LV(NNB)
      I1 = I
      J1 = J
      IF(I.GT.J) GOTO 20
      I1 = J
      J1 = I
20    IP = LV(I1) - I1 + J1  （按式(4-12)计算总刚度矩阵元素 aij 在一维数组中的元素序号）
```

```
      RETURN
      END
```

3)组装总刚度矩阵

```
      SUBROUTINE ASSEM(M,N,IHL,IHR,X,Y,IAK,AK,NKA,NEJF,NEAL,EJF,EAL, NJF,NEA,SK,
                 LV,NNB,LA,LO,NN)
```

（子程序输入的形式参数：M——单元数；N——节点数；IHL(M)、IHR(M)——单元的左、右节点号数组；X(N)、Y(N)——节点的横坐标和纵坐标数组；NKA、IAK(NKA)、AK(4,NKA)——带刚臂单元的信息；NJF、EJF(4,NJF)、NEJF(M)——单元的截面特性信息；NEA、EAL(3,NEA)、NEAL(M)——单元的材料特性信息；LV(NNB)——对角元素地址数组；LA——总刚度矩阵元素总个数；LO(NN)——考虑主从约束后重新排列的方程序号数组。

输出参数:SK(LA)——一维半带宽紧缩存储的结构总刚度矩阵,为提高计算精度,采用双精度存储）

```
      REAL*8 SK(LA)
      DIMENSION X(N),Y(N),IHL(M),IHR(M),NEJF(M),NEAL(M),EJF(4,NJF), EAL(3,NEA),
         AK(4,NKA),AL(6,6),LV(NNB), LO(NN),IAK(NKA)
      REAL L,KE(6,6)
      DO 1 K=1,LA
        SK(K)=0.0
1     CONTINUE
      DO 100 K=1,M  （对单元号循环）
        CALL IOJO(K,IHL,IHR,M,I0,J0)  （计算K号单元左右节点号）
        CALL DYK(K,M,N,IHL,IHR,X,Y,IAK,AK,NKA,NEJF,NEAL,EJF,EAL,NJF,NEA,1,KE)
        （计算K号单元在结构坐标系下的单元刚度矩阵）
          I1=I0+1
          I3=I0+3
          J1=J0+1
          J3=J0+3  （计算K号单元左右节点的位移起止行列号）
          DO 60 I=I1,I3  （对K号单元i端各位移行循环）
            IL=LO(I)  （计算相应行列的位移方程序号）
            II=I-I0
            DO 50 J=I1,I
              JL=LO(J)  （计算相应行列的位移方程序号）
              JJ=J-I0
              CALL CIP(IL,JL,IP,NNB,LV)  （地址转换）
              SK(IP)=SK(IP)+KE(II,JJ)  （迭加单元刚度矩阵ke中kii小块的下三角部分元素）
50            CONTINUE
60          CONTINUE
          DO 90 I=J1,J3  （对K号单元j端各位移列循环）
            IL=LO(I)
            II=I-J0+3
            DO 70 J=I1,I3
              JL=LO(J)
              JJ=J-I0
              CALL CIP(IL,JL,IP,NNB,LV)
              C=1.0
```

```
      IF(IL.EQ.JL) C=2.0
      SK(IP)=SK(IP)+C*KE(II,JJ)  （迭加单元刚度矩阵k_e中k_ij小块的元素）
70    CONTINUE
      DO 80 J=J1,I
      JL=LO(J)
      JJ=J-J0+3
      CALL CIP(IL,JL,IP,NNB,LV)
      SK(IP)=SK(IP)+KE(II,JJ)  （迭加单元刚度矩阵k_e中k_ij小块的下三角部分元素）
80    CONTINUE
90    CONTINUE
100   CONTINUE  （对单元号循环结束，组装形成一维紧缩存储的总刚度矩阵）
      RETURN
      END
```

五、荷载列阵形成

如果荷载作用在节点上，可以直接迭加节点上的荷载值得到结构的总荷载列阵，当荷载作用在杆单元中间时以及计算结构自重、恒载、温度等荷载工况时，就需要根据不同的荷载类型先计算出单元在局部坐标系中的荷载列阵，然后将单元荷载列阵转换迭加到结构总体坐标系的总荷载列阵中。以下讲述单元荷载列阵的计算及总荷载列阵的迭加，最后给出几个常见荷载工况的总荷载列阵形成。

1. 单元荷载列阵计算

单元荷载列阵就是将作用在单元中间的荷载转换为在单元局部坐标系下两端等效的节点力，表4-4给出了结构计算中常见的9种杆间荷载类型计算图式及其节点力计算公式。

单元杆间荷载类型及节点力计算公式　　表4-4

荷载类型指数	荷载计算图式	节点力计算公式
1	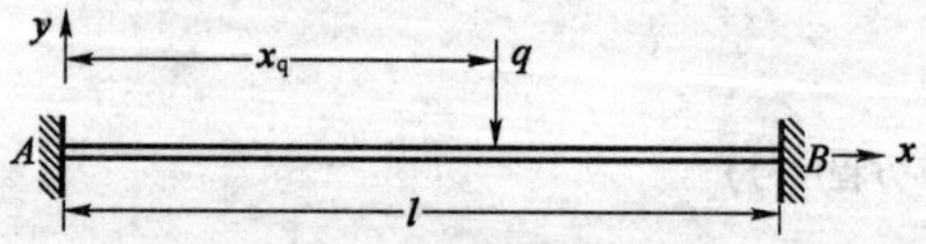	$R_{AX}=R_{BX}=0$ $R_{AY}=-q\cdot(1+2x_q/l)\cdot(1-x_q/l)^2$ $R_{BY}=-q-R_{AY}$ $M_A=-q\cdot x_q\cdot(1-x_q/l)^2$ $M_B=q\cdot x_q\cdot(l-x_q)/l^2$
2	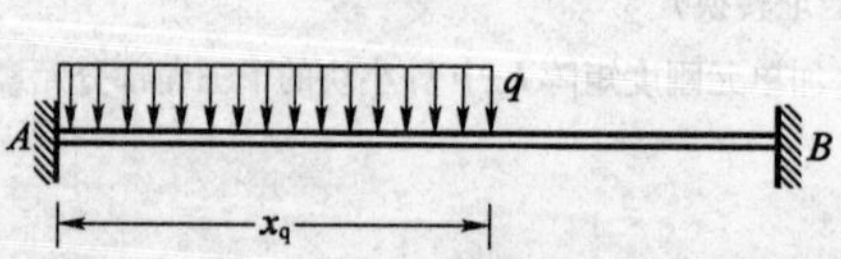	$R_{AX}=R_{BX}=0$ $R_{AY}=-q\cdot x_q\cdot(1-x_q^2/l^2+x_q^3/2l^3)$ $R_{BY}=-q\cdot x_q-R_{AY}$ $M_A=-q\cdot x_q^2\cdot(6-8x_q/l+3x_q^2/l^2)/12$ $M_B=q\cdot x_q^3\cdot(4-3x_q/l)/(12l)$
3	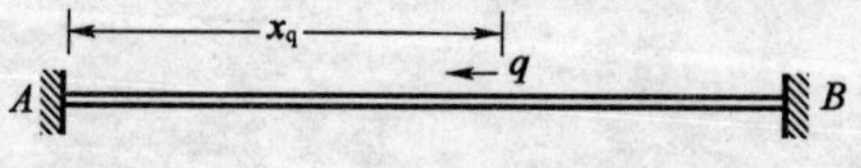	$R_{AY}=R_{BY}=M_A=M_B=0$ $R_{AX}=-q\cdot(1-x_q/l)$ $R_{BX}=-q-R_{AX}$
4	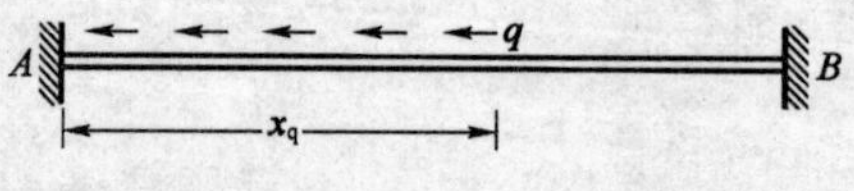	$R_{AY}=R_{BY}=M_A=M_B=0$ $R_{AX}=-q\cdot x_q^2/2l$ $R_{BX}=-q\cdot x_q-R_{AX}$

荷载类型指数	荷载计算图式	节点力计算公式
5	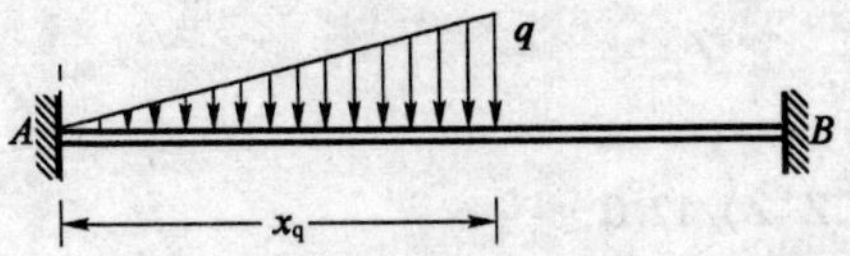	$R_{AX}=R_{BX}=0$ $R_{AY}=-q\cdot x_q\cdot(2-3x_q^2/l^2+1.6x_q^3/l^3)/4$ $R_{BY}=-q\cdot x_q/2-R_{AY}$ $M_A=-q\cdot x_q^2\cdot(2-3x_q/l+1.2x_q^2/l^2)/6$ $M_B=q\cdot x_q^3\cdot(1-0.8x_q/l)/(4l)$
6	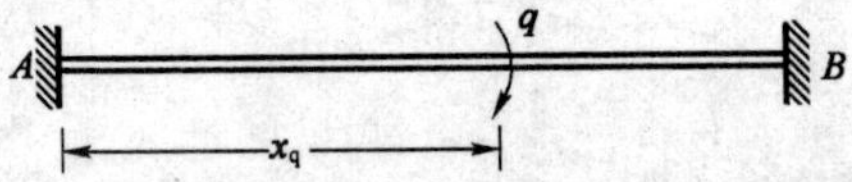	$R_{AX}=R_{BX}=0$ $R_{AY}=-6q\cdot(1-x_q/l)\cdot x_q/l^2$ $R_{BY}=-R_{AY}$ $M_A=q\cdot(1-x_q/l)\cdot[2-3(1-x_q/l)]$ $M_B=q\cdot x_q/l\cdot(2-3x_q/l)$
7		$R_{AY}=R_{BY}=M_A=M_B=0$ $R_{AX}=-qx_q$ $R_{BX}=-R_{AX}$ 注:x_q代表 aEF,a 是线膨胀系数
8	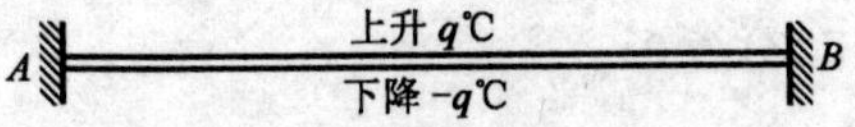	$R_{AY}=R_{BY}=R_{AX}=R_{BX}=0$ $M_A=qx_q$ $M_B=M_A$ 注:x_q代表 $2EJa/h$,h 为截面高度
9	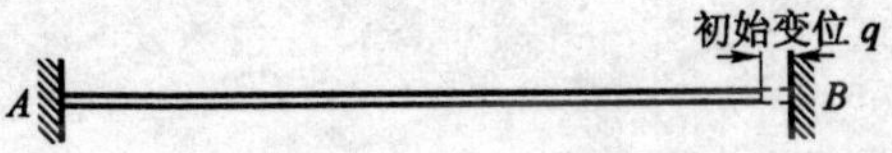	$R_{AY}=R_{BY}=M_A=M_B=0$ $R_{AX}=q\cdot x_q$ $R_{BX}=-R_{AX}$ 注:x_q代表 EF/l

单元两端节点力组成了式(4-2)的单元杆端力列阵 S'^e,亦即单元荷载列阵。将表 4-4 杆间荷载作用下单元两端节点力计算编写为子程序,子程序取名为 FORCE,源程序语句如下:

```
SUBROUTINE FORCE(K,NEJF,EJF,M,NJF,XQ,IND,Q,L,RAX,RAY,RBX,RBY,MA,MB)
 (子程序输入的形式参数: K——计算单元荷载列阵的单元号;NJF、EJF(4,NJF)、NEJF(M)——单元的截面特
 性信息;M——单元数; XQ——杆间荷载到单元左节点的距离;IND——杆间荷载类型指数;Q——杆间荷载的
 数值; L——单元的长度。
 输出参数:RAX,RBX, RAY, RDY,MA,MB——由杆间荷载产生单元两端的轴力、剪力和弯矩)
DIMENSION NEJF(M),EJF(4,NJF)
REAL L,MA,MB
RAX=0.0
RAY=0.0
RBX=0.0
RBY=0.0
MA=0.0
MB=0.0
Z=XQ/L
H=1.0-XQ/L
GOTO (10,20,30,40,50,60,70,80,90),IND
 (根据不同的荷载类型指数,按表 4-4 公式计算单元两端的节点力)
```

```
10     RAY = -Q*H*H*(1.0+2.0*Z)
       RBY = -Q-RAY
       MA = -Q*XQ*H*H
       MB = Q*XQ*XQ*(L-XQ)/L/L
       GOTO 100
20     RAY = -Q*XQ*(1.0-Z*Z+Z**3/2.0)
       MA = -Q*XQ*XQ*(6.0-8.0*Z+3.0*Z*Z)/12.0
       RBY = -Q*XQ-RAY
       MB = Q*XQ**3*(4.0-3.0*Z)/12.0/L
       GOTO 100
30     RAX = -Q*H
       RBX = -Q-RAX
       GOTO 100
40     RBX = -Z*XQ*Q/2.0
       RAX = -Q*XQ-RBX
       GOTO 100
50     RAY = -Q*XQ*(2.0-3.0*Z*Z+1.6*Z**3)/4.0
       RBY = -Q*XQ/2.0-RAY
       MA = -Q*XQ*XQ*(2.0-3.0*Z+1.2*Z*Z)/6.0
       MB = Q*XQ**3*(1.0-0.8*Z)/4.0/L
       GOTO 100
60     RAY = -6.0*Q*Z*H/L
       RBY = -RAY
       MA = Q*H*(2.0-3.0*H)
       MB = Q*Z*(2.0-3.0*Z)
       GOTO 100
70     RAX = -Q*XQ
       RBX = -RAX
       GOTO 100
80     MA = -Q*XQ
       MB = -MA
       GOTO 100
90     RAX = Q*XQ
       RBX = -RAX
100    K1 = NEJF(K)
       IF(EJF(1,K1).GE.1.0E-15) RETURN
       MA = 0.0  （当所计算单元的截面抗弯惯矩等于0时,单元两端不能承受弯矩,取 MA = 0、MB = 0）
       MB = 0.0
       END
```

2. 总荷载列阵迭加

局部坐标系下的单元荷载列阵 S^e 转换到结构坐标系下的单元荷载列阵 S'^e，按式(4-13)计算：

$$S^e = L^T S'^e \tag{4-13a}$$

式中：L^{T}——按式(4-5)计算的坐标转换矩阵 L 的转置矩阵。

当单元带有刚臂时，用式4-10b)计算的$(AL)^{T}$代替式(4-13a)的 L^{T}，得：

$$S^{e} = [AL]^{T}S'^{e} \tag{4-13b}$$

将杆间荷载产生的单元荷载列阵迭加到总荷载列阵的计算过程编写为子程序，取名 FD，源程序语句：

```
      SUBROUTINE FD(K,NEJF,EJF,IHL,IHR,LO,DP,M,NN,NNB,NJF,XQ,IND,Q,L,ALT)
       (子程序输入的形式参数：K——计算单元荷载列阵的单元号；NJF、EJF(4,NJF)、NEJF(M)——单元的截面特
       性信息；M——单元数；IHL(M)、IHR(M)——单元的左、右节点号数组；NN、LO(NN)——位移方程总数及方
       程序号数组；NNB——去掉主从约束位移行后的总刚度矩阵阶数，NNB = NN - NC2；XQ——杆间荷载到单元左
       节点的距离；IND——杆间荷载类型指数；Q——杆间荷载的数值；L——单元的长度；ALT(6,6)——第 K 号单
       元坐标转换矩阵的转置矩阵。
       输出参数：DP(NNB)——总荷载列阵，为提高计算精度，采用双精度存储)
      REAL MA,MB,L
      REAL*8 DP(NNB)
      DIMENSION FV1(6),FV(6),NEJF(M),EJF(4,NJF),IHL(M),IHR(M), LO(NN),ALT(6,6)
      CALL FORCE(K,NEJF,EJF,M,NJF,XQ,IND,Q,L,RAX,RAY,RBX,RBY,MA,MB)
       (调用 FORCE 子程序，计算第 K 号单元杆间荷载产生的杆端力)
      FV1(1)=MA
      FV1(2)=RAX
      FV1(3)=RAY
      FV1(4)=MB
      FV1(5)=RBX
      FV1(6)=RBY   (建立第 K 号单元在局部坐标系下的单元荷载列阵 S'e，存放在 FV1 数组中)
      CALL MTMULT(6,6,1,ALT,FV1,FV)
       (按式(4-13b)计算第 K 号单元在结构坐标系下的单元荷载列阵 Se)
      CALL IOJO(K,IHL,IHR,M,IO,JO)   (计算第 K 号单元左、右节点号在位移方程中的起始行列号)
      DO 10 I=1,3
       I1=IO+I
       I1=LO(I1)   (计算第 K 号单元左节点号的方程序号)
       I2=JO+I
       I2=LO(I2)   (计算第 K 号单元右节点号的方程序号)
       DP(I1)=DP(I1)+FV(I)
       DP(I2)=DP(I2)+FV(I+3)   (将第 K 号单元在结构坐标系下的单元荷载列阵 Se 迭加到总荷载列阵中)
10    CONTINUE
      RETURN
      END
```

3. 常见荷载工况的总荷载列阵

以下根据结构计算中的自重、单元上恒载、温度变化及杆间荷载等几种常见的荷载工况，编写不同的子程序，建立该荷载工况下的总荷载列阵。

1)结构自重

由结构自重产生的总荷载列阵是利用表4-4 中第2 种和第4 种杆间荷载类型计算杆端力公式，对所有单元循环求得单元荷载列阵，并迭加形成结构自重产生的总荷载列阵，编写为子程序 WWDP 如下：

```
      SUBROUTINE WWDP(IHL,IHR,X,Y,IAK,AK,NEJF,EJF,DP,LO,M,N, NKA,NJF,NNB,NN,EAL,
     NEA,NEAL)
     (子程序输入的形式参数:IHL(M)、IHR(M)——单元的左、右节点号数组;X(N)、Y(N)——节点的横坐标、纵
     坐标数组;NKA、IAK(NKA)、AK(4,NKA)——带刚臂单元信息;NJF、EJF(4,NJF)、NEJF(M)——单元的截面
     特性信息;NEA、EAL(3,NAL)、NEAL(M)——单元的材料特性信息;NN、LO(NN)——位移方程总数及方程序
     号数组; M——单元数;N——节点数;NNB——去掉主从约束位移行后的总刚度矩阵阶数,NNB = NN - NC2。
     输出参数:DP(NNB)——结构自重产生的总荷载列阵,为提高计算精度,采用双精度存储)
      REAL L
      REAL * 8 DP(NNB)
      DIMENSION IHL(M),IHR(M),X(N),Y(N),IAK(NKA),AK(4,NKA), EJF(4,NJF),LO(NN),
     EAL(3,NEA),NEAL(M), NEJF(M),AL(6,6),ALT(6,6)
      DO 10 I = 1,NNB
        DP(I) = 0.0
10    CONTINUE
      DO 40 I = 1,M  (对单元总数循环,计算、迭加每个单元产生的总荷载列阵)
       CALL MAL(I,AL,IHL,IHR,X,Y,IAK,AK,M,N,NKA,CX,CY,L)
       (计算第 I 号单元坐标转换矩阵 AL 、单元长度 l 及单元倾角 α 的余弦 CX 和正弦 CY)
       CALL TRNSPS(6,6,AL,ALT)  (矩阵转置得(AL)^T)
       GGG = EAL(3,NEAL(I))*EJF(2,NEJF(I))  (计算单元杆的自重均布荷载密度 γ · F)
       Q = GGG*CX  (自重均布荷载垂直于单元轴线的分量)
       CALL FD(I,NEJF,EJF,IHL,IHR,LO,DP,M,NN,NNB,NJF,L,2,Q,L,ALT)
       (生成由单元自重均布荷载垂直于单元轴线的分量产生的单元荷载列阵,并迭加到总荷载列阵中)
       Q = CY*GGG  (自重均布荷载顺单元轴线方向分量)
       CALL FD(I,NEJF,EJF,IHL,IHR,LO,DP,M,NN,NNB,NJF,L,4,Q,L,ALT)
       (生成由单元自重均布荷载顺单元轴线方向分量产生的单元荷载列阵,并迭加到总荷载列阵中)
40    CONTINUE  (循环结束,建立结构自重产生的总荷载列阵)
      RETURN
      END
```

2)单元上恒载重

由单元上的恒载产生的总荷载列阵也是利用表 4-4 中第 2 种和第 4 种杆间荷载类型计算杆端力公式,对所有单元循环,计算有恒载作用单元的单元荷载列阵,并迭加到总荷载列阵中,编写为子程序 GGDP:

```
      SUBROUTINE GGDP(IHL,IHR,X,Y,IAK,AK,NEJF,NGG,EJF,GGN,DP,LO,M,N, NKA,NJF,NG,
     NNB,NN)
     (子程序输入的形式参数:IHL(M)、IHR(M)——单元的左、右节点号数组;X(N)、Y(N)——节点的横坐标、纵
     坐标数组;NKA、IAK(NKA)、AK(4,NKA)——带刚臂单元信息;NJF、EJF(4,NJF)、NEJF(M)——单元的截面
     特性信息;NG、GGN(NG)、NGG(M)——恒载类型总数、恒载数值及单元上作用的恒载类型号数组;NN、
     LO(NN)——位移方程总数及方程序号数组; M——单元数;N——节点数;NNB——去掉主从约束位移行后
     的总刚度矩阵阶数,NNB = NN - NC2。
     输出参数:DP(NNB)——单元上恒载产生的总荷载列阵,为提高计算精度,采用双精度存储)
      REAL L
      REAL * 8 DP(NNB)
      DIMENSION IHL(M),IHR(M),X(N),Y(N),IAK(NKA),AK(4,NKA),NEJF(M),NGG(M),EJF
     (4,NJF),GGN(NG),LO(NN),AL(6,6),ALT(6,6)
      DO 10 I = 1,NNB
```

```
      DP(I) =0.0
10    CONTINUE
      DO 40 I = 1,M  (对单元总数循环,计算、迭加有恒载作用单元上由恒载重产生的总荷载列阵)
       IF(NGG(I).EQ.0) GOTO 40
       CALL MAL(I,AL,IHL,IHR,X,Y,IAK,AK,M,N,NKA,CX,CY,L)
        (计算有恒载作用的第I号单元坐标转换矩阵AL、单元长度l及单元倾角α的余弦CX和正弦CY)
       CALL TRNSPS(6,6,AL,ALT)  (矩阵转置得[AL]^T)
       CALL SETG(I,NGG,GGN,M,NG,Q,CX)  (计算单元上恒载重垂直于单元轴线的分量)
       CALL FD(I,NEJF,EJF,IHL,IHR,LO,DP,M,NN,NNB,NJF,L,2,Q,L,ALT)
        (生成由单元上恒载重垂直于单元轴线分量产生的单元荷载列阵,并迭加到总荷载列阵中)
       CALL SETG(I,NGG,GGN,M,NG,Q,CY)  (计算单元上恒载重顺单元轴线方向的分量)
       CALL FD(I,NEJF,EJF,IHL,IHR,LO,DP,M,NN,NNB,NJF,L,4,Q,L,ALT)
        (生成由单元上恒载重顺单元轴线方向分量产生的单元荷载列阵,并迭加到总荷载列阵中)
40     CONTINUE  (循环结束,建立单元上恒载重产生的总荷载列阵)
       RETURN
       END
```

上面子程序中调用了计算单元上恒载分量的子程序 SETG,源程序语句如下:

```
      SUBROUTINE SETG(K,NGG,GGN,M,NG,G,CXY)
       (子程序输入的形式参数:K——单元号;NGG(M)——单元上作用恒载的类型号数组,NGG(K)=0时,单元上
        没有恒载作用;GGN(NG)——各类恒载的数值;M——单元数; NG——恒载类型总数;CXY——第K号单元
        倾角的余弦或正弦。
        输出参数:G——单元上恒载的分量,CXY为K号单元倾角的余弦时,得到垂直于单元轴线的恒载分量;CXY
        为单元倾角的正弦时,得到顺单元轴线方向的恒载分量)
      DIMENSION NGG(M),GGN(NG)
      G=0.0
      KN=NGG(K)
      IF(KN.NE.0) G=GGN(KN)*CXY
      END
```

3)温度荷载

均匀升温或降温产生的总荷载列阵是利用表4-4中第7种杆间荷载类型计算杆端力公式,对所有单元循环,计算由温度变化产生的单元荷载列阵,并迭加到总荷载列阵中,编写子程序 TTDP 如下:

```
      SUBROUTINE TTDP(K,IHL,IHR,X,Y,IAK,AK,NEAL,NEJF,EAL,EJF,TN,DP,LO,M,N,NKA,
         NEA,NJF,NT,NNB,NN)
       (子程序输入的形式参数:K——计算第K种温度变化的工况;IHL(M)、IHR(M)——单元的左、右节点号数
        组;X(N)、Y(N)——节点的横坐标、纵坐标数组;NKA、IAK(NKA)、AK(4,NKA)——带刚臂单元信息;NJF、
        EJF(4,NJF)、NEJF(M)——单元的截面特性信息;NEA、EAL(3,NEA)、NEAL(M)——单元的材料特性信息;
        NT、TN(NT)——温度变化工况总数及每个工况温度变化的数值;NN、LO(NN)——位移方程总数及方程序号
        数组; M——单元数;N——节点数;NNB——去掉主从约束位移行后的总刚度矩阵阶数,NNB=NN-NC2。
        输出参数:DP(NNB)——第K种温度变化的工况产生的总荷载列阵,为提高计算精度,采用双精度存储)
      REAL*8 DP(NNB)
      REAL L
      DIMENSION TN(NT),IHL(M),IHR(M),X(N),Y(N),NEAL(M),NEJF(M), EAL(3,NEA),EJF
     $ (4,NJF),IAK(NKA),AK(4,NKA), LO(NN),AL(6,6),ALT(6,6)
```

```
      DO 10 I=1,NNB
      DP(I)=0.0
10    CONTINUE
      DO 100 I=1,M   （对单元总数循环，计算、迭加第K种温度变化工况产生的总荷载列阵）
        CALL MAL(I,AL,IHL,IHR,X,Y,IAK,AK,M,N,NKA,CX,CY,L)
          （计算第I号单元坐标转换矩阵AL、单元长度l及单元倾角α的余弦CX和正弦CY）
        CALL TRNSPS(6,6,AL,ALT)   （矩阵转置得(AL)^T）
        L1=NEAL(I)
        L2=NEJF(I)
        XQ=EAL(2,L1)*EAL(1,L1)*EJF(2,L2)   （计算表4-4中第7种荷载类型的αEF）
        CALL FD(I,NEJF,EJF,IHL,IHR,LO,DP,M,NN,NNB,NJF,XQ,7,TN(K),L,ALT)
          （生成第K种温度工况、温度变化TN(K)度时产生的单元荷载列阵，并迭加到总荷载列阵中）
100   CONTINUE   （循环结束，建立第K种温度工况产生的总荷载列阵）
      RETURN
      END
```

4)杆间荷载

杆间荷载产生的总荷载列阵是根据表4-4中各种杆间荷载类型计算出杆端力，对有杆间荷载作用的单元数循环，计算这些单元由杆间荷载产生的荷载列阵，并迭加到总荷载列阵中，因为结构计算时可以考虑有MM组杆间荷载的工况，下面的子程序QQDP用来计算第KI号杆间荷载产生的总荷载列阵：

```
      SUBROUTINE QQDP(KI,K,IHL,IHR,X,Y,IAK,AK,NEJF,EJF,DP,LO,IMQ,INQ, Q,M,N,NKA,
     $            NJF,NNB,NN,LQM)
```

（子程序输入的形式参数：KI——计算第KI号杆间荷载工况；K——第KI号杆间荷载工况时，有杆间荷载作用的单元数；IHL(M)、IHR(M)——单元的左、右节点号数组；X(N)、Y(N)——节点的横坐标、纵坐标数组；NKA、IAK(NKA)、AK(4,NKA)——带刚臂单元信息；NJF、EJF(4,NJF)、NEJF(M)——单元的截面特性信息；NN、LO(NN)——位移方程总数及方程序号数组；M——单元数；N——节点数；NNB——去掉主从约束位移行后的总刚度矩阵阶数，NNB=NN-NC2；LQM——各杆间荷载工况中，有杆间荷载作用的最大单元数。

从输入数据文件中读入的形式参数：IMQ(LQM)，INQ(LQM)，Q(LQM,2，)——第KI号杆间荷载工况时荷载作用的杆件号、荷载类型指数、荷载数值大小及到单元左节点距离的数组。

输出参数：DP(NNB)——第KI号杆间荷载产生的总荷载列阵，为提高计算精度，采用双精度存储）

```
      REAL L
      REAL*8 DP(NNB)
      DIMENSION IHL(M),IHR(M),X(N),Y(N),IAK(NKA),AK(4,NKA),NEJF(M), EJF(4,NJF),
     $          LO(NN),AL(6,6), ALT(6,6)
      DO 10 I=1,NNB
        DP(I)=0.0
10    CONTINUE
      READ(2,*)(IMQ(I),INQ(I),Q(I,1),Q(I,2),I=1,K)
        （读入第KI号杆间荷载工况时，K个杆间荷载的信息）
      WRITE(*,'(//10X,"SEPERATE",2X,"CORRESPONDING",4X,"LOAD",7X,"VALUE OF",4X,"DISTANCE
     $       TO"/10X,"LOAD"," No. ",3X,"ELEMENT No. ",3X," TYPE ",4X,"LOAD","(q)",5X,
     $       "LEFT END(Xq)"/)')
      WRITE(*,'((1X,3I13,3X,2(1PE14.4)))')(I,IMQ(I),INQ(I),Q(I,1), Q(I,2),I=1,K)
      WRITE(11 ,'(1X,"*** CASE",I4,"***")')KI
```

```
      WRITE(11 ,'(/10X,"SEPERATE",2X,"CORRESPONDING",4X,"LOAD",7X,"VALUE OF",4X,
     $        "DISTANCE TO"/10X,"LOAD"," No. ",3X,"ELEMENT No. ",3X," TYPE ",4X,"LOAD",
     $        "(q)",5X,"LEFT END(Xq)"/)')
      WRITE(11 ,'((1X,3I13,3X,2(1PE14.4)))')(I,IMQ(I),INQ(I),Q(I,1), Q(I,2),I=1,K)
      DO 100 I=1,K  (对 K 个作用有杆间荷载的单元循环)
        L1 = IMQ(I)
        CALL MAL(L1,AL,IHL,IHR,X,Y,IAK,AK,M,N,NKA,CX,CY,L)
          (计算第 I 号作用有杆间荷载单元的坐标转换矩阵 AL、单元长度 l 及单元倾角 α 的余弦 CX 和正弦 CY)
        CALL TRNSPS(6,6,AL,ALT)  (矩阵转置得[AL]^T)
        CALL FD(L1,NEJF,EJF,IHL,IHR,LO,DP,M,NN,NNB,NJF,Q(I,2),INQ(I), Q(I,1),L,ALT)
          (生成第 I 号杆间荷载产生第 L1 号单元的荷载列阵,并迭加到总荷载列阵中)
100     CONTINUE  (循环结束,建立第 KI 号杆间荷载工况产生的总荷载列阵)
      RETURN
      END
```

除了以上常见的荷载工况外,由单元两端预加力、支座位移产生的总荷载列阵都可按以上相同的原理来建立,不再赘述。

六、位移方程求解

前面已经讲述了结构位移方程 $\boldsymbol{K}\cdot\boldsymbol{\delta}=\boldsymbol{P}$ 中的总刚度矩阵 $\boldsymbol{K}$ 及总荷载列阵 $\boldsymbol{P}$ 的形成,因为在边界约束行处理中,建立了边界位移约束行信息数组 LOCC,于是可以将总刚度矩阵中边界约束行、列划去;将节点位移列阵 $\boldsymbol{\delta}$ 及总荷载列阵中边界约束行划去,对这样紧缩后的结构位移方程求解,得到结构各个节点在结构坐标系下的位移,然后根据节点位移求解单元的内力。

以下讲述采用三角化分解求解结构位移方程的基本原理,用于一维变带宽存储总刚度矩阵的分解和回代,然后讲述桥梁结构中常见荷载工况的求解及其原理。

1. 求解位移方程的基本原理

结构位移方程 $\boldsymbol{K}\cdot\boldsymbol{\delta}=\boldsymbol{P}$ 的求解,在数学上最后都归结为求解下列线性方程组:

$$\begin{cases} a_{11}x_1+a_{12}x_2+a_{13}x_3+\cdots+a_{1n}=b_1\\ a_{21}x_1+a_{22}x_2+a_{23}x_3+\cdots+a_{2n}=b_2\\ a_{31}x_1+a_{32}x_2+a_{33}x_3+\cdots+a_{3n}=b_3\\ \cdots\\ a_{n1}x_1+a_{n2}x_2+a_{n3}x_3+\cdots+a_{nn}=b_n \end{cases}$$

用矩阵表示为:

$$\boldsymbol{A}\cdot\boldsymbol{x}=\boldsymbol{b} \tag{4-14}$$

式中:$\boldsymbol{A}$——已知的系数矩阵,对应于位移方程中的总刚度矩阵 $\boldsymbol{K}$;

$\boldsymbol{b}$——已知的右端项,对应于位移方程中的总荷载列阵 $\boldsymbol{P}$;

$\boldsymbol{x}$——求解的未知数,对应于位移方程中的节点位移列阵 $\boldsymbol{\delta}$。

求解式(4-14)线性方程组的方法很多,可以分为直接法和迭代法两类,直接法中又可分为消去法和三角化分解、回代法,根据系数矩阵的特点及求解问题的特点选用合适的方法。结构位移方程的总刚度矩阵是对称矩阵,主对角元素总是大于0,结构问题求解时常常是需要计算多种荷载情况下的结构内力和位移，这时总刚度矩阵是不变的，只是总荷载列阵随荷载的不同而变化，在数学上就是对称正定系数矩阵、需求解多组右端项的线性方程组问题，对于这类问题采用改进平方根法是较有效的方法，具体步骤是：对系数矩阵进行三角化分解、然后根据不同的右端项进行多次回代，求解多组方程的未知数。

1）三角化分解

三角化分解就是将对称的系数矩阵 $\boldsymbol{A}$ 分解为三个矩阵的乘积：

$$\boldsymbol{A}=\boldsymbol{L}\cdot\boldsymbol{D}\cdot\boldsymbol{L}^{\mathrm{T}} \tag{4-15}$$

式中：$\boldsymbol{L}$——主对角元素为 1 的下三角矩阵；

$\boldsymbol{D}$——仅有对角元素的对角矩阵；

$\boldsymbol{L}^{\mathrm{T}}$——$\boldsymbol{L}$ 矩阵的转置矩阵。

为了确定 $\boldsymbol{L}$、$\boldsymbol{D}$ 矩阵元素与系数矩阵 $\boldsymbol{A}$ 的对应关系，用矩阵形式把式(4-15)表达为：

$$\begin{bmatrix} a_{11} & a_{12} & a_{13} & \cdots & a_{1n} \\ a_{21} & a_{22} & a_{23} & \cdots & a_{2n} \\ a_{31} & a_{32} & a_{33} & \cdots & a_{3n} \\ \cdots & \cdots & & \ddots & \\ a_{n1} & a_{n2} & a_{n3} & \cdots & a_{nn} \end{bmatrix}=\begin{bmatrix} 1 & & & & \\ l_{21} & 1 & & & \\ l_{31} & l_{32} & 1 & & \\ \cdots & \cdots & \cdots & \ddots & \\ l_{n1} & l_{n2} & l_{n3} & \cdots & 1 \end{bmatrix}\cdot\begin{bmatrix} d_1 & & & & \\ & d_2 & & & \\ & & d_3 & & \\ & & & \ddots & \\ & & & & d_n \end{bmatrix}$$

$$\cdot\begin{bmatrix} 1 & l_{21} & l_{31} & \cdots & l_{n1} \\ & 1 & l_{32} & \cdots & l_{n2} \\ & & 1 & \cdots & l_{n3} \\ & & & \ddots & \\ & & & & 1 \end{bmatrix}=\begin{bmatrix} d_1 & & & & \\ l_{21}d_1 & d_2 & & & \\ l_{31}d_1 & l_{32}d_2 & d_3 & & \\ \cdots & \cdots & & \ddots & \\ l_{n1}d_1 & l_{n2}d_2 & l_{n3}d_3 & \cdots & d_n \end{bmatrix}\cdot\begin{bmatrix} 1 & l_{21} & l_{31} & \cdots & l_{n1} \\ & 1 & l_{32} & \cdots & l_{n2} \\ & & 1 & \cdots & l_{n3} \\ & & & \ddots & \\ & & & & 1 \end{bmatrix} \tag{4-16}$$

展开上面这个矩阵乘式，得：

$$\begin{aligned} a_{11} &= d_1 & \qquad d_1 &= a_{11} \\ a_{21} &= l_{21}d_1 & l_{21} &= a_{21}/d_1 \\ a_{22} &= l_{21}d_1l_{21}+d_2 & d_2 &= a_{22}-l_{21}d_1l_{21} \\ a_{31} &= l_{31}d_1 & l_{31} &= a_{31}/d_1 \\ a_{32} &= l_{31}d_1l_{21}+l_{32}d_2 & l_{32} &= (a_{32}-l_{31}d_1l_{21})/d_2 \\ a_{33} &= l_{31}d_1l_{31}+l_{32}d_2l_{32}+d_3 & d_3 &= a_{33}-l_{31}d_1l_{31}-l_{32}d_2l_{32} \\ &\cdots & &\cdots \end{aligned}$$

按照这个步骤可以求得 l 矩阵及 d 矩阵的各个元素，写成一般形式，系数矩阵元素 a_{ij} 可表达为：

$$a_{ij}=l_{i1}d_1l_{j1}+l_{i2}d_2l_{j2}+\cdots+l_{i,j-1}d_{j-1}l_{i,j-1}+l_{ij}d_j \qquad (i>j)$$

$$a_{ii}=l_{i1}d_1l_{i1}+l_{i2}d_2l_{i2}+\cdots+l_{i,i-1}d_{i-1}l_{i,i-1}+d_i \qquad (i=j)$$

或写成：

$$a_{ij}=T_1l_{j1}+T_2l_{j2}+\cdots+T_{j-1}l_{j,j-1}+T_j \qquad (i>j) \tag{4-17}$$

$$a_{ii}=T_1l_{i1}+T_2l_{i2}+\cdots+T_{i-1}l_{i,i-1}+d_i \qquad (i=j) \tag{4-18}$$

式中：$T_1 = l_{i1}d_1, T_2 = l_{i2}d_2, \cdots, T_j = l_{ij}d_j$ (4-19)

由式(4-17)得：

$$T_j = a_{ij} - (T_1 l_{j1} + T_2 l_{j2} + \cdots + T_{j-1} l_{j,j-1}) = a_{ij} - \sum_{k=1}^{j-1} T_k l_{jk} \tag{4-20}$$

由式(4-19)得：

$$l_{ij} = T_j / d_j \tag{4-21}$$

由式(4-18)得：

$$d_i = a_{ii} - (T_1 l_{i1} + T_2 l_{i2} + \cdots + T_{i-1} l_{i,i-1}) = a_{ii} - \sum_{k=1}^{i-1} T_k l_{ik} \tag{4-22}$$

根据式(4-20)～式(4-22)，可以逐个计算出 l 矩阵及 d 矩阵的各个元素，完成系数矩阵 a 的三角化分解，编程框图见图 4-14。

2）线性方程组回代求解

按式(4-15)分解了系数矩阵以后，代入式(4-14)，得：

$$\boldsymbol{L} \cdot \boldsymbol{D} \cdot \boldsymbol{L}^{\mathrm{T}} \cdot \boldsymbol{x} = \boldsymbol{b} \tag{4-23}$$

令

$$\boldsymbol{D} \cdot \boldsymbol{L}^{\mathrm{T}} \cdot \boldsymbol{x} = \boldsymbol{Y} \tag{4-24}$$

代入式(4-23)，得：

$$\boldsymbol{L} \cdot \boldsymbol{Y} = \boldsymbol{b} \tag{4-25}$$

式(4-25)线性方程组中的系数矩阵 $\boldsymbol{L}$ 是一个下三角矩阵，右端项 $\boldsymbol{b}$ 是已知的，可以通过自上而下的回代求得未知数列阵 $\boldsymbol{Y}$ 的各个元素：

$$\left.\begin{aligned} y_1 &= b_1 \\ y_i &= b_i - \sum_{j=1}^{i-1} l_{ij} \cdot y_j \qquad i = 2,3,\cdots,n \end{aligned}\right\} \tag{4-26}$$

求得 $\boldsymbol{Y}$ 后，代入式(4-24)，两边左乘 $\boldsymbol{D}$ 矩阵的逆矩阵 $\boldsymbol{D}^{-1}$，得：

$$\boldsymbol{L}^{\mathrm{T}} \cdot \boldsymbol{x} = \boldsymbol{D}^{-1} \cdot \boldsymbol{Y} \tag{4-27}$$

令

$$\boldsymbol{D}^{-1} \cdot \boldsymbol{Y} = \boldsymbol{Y}' \tag{4-28}$$

代入式(4-23)，得：

$$\boldsymbol{L}^{\mathrm{T}} \cdot \boldsymbol{x} = \boldsymbol{Y}' \tag{4-29}$$

因为 $\boldsymbol{D}$ 矩阵是一个对角矩阵，它的逆矩阵 $\boldsymbol{D}^{-1}$ 很容易求得，于是式(4-28)的未知数列阵 $\boldsymbol{Y}'$ 的各个元素可按下式计算得到：

$$y'_i = y_i / d_i \qquad i = 1,2,\cdots,n \tag{4-30}$$

式(4-29)线性方程组中的系数矩阵 $\boldsymbol{L}^{\mathrm{T}}$ 是一个上三角矩阵，右端项 $\boldsymbol{Y}'$ 已求得，这样通过自下而上的回代，可以最终求得原来方程组式(4-14)中的未知数列阵 $\boldsymbol{x}$ 的各个元素：

$$\left.\begin{aligned} x_n &= y'_n \\ x_i &= y'_i - \sum_{j=i+1}^{n} l_{ji} \cdot x_j \qquad i = n-1, n-2, \cdots, 1 \end{aligned}\right\} \tag{4-31}$$

根据式(4-26)、式(4-30)及式(4-31)完成线性方程组的回代求解，得到未知数列阵 $\boldsymbol{x}$，编程计算时可以把 $\boldsymbol{Y}$、$\boldsymbol{Y}'$、$\boldsymbol{x}$ 及原来的右端项 $\boldsymbol{b}$ 都存放在一个数组内，程序框图见图 4-15。

3）编程框图

图 4-14 及图 4-15 为系数矩阵三角化分解及线性方程组回代求解的编程框图，这里没有考虑系数矩阵的紧缩存储，更没有考虑一维变带宽存储，只是用来说明采用三角化分解求解线性

方程组的基本原理，考虑结构主从约束处理及总刚度矩阵一维紧缩存储后的求解结构位移方程的三角化分解、回代求解编程原理与此相同，源程序语句在后面给出。

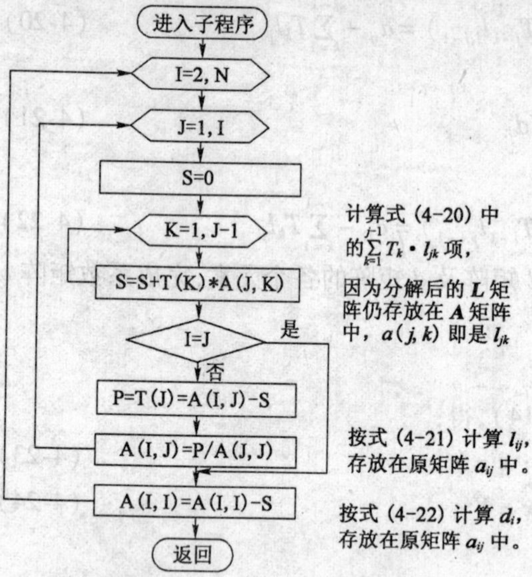

图 4-14　三角化分解编程框图

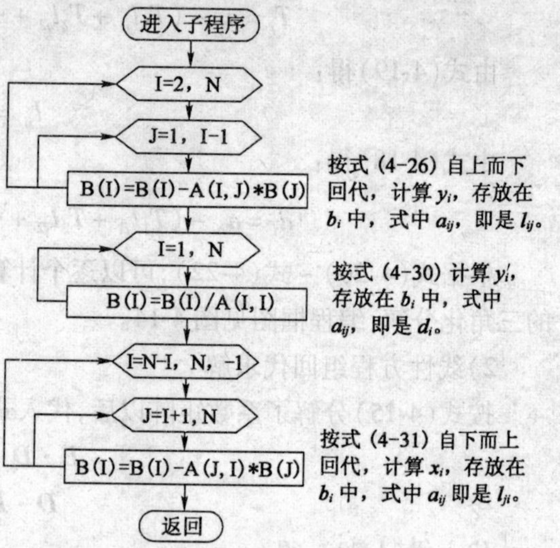

图 4-15　回代求解编程框图

2. 总刚度矩阵的分解及回代求解

对于一维变带宽紧缩存储总刚度矩阵的情况，三角化分解及回代求解的编程思路及框图与上面相同，区别在于：

①总刚度矩阵元素 a_{ij} 在一维存放的 A(LA)数组中的位置根据对角元素地址数组 LV(N)及元素所在的行列号 i、j 计算得到；

②根据位移方程边界约束行信息数组 LOCC(N)的值，对总刚度矩阵中 LOCC(I) = 1 的边界约束行不进行分解和回代，这相当于将总刚度矩阵中边界约束行、列划去，对紧缩后的结构位移方程求解；

③因为进行了主从约束处理，紧缩了位移方程阶数、重排了位移方程序号，原来对节点号 i、j 的循环不再适用，需要对位移方程的每个行和列进行分解和回代。

下面给出总刚度矩阵分解、回代求解的子程序 BWLD，子程序适用于一维变带宽紧缩存储总刚度矩阵的分解、回代，也可用来进行矩阵相乘，为了提高计算精度，均采用双精度变量进行运算。源程序如下：

```
SUBROUTINE BWLD(N,LA,LV,A,X,B,IN,LOCC)
```

（子程序输入的形式参数：N——总刚度矩阵阶数；LA——总刚度矩阵元素总个数；LV(N)——总刚度矩阵对角元素地址数组；LOCC(N)——边界约束行信息数组。IN——子程序计算功能指示信息，根据 IN 数值的不同，执行不同的计算功能，数组 A(LA)、X(N)、B(N)表示不同的输入、输出内容：

IN = 1 时，三角化分解 + 回代求解

输入参数：A(LA)——未三角化分解的总刚度矩阵；B(N)——总荷载列阵；

输出参数：A(LA)——三角化分解后的总刚度矩阵；B(N)——总位移列阵； X(N)为工作单元。

IN = 2 时，三角化分解

输入参数：A(LA)——未三角化分解的总刚度矩阵

输出参数：A(LA)——三角化分解后的总刚度矩阵； X(N)为工作单元；B(N)未用到。

IN = 3 时，回代求解

输入参数:A(LA)——三角化分解后的总刚度矩阵;B(N)——总荷载列阵;

输出参数:B(N)——总位移列阵; X(N)为工作单元。

IN=4 时,进行一维矩阵相乘:$\boldsymbol{A}\cdot\boldsymbol{x}=\boldsymbol{B}$

输入参数:A(LA)、X(N)——相乘的矩阵和列向量;

输出参数:B(N)——矩阵相乘的结果向量)

```
      IMPLICIT REAL * 8(A - H,O - Z)
      DIMENSION A(LA),LV(N),X(N),B(N),LOCC(N)
      I2 = 1
      GOTO(10,10,50,120),IN  (根据指示信息 IN 的不同数值,转向不同的语句,执行不同的计算功能)
10    DO 40 I = 2,N
        I1 = I2
        I2 = LV(I)
        II = I2 - I
        I0 = I1 - II + 1
        J2 = 0
        IF(I0.NE.1)J2 = LV(I0 - 1)
        IF(LOCC(I).EQ.1) GOTO 40
        DO 30 J = I0,I
          J1 = J2
          J2 = LV(J)
          JJ = J2 - J
          J0 = J1 - JJ + 1
          IF(J0.LT.I0)J0 = I0
          IJ = J - 1
          IF(LOCC(J).EQ.1) GOTO 30
          S = 0.0
          DO 20 K = J0,IJ
            IF(LOCC(K).EQ.1) GOTO 20
            S = S + X(I - K) * A(JJ + K)
```

(计算式(4-20)中的$\sum_{k=1}^{j-1}T_k l_{jk}$,所不同的是 k 的累加起点不是 1,而是第 i 行的第 1 个非零元素序号 J0)

```
20          CONTINUE
          IF (I.NE.J) THEN
            IJ = II + J
            XI = A(IJ) - S
            X(I - J) = XI
            A(IJ) = XI/A(J2)
          ELSE
            A(I2) = A(I2) - S
          ENDIF
30      CONTINUE
40    CONTINUE
      IF(IN.EQ.2) RETURN  (以上完成三角化分解)
      I2 = 1
```

注:X(I - J) = XI (完成式(4-20)计算,得到 $T_j = a_{ij} - \sum_{k=1}^{j-1}T_k l_{jk}$,存放在 X(N)数组中)

A(IJ) = XI/A(J2) (当 $i>j$ 时,按式(4-21)计算 l_{ij},存放在 A(N)数组中)

A(I2) = A(I2) - S (当 $i=j$ 时,按式(4-22)计算 d_i,仍然存放在 A(N)数组中)

```
50      DO 70 I = 2, N
          I1 = I2
          I2 = LV(I)
          II = I2 - I
          I0 = I1 - II + 1
          J2 = I - 1
          S = 0.0
          IF(LOCC(I).EQ.1) GOTO 70
          DO 60 J = I0, J2
            IF(LOCC(J).EQ.1) GOTO 60
            S = S + A(II + J) * B(J)
```

（计算式(4-26)中的$\sum_{j=1}^{i-1} l_{ij} \cdot y_i$，所不同的是$j$的累加起点不是1，而是第$i$行的第1个非零元素序号I0）

```
60        CONTINUE
          B(I) = B(I) - S
```

（完成式(4-26)计算，得到$y_i = b_i - \sum_{j=1}^{i-1} l_{ij} \cdot y_i$，存放在B(N)数组中）

```
70      CONTINUE
        DO 80 I = 1, N
          IF(LOCC(I).EQ.1) GOTO 80
          J2 = LV(I)
          B(I) = B(I)/A(J2)
80      CONTINUE
```

（按式(4-30)计算，得到y'_i，仍存放在B(N)数组中）

```
        I2 = LV(N)
        DO 100 I = N, 2, -1
          J2 = I - 1
          I1 = LV(J2)
          II = I2 - I
          I0 = I1 - II + 1
          S = B(I)
          IF(LOCC(I).EQ.1) GOTO 95
          DO 90 J = I0, J2
            IF(LOCC(J).EQ.1) GOTO 90
            B(J) = B(J) - A(II + J) * S
90        CONTINUE
```

（按式(4-31)计算$x_i = y'_i - \sum_{j=i+1}^{n} l_{ji} \cdot x_j$，所不同的是$j$是从第$i$行的第1个非零元素I0起累加计算，$x_i$仍存放在B(N)中）

```
95        I2 = I1
100     CONTINUE
        DO 110 I = 1, N
          IF(LOCC(I).EQ.1) B(I) = 0.0
110     CONTINUE
        RETURN
```

（以上完成线性方程组的回代求解）

```
120     B(1) = X(1) * A(1)
```

（以下进行一维矩阵相乘，计算$\boldsymbol{A} \cdot \boldsymbol{x} = \boldsymbol{B}$）

```
        DO 130 I = 2, N
          B(I) = 0.0
```

```
130    CONTINUE
       DO 150 I = 2,N
        I1 = I2
        I2 = LV(I)
        II = I2 - I
        I0 = I1 - II + 1
        J2 = I - 1
        XI = X(I)
        S = A(I2) * XI
        DO 140 J = I0,J2
          AIJ = A(II + J)
          S = S + AIJ * X(J)
          B(J) = B(J) + AIJ * XI
140     CONTINUE
        B(I) = B(I) + S
150    CONTINUE
       END
```

七、截面内力及支座反力计算

结构位移方程求解的结果得到了各节点的位移,根据结构上的外荷载及节点的位移可以求解杆件指定截面的内力和支座反力。

1. 截面内力计算

杆件某一截面上的内力由两部分组成,一部分是由杆件两端的节点位移产生的内力,一部分是把杆件看作两端固定由杆间荷载产生的内力。

1)节点位移产生的截面内力

计算杆件由杆端位移产生某截面内力的顺序是:首先从结构总位移列阵中找出该杆件两端的位移,然后把杆件两端的位移转换到杆件局部坐标系下,再根据杆件的单元刚度矩阵计算出杆端力列阵,最后按下面的式(4-32)计算出截面的内力。

图 4-16 所示单元截面 C 的内力按下式计算:

$$\begin{aligned} M_C &= -M_A + R_{Ay} \cdot x_P \\ N_C &= -R_{Ax} \\ Q_C &= R_{Ay} \end{aligned} \tag{4-32}$$

式中:M_A、R_{Ay}、R_{Ax}——由杆端位移产生的节点力;

x_P——计算内力的截面到单元左端节点的距离。

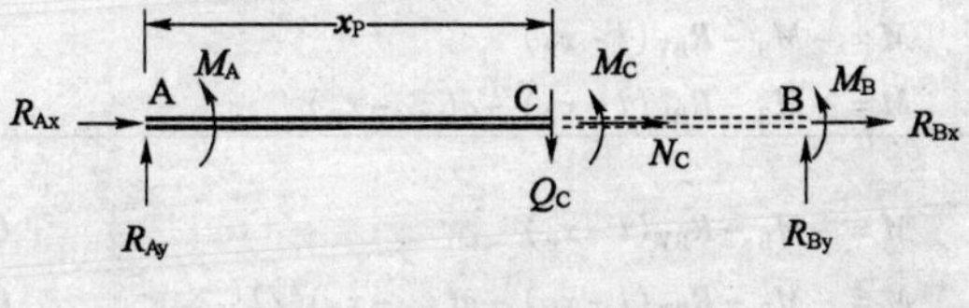

图 4-16　截面内力计算图式

下面的子程序 INFO1 用来计算杆端位移产生在离单元左节点 x_P 处的截面内力。

```
SUBROUTINE INFO1(KNF,K,IHL,IHR,DP,X,Y,IAK,AK,LO,FN,NEJF,NEAL,EJF,EAL,M,NN,
```

```
   $          N,NKA,NJF,NEA,NF,NNB,MNQ,CX,CY,L)
      (子程序输入的形式参数:KNF——要计算内力的截面序号;K——第 KNF 号截面的单元号;IHL(M)、IHR
      (M)——单元的左、右节点号数组;DP(NNB)——解结构位移方程得到的总位移列阵;X(N)、Y(N)——节
      点的横坐标、纵坐标数组;NKA、IAK(NKA)、AK(4,NKA)——带刚臂单元信息;NN、LO(NN)——位移方程
      总数及方程序号数组;NF、FN(NF)——要计算内力的截面数、截面到单元左节点的距离;NJF、EJF(4,NJF)、
      NEJF(M)——单元的截面特性信息;NEA、EAL(3,NEA)、NEAL(M)——单元的材料特性信息;M——单元
      数;N——节点数;NNB——去掉主从约束位移行后的总刚度矩阵阶数,NNB = NN - NC2。
      输出参数:MNQ(3)——由杆端位移产生在离单元左节点 xP处的截面内力数组;CX、CY——第 K 号杆件对总
      体坐标系倾角的余弦、正弦;L——第 K 号单元的长度)
      REAL MNQ(3),L,KE(6,6)
      REAL * 8 DP(NNB)
      DIMENSION R2(6),R1(6),AL(6,6),IHL(M),IHR(M),X(N),Y(N), AK(4,NKA),NEJF(M),
     $          NEAL(M),EJF(4,NJF),EAL(3,NEA), LO(NN),FN(NF),IAK(NKA)
       CALL IOJO(K,IHL,IHR,M,IO,JO)  (计算第 K 号单元的几何量)
       CALL MAL(K,AL,IHL,IHR,X,Y,IAK,AK,M,N,NKA,CX,CY,L)
        (计算第 K 号单元的坐标转换矩阵)
       CALL DYK(K,M,N,IHL,IHR,X,Y,IAK,AK,NKA,NEJF,NEAL,EJF,EAL, NJF,NEA,2,KE)
        (计算第 K 号单元在局部坐标系下的刚度矩阵 k'e)
       CALL CLEAR(6,1,R2)
       DO 10 J = 1,3
        I1 = IO + J
        J1 = JO + J
        R2(J) = DP(LO(I1))
        R2(J + 3) = DP(LO(J1))
10    CONTINUE  (找出在结构坐标系下单元两端的节点位移 δe,存放在 R2 数组中)
      CALL MTMULT(6,6,1,AL,R2,R1)  (计算局部坐标系下单元两端的节点位移 δ'e = L · δe,存放在 R1 数组)
      CALL MTMULT(6,6,1,KE,R1,R2)  (计算单元的杆端力 S'e = k'e · δ'e,存放在 R2 数组中)
      MNQ(1) = - R2(1) + R2(3) * FN(KNF)   (按式(4-32)计算第 KNF 号截面的内力,存放在 MNQ 数组中)
      MNQ(2) = - R2(2)
      MNQ(3) = R2(3)
      END
```

2)杆间荷载产生的截面内力

对应于表4-4 中9 种荷载类型,由杆间荷载产生在单元内离 A 端 x_P处截面的内力按表4-5的公式计算,表中 M_B、R_{BX}、R_{BY}为表4-4 中的节点力,q、x_q、l 均与表4-4 中的符号意义相同。

杆间荷载产生的截面内力计算式 表4-5

荷载类型指数	离 A 端距离 x_P处截面内力		
1	$N = -R_{BX}$		
	$x_P > x_q$时	$M = -M_B - R_{BY}(l - x_P)$	$Q = R_{BY}$
	$x_P < x_q$时	$M = -M_B - R_{BY}(l - x_P) - q(x_q - x_P)$	$Q = q + R_{BY}$
2	$N = -R_{BX}$		
	$x_P > x_q$时	$M = -M_B - R_{BY}(l - x_P)$	$Q = R_{BY}$
	$x_P < x_q$时	$M = -M_B - R_{BY}(l - x_P) - q(x_q - x_P)^2/2$	$Q = R_{BY} + q(x_q - x_P)$
3	$M = Q = 0$		
	$x_P > x_q$时	$N = -R_{BX}$	
	$x_P < x_q$时	$N = -R_{BX} - q$	

续上表

荷载类型指数	离 A 端距离 x_P 处截面内力
4	$M=Q=0$ $x_P>x_q$ 时　　$N=-R_{BX}$ $x_P<x_q$ 时　　$N=-R_{BX}-q(x_q-x_P)$
5	$N=0$ $x_P>x_q$ 时　　$M=-M_B-R_{BY}(l-x_P)$　　$Q=R_{BY}$ $x_P<x_q$ 时　　$M=-M_B-R_{BY}(l-x_P)-q(x_q-x_P)^2\cdot(2+x_P/x_q)/6$ $Q=R_{BY}+q(1+x_P/x_q)(x_q-x_P)/2$
6	$N=0$　　$Q=R_{BY}$ $x_P>x_q$ 时　　$M=-M_B-R_{BY}(l-x_P)$ $x_P<x_q$ 时　　$M=-M_B-R_{BY}(l-x_P)-q$
7	$N=-R_{BX}$　　$M=Q=0$
8	$M=-M_B$　　$N=Q=0$
9	$N=-R_{BX}$　　$M=Q=0$

下面给出计算杆间荷载产生在离单元左节点 x_P 处截面内力的子程序 INFO2。

```
      SUBROUTINE INFO2(K,NEJF,EJF,M,NJF,XP,XQ,IND,Q,L,MNQ)
       (子程序输入的形式参数：K——计算杆间荷载的单元号;NJF、EJF(4,NJF)、NEJF(M)——单元的截面特性信
       息;M——单元数;XQ——杆间荷载到单元左节点的距离;IND——杆间荷载类型指数;Q——杆间荷载的数
       值; L——单元的长度。
       输出参数:MNQ(3)——进入子程序时初始值是杆端位移产生的截面内力,子程序返回时是迭加了杆端荷载产
       生的截面内力后的值)
      REAL N2,L,N1,MB,MNQ,MA
      DIMENSION NEJF(M),EJF(4,NJF),MNQ(3)
      B2 = 0.0
      N2 = 0.0
      Q2 = 0.0
      QP = XQ - XP
      CALL FORCE(K,NEJF,EJF,M,NJF,XQ,IND,Q,L,RAX,RAY,RBX,RBY,MA,MB)
       (调用杆间荷载产生的单元荷载列阵子程序,计算单元两端的节点力)
      B1 = - MB - RBY * (L - XP)
      N1 = - RBX
      Q1 = RBY
      IF(XP.GE.XQ) GOTO 70
      GOTO (10,20,30,40,50,60,70,70,70),IND
10    Q2 = Q
      B2 = - Q * QP
      GOTO 70
20    Q2 = Q * QP
      B2 = - Q2 * QP/2.0
      GOTO 70
30    N2 = - Q
      GOTO 70
40    N2 = - Q * QP
```

```
      GOTO 70
50    Q2 = Q * (1.0 + XP/XQ) * QP/2.0
      B2 = - Q * QP * QP * (2.0 + XP/XQ)/6.0
      GOTO 70
60    B2 = - Q
70    B1 = B1 + B2
      K1 = NEJF(K)
      IF (EJF(1,K1).LT.1.0E-15) B1 = 0.0
       (当所计算单元的截面抗弯惯矩等于0时,截面不承受弯矩,B1 = 0)
      Q1 = Q1 + Q2
      N1 = N1 + N2
      MNQ(1) = MNQ(1) + B1
      MNQ(2) = MNQ(2) + N1
      MNQ(3) = MNQ(3) + Q1
      END
```

2. 支承反力及支座沉降计算

1)计算原理及公式

将结构位移方程 $\boldsymbol{K}\cdot\boldsymbol{x}=\boldsymbol{B}$ 改写为以下形式:

$$\begin{bmatrix}\boldsymbol{k}_{11} & \boldsymbol{k}_{12}\\ \boldsymbol{k}_{21} & \boldsymbol{k}_{22}\end{bmatrix}\cdot\begin{Bmatrix}\boldsymbol{x}_1\\ \boldsymbol{x}_2\end{Bmatrix}=\begin{Bmatrix}\boldsymbol{B}_1\\ \boldsymbol{B}_2\end{Bmatrix} \tag{4-33}$$

式中: $\boldsymbol{x}_1$——要计算的节点位移;

$\boldsymbol{x}_2$——已知的支承节点位移,例如支座沉降;

$\boldsymbol{B}_1$——已知的节点力列阵;

$\boldsymbol{B}_2$——支承节点上的节点力列阵;

$\boldsymbol{k}_{11}$——除支承节点外的结构总刚度矩阵部分;

$\boldsymbol{k}_{21}$、$\boldsymbol{k}_{12}$、$\boldsymbol{k}_{22}$——由支承节点上行和列元素组成的总刚度矩阵部分。

展开式(4-33),得:

$$\boldsymbol{k}_{11}\boldsymbol{x}_1+\boldsymbol{k}_{12}\boldsymbol{x}_2=\boldsymbol{B}_1 \tag{4-34}$$

$$\boldsymbol{k}_{21}\boldsymbol{x}_1+\boldsymbol{k}_{22}\boldsymbol{x}_2=\boldsymbol{B}_2 \tag{4-35}$$

将式(4-34)改写为:

$$\boldsymbol{k}_{11}\boldsymbol{x}_1=\boldsymbol{B}_1-\boldsymbol{k}_{12}\boldsymbol{x}_2 \tag{4-36}$$

式(4-36)中 $\boldsymbol{k}_{11}$、$\boldsymbol{k}_{12}$ 可以根据支承节点号从总刚度矩阵中得到,$\boldsymbol{B}_1$、$\boldsymbol{x}_2$ 都是已知的,因此式(4-36)中 $\boldsymbol{x}_1$ 可以解出,这就是有支座沉降时求解位移方程的基本表达式。

将式(4-35)中支承节点上的节点力列阵 $\boldsymbol{B}_2$ 分解为 $\boldsymbol{B}_2=\boldsymbol{B}_2^1+\boldsymbol{B}_2^2$,其中 $\boldsymbol{B}_2^1$ 是支承节点上的外荷载列阵,$\boldsymbol{B}_2^2$ 是要计算的支承节点反力,将 $\boldsymbol{B}_2=\boldsymbol{B}_2^1+\boldsymbol{B}_2^2$ 以及上面计算得到的 $\boldsymbol{x}_1$ 代入式(4-35),整理后得到:

$$\boldsymbol{B}_2^2=\boldsymbol{k}_{21}\boldsymbol{x}_1+\boldsymbol{k}_{22}\boldsymbol{x}_2-\boldsymbol{B}_2^1 \tag{4-37}$$

式(4-37)中 $\boldsymbol{k}_{21}$、$\boldsymbol{k}_{22}$ 是支承节点上行、列元素组成的总刚度矩阵部分,根据支承节点号可从总刚度矩阵中得到,$\boldsymbol{x}_1$ 是式(4-36)计算得到的节点位移,$\boldsymbol{x}_2$、$\boldsymbol{B}_2^1$ 都是已知的,因此要计算的支承节点反力 $\boldsymbol{B}_2^2$ 可以解出,这就是求解支承反力的基本表达式。

2)支承反力计算

支承反力由两部分组成,支承节点上的外荷载列阵构成的支承反力 $\boldsymbol{B}_2^1$ 的计算由子程序 REC1 完成,支承节点的位移产生的支承反力 $\boldsymbol{B}_2^2$ 的计算由子程序 REC2 完成,以下给出这两个子程序:

```
      SUBROUTINE REC1(DP,LS,LO,REC,NNB,NCI,NC1,NN)
        (子程序输入的形式参数:DP(NNB)——结构的总荷载列阵;NCI、LS(2,NCI)——结构支承约束数及支承约
        束数组;NN、LO(NN)——位移方程总数及方程序号数组;NNB——去掉主从约束位移行后的总刚度矩阵阶
        数,NNB=NN-NC2。
        输出参数:NC1、REC(NC1)——计算反力的支承约束数及反力数组)
      REAL*8 DP(NNB)
      DIMENSION LS(2,NCI),LO(NN),REC(NC1)
      DO 10 I=1,NC1
        REC(I)=0.0
10    CONTINUE
      DO 20 I=1,NC1
        I1=LS(1,I)
        I2=LS(2,I)
        II=(I1-1)*3+I2
        II=LO(II)  (找出支承约束所在位移方程的行号)
        REC(I)=-DP(II)  (将该行总荷载列阵的值赋给支座反力数组)
20    CONTINUE
      END
```

由结构位移产生的支承反力按式(4-37)计算,编写为子程序 REC2 如下:

```
      SUBROUTINE REC2(DP,LS,LO,LV,SK,REC,NNB,NCI,NN,NC1,LA)
        (子程序输入的形式参数:DP(NNB)——求解结构位移方程后得到的总位移列阵,其中支承约束行上的元素
        在方程求解过程中不变;NCI、LS(2,NCI)——结构支承约束数及支承约束数组;NN、LO(NN)——位移方程总
        数及方程序号数组;LA、SK(LA)——总刚度矩阵元素总数及一维存储的总刚度矩阵,其中支承约束行、列上
        的元素未三角化分解;NNB——去掉主从约束位移行后的总刚度矩阵阶数,NNB=NN-NC2;LV(NNB)——
        总刚度矩阵对角元素地址数组。
        输出参数:NC1、REC(NC1)——计算反力的支承约束数及反力数组,进入子程序时是原来由支承节点上作用
        外荷载产生的支承反力(式(4-37)中的B21),子程序返回时是迭加了结构位移产生的支座反力)
      REAL*8 DP(NNB),SK(LA),S
      DIMENSION LS(2,NCI),LO(NN),LV(NNB),REC(NC1)
      DO 30 I=1,NC1
        S=0.0
        I1=LS(1,I)
        I2=LS(2,I)
        II=(I1-1)*3+I2
        II=LO(II)
        IF(II.EQ.1) GOTO 20
        I1=LV(II-1)
        I2=LV(II)
        IJ=I2-II
        I0=I1-IJ+1
```

```
      IF(I0.EQ.II) GOTO 20
      DO 15 J = I0,II - 1
        S = S + SK(I2 - II + J) * DP(J)  (计算式(4-37)中的k21x1)
15    CONTINUE
20    I0 = II + 1
      I2 = LV(II)
      DO 25 J = I0,NNB
        I1 = I2
        I2 = LV(J)
        IJ = I2 - (J - II)
        IF(IJ.LE.I1) GOTO 25
        S = S + SK(IJ) * DP(J)  (计算式(4-37)中的k22x2)
25    CONTINUE
      REC(I) = REC(I) + S
30    CONTINUE
      END
```

3)支座沉降总荷载列阵

求解支座沉降产生的结构位移及内力时,式(4-36)中节点力列阵 $\boldsymbol{B}_1=0$,得:

$$\boldsymbol{k}_{11}\boldsymbol{x}_1 = -\boldsymbol{k}_{12}\boldsymbol{x}_2 \tag{4-38}$$

式中:$\boldsymbol{k}_{12}$——由支承节点上行、列元素组成的总刚度矩阵部分,根据支承节点号可从总刚度矩阵中得到;

$\boldsymbol{x}_2$——支座沉降值,于是可以计算出 $-\boldsymbol{k}_{12}\boldsymbol{x}_2$,它相当于求解支座沉降工况位移方程的总荷载列阵。

子程序 DSDP 用来计算由支座沉降产生的总荷载列阵:

```
      SUBROUTINE DSDP(DP,LO,LV,SK,NDD,DS,NNB,NN,NDS,LA)
      (子程序输入的形式参数:NN、LO(NN)——位移方程总数及方程序号数组;NNB——去掉主从约束位移行后
      的总刚度矩阵阶数,NNB = NN - NC2;LV(NNB)——总刚度矩阵对角元素地址数组;LA、SK(LA)——总刚度
      矩阵元素总数及一维存储的总刚度矩阵,其中支承约束行、列上的元素未三角化分解;NDS、NDD(2,NDS)、
      DS(NDS)——有支座沉降的支承约束数及支承沉降信息数组。
      输出参数:DP(NNB)——由支座沉降产生的总荷载列阵)
      REAL * 8 DP(NNB),SK(LA)
      DIMENSION LO(NN),LV(NNB),NDD(2,NDS),DS(NDS)
      DO 10 I = 1,NNB
        DP(I) = 0.0
10    CONTINUE
      DO 30 I7 = 1,NDS  (对有支座沉降的支承约束数循环)
      I1 = NDD(1,I7)  (支座沉降的支座节点号)
      I2 = NDD(2,I7)  (支承约束序号)
      II = (I1 - 1) * 3 + I2
      II = LO(II)  (支座沉降的支承约束行在位移方程中的行号)
      IF(II.EQ.1) GOTO 20
      I1 = LV(II - 1)
      I2 = LV(II)  (支承约束行的对角元素地址)
```

```
      IJ = I2 - II
      I0 = I1 - IJ + 1
      IF(I0. EQ. II) GOTO 20
      DO 15 J = I0,II - 1
        DP (J) = - SK(I2 - II + J) * DS(I7) - DP(J)
          (计算 -k12x2 中 k12 的支承约束行元素与支座沉降 x2 的乘积)
15    CONTINUE
20    I0 = II + 1
      I2 = LV(II)
      DO 25 J = I0,NNB
        I1 = I2
        I2 = LV(J)
        IJ = I2 - (J - II)
        IF(IJ. LE. I1) GOTO 25
        DP(J) = - SK(IJ) * DS(I7) - DP(J)  (计算 -k12x2 中 k12 的支承约束列元素与支座沉降 x2 的乘积)
25    CONTINUE
      DP(II) = - SK(LV(II)) * DS(I7) - DP(II)  (计算 -k12x2 中对角元素与支座沉降 x2 的乘积)
30    CONTINUE
      END
```

八、各种荷载工况求解

按照图 4-6 静力计算程序流程图,结构总刚度矩阵三角化分解后,根据不同的荷载工况,进行回代求解,静力计算的荷载工况包括:自重、恒载、杆端预加力、温度、支座沉降及杆间荷载等 6 种,求解每种荷载工况都编写一个子程序,每个子程序的编程框图如图 4-17 所示。

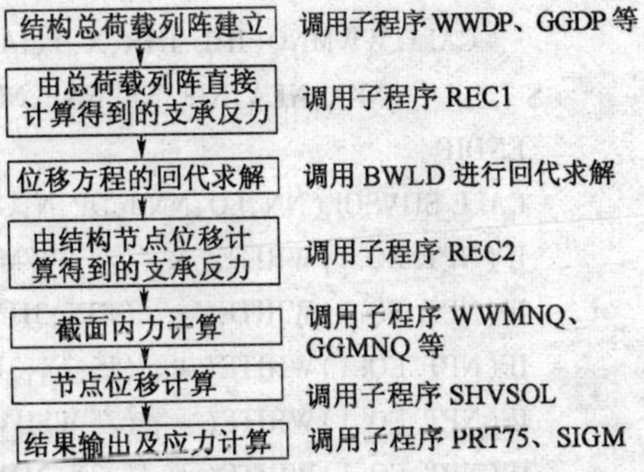

图 4-17　求解各种荷载工况的编程框图

求解一种荷载工况总是先形成这个荷载工况下的总荷载列阵;计算由总荷载列阵直接得到的支承反力;然后进行结构位移方程的回代求解,得到结构的节点位移列阵;据此计算支承反力、截面内力及节点位移;并根据需要计算应力及输出计算结果。

以下给出桥梁结构计算时常见的结构自重求解、温度内力求解、支座沉降求解的计算程序,其余工况的计算与此类同,读者可自行读通。

1. 结构自重求解

下面给出自重求解子程序 WWSOLV 及调用到的自重工况截面内力计算子程序 WWMNQ、节点位移计算子程序 SHVSOL,截面内力、节点位移、支承反力输出子程序及截面应力计算子程序都很简单,读者可自行读通。

```
      SUBROUTINE WWSOLV(IHL,IHR,X,Y,IFN,FN,IAK,AK,NEAL,NEJF,EAL,EJF,DP,LV,LO,SK,
     $          GMNQ,GSHV,M,N,NF,NKA,NEA,NJF,NNB,NN,LA,LOCC,LS,REC,NCI,NC1,IDSIGM,NPT)
```

(子程序输入的形式参数:IHL(M)、IHR(M)——单元的左、右节点号数组;X(N)、Y(N)——节点的横坐标、纵坐标数组;NF、IFN(NF)、FN(NF)——要计算内力的截面信息;NKA、IAK(NKA)、AK(4,NKA)——带刚臂单元信息;NJF、EJF(4,NJF)、NEJF(M)——单元的截面特性信息;NEA、EAL(3,NEA)、NEAL(M)——单元的材料特性信息;DP(NNB)——求解结构位移方程得到的总位移列阵;NNB——去掉主从约束位移行后的总刚度矩阵阶数;LV(NNB)——总刚度矩阵对角元素地址数组;NN、LO(NN)——位移方程总数及方程序号数组;LA、SK (LA)——总刚度矩阵元素总数及三角化分解后的总刚度矩阵;M——单元数;N——节点数;LOCC(NNB)——标志边界约束行信息的数组,LOCC(I) =1 为边界约束行,LOCC(I) =0 为非未边界约束行;LS(2,NCI)——支承约束数组;IDSIGM——计算截面应力指示信息,IDSIGM = 1 时计算截面应力,IDSIGM = 0 时不计算;NPT——屏幕显示指示信息,NPT =0 时,屏幕不显示。

输出参数:GMNQ(NF,3)——截面内力数组,计算截面应力时,存储截面上下缘应力;GSHV(N,3)——节点位移数组;REC(NC1)——支承反力数组)

```
  REAL * 8 SK(LA),DP(NNB)
  DIMENSION IHL(M),IHR(M),X(N),Y(N),FN(NF), IAK(NKA),AK(4,NKA),NEAL(M),NEJF
$           (M),EAL(3,NEA),LO(NN), EJF(4,NJF),LV(NNB),LOCC(NNB),IFN(NF),REC(NC1),
$           GSHV(N,3),LS(2,NCI),GMNQ(NF,3)
  CALL WWDP(IHL,IHR,X,Y,IAK,AK,NEJF,EJF,DP,LO,M,N,NKA,NJF,NNB,NN,EAL,NEA,
     NEAL)  (结构自重工况下的总荷载列阵形成)
  CALL REC1(DP,LS,LO,REC,NNB,NCI,NC1,NN)  (由总荷载列阵直接得到的支承反力计算)
  CALL BWLD(NNB,LA,LV,SK,DP,DP,3,LOCC)  (结构位移方程的回代求解)
  CALL REC2(DP,LS,LO,LV,SK,REC,NNB,NCI,NN,NC1,LA)  (由节点位移得到的支承反力计算)
  IF(NPT.EQ.1)WRITE( *,'(" WWREC(I):.......I=1,NC1")')
  IF(NPT.EQ.1)WRITE( *,'(I5,E12.5)')(JJ,REC(JJ),JJ=1,NC1)
  IF(NF.NE.0) THEN
    CALL WWMNQ(IHL,IHR,X,Y,IAK,AK,NEAL,NEJF,EAL,EJF,IFN,FN, DP,LO,GMNQ,M,N,
$        NKA,NEA,NJF,NF,NNB,NN)  (自重工况下的截面内力计算)
  ENDIF
  CALL SHVSOL(NN,LO,NNB,DP,N,GSHV)  (自重工况下各个节点位移计算)
  IF(NPT.EQ.1)WRITE( *,'(/" WWMNQ(I,J):.......I=1,NF;J=1,3")')
  IF(NPT.EQ.1)WRITE( *,'(/3X,3HNo.,6X,1HM,11X,1HN,11X,1HQ/)')
  IF(NPT.EQ.1)WRITE( *,'(I5,2X,3E12.5)')(I,(GMNQ(I,J),J=1,3),I=1,NF)
  IF(NPT.EQ.1)WRITE( *,'(/" WSHV(I,J):.......I=1,N;J=1,3")')
  IF(NPT.EQ.1)WRITE( *,'(/3X,3HNo.,6X,1H@,11X,1HX,11X,1HY/)')
  IF(NPT.EQ.1)WRITE( *,'(I5,2X,3E12.5)')(I,(GSHV(I,J),J=1,3),I=1,N)
  CALL PRT75(GMNQ,GSHV,REC,NC1,N,NF)  (输出截面内力、节点位移及支承反力)
  IF(IDSIGM.EQ.0) RETURN
  IF(NPT.EQ.1)WRITE( *,'(/3X,3HNo.,3X,6H+WSIMA,8X,6H-WSIMA/)')
  CALL SIGM(IFN,NEJF,GMNQ,EJF,NF,M,NJF,NPT)  (截面应力计算)
  RETURN
  END
```

自重荷载工况下截面内力计算子程序如下,子程序的输入参数中 DP(NNB)是求解结构位移方程得到的节点位移列阵,其余均与结构自重求解子程序 WWSOLV 相同,输出参数 GMNQ(NF,3)用来存储各个截面的内力。

```
  SUBROUTINE WWMNQ(IHL,IHR,X,Y,IAK,AK,NEAL,NEJF,EAL,EJF,IFN,FN,DP,LO,GMNQ,
$           M,N,NKA,NEA,NJF,NF,NNB,NN)
```

```
      REAL MNQ(3),L
      REAL * 8 DP(NNB)
      DIMENSION IHL(M),IHR(M),IAK(NKA),AK(4,NKA),NEAL(M),Y(N), NEJF(M),EAL(3,
     $          NEA),EJF(4,NJF),X(N), FN(NF),LO(NN),GMNQ(NF,3),IFN(NF)
      CALL CLEAR(NF,3,GMNQ)
     DO 100 I=1,NF  （对要计算内力的截面数循环）
      II=IFN(I)  （计算内力截面所在的单元号）
       CALL INFO1(I,II,IHL,IHR,DP,X,Y,IAK,AK,LO,FN,NEJF,NEAL,EJF,EAL, M,NN,N,NKA,
     $      NJF,NEA,NF,NNB,MNQ,CX,CY,L)  （由节点位移产生的截面内力计算,存放在MNQ(3)数组中）
      GGG=EAL(3,NEAL(II))*EJF(2,NEJF(II))  （计算单元上自重均布荷载）
      G=GGG*CX  （自重均布荷载垂直于单元轴线的分量）
      CALL INFO2(II,NEJF,EJF,M,NJF,FN(I),L,2,G,L,MNQ)  （计算并迭加杆间荷载产生的截面内力）
      G=CY*GGG  （自重均布荷载顺单元轴线的分量）
      CALL INFO2(II,NEJF,EJF,M,NJF,FN(I),L,4,G,L,MNQ)  （计算并迭加杆间荷载产生的截面内力）
      DO 60 J=1,3
       GMNQ(I,J)=MNQ(J)  （用数组GMNQ(NF,3)来存储各个截面的内力）
60    CONTINUE
100  CONTINUE
     RETURN
     END
```

各节点位移求解是把结构的节点位移列阵中的位移值按节点号、位移序号排列存放到节点位移数组SOLSHV(N,3)中去。

```
      SUBROUTINE SHVSOL(NN,LO,NNB,DP,N,SOLSHV)
      （子程序输入的形式参数:NN、LO(NN)——位移方程总数及方程序号数组;NNB——去掉主从约束位移行后
      的总刚度矩阵阶数;DP(NNB)——求解结构位移方程得到的总位移列阵;N——节点数。
      输出参数:SOLSHV(N,3)——结构各个节点的位移）
      REAL * 8 DP(NNB)
      DIMENSION LO(NN),SOLSHV(N,3)
      CALL CLEAR(N,3,SOLSHV)
      DO 20 I=1,N  （对节点数循环）
       II=3*(I-1)
       DO 10 J=1,3  （对每个节点的位移数循环）
        IK=II+J
        IK=LO(IK)  （计算位移列阵的行号）
        SOLSHV(I,J)=DP(IK)
10     CONTINUE
20    CONTINUE
      RETURN
      END
```

2. 温度内力求解

下面给出温度工况求解子程序TTSOLV及调用到的温度工况截面内力计算子程序TTMNQ,子程序形式参数中增加了温度工况数NT及每个温度工况的温度变化值数组TN(NT)外,其余输入、输出参数均与结构自重求解子程序WWSOLV相同,计算得到的截面内力存放在

TMNQ(NF,3)中,各节点位移存放在 TSHV(N,3)中。

```
      SUBROUTINE TTSOLV(IHL,IHR,X,Y,IAK,AK,NEAL,NEJF,EAL,EJF,IFN,FN,TN,DP,LV,LO,
     $          SK,TMNQ,TSHV,M,N,NKA,NEA,NJF,NF,NT,NNB,NN,LA,LOCC,LS,REC,NCI,
     $          NC1,IDSIGM,NPT)
      REAL * 8 SK(LA),DP(NNB)
      DIMENSION IHL(M),IHR(M),X(N),Y(N),IAK(NKA),AK(4,NKA),NEAL(M), NEJF(M),EAL
     $          (3,NEA),EJF(4,NJF),IFN(NF),FN(NF),TN(NT), LV(NNB),LO(NN),TMNQ(NF,3),
     $          TSHV(N,3),LOCC(NNB), LS(2,NCI),REC(NC1)
      DO 100 I=1,NT  (对温度工况数循环,计算每个工况产生的截面内力、节点位移、支承反力并输出计算结果)
       CALL CLEAR(NF,3,TMNQ)
       CALL CLEAR(N,3,TSHV)
       WRITE( *,'(1X/"* * * CASE",I4," * * *")')I
       CALL TTDP(I,IHL,IHR,X,Y,IAK,AK,NEAL,NEJF,EAL,EJF,TN,DP,LO,M,N,NKA,NEA,NJF,
         NT,NNB,NN)  (第I号温度工况下的总荷载列阵形成)
       CALL REC1(DP,LS,LO,REC,NNB,NCI,NC1,NN)  (由总荷载列阵直接得到的支承反力计算)
       CALL BWLD(NNB,LA,LV,SK,DP,DP,3,LOCC)  (结构位移方程的回代求解)
       CALL REC2(DP,LS,LO,LV,SK,REC,NNB,NCI,NN,NC1,LA)  (由节点位移得到的支承反力计算)
       IF(NPT.EQ.1)WRITE( *,'(" TTREC(I):.......I=1,NC1")')
       IF(NPT.EQ.1)WRITE( *,'(I5,E12.5)')(JJ,REC(JJ),JJ=1,NC1)
       IF(NF.EQ.0)GOTO 20
       CALL TTMNQ(I,IHL,IHR,X,Y,IAK,AK,NEAL,NEJF,EAL,EJF,IFN,FN,TN, DP,LO,TMNQ,M,
     $          N,NKA,NEA,NJF,NF,NT,NNB,NN)  (第I号温度工况下的截面内力计算)
20     CALL SHVSOL(NN,LO,NNB,DP,N,TSHV)  (第I号温度工况下各个节点位移计算)
       IF(NPT.EQ.1)WRITE( *,'(/" TMNQ(J,K):.......J=1,NF;K=1,3")')
       IF(NPT.EQ.1)WRITE( *,'(/3X,3HNo.,6X,1HM,11X,1HN,11X,1HQ/)')
       IF(NPT.EQ.1)WRITE( *,'(I5,2X,3E12.5)')(J,(TMNQ(J,K),K=1,3), J=1,NF)
       IF(NPT.EQ.1)WRITE( *,'(/" TSHV(J,K):.......J=1,N;K=1,3")')
       IF(NPT.EQ.1)WRITE( *,'(/3X,3HNo.,6X,1H@ ,11X,1HX,11X,1HY/)')
       IF(NPT.EQ.1)WRITE( *,'(I5,2X,3E12.5)')(J,(TSHV(J,K),K=1,3),J=1,N)
       CALL PRT75(TMNQ,TSHV,REC,NC1,N,NF)
       IF(IDSIGM.EQ.0) GOTO 100
       IF(NPT.EQ.1)WRITE( *,'(/3X,3HNo.,3X,6H+TSIMA,8X,6H-TSIMA/)')
       CALL SIGM(IFN,NEJF,TMNQ,EJF,NF,M,NJF,NPT)
100   CONTINUE
      RETURN
      END
```

温度工况下截面内力计算子程序 TTMNQ 列出如下,除输入参数中 DP(NNB)是求解位移方程得到的节点位移列阵外,其余均与温度工况求解子程序 TTSOLV 相同,输出参数 TMNQ(NF,3)用来存储各个截面的内力。

```
      SUBROUTINE TTMNQ(K,IHL,IHR,X,Y,IAK,AK,NEAL,NEJF,EAL,EJF,IFN,FN,TN,DP,LO,TMNQ,
     $          M,N,NKA,NEA,NJF,NF,NT,NNB,NN)
      REAL MNQ(3),L
      REAL * 8 DP(NNB)
```

```
      DIMENSION IHL(M),IHR(M),X(N),Y(N),IAK(NKA),AK(4,NKA),NEAL(M), NEJF(M),EAL
     $          (3,NEA),EJF(4,NJF),IFN(NF),FN(NF),TN(NT), LO(NN),TMNQ(NF,3)
      DO 100 I=1,NF  (对要计算内力的截面数循环)
       L1=IFN(I)  (计算内力截面所在的单元号)
       CALL INFO1(I,L1,IHL,IHR,DP,X,Y,IAK,AK,LO,FN,NEJF,NEAL,EJF,EAL, M,NN,N,NKA,
          NJF,NEA,NF,NNB,MNQ,CX,CY,L)  (由节点位移产生的截面内力计算,存放在 MNQ(3)数组中)
       L2=NEAL(L1)  (截面所在单元的材料类型号)
       L3=NEJF(L1)  (截面所在单元的截面类型号)
       XQ=EAL(2,L2)*EAL(1,L2)*EJF(2,L3)  (按表4-4 第7种荷载类型计算截面所在单元的αEF)
       CALL INFO2(L1,NEJF,EJF,M,NJF,FN(I),XQ,7,TN(K),L,MNQ)
         (计算并迭加杆间荷载产生的截面内力)
       DO 80 J=1,3
         TMNQ(I,J)=MNQ(J)
80     CONTINUE  (用数组 TMNQ(NF,3)来存储各个截面由温度变化产生的内力)
100   CONTINUE
      RETURN
      END
```

3. 支座沉降求解

下面给出支座沉降时结构求解子程序 DSSOLV,子程序形式参数中增加了有沉降的支承数 NDS、支承沉降的节点号及沉降位移的序号数组 NDD(2,NDS)、支承沉降的数值 DS(NDS),其余输入、输出参数均与结构自重求解子程序 WWSOLV 相同,计算得到的截面内力存放在 DMNQ(NF,3)中,各节点位移存放在 DSHV(N,3)中。

```
      SUBROUTINE DSSOLV(IHL,IHR,X,Y,IAK,AK,NEAL,NEJF,EAL,EJF,IFN,FN,NDD,DS,DP,LV,
     $             LO,SK,DMNQ,DSHV,M,N,NKA,NEA,NJF,NF,NDS,NNB,NN,LA,LOCC,LS,REC,
     $             NCI,NC1,IDSIGM,NPT)
      REAL MNQ(3),L
      REAL*8 SK(LA),DP(NNB)
      DIMENSION IHL(M),IHR(M),X(N),Y(N),IAK(NKA),AK(4,NKA),NEAL(M), NEJF(M),EAL
     $         (3,NEA),EJF(4,NJF),IFN(NF),FN(NF), LV(NNB),LO(NN), DMNQ(NF,3),NDD
     $         (2,NDS),DS(NDS), DSHV(N,3),LOCC(NNB),LS(2,NCI),REC(NC1)
      CALL CLEAR(NF,3,DMNQ)
      CALL CLEAR(N,3,DSHV)
      CALL DSDP(DP,LO,LV,SK,NDD,DS,NNB,NN,NDS,LA)  (由支座沉降产生的总荷载列阵形成)
      CALL REC1(DP,LS,LO,REC,NNB,NCI,NC1,NN)  (由总荷载列阵直接得到的支承反力计算)
      CALL BWLD(NNB,LA,LV,SK,DP,DP,3,LOCC)  (结构位移方程的回代求解)
      CALL REC2(DP,LS,LO,LV,SK,REC,NNB,NCI,NN,NC1,LA)  (由节点位移得到的支承反力计算)
      CALL REDP(DP,LO,NDD,DS,NNB,NN,NDS)  (将支座沉降值加入到节点位移列阵的相应行)
      IF(NPT.EQ.1)WRITE(*,'("DREC(I)....I=1,NC1")')
      IF(NPT.EQ.1)WRITE(*,'(I5,E12.5)')(JJ,REC(JJ),JJ=1,NC1)
      CALL SHVSOL(NN,LO,NNB,DP,N,DSHV)  (支座沉降工况下各个节点位移计算)
      DO 100 I=1,NF  (对要计算内力的截面数循环)
       L1=IFN(I)  (计算内力截面所在的单元号)
       CALL INFO1(1,L1,IHL,IHR,DP,X,Y,IAK,AK,LO,FN,NEJF,NEAL,EJF,EAL, M,NN,N,NKA, NJF,NEA,NF,
```

```
$         NNB,MNQ,CX,CY,L)
          (支座沉降工况下的截面内力计算,仅需计算由节点位移产生的截面内力,不存在杆间荷载)
          DO 60 J=1,3
            DMNQ(I,J)=MNQ(J)
60        CONTINUE  (用数组 DMNQ(NF,3)来存储各个截面由支座沉降产生的内力)
100     CONTINUE
      IF(NPT.EQ.1)WRITE(*,'(" DMNQ(I,J)....I=1,NF;J=1,3")')
      IF(NPT.EQ.1)WRITE(*,'(/3X,3HNo.,6X,1HM,11X,1HN,11X,1HQ/)')
      IF(NPT.EQ.1)WRITE(*,'(I5,2X,3E12.5)')(I,(DMNQ(I,J),J=1,3),I=1,NF)
      IF(NPT.EQ.1)WRITE(*,'(" DSHV(I,J)....I=1,N;J=1,3")')
      IF(NPT.EQ.1)WRITE(*,'(/3X,3HNo.,6X,1H@,11X,1HX,11X,1HY/)')
      IF(NPT.EQ.1)WRITE(*,'(I5,2X,3E12.5)')(I,(DSHV(I,J),J=1,3),I=1,N)
      CALL PRT75(DMNQ,DSHV,REC,NC1,N,NF)
      IF(IDSIGM.EQ.0) RETURN
      IF(NPT.EQ.1)WRITE(*,'(/3X,3HNo.,3X,6H+DSIMA,8X,6H-DSIMA/)')
      CALL SIGM(IFN,NEJF,DMNQ,EJF,NF,M,NJF,NPT)
      RETURN
      END
```

将支座沉降值加入到节点位移列阵 DP(NNB)的子程序 REDP 如下:

```
      SUBROUTINE REDP(DP,LO,NDD,DS,NNB,NN,NDS)
      REAL*8 DP(NNB)
      DIMENSION LO(NN),NDD(2,NDS),DS(NDS)
      DO 10 I7=1,NDS
        I1=NDD(1,I7)
        I2=NDD(2,I7)
        II=(I1-1)*3+I2
        II=LO(II)
        DP(II)=DS(I7)
10    CONTINUE
      RETURN
      END
```

第四节　影响线计算程序

影响线计算程序中用到的结构对称性利用、节点主从约束的处理、带刚臂单元的处理;一维紧缩存储总刚度矩阵的形成及位移方程的求解都与本章第三节静力计算程序相同,不再赘述,下面先给出编写影响线计算程序流程图(图 4-18),然后讲述影响线求解及影响线输出。主程序的说明留到本章第六节应用程序中去讲述。

一、影响线计算程序流程

影响线计算程序的输入主控信息及输入基本数据都与静力计算程序相同,采用同一个输入数据文件,对称结构计算时可利用对称性只输入一半结构的数据,先按对称部分计算,求解单位移动荷载 $P=1$ 在每一个影响线作用点位置时的杆件截面内力、节点位移及支座反力,将计算结果随机存储输出到临时文件中，然后计算反对称部分，输出计算结果，如果结构计算时不利用对称性就按全结构计算输出计算结果到临时文件。

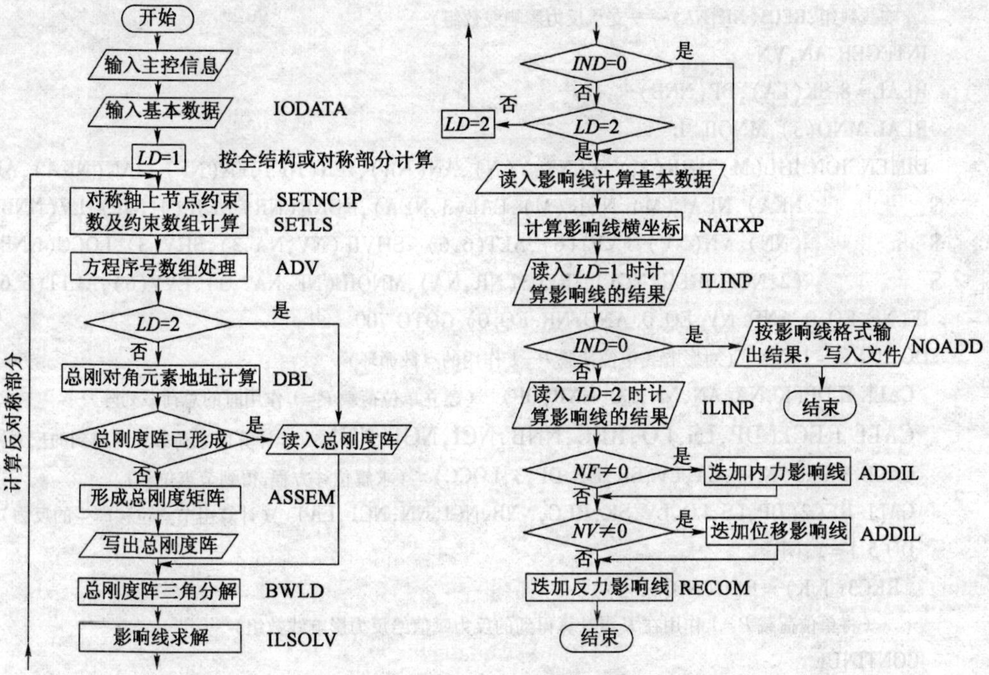

图4-18　影响线计算程序流程框图

影响线求解完成后，再从临时文件中读入计算结果，按影响线的格式排列数据，输出到影响线计算结果文件中，如果按对称和反对称计算时就需要对影响线计算结果进行迭加，得到杆件截面内力、节点位移及支座反力影响线，然后输出到影响线计算结果文件。

二、影响线求解

本章第三节图4-17求解各种荷载工况的编程框图也适用于影响线求解，对影响线单位荷载 $P=1$ 的每一个加载点进行循环：形成总荷载列阵；求解位移方程；计算反力、内力及位移；存放在反力、内力、位移影响线数组中，当计算截面内力影响线的单元两端都是影响线单位荷载 $P=1$ 的作用点时，还需要对计算截面的左截面和右截面内力进行处理。下面给出影响线求解子程序ILSOLV。

```
      SUBROUTINE ILSOLV(IHL,IHR,X,Y,AN,IFN,FN,VN,NONR,IAK,AK,NEAL,NEJF, EAL,EJF,
     $           DP,LV,LO,SK,MNQIL,SHVIL,M,N,NA,NF,NV,NR,NKA,NEA,NJF,NNB,NN,LA,
     $           LOCC,LS,REC,NCI,NC1,REC3,NA2)
```

（子程序输入的形式参数：IHL(M)、IHR(M)——单元的左、右节点号数组；X(N)、Y(N)——节点的横坐标、纵坐标数组；NA、AN(NA)——影响线单位荷载 $P=1$ 作用的点数及作用的节点号数组；NF、IFN(NF)、FN(NF)——要计算内力影响线的截面信息；NV、VN(NV)——要计算位移影响线的节点数及节点号数组；NR、NONR(NR)——要计算反力影响线的支承信息；NKA、IAK(NKA)、AK(4,NKA)——带刚臂单元信息；NJF、EJF(4,NJF)、NEJF(M)——单元的截面特性信息；NEA、EAL(3,NEA)、NEAL(M)——单元的材料特性信息；DP(NNB)——用来存储总荷载列阵及总位移列阵；NNB——去掉主从约束位移行后的总刚度矩阵阶数；LV(NNB)——总刚度矩阵对角元素地址数组；NN、LO(NN)——位移方程总数及方程序号数组；LA、SK(LA)——总刚度矩阵元素总数及三角化分解后的总刚度矩阵；M——单元数；N——节点数；LOCC

(NNB)——标志边界约束行信息的数组,LOCC(I)=1 为边界约束行,LOCC(I)=0 为非未边界约束行;LS(2,NCI)——支承约束数组;NC1、REC(NC1)——支承约束数及支承反力数组。

输出参数:MNQIL(NF,NA2,3)——截面内力影响线数组,NA2=NA+2;SHVIL(NV,NA,3)——节点位移影响线数组;REC3(NR,NA)——支承反力影响线数组)

```
      INTEGER AN,VN
      REAL*8 SK(LA),DP(NNB)
      REAL MNQ(3),MNQIL,L
      DIMENSION IHL(M),IHR(M),X(N),Y(N),AN(NA),IFN(NF),FN(NF), IAK(NKA),AK(4,
     $          NKA),NEAL(M),NEJF(M),EAL(3,NEA),NONR(NR), EJF(4,NJF),LV(NNB),LO
     $          (NN),VN(NV),FVV1(6),ALT(6,6), SHVIL(NV,NA,3),SHV(3),LOCC(NNB), LS
     $          (2,NCI),REC(NC1), REC3(NR,NA),MNQIL(NF,NA2,3),FVV(6),ALTT(6,6)
      IF(NF.EQ.0.AND.NV.EQ.0.AND.NR.EQ.0) GOTO 700
      DO 100 K=1,NA  (对影响线单位荷载 P=1 作用的点数循环)
        CALL ILDP(K,NA,AN,NN,LO,NNB,DP)  (建立单位荷载 P=1 作用时的总荷载列阵)
        CALL REC1(DP,LS,LO,REC,NNB,NCI,NC1,NN)  (计算由总荷载列阵得到的反力)
        CALL BWLD(NNB,LA,LV,SK,DP,DP,3,LOCC)  (求解位移方程,得到节点位移)
        CALL REC2(DP,LS,LO,LV,SK,REC,NNB,NCI,NN,NC1,LA)  (计算由节点位移产生的反力)
        DO 5 J=1,NR
          REC3(J,K)=REC(NONR(J))
            (将单位荷载 P=1 作用在 K 点计算得到的反力赋值给反力影响线数组)
5       CONTINUE
        DO 20 I=1,NF  (对计算截面内力影响线的截面数循环)
          CALL INFO1(I,IFN(I),IHL,IHR,DP,X,Y,IAK,AK,LO,FN,NEJF,NEAL,EJF,EAL,M,NN,N,
     $    NKA,NJF,NEA,NF,NNB,MNQ,CX,CY,L)  (计算第 I 号截面内力)
          DO 10 J=1,3
            MNQIL(I,K,J)=MNQ(J)
              (将单位荷载 P=1 作用在 K 点、计算得到截面 I 的内力赋值给内力影响线数组)
10        CONTINUE
20      CONTINUE
        DO 50 I=1,NV  (对计算节点位移影响线的节点数循环)
          CALL SHVP(VN(I),NNB,DP,NN,LO,SHV)  (选取计算节点的位移)
          DO 40 J=1,3
            SHVIL(I,K,J)=SHV(J)
              (将单位荷载 P=1 作用在 K 点、计算得到节点 I 的位移赋值给位移影响线数组)
40        CONTINUE
50      CONTINUE
100   CONTINUE
        (以上完成 NA 个单位荷载 P=1 作用点的循环,计算得到支承反力、截面内力和节点位移影响线数组,下面根
        据截面所在位置对内力影响线进行处理)
      NA1=NA+1
      NA2=NA+2  (增加两个影响线坐标点,用来处理单位荷载 P=1 作用点左、右截面的内力值)
      DO 650 K=1,NF
        MNQIL(K,NA1,1)=10.E15
        (当计算内力截面所在杆件的左右节点不同时在单位荷载 P=1 的作用点时,新增加第 1 点的弯矩值赋大
        值)
```

```
      MNQIL(K,NA1,2) =0.0
      MNQIL(K,NA1,3) =0.0
      MNQIL(K,NA2,3) =0.0
      MNQIL(K,NA2,2) =0.0
      MNQIL(K,NA2,1) =0.0
      IK = IFN(K)
      IL = IHL(IK)
      IR = IHR(IK)
      JA =0
      DO 510 J =1,NA
        IF(AN(J).NE.IR) GOTO 510
        JA = J
510   CONTINUE
      IF (JA.EQ.0) GOTO 650
```
（这里 JA =0 表示计算内力截面所在杆件的右节点不在单位荷载 $P=1$ 的作用点上，此时不需对内力影响线处理）

```
      JA =0
      DO 520 J =1,NA
        IF(AN(J).NE.IL) GOTO 520
        JA = J
520   CONTINUE
      IF (JA.EQ.0) GOTO 650
```
（这里 JA =0 表示计算内力截面所在杆件的左节点不在单位荷载 $P=1$ 的作用点上，此时不需对内力影响线处理）

```
      DX =(X(IL) - X(IR))
      DY =(Y(IL) - Y(IR))
      DL = SQRT(DX * DX + DY * DY)
      CO =(X(IR) - X(IL))/DL
      SI =(Y(IR) - Y(IL))/DL
```
（以上计算内力截面所在杆件的长度 DL、杆件对 x 轴倾角的余弦 CO 及正弦 SI）

（以下对计算截面所在单元在单位荷载 $P=1$ 作用点上的内力值进行处理，先计算截面左节点或右节点的情况）

```
      IF(FN(K).GE.1.E-5) GOTO 540
      DO 530 J =1,NA
        IF(IL.NE.AN(J)) GOTO 530
        JA = J  （截面所在单元左节点是单位荷载 P=1 的作用点）
530   CONTINUE
      GOTO 550
540   IF(ABS(FN(K) - DL).GE.1.E-5) GOTO 580
      DO 545 J =1,NA
        IF(IR.NE.AN(J)) GOTO 545
        JA = J  （截面所在单元右节点是单位荷载 P-1 的作用点）
545   CONTINUE
550   CONTINUE
```

```
        DO 560 I5 = 2,3
          MNQIL(K,NA1,I5) = MNQIL(K,JA,I5)
560     CONTINUE
        MNQIL(K,NA2,1) = MNQIL(K,JA,1)
        IF(AN(JA).EQ.IR) GOTO 570
        MNQIL(K,NA2,3) = MNQIL(K,JA,3) + CO
        MNQIL(K,NA2,2) = MNQIL(K,JA,2) - SI
        GOTO 620
570     MNQIL(K,NA2,3) = MNQIL(K,JA,3) - CO
        MNQIL(K,NA2,2) = MNQIL(K,JA,2) + SI
        GOTO 620
580     DO 590 I5 = 1,NNB  （以下计算内力截面在单元中间时，由单位荷载 P=1 作用在截面左、右侧时的内力值）
          DP(I5) = 0.0
590     CONTINUE
        XXP = FN(K)
        XXL = DL - XXP
          （以下按表 4-4 第 1 种荷载类型计算 P=1 作用在单元中间时，单元的杆端力列阵 S'e，存放在 FVV 数组中）
        FVV(3) = - CO * (DL + 2. * XXP) * XXL/(DL * DL * DL) * XXL
        FVV(1) = - CO * XXP * XXL * XXL/(DL * DL)
        FVV(2) = - SI * XXL/DL
        FVV(5) = - SI * XXP/DL
        FVV(6) = - CO + CO * (DL + 2. * XXP) * XXL * XXL/(DL * DL * DL)
        FVV(4) = CO * XXP * XXP * XXL/(DL * DL)
        CALL MAL(IK,ALTT,IHL,IHR,X,Y,IAK,AK,M,N,NKA,CX,CY,L)
        （计算坐标转换矩阵 AL）
        CALL TRNSPS(6,6,ALTT,ALT)  （矩阵转置得(AL)T）
        CALL MTMULT(6,6,1,ALT,FVV,FVV1)  （计算结构坐标系下的杆端力列阵 Se，存放在数组 FVV1 中）
        IL3 = (IL - 1) * 3
        DP(LO(IL3 + 3)) = FVV1(3)
        DP(LO(IL3 + 1)) = FVV1(1)
        DP(LO(IL3 + 2)) = FVV1(2)
        IR3 = (IR - 1) * 3
        DP(LO(IR3 + 2)) = FVV1(5)
        DP(LO(IR3 + 3)) = FVV1(6)
        DP(LO(IR3 + 1)) = FVV1(4)  （计算 P=1 作用在单元中间时的总荷载列阵）
        CALL BWLD(NNB,LA,LV,SK,DP,DP,3,LOCC)  （求解位移方程）
        CALL INFO1(K,IFN(K),IHL,IHR,DP,X,Y,IAK,AK,LO,FN,NEJF,NEAL,EJF, EAL,M,NN,N,
     $       NKA,NJF,NEA,NF,NNB,MNQ,CX,CY,L)  （计算截面内力，存放在数组 MNQ 中）
        MNQ(1) = MNQ(1) - CO * XXP * XXP * XXL/(DL * DL) + CO * (1 - (DL + 2. * XXP) * XXL *
     $          XXL/(DL * DL * DL)) * XXL
        MNQ(2) = MNQ(2) - SI * XXL/DL
        MNQ(3) = MNQ(3) + CO * (DL + 2. * XXP) * XXL * XXL/(DL * DL * DL)
          （以上按表 4-5 迭加杆间荷载产生的截面内力）
        DO 600 J = 1,3
```

```
      MNQIL(K,NA2,J) = MNQ(J)
600   CONTINUE
      MNQIL(K,NA1,3) = MNQ(3) - CO
      MNQIL(K,NA1,2) = MNQ(2) + SI
620   MNQIL(K,NA1,1) = FN(K) * CO + X(IL)
650   CONTINUE
```

（下面是将求解得到的内力、位移、反力影响线结果写入内部数据传输文件中，这个文件就是图 4-5 中的 <name>. IF4，采用顺序无格式存储）

```
      IF(NF.NE.0) WRITE(31) MNQIL
      IF(NV.NE.0) WRITE(31) SHVIL
      IF(NR.NE.0) WRITE(31) REC3
      RETURN
700   WRITE(*,'(" * * NF=0 ,NV=0 and NR=0 , No solusion ! * *")')
      STOP ' * * * STOP at SUBROUTINE : ILSOLVE * * *'
      END
```

单位荷载 $P=1$ 作用时生成总荷载列阵的子程序语句如下：

```
      SUBROUTINE ILDP(I,NA,AN,NN,LO,NNB,DP)
```

（子程序输入的形式参数：I——单位荷载 $P=1$ 的序号；NA、AN(NA)——单位荷载 $P=1$ 作用的节点数及节点号数组；NN、LO(NN)——位移方程总数及方程序号数组；NNB——去掉主从约束位移行后的总刚度矩阵阶数。

输出参数：DP(NNB)——第 I 个单位荷载 $P=1$ 产生的总荷载列阵，为提高计算精度，采用双精度存储）

```
      REAL * 8 DP(NNB)
      DIMENSION AN(NA),LO(NN)
      INTEGER AN
      DO 10 II = 1,NNB
        DP(II) = 0.0
10    CONTINUE
      K = AN(I)   （第 I 个单位荷载 P=1 作用的节点号）
      K = 3 * K
      K = LO(K)   （第 I 个单位荷载 P=1 在位移方程中的方程序号）
      DP(K) = -1.0
      RETURN
      END
```

三、影响线输出

影响线输出就是把影响线求解的结果按照影响线的格式输出，首先要计算影响线的横坐标，当按对称性计算影响线时，输入的影响线作用点仅是一半结构，这时需要将影响线点数及横坐标都扩展到全结构，这由子程序 NATXP 来完成；计算时按全结构计算时，用子程序 ILINP 将影响线求解的结果重新读入，然后按影响线的格式输出，这由子程序 NOADD 来完成；按对称性计算影响线时，需要输入对称计算的结果和反对称计算的结果，用子程序 ADDIL 来迭加形成全结构的内力、位移影响线，用 RECOM 来迭加形成全结构的反力影响线。下面给出这几个子程序。

1. 影响线横坐标

下面的子程序 NATXP 用来形成影响线横坐标数组，按全结构计算时的影响线横坐标数组是根据影响线单位荷载 $P=1$ 作用点总数及作用的节点号在原始数据输入子程序 IODATA 中计算得到，并写入内部数据传输文件 <name>. IF4 中的，在子程序中重新读入得到；当按对称性计算时，子程序将影响线横坐标数组扩展到全结构；子程序还将影响线横坐标数组写入到随机无格式存储文件 <name>. IF1 中，用来与影响线加载程序进行数据传递。

```
      SUBROUTINE NATXP(IND,NA,NAT,AN,XP)
       (子程序输入的形式参数:IND——对称性计算的指示信息,按全结构计算时 IND=0,按对称性计算时 IND≠0;
       NA、AN(NA)——数据文件输入的影响线单位荷载 P=1 作用点总数及作用的节点号数组; NAT——求解影响线
       的点数,按全结构计算时 NAT=NA,按对称性计算时 NAT=NA*2-1;XP(NAT)——进入子程序时是数据文件输
       入各影响线作用点的横坐标数组。
       输出参数:XP(NAT)——子程序返回时写入数据传递文件<name>.IF1 中的是影响线总点数的横坐标数组,数组最
       后 2 个元素赋值为 0,这 2 个元素用来处理 P=1 单位荷载作用在计算内力截面左、右时的影响线数值)
      INTEGER AN
      DIMENSION AN(NA),XP(NAT)
      COMMON /REC/IIRR
      READ(31) AN
      READ(31)(XP(I),I=1,NA)  (从影响线数据传输文件<name>.IF4 中读入影响线的基本数据)
      IF(IND.NE.0) THEN  (按对称结构计算时,扩展影响线横坐标)
        XM=XP(NA)*2
        DO 40 I=1,NA
          IP=NAT-I+1
          XP(IP)=XM-XP(I)
40      CONTINUE
      ENDIF
      XM=0.0
      IIRR=IIRR+1  (随机无格式存储文件<name>.IF1 的记录号,用公用区在程序内部传递数据)
      WRITE(23,REC=IIRR) XP,XM,XM  (将影响线横坐标写入数据传递文件<name>.IF1)
      RETURN
      END
```

2. 影响线数据输入

影响线数据输入子程序 ILINP 是从影响线数据传输文件 <name>. IF4 中读入截面内力、位移和反力影响线求解的结果。

```
     SUBROUTINE ILINP(NA,NF,NV,NR,MIL,NIL,QIL,SIL,HIL,VIL,REC1,NA2)
      (子程序输入的形式参数:NA——影响线单位荷载 P=1 作用点总数;NF、NV、NR——求解内力影响线的截面数、位
      移影响线的节点数和支承反力影响线的支承数;NA2——截面内力影响线的总点数,NA2=NAT+2,其中 NAT 是求
      解影响线的点数,按全结构计算时 NAT=NA,按对称性计算时 NAT=NA*2-1。
      输出参数:MIL(NF,NA2),NIL(NF,NA2),QIL(NF,NA2)——截面弯矩、轴力和剪力影响线数组;SIL(NV,NA),HIL
      (NV,NA),VIL(NV,NA)节点的转角、水平位移和竖向位移影响线数组;REC1(NR,NA)——支承反力影响线数组)
     REAL MIL,NIL
     DIMENSION MIL(NF,NA2),NIL(NF,NA2),QIL(NF,NA2),SIL(NV,NA), HIL(NV,NA),VIL(NV,
    $          NA),REC1(NR,NA)
      (以下是从影响线数据传输文件<name>.IF4 中读入截面内力、位移和反力影响线求解的结果,从影响线求解子程
```

序中写入的内力影响线计算结果是三维数组 MNQIL(NF,NA2,3),内力的排列顺序是弯矩、轴力和剪力,因此从顺序无格式文件 <name>.IF4 读入后,按列排列的数据赋值给 3 个二维影响线数组,分别是截面弯矩、轴力和剪力影响线;同理,位移影响线读入后赋值给转角、水平位移和竖向位移 3 根影响线)

```
IF(NF.NE.0) READ(31) MIL,NIL,QIL
IF(NV.NE.0) READ(31) SIL,HIL,VIL
IF(NR.NE.0) READ(31) REC1
RETURN
END
```

3. 全结构计算影响线结果的输出

影响线结果的输出是把影响线求解得到的内力、位移、反力影响线结果写到随机无格式文件 <name>.IF1 中,用来与影响线加载程序进行数据传递,随机无格式文件的记录号 IIRR 用公用区传递。按全结构计算时,不需进行影响线迭加。

```
SUBROUTINE NOADD(NA,NF,NV,NR,MIL,NIL,QIL,SIL,HIL,VIL,REC,NA2)
```

(子程序形式参数:NA——影响线单位荷载 $P=1$ 作用点总数;NF、NV、NR——求解内力影响线的截面数、位移影响线的节点数和支承反力影响线的支承数;MIL(NF,NA2),NIL(NF,NA2),QIL(NF,NA2)——截面弯矩、轴力和剪力影响线数组;SIL(NV,NA),HIL(NV,NA),VIL(NV,NA)节点的转角、水平位移和竖向位移影响线数组;REC(NR,NA)——支承反力影响线数组;NA2——截面内力影响线的总点数,NA2 = NAT + 2,其中 NAT 是求解影响线的点数,按全结构计算时 NAT = NA,按对称性计算时 NAT = NA * 2-1)

```
 REAL MIL,NIL
 DIMENSION MIL(NF,NA2),NIL(NF,NA2),QIL(NF,NA2),SIL(NV,NA),HIL(NV,NA),VIL(NV,
$          NA),REC(NR,NA)
 COMMON/REC/IIRR
 DO 40 I=1,NF   (输出内力影响线,一根影响线一条记录,一个截面3条记录,按M、N、Q排列)
    IIRR=IIRR+1
    WRITE(23,REC=IIRR) (MIL(I,J),J=1,NA2)
    IIRR=IIRR+1
    WRITE(23,REC=IIRR) (NIL(I,J),J=1,NA2)
    IIRR=IIRR+1
    WRITE(23,REC=IIRR) (QIL(I,J),J=1,NA2)
40 CONTINUE
   DO 100 I=1,NV   (输出位移影响线,一根影响线一条记录,一个节点3条记录,按θ、u、v排列)
    IIRR=IIRR+1
    WRITE(23,REC=IIRR) (SIL(I,J),J=1,NA)
    IIRR=IIRR+1
    WRITE(23,REC=IIRR) (HIL(I,J),J=1,NA)
    IIRR=IIRR+1
    WRITE(23,REC=IIRR) (VIL(I,J),J=1,NA)
100 CONTINUE
    DO 200 I=1,NR
      IIRR=IIRR+1
       WRITE(23,REC=IIRR) (REC(I,J),J=1,NA)   (输出支承反力影响线,每个支承反力一条记录)
200  CONTINUE
   RETURN
   END
```

4. 内力、位移影响线的迭加

内力、位移影响线迭加是将按对称、反对称计算半个结构的内力影响线结果进行迭加，得到全结构的内力影响线。

```
      SUBROUTINE ADDIL(NA,NAT,NF,MIL,MILP,NIL,NILP,QIL,QILP,FT,NA2)
```

（子程序形式参数：NA——影响线单位荷载 $P=1$ 作用点总数；NAT——求解影响线的点数，按对称性计算时 NAT = NA * 2-1；NF——内力影响线迭加时是求解内力的截面数，位移影响线迭加时是求解位移的节点数；MIL(NF,NA2)，NIL(NF,NA2)，QIL(NF,NA2)——对称计算时的内力影响线数组或位移影响线数组；MILP(NF,NA2)，NILP(NF,NA2)，QILP(NF,NA2)——反对称计算时的内力影响线数组或位移影响线数组；NA2——截面内力影响线的总点数，NA2 = NAT + 2。

工作数组：FT(3,NAT)——存放一个截面 3 根内力影响线或一个节点 3 个位移影响线的工作数组）

```
      REAL MIL,MILP,NIL,NILP
      DIMENSION MIL(NF,NA2),MILP(NF,NA2),NIL(NF,NA2),NILP(NF,NA2),QIL(NF,NA2),QILP
     $          (NF,NA2),FT(3,NAT)
      COMMON/REC/IIRR
      DO 100 K=1,NF  （对截面数、或节点数循环，进行截面内力影响线或节点位移影响线迭加）
        DO 40 I=1,NA  （对 P=1 影响线加载点数循环）
          IP=NAT-I+1
          FT(1,I)=(MIL(K,I)+MILP(K,I))*0.5  （左半跨影响线数值=(对称+反对称)÷2）
          FT(2,I)=(NIL(K,I)+NILP(K,I))*0.5
          FT(3,I)=(QIL(K,I)+QILP(K,I))*0.5
          FT(1,IP)=(MIL(K,I)-MILP(K,I))*0.5  （右半跨影响线数值=(对称-反对称)÷2）
          FT(2,IP)=(NIL(K,I)-NILP(K,I))*0.5
          FT(3,IP)=(QIL(K,I)-QILP(K,I))*0.5
40      CONTINUE
        QM1=0.0
        QM2=0.0
        QN1=0.0
        QN2=0.0
        QQ1=0.0
        QQ2=0.0
        IF(NA.EQ.NA2) GOTO 90
        QM1=(MIL(K,NA+1)+MILP(K,NA+1))*0.5
          （单位荷载 P=1 作用在内力影响线截面左侧、右侧时影响线数值的处理）
        QN1=(NIL(K,NA+1)+NILP(K,NA+1))*0.5
        QQ1=(QIL(K,NA+1)+QILP(K,NA+1))*0.5
        QM2=(MIL(K,NA+2)+MILP(K,NA+2))*0.5
        QN2=(NIL(K,NA+2)+NILP(K,NA+2))*0.5
        QQ2=(QIL(K,NA+2)+QILP(K,NA+2))*0.5
90      CONTINUE
          （以下将内力或位移影响线结果写到随机无格式文件<name>.IF1 中，用于对影响线加载程序进行数据传递。）
        IIRR=IIRR+1
        WRITE(23,REC=IIRR) (FT(1,I),I=1,NAT),QM1,QM2
        IIRR=IIRR+1
        WRITE(23,REC=IIRR) (FT(2,I),I=1,NAT),QN1,QN2
```

```
      IIRR = IIRR + 1
      WRITE(23,REC = IIRR) (FT(3,I),I = 1,NAT),QQ1,QQ2
100   CONTINUE
      RETURN
      END
```

5. 反力影响线的迭加

反力影响线迭加也是将按对称、反对称计算得到的半个结构的反力影响线结果进行迭加，得到全结构的反力影响线，与内力、位移影响线迭加不同的是没有单位荷载 $P=1$ 作用在支承点左侧、右侧时对反力影响线数值的处理。

```
      SUBROUTINE RECOM(REC1,REC2,REC,NR,NAT,NA)
      (子程序形式参数:REC1(NR,NA)——对称计算时的支承反力影响线数组;REC2(NR,NA)——反对称计算时的支承反力影响线数组;NR——计算反力影响线的支承数;NA——影响线单位荷载 P=1 作用点总数;NAT——求解影响线的点数,对称性计算时 NAT = NA * 2-1。
      工作数组:REC (NR,NAT)——对称、反对称迭加计算后的支承反力影响线)
      DIMENSION REC1(NR,NA),REC2(NR,NA),REC(NR,NAT)
      COMMON/REC/IIRR
      DO 20 K = 1,NR  (对计算反力影响线的支承约束数循环,进行反力影响线迭加)
       DO 10 I = 1,NA  (对 P=1 影响线加载点数循环)
        IP - NAT - I + 1
        REC(K,I) = (REC1(K,I) + REC2(K,I)) * 0.5  (左半跨反力影响线数值 = (对称 + 反对称) ÷ 2)
        REC(K,IP) = (REC1(K,I) - REC2(K,I)) * 0.5  (右半跨反力影响线数值 = (对称 - 反对称) ÷ 2)
10     CONTINUE
       IIRR = IIRR + 1
       WRITE(23,REC = IIRR)(REC(K,J),J = 1,NAT)
        (写到随机无格式文件 <name>.IF1 中,用于对影响线加载程序进行数据传递)
20    CONTINUE
      RETURN
      END
```

第五节　影响线加载程序

影响线加载程序是根据本章第三节静力计算程序的结构基本信息、本章第四节影响线计算程序得到的结构构件截面内力影响线、节点位移影响线及支座反力影响线，在影响线上布置移动的设计活荷载，得到设计荷载下指定的构件截面内力、节点位移及支座反力。下面先给出编写影响线加载程序的流程图，然后讲述影响线加载原理、编程框图及影响线加载子程序的编写。影响线加载主程序及输入数据的说明留到本章第六节应用程序中去说明。

一、影响线加载程序流程

图 4-19 是影响线加载程序流程图，输入的计算控制信息是：加载计算活载内力的截面数 NF1，计算节点位移的节点数 NV1，计算反力的支承数 NR1 以及计算活载的类型数、人群荷载的集度等等，根据这些控制信息输入相应的计算数据，有关结构及影响线的基本数据都是从运行静力计算程序及影响线计算程序建立的中间数据文件中读入，然后根据控制信息进行内力、

位移和反力影响线加载，加载结果输出到数据文件中。

二、加载原理及编程框图

影响线加载就是在影响线上布置移动的活荷载，计算出活荷载最大及最小（负值最大）的影响量，最大影响量的计算与影响线的数值、形状有关，也与活荷载的类型有关。

现行桥梁设计规范采用的活荷载包括人群荷载及汽车荷载两种。人群荷载最大影响量的计算等于人群荷载集度乘以影响线面积；在结构整体计算时，无论是公路桥梁还是城市桥梁汽车荷载都是采用车道荷载进行计算的，车道荷载由均布荷载和集中荷载组成，均布荷载满布于使结构产生最不利效应的同号影响线区段上，集中荷载只作用于相应影响线的最大影响线峰值处。

车道荷载中的均布荷载标准值和集中荷载标准值与桥梁的计算跨径、车道数及影响线的类型有关，《公路桥涵设计通用规范》（JTG D60—2004）及《城市桥梁设计荷载标准》（CJJ 77—98）对均布荷载和集中荷载的标准值都有规定，可以分为公路—Ⅰ级、公路—Ⅱ级和城—A级、城—B级，下面编制的影响线加载程序对人群荷载和以上4种汽车荷载等级用荷载类型号LD=0~4表示。

图4-20为内力影响线加载程序的编程框图，内力影响线加载的截面数$NF1\neq0$时，对加载的截面数循环，每一个循环执行以下内容

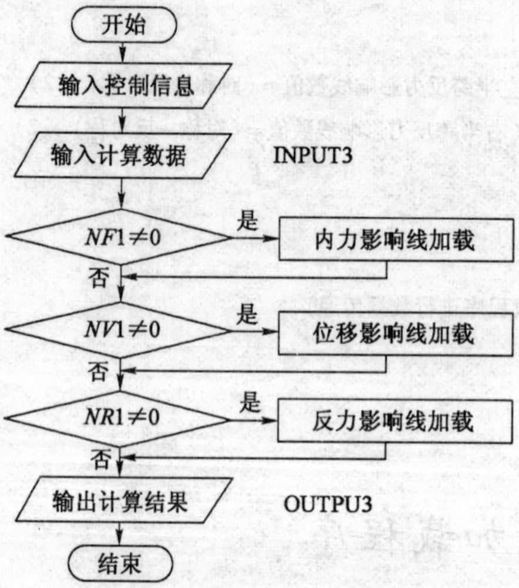

图4-19 影响线加载程序流程图

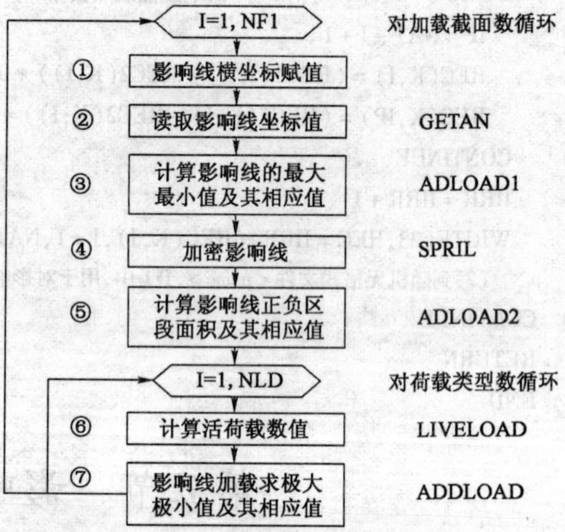

图4-20 内力影响线加载编程框图

第①框：对影响线横坐标赋初值，因为内力影响线在计算截面的左侧和右侧增加了2个横坐标点，每次加载计算经过横坐标排序后都改变了数值，因此进入新的加载截面后都对影响线横坐标赋初值，用赋值后的横坐标数组进行运算；

第②框：从影响线计算程序输出的计算结果文件中读取要加载截面的内力影响线数据、并进行排序，得到加载截面3个内力（弯矩M、轴力N和剪力Q）的影响线；

第③框：车道荷载中的集中荷载要作用于影响线的峰值处，因此需要计算影响线的最大、最小值，因为加载截面有3个内力影响线，因此还需要找出1根影响线为峰值时，另外2根影响线的相应值，例如弯矩影响线最大峰值时相应的轴力、剪力影响线值；

第④、第⑤框是为了车道荷载中的均布荷载加载需要，先用直线内插法加密影响线，然后计算出同号区段影响线面积和，以计算均布荷载满布于同号影响线上产生的最不利效应，和第

③框一样也需要计算最大及最小(负值最大)的同号区段影响线面积和及其相应值;

第⑥框是根据荷载类型号计算人群或汽车车道荷载的数值,人群荷载数值就是输入的人群荷载集度,等于规范规定的人群荷载密度乘以两侧人行道的宽度之和;汽车车道荷载按荷载等级、相应的规范、标准计算得到,包括计算弯矩、剪力不同的集中荷载和均布荷载数值;

第⑦框是计算一种荷载作用在一个计算截面影响线上的效应,包括最大、最小值及其相应值。

计算的荷载有 NLD 个时,以上第⑥、第⑦框重复执行 NLD 次。

一个节点的位移影响线有三根(转角 θ、水平位移 u 和竖向位移 v),位移影响线的加载过程和内力影响线加载相同,支座反力影响线加载时仅计算最大、最小值,没有相应值的问题,其余均与内力影响线加载相同。

三、源程序

以下给出影响线加载程序的几个主要子程序语句。

1. 读取影响线坐标

内力、位移和反力影响线是由影响线计算程序输出到随机读写文件中的,读取影响线坐标就是从这个输出的文件中根据写入的顺序随机读取所需要的影响线坐标。

```
SUBROUTINE GETAN(FT,X,Y,Z,L,IIRR,NAT,ID)
 (子程序输入的形式参数:X(NAT)——影响线横坐标数组; IIRR——记录影响线计算结果的随机数据文件记录号;
 NAT——影响线的点数;ID——读取影响线的类型,ID = 1 为内力影响线, ID = 2 为位移影响线,ID = 3 为反力影响线。
 输出参数:ID = 1、2 时输出 FT(3,NAT)——内力或位移影响线数组,ID = 3 时输出 Y(NAT)——反力影响线数组。
 工作数组:Z(NAT)、L(NAT))
DIMENSION FT(3,NAT),X(NAT),Y(NAT),Z(NAT),L(NAT)
READ(23,REC = IIRR + 1) Y
 (从影响线计算结果的随机数据文件中读取记录号为 IIRR 的文件内容,ID = 1 时为内力的弯矩影响线,ID = 2 时为
 位移的转角影响线,ID = 3 时为反力影响线)
IF(ID. EQ. 3)RETURN
IF(ID. EQ. 1) THEN  (内力影响线时,需要对影响线横坐标数组及读入的影响线进行处理)
   IF (Y(NAT - 1). GT. 1. E14) THEN
    (内力影响线截面所在单元的左、右节点不同时在影响线 P = 1 作用点上)
    X(NAT) = X(NAT - 2) + 0.002
    X(NAT - 1) = X(NAT - 2) + 0.001
    Y(NAT - 1) = Y(NAT - 2)
    Y(NAT) = Y(NAT - 2)
    JX = 0
   ELSE  (内力影响线截面所在单元的左、右节点同时在影响线 P = 1 作用点上,需要对影响线横坐标数组及读入
    的影响线进行排序)
    X(NAT) = Y(NAT - 1) + 0.001
    X(NAT - 1) = Y(NAT - 1) - 0.001
    IF(Y(NAT) GE 0.0) THEN
    Y(NAT - 1) = Y(NAT) - 0.00001
```

```
        Y(NAT) = Y(NAT-1)
      ELSE
        Y(NAT-1) = Y(NAT) +0.00001
        Y(NAT) = Y(NAT-1)
      ENDIF
      JX = 1
      CALL SORTXY(NAT,X,Y,Z,L,1)  (对影响线横坐标排序)
      CALL SORTXY(NAT,X,Y,Z,L,2)  (影响线坐标按横坐标数组元素的顺序进行排序)
    ENDIF
  ENDIF
  DO 10 M = 1,NAT
    FT(1,M) = Y(M)  (将弯矩或转角影响线坐标放入 FT(3,NAT)数组第 1 行)
10  CONTINUE
  READ(23,REC = IIRR +2) Y  (读入轴力影响线或水平位移影响线的数据)
  IF(ID.EQ.1) THEN  (内力影响线时,对读入的影响线进行处理)
    IF(JX.EQ.0) THEN  (JX =0,不排序)
      Y(NAT) = Y(NAT-2)
      Y(NAT-1) = Y(NAT-2)
    ELSE  (JX =1,对读入的影响线坐标按上面横坐标数组元素的顺序进行排序)
      CALL SORTXY(NAT,X,Y,Z,L,2)
    ENDIF
  ENDIF
  DO 20 M = 1,NAT
    FT(2,M) = Y(M)  (将轴力或水平位移影响线坐标放入 FT(3,NAT)数组第 2 行)
20  CONTINUE
  READ(23,REC = IIRR +3) Y  (读入剪力影响线或竖向位移影响线)
  IF(ID.EQ.1) THEN  (内力影响线时,对读入的影响线进行处理)
    IF(JX.EQ.0) THEN  (JX =0,不排序)
      Y(NAT) = Y(NAT-2)
      Y(NAT-1) = Y(NAT-2)
    ELSE  (JX =1,对读入的影响线坐标按上面横坐标数组元素的顺序进行排序)
      CALL SORTXY(NAT,X,Y,Z,L,2)
    ENDIF
  ENDIF
  DO 30 M = 1,NAT
    FT(3,M) = Y(M)  (将剪力或竖向位移影响线坐标放入 FT(3,NAT)数组第 2 行)
30  CONTINUE
  RETURN
  END
```

读取影响线坐标子程序中调用到的影响线排序子程序 SORTXY 源程序语句如下:

```
SUBROUTINE SORTXY(N,X,Y,Z,NO,ID)
```

(形式参数:N——影响线数组的元素个数;X(N)——影响线的横坐标数组;Y(N)——影响线的纵坐标数组; NO(N)——排序后得到的影响线横坐标数组元素的初始序号数组;ID——影响线排序计算的指示信息,ID = 1 对影响线横坐标数组 X(N)从小到大排序,并得到横坐标数组元素的初始序号数组 NO(N); ID = 2 根据横坐标数组元素

```
    的初始序号数组 NO(N),对影响线纵坐标数组 Y(N)进行排序。
    工作数组:Z(N))
  DIMENSION X(N),Y(N),NO(N),Z(N)
  IF(ID.EQ.1) THEN
    DO 5 I=1,N
      NO(I)=I
5   CONTINUE
    DO 20 I=1,N-1
      DO 10 J=I+1,N
        IF(X(J).GT.X(I)) GOTO 10
        RX=X(I)
        X(I)=X(J)
        X(J)=RX  (对影响线横坐标数组 X(N)从小到大排序)
        IN=NO(I)
        NO(I)=NO(J)
        NO(J)=IN  (用数组 NO(N)记录排序时横坐标数组元素的初始序号)
10    CONTINUE
20  CONTINUE
  ELSE
    DO 30 I=1,N
      Z(I)=Y(NO(I))
        (根据数组 NO(N)记录的横坐标数组元素的初始序号,对纵坐标数组 Y(N)进行相应排序)
30  CONTINUE
    DO 40 I=1,N
      Y(I)=Z(I)
40  CONTINUE
  ENDIF
  END
```

2. 影响线坐标极值及相应值

影响线坐标极值就是计算一根影响线的最大、最小值,因为截面内力及节点位移都有3根影响线,因此在找出一根影响线的极值时,还要找出另外两根影响线在这个极值位置时的相应值,用以计算最大峰值时的另外两个相应值,例如求某一个截面最大弯矩时相应的轴力和剪力。

计算影响线极值及相应值的子程序取名为 ADLOAD1,源程序语句如下:

```
  SUBROUTINE ADLOAD1(NAT,FT,Y,MAXZB,MINZB,ID)
    (输入参数:NAT——影响线的点数;FT(3,NAT)——计算极值及相应值的内力或位移影响线数组;Y(NAT)——计算极值及相应值的反力影响线数组; ID——影响线的类型,ID=1 为内力影响线, ID=2 为位移影响线,ID=3 为反力影响线。
    输出参数:MAXZB(3,3)——影响线的最大峰值及其相应值;MINZB(3,3)——影响线的最小峰值及其相应值)
  REAL MAXZB(3,3),MINZB(3,3)
  DIMENSION FT(3,NAT),Y(NAT)
  DO 20 I=1,3
    DO 10 J=1,3
```

```
          MAXZB(I,J) =0.0
          MINZB(I,J) =0.0
10      CONTINUE
20    CONTINUE
      DO 50 I=1,3  (对影响线根数循环)
        IF(ID.NE.3) THEN
          DO 30 J=1,NAT
            Y(J) = FT(I,J)
30        CONTINUE  (将内力或位移影响线的数据赋值给 Y 数组,反力影响线数据本来就储存在 Y 数组内)
        ENDIF
        YMAX = Y(1)
        NOMAX =1
        YMIN = Y(1)
        NOMIN =1
        DO 40 J=1,NAT  (对影响线点数循环,找出影响线的最大值、最小值及所在序号)
          IF(Y(J).GE.YMAX) THEN
            YMAX = Y(J)
            NOMAX = J
          ENDIF
          IF(Y(J).LE.YMIN) THEN
            YMIN = Y(J)
            NOMIN = J
          ENDIF
40      CONTINUE
        MAXZB(I,1) = YMAX
        MINZB(I,1) = YMIN  (将最大值、最小值储存在数组 MAXZB、MINZB 中)
        IF(ID.EQ.3) RETURN  (反力影响线时不计算相应值)
        J2 = I+1  (以下计算相应值,并储存在数组 MAXZB、MINZB 中)
        IF(J2.GT.3) J2 = J2-3
        MAXZB(I,2) = FT(J2,NOMAX)
        MINZB(I,2) = FT(J2,NOMIN)
        J3 = I+2
        IF(J3.GT.3) J3 = J3-3
        MAXZB(I,3) = FT(J3,NOMAX)
        MINZB(I,3) = FT(J3,NOMIN)
50    CONTINUE
      RETURN
      END
```

3. 影响线加密

为了方便计算同号影响线面积及其相应值,将影响线加密。当桥梁全长≤150m 时,加密点间距 0.2m,桥梁全长 >150m 时,加密点间距 0.5m,计算出全桥加密影响线的总点数,然后采用直线内插得到加密后的影响线坐标值。

影响线加密子程序 SPRIL 的源程序语句如下:

```
      SUBROUTINE SPRIL(NA,N1,X,FT,Y,DX,FTT,FXX,ID)
      (输入参数:NA——加密前的影响线点数;N1——加密后的影响线点数;X(NA)——加密前的影响线横坐标数
      组;FT(3,NA)——加密前的内力或位移影响线数组;Y(NA)——加密前的反力影响线数组;DX——加密的影响
      线横坐标间距;ID——加密影响线的类型,ID=1 为内力影响线, ID=2 为位移影响线,ID=3 为反力影响线。
      输出参数:FTT(3,N1)——加密后的内力或位移影响线数组;FXX(N1)——加密后的反力影响线数组)
      DIMENSION X(NA),Y(NA),FT(3,NA),FTT(3,N1),FXX(N1)
      IF(ID.NE.3) THEN
        DO 20 IL=1,3   (内力或位移影响线时,对 3 根影响线循环)
          CALL FYIL(NA,3,N1,X,FT,DX,IL,FXX)
            (对 FT(3,NA)中第 IL 号影响线加密,结果放在 FXX(N1)数组中)
          DO 10 JJ=1,N1
            FTT(IL,JJ)=FXX(JJ)   (将 FXX 数组存放在加密后的影响线数组 FTT 中)
10        CONTINUE
20      CONTINUE
      ELSE
        DO 30 JJ=1,NA
          FT(1,JJ)=Y(JJ)
30      CONTINUE
        CALL FYIL(NA,3,N1,X,FT,DX,1,FXX)   (反力影响线时,加密后的影响线存放在 FXX 数组中)
      ENDIF
      RETURN
      END
```

影响线加密时调用到的加密一根影响线子程序 FYIL 及直线内插函数子程序 FY 的源程序语句如下:

```
      SUBROUTINE FYIL(N,NO,N1,X,B,DX,IL,FXX)
      (输入参数:N——加密前的影响线点数;NO——加密影响线的根数;N1——加密后的影响线点数;X(N)——加
      密前的影响线横坐标数组;B(NO,N)——加密前的影响线数组;DX——加密的影响线横坐标间距;IL——对 B
      (NO,N)中第 IL 号影响线加密。
      输出参数:FXX(N1)——B(NO,N)中第 IL 号影响线加密后的数组)
      DIMENSION X(N),B(NO,N),FXX(N1)
15    DO 20 JJ=1,N1
        XI=DX*FLOAT(JJ-1)
        FXX(JJ)=FY(N,NO,X,B,XI,IL)   (FY 为直线内插的函数子程序)
20    CONTINUE
      RETURN
      END
      FUNCTION FY(N,NO,X,B,XI,IL)
      (形式参数:N——影响线点数;NO——影响线根数;X(N)——影响线横坐标数组;B(NO,N)——影响线纵坐标
      数组;XI——影响线内插的横坐标数值;IL——对 B(NO,N)中第 IL 号影响线内插。内插计算的结果赋值给函数
      名 FY)
      DIMENSION X(N),B(NO,N)
      IF(XI.LT.X(1)) XI=X(1)
      IF(XI.GT.X(N)) XI=X(N)
      DO 200 J=2,N
        IF(XI.GT.X(J)) GOTO 200   (寻找横坐标 XI 的内插区间)
```

```
      FY = B(IL,J-1) + (B(IL,J) - B(IL,J-1)) * (XI - X(J-1))/(X(J) - X(J-1))
      (用直线内插公式计算内插值)
      RETURN
200   CONTINUE
      END
```

4. 影响线面积及相应值

为了计算车道荷载中均布荷载加载的最不利效应，需要将均布荷载满布于影响线的同号区段上，需要计算出一根影响线同号区段的面积和，正号区段面积和为最大值，负号区段面积和为最小值，因为截面内力及节点位移都有三根影响线，因此在找出一根影响线的最大、最小面积时，还要找出另外两根影响线的相应面积值。

以下先给出计算一根影响线最大、最小面积及相应影响线面积值的子程序 AREA：

```
      SUBROUTINE AREA(N1,DX,FXX,FYY,FZZ,FMAX,FMIN,ID)
       (输入参数：N1——加密后的影响线点数；DX——影响加密时的步长；FXX(N1)——计算最大、最小面积时的影响线数组；FYY(N1),FZZ(N1)——计算相应值的影响线数组；ID——影响线的类型，ID = 1 为内力影响线，ID = 2 为位移影响线，ID = 3 为反力影响线。
       输出参数：FMAX(3)——FXX(N1)影响线的最大面积及相应 FYY(N1),FZZ(N1)影响线的面积值；FMIN(3)——FXX(N1)影响线的最小面积及相应 FYY(N1),FZZ(N1)影响线的面积值)
      DIMENSION FXX(N1),FYY(N1),FZZ(N1),FMAX(3),FMIN(3)
      DO 10 I = 1,3
        FMAX(I) = 0.0
        FMIN(I) = 0.0
10    CONTINUE
      DO 20 I = 1,N1
        IF(FXX(I).GE.0) THEN
          FMAX(1) = FMAX(1) + FXX(I) * DX   (迭加 FXX 影响线正区段的面积)
          IF(ID.NE.3)THEN   (ID = 3 为反力影响线，不计相应值)
            FMAX(2) = FMAX(2) + FYY(I) * DX   (迭加影响线 FYY 的相应面积)
            FMAX(3) = FMAX(3) + FZZ(I) * DX   (迭加影响线 FZZ 的相应面积)
          ENDIF
        ENDIF
        IF(FXX(I).LE.0) THEN
          FMIN(1) = FMIN(1) + FXX(I) * DX   (迭加 FXX 影响线负区段的面积)
          IF(ID.NE.3)THEN   (ID = 3 为反力影响线，不计相应值)
            FMIN(2) = FMIN(2) + FYY(I) * DX   (迭加影响线 FYY 的相应面积)
            FMIN(3) = FMIN(3) + FZZ(I) * DX   (迭加影响线 FZZ 的相应面积)
          ENDIF
        ENDIF
20    CONTINUE
      RETURN
      END
```

调用计算影响线最大、最小面积及相应值的子程序可以计算得到内力、位移或反力影响线同号区段面积值及其相应值，由下面的子程序 ADLOAD2 完成。

```
      SUBROUTINE ADLOAD2(N1,DX,FTT,FXX,FYY,FZZ,MAXAREA,MINAREA,ID)
```

(输入参数:N1——加密后的影响线点数;DX——影响加密时的步长;FTT(3,N1)——计算最大、最小影响线面积及相应值的加密后的内力或位移影响线数组;FXX(N1)——计算最大、最小影响线面积的影响线数组;FYY(N1),FZZ(N1)——工作数组,用来计算影响线面积的相应值; ID——影响线的类型,ID=1 为内力影响线,ID=2 为位移影响线,ID=3 为反力影响线。

输出参数:MAXAREA(3,3)——影响线的最大面积及相应面积;MINAREA(3,3)——影响线的最小面积及相应面积)

```
      DIMENSION FTT(3,N1),FXX(N1),FYY(N1),FZZ(N1),FMAX(3),FMIN(3)
      REAL MAXAREA(3,3),MINAREA(3,3)
      CALL CLEAR(3,3,MAXAREA)
      CALL CLEAR(3,3,MINAREA)
      IF(ID.EQ.3)THEN
        CALL AREA(N1,DX,FXX,FYY,FZZ,FMAX,FMIN,ID)
        MAXAREA(1,1)=FMAX(1)
        MINAREA(1,1)=FMIN(1)   (ID=3 为反力影响线,只计算影响线的最大、最小面积,不计相应值)
        RETURN
      ENDIF
      DO 40 I=1,3   (对影响线根数循环)
        I2=I+1
        IF(I2.GT.3) I2=I2-3
        I3=I+2
        IF(I3.GT.3) I3=I3-3
        DO 20 J=1,N1
          FXX(J)=FTT(I,J)
          FYY(J)=FTT(I2,J)
          FZZ(J)=FTT(I3,J)
20      CONTINUE
```

(以上是选取求最大、最小面积及相应值面积的影响线,选取影响线的顺序是:计算内力影响线时,I=1 为弯矩、相应值是轴力和剪力;I=2 为轴力、相应值是剪力和弯矩;I=3 为剪力、相应值是弯矩和轴力。计算位移影响线时,I=1 为转角、相应值是水平位移和竖向位移;I=2 为水平位移、相应值是竖向位移和转角;I=3 为竖向位移、相应值是转角和水平位移)

```
        CALL AREA(N1,DX,FXX,FYY,FZZ,FMAX,FMIN,ID)   (调用子程序,计算最大、最小值及相应值)
        DO 30 J=1,3
          MAXAREA(I,J)=FMAX(J)
          MINAREA(I,J)=FMIN(J)
          (将以上最大、最小值及相应值赋值给影响线最大、最小面积及相应面积数组)
30      CONTINUE
40    CONTINUE
      DO 70 I=1,3   (对影响线最大、最小面积及相应面积数组的值进行处理)
        IF(MAXAREA(I,1).LE.1E-10) THEN
          DO 50 J=2,3
            MAXAREA(I,J)=0.0
50        CONTINUE
        ENDIF
        IF(MINAREA(I,1).GE.-1E-10) THEN
          DO 60 J=2,3
```

```
      MINAREA(I,J) = 0.0
60    CONTINUE
     ENDIF
70  CONTINUE
    RETURN
    END
```

5. 设计计算荷载

设计计算荷载的数值是根据荷载类型指数的不同按《公路桥涵设计通用规范》(JTG D60—2004)及《城市桥梁设计荷载标准》(CJJ 77—98)确定的,由下面的子程序 LIVELOAD 完成设计计算荷载的取值。

```
      SUBROUTINE LIVELOAD(LD,LANE,LMAX,QQ,PMQQMQ,ID)
```

(输入参数:LD——荷载类型指数,LD = 0,1,2,3,4 分别表示人群荷载、公路—Ⅰ级、公路—Ⅱ级、城—A 级和城—B 级荷载;LANE——汽车荷载加载的车道数;LMAX——最大计算跨径;QQ——人群荷载集度,等于人群荷载密度乘以两侧人行道宽度之和; ID——影响线的类型,ID = 1 为内力影响线, ID = 2 为位移影响线,ID = 3 为反力影响线。

输出参数:PMQQMQ(4)——根据荷载类型指数 LD 及影响线类型计算的设计计算荷载,数组的 4 个元素分别是:计算弯矩的集中荷载、计算剪力的集中荷载、计算弯矩的均布荷载和计算剪力的均布荷载;计算位移时,竖向位移的荷载仍采用计算弯矩时的荷载值)

```
      REAL LMAX
      DIMENSION PMQQMQ(4)
      DO 10 I = 1,4
        PMQQMQ(I) = 0.0
10    CONTINUE
      IF(LD.EQ.0)THEN
        DO 15 I = 1,4
          PMQQMQ(I) = QQ  (人群荷载计算时,设计计算荷载取为人群荷载集度)
15      CONTINUE
        RETURN
      ENDIF
      IF(LD.LE.2)THEN  (计算公路桥梁设计计算荷载)
        IF (LMAX.LE.5) THEN
          (按《公路桥涵设计通用规范》(JTG D60—2004)4.3.1 条计算车道荷载的集中荷载)
          PMQQMQ(1) = 180
        ELSEIF(LMAX.GE.50) THEN
          PMQQMQ(1) = 360
        ELSE
          PMQQMQ(1) = 180 + 180 * (LMAX - 5)/45
        ENDIF
        PMQQMQ(2) = 1.2 * PMQQMQ(1)  (计算剪力效应时,乘以 1.2 的系数)
        IF(ID.EQ.2) PMQQMQ(2) = PMQQMQ(1)  (位移计算时,采用计算弯矩时的集中荷载)
        IF(ID.EQ.3) PMQQMQ(1) = PMQQMQ(2)  (反力计算时,采用计算剪力时的集中荷载)
        PMQQMQ(3) = 10.5  (计算车道荷载的均布荷载)
        PMQQMQ(4) = 10.5
        ZJXS = 1.0
```

```
      IF(LMAX.GT.150.AND.LMAX.LT.400) ZJXS=0.97
      IF(LMAX.GE.400) ZJXS=0.97-(IFIX(LMAX/200)-1)*0.01
      IF(LMAX.GE.1000) ZJXS=0.93  （大跨径桥梁时汽车荷载的纵向折减系数）
      DO 20 I=1,4
        PMQQMQ(I)=ZJXS*PMQQMQ(I)*(1-(LD-1)*0.25)
          （根据公路荷载等级确定设计计算荷载值）
20    CONTINUE
    ENDIF
    IF(LD.EQ.3)THEN  （计算城—A级荷载）
      PMQQMQ(1)=140  （按《城市桥梁设计荷载标准》(CJJ 77—98)第4.1.4.1条计算车道荷载）
      PMQQMQ(2)=140
      PMQQMQ(3)=22.5
      PMQQMQ(4)=37.5
      IF(ID.EQ.2)PMQQMQ(4)=22.5  （位移计算时,仍采用计算弯矩时的均布荷载）
      IF(LMAX.GT.20)THEN  （按《城市桥梁设计荷载标准》(CJJ 77—98)第4.1.4.2条计算车道荷载）
        PMQQMQ(1)=300
        PMQQMQ(2)=300
        PMQQMQ(3)=10
        PMQQMQ(4)=15
        IF(ID.EQ.2)PMQQMQ(4)=10  （位移计算时,仍采用计算弯矩时的均布荷载）
        IF((LANE.GE.4).AND.(ID.NE.2))THEN  （车道数等于或大于4条时,计算剪力应乘增长系数）
          PMQQMQ(2)=PMQQMQ(2)*1.25
          PMQQMQ(4)=PMQQMQ(4)*1.25
        ENDIF
      ENDIF
    IF(ID.EQ.3) THEN  （反力计算时,采用计算剪力时的集中荷载和均布荷载）
        PMQQMQ(3)=PMQQMQ(4)
        PMQQMQ(1)=PMQQMQ(2)
    ENDIF
  ENDIF
  IF(LD.EQ.4)THEN  （计算城—B级荷载）
    PMQQMQ(1)=130
    PMQQMQ(2)=130
    PMQQMQ(3)=19.0
    PMQQMQ(4)=25.0
    IF(ID.EQ.2)PMQQMQ(4)=19.0
    IF(LMAX.GT.20)THEN
      PMQQMQ(1)=160
      PMQQMQ(2)=160
      PMQQMQ(3)=9.5
      PMQQMQ(4)=11.0
      IF(ID.EQ.2)PMQQMQ(4)=11.0
      IF((LANE.GE.4).AND.(ID.NE.2))THEN
        PMQQMQ(2)=PMQQMQ(2)*1.3
```

```
        PMQQMQ(4) = PMQQMQ(4) * 1.3
      ENDIF
    ENDIF
    IF(ID.EQ.3) THEN
      PMQQMQ(3) = PMQQMQ(4)
      PMQQMQ(1) = PMQQMQ(2)
    ENDIF
  ENDIF
  RETURN
  END
```

6. 影响线加载

调用以上几个子程序计算得到影响线的最大、最小值及其相应值；影响线同号区段面积和及其相应值；设计荷载的集中荷载值及均布荷载值。影响线加载就是在影响线最大、最小值处加集中荷载，在影响线同号区段加均布荷载，得到加载效应的最大、最小值及其相应值，编写为子程序 ADDLOAD 如下：

```
      SUBROUTINE ADDLOAD(LD,PMQQMQ,MAXZB,MINZB,MAXAREA,MINAREA,PMAX,PMIN)
        (输入参数:LD——可变荷载的类型指数,LD=0,1,2,3,4 分别表示人群荷载、公路—Ⅰ级、公路—Ⅱ级、城—A
        级和城—B 级荷载;PMQQMQ(4)——可变荷载的数值;MAXZB(3,3)——要加载影响线的最大值及其相应值;
        MINZB(3,3)——要加载影响线的最小值及其相应值;MAXAREA(3,3)——要加载影响线的最大面积及相应面
        积;MINAREA(3,3)——要加载影响线的最小面积及相应面积。
        输出参数:PMAX(3,3)——影响线加载得到的、可变荷载产生的最大效应及其相应值;PMIN(3,3)——影响线加
        载得到的、可变荷载产生的最小效应及其相应值)
      REAL MAXZB(3,3),MINZB(3,3),MAXAREA(3,3),MINAREA(3,3)
      DIMENSION PMQQMQ(4),PMAX(3,3),PMIN(3,3)
      IF (LD.EQ.0)THEN
        DO 20 I=1,3
          DO 10 J=1,3
            PMAX(I,J) = PMQQMQ(I) * MAXAREA(I,J)
            PMIN(I,J) = PMQQMQ(I) * MINAREA(I,J)
10        CONTINUE
20      CONTINUE
        RETURN
      ENDIF
      DO 40 I=1,3
        DO 30 J=1,3
          IF((I+J).NE.4) II=1
          IF((I+J).EQ.4) II=2
          PMAX(I,J) = PMQQMQ(II) * MAXZB(I,J) + PMQQMQ(II+2) * MAXAREA(I,J)
          PMIN(I,J) = PMQQMQ(II) * MINZB(I,J) + PMQQMQ(II+2) * MINAREA(I,J)
30      CONTINUE
40    CONTINUE
      RETURN
      END
```

第六节　应 用 程 序

静力计算程序、影响线计算程序及影响线加载程序是三个有独立计算功能的可执行程序，有独立的输入、输出文件；各程序之间又通过数据文件相互联系，完成桥梁结构静力计算、影响线计算及影响线加载的综合功能。本节先讲述静力计算程序、影响线计算程序及影响线加载程序的主程序语句，然后讲述程序使用方法及输入数据的内容及顺序，最后给出一个连续梁桥的应用实例，经初步考核，计算结果是正确的，程序的输入、输出语句读者都可自行读通，应用示例中未涉及的程序功能及模块还有待进一步考核，读者还可在综合程序的基础上细化和完善程序功能，用于桥梁结构的设计计算。

一、主程序语句

1. 静力计算程序

```
CHARACTER * 12 DAT,O07
COMMON /MMM/Z(20000)
CHARACTER YY
COMMON /NNN/MUZ(8000)
```

在主程序的有名公用区 MMM 中开设一个大实型数组 Z，在有名公用区 NNN 中开设一个整型数组 MUZ，利用 FOTRAN 语言的特性，使得子程序中的虚拟数组与数组中某个数组元素起一一对应，根据虚拟数组的界偶，可以计算对应数组元素的起始序号，实现数组的动态存储，这样可以最大限度地增大算题规模。

在主程序中实型数组 Z 的元素序号与虚拟数组的对应关系如表 4-6 所示。

实型数组 Z 的元素序号与虚拟数组的对应关系表　　表 4-6

实型数组	对应数组	实型数组	对应数组
NZ1	X(N) 节点横坐标	NZ9	DS(NDS) 支座位移值
NZ2	Y(N) 节点纵坐标	NZ10	PRS(NPS,3) 杆端预加力数组
NZ3	EAL(3,NEA) 单元材料特性	NZ11	DP(NNB) 结构节点位移
NZ4	EJF(4,NJF) 单元截面特性	NZ13	SK(LA) 结构总刚度矩阵
NZ5	GGN(NG) 单元荷载重	NZ14	GSHV(N,3) 存放各节点位移
NZ6	AK(4,NKA) 单元刚臂数组	NZ15	GMNQ(NF,3) 存放各截面内力
NZ7	FN(NF) 验算断面到单元左端距离	NZ16	REC(NC1) 存放支座反力
NZ8	TN(NT) 温度变化值	NZ17	Q(LQM,2) 单元上的其他荷载值

整型数组 MUZ 的元素序号与虚拟数组的对应关系如表 4-7 所示。

整型数组 MUZ 的元素序号与虚拟数组的对应关系表 表 4-7

整数组序号	对 应 数 组	整数组序号	对 应 数 组
MZ1	IHL(M) 单元左节点号	MZ11B	IRN(2,NR) 反力影响线信息
MZ2	IHR(M) 单元右节点号	MZ11C	NONR(NR) 支承反力影响线序号
MZ3	NEAL(M) 材料类型号	MZ12	NQ(MM) 一个工况的恒载数
MZ4	NEJF(M) 截面特性类型号	MZ12B	NDD(2,NDS) 支承位移信息
MZ5	NGG(M) 恒载类型号	MZ13	KND(2,ND) 结构对称信息
MZ6	LS(2,NC1) 支承约束信息	MZ14	NPRS(NPS) 预加力作用的单元号
MZ7	LCC(3,NC2) 主从约束信息	MZ15	LO(NN) 紧缩存放后的方程序号数组
MZ8	IAK(NKA) 有刚臂的单元号	MZ16	LV(NA) 总刚度阵对角元素地址
MZ9	AN(NA) 计算影响线的节点号	MZ17	LOC(NNB) 边界约束行特征数组
MZ10	IFN(NF) 计算内力截面的杆件号	MZ18	IMQ(LQM) 杆间荷载所在单元号
MZ11	VN(NV) 计算位移的节点号	MZ19	INQ(LQM) 杆间荷载的类型号

```
COMMON/NOUT/NOUT
WRITE( *,'(//"********************************")')
WRITE( *,'(//" This program is for structural analyses.")')
WRITE( *,'(//"********************************")')
WRITE( *,'(A\)') 'Please input the data filename:'（屏幕键入数据文件名的主部）
READ( *,'(A12)') DAT
CALL OPENFILE(DAT)  （根据键入的数据文件名主部,建立输入、输出及中间结果传输的文件）
LD = 1
WRITE( *,'((/" ** Now LD = 1 , Calculation for Whole or Symmetrical Structure **")/)')
READ(2, *)N,M,NC1,NC2,NKA,NEA,NJF,NA,NF,NV,NR,NG,NPS,NT,MM,NDS,ND,NPT
WRITE( *,120)N,M,NC1,NC2,NKA,NEA,NJF,NA,NF,NV,NR,NG,NPS,NT,MM, NDS,ND
```

（输入静力计算程序的主控信息,并在屏幕上显示,以作校核,各标识符的意义见本章第三节,下面计算动态存储时各虚拟数组在实数组中的首地址）

```
      NN = N * 3
      NZ1 = 1
      NZ2 = NZ1 + N
      NZ3 = NZ2 + N
      NZ4 = NZ3 + NEA * 3
      NZ5 = NZ4 + NJF * 4
      NZ6 = NZ5 + NG
      NZ7 = NZ6 + NKA * 4
      NZ8 = NZ7 + NF
      NZ9 = NZ8 + NT
      NZ10 = NZ9 + NDS
      NZ11 = NZ10 + NPS * 3
      MZ1 = 1
      MZ2 = MZ1 + M
      MZ3 = MZ2 + M
      MZ4 = MZ3 + M
      MZ5 = MZ4 + M
      MZ6 = MZ5 + M
      NCI = NC1 + ND * 3
      MZ7 = MZ6 + NCI * 2
      MZ8 = MZ7 + NC2 * 3
      MZ9 = MZ8 + NKA
      MZ10 = MZ9 + NA
      MZ11 = MZ10 + NF
      MZ11B = MZ11 + NV
      MZ11C = MZ11B + NR * 2
      MZ12 = MZ11C + NR
      MZ12B = MZ12 + MM
      MZ13 = MZ12B + NDS * 2
      MZ 14 = MZ13 + ND * 2
        （调用输入原始计算数据子程序,并将原始计算数据输出,输入数据的顺序在下节应用实例中说明）
      CALL IODATA(Z(NZ1),Z(NZ2),MUZ(MZ1),MUZ(MZ2),MUZ(MZ3),MUZ(MZ4), MUZ(MZ5),
     $      MUZ(MZ6),MUZ(MZ7),MUZ(MZ8),Z(NZ6),Z(NZ3),Z(NZ4), Z(NZ5),MUZ(MZ13) ,
     $      MUZ(MZ9),MUZ(MZ10),Z(NZ7),MUZ(MZ11), MUZ(MZ11B),MUZ(MZ11C), Z(NZ8),
     $      MUZ(MZ12),N,M,NC1,NCI,NC2, NKA,NEA,NJF,NG,NA,NF,NV,NR, NT,MM,LQM,ND,
     $      LD,MUZ(MZ14), Z(NZ10),NPS,MUZ(MZ12B), Z(NZ9),NDS,IDWW,IDSIGM,1)
      LREC = MAX0(3 * NF,3 * N)  （计算无格式输出文件的记录长度）
      O07 = DAT
      CALL FNAME(O07,'.O07')
      OPEN(22,FILE = O07,STATUS = 'unknown',FORM = 'UNFORMATTED',ACCESS = 'DIRECT',RECL
     $     =4 * LREC)  （建立静力计算程序内部的数据传输文件）
      NOUT = 1
      WRITE(22,REC = NOUT) N,NF,NC1,NG,NPS,NT,MM,NDS,IDWW,IDSIGM
20    CALL SETNC1P(NC1,ND,MUZ(MZ13),NC1P,LD)
```

(利用结构对称性时,计算增加对称轴上节点约束后的支承约束总数)

```
      MZ15 = MZ14 + NPS
      NNB = NN - NC2
      MZ16 = MZ15 + NN
      MZ17 = MZ16 + NNB
      MZ18 = MZ17 + NNB
      MZ19 = MZ18 + LQM
      IF(MZ19.GT.8000) GOTO 778
      CALL SETLS(MUZ(MZ6),NCI,NC1,MUZ(MZ13),ND,LD)
```

(利用结构对称性时,将对称轴上节点的约束加到原来支承约束数组中)

```
      CALL ADV(NN,NC1P,NCI,MUZ(MZ6),MUZ(MZ15),NC2,MUZ(MZ7), NNB,MUZ(MZ17),LD)
```

(主从约束及边界约束处理,得到重新排序以后的方程序号数组)

```
      CALL DBL(M,N,NN,NNB,LBM,MUZ(MZ1),MUZ(MZ2),MUZ(MZ15), MUZ(MZ16),LA)
```

(总刚度矩阵按一维变带宽存储,计算总刚度矩阵对角元素地址、最大半带宽及元素总个数)

```
      N1 = N * 3
      N2 = NF * 3
      NZ13 = NZ11 + NNB * 2
      NZ14 = NZ13 + LA * 2
      IZ1 = NZ14 - 1
      NZ15 = NZ14 + N1
      NZ16 = NZ15 + N2
      NZ17 = NZ16 + NC1
      NZ18 = NZ17 + LQM * 2
      IF(NZ18.GT.20000) GOTO 777
83    WRITE(*,'(/" 总刚度矩阵是否已经形成?")')
      WRITE(*,'(" 已经形成,请键入 Y, 否则键入 N.")')
      WRITE(*,'(" 如果您不清楚,请键入 N.")')
      READ(*,'(A1)') YY
      WRITE(*,'(/" 您的回答是 ",A1,".")') YY
      IF(YY.EQ.'Y'.OR.YY.EQ.'N'.OR.YY.EQ.'y'.OR.YY.EQ.'n') GOTO 84
      WRITE(*,'(" 您的键入有误,请重新键入."/)')
      GOTO 83
84    IF(YY.EQ.'Y'.OR.YY.EQ.'y') GOTO 94
      CALL ASSEM(M,N,MUZ(MZ1),MUZ(MZ2),Z(NZ1),Z(NZ2),MUZ(MZ8),Z(NZ6), NKA,
     $     MUZ(MZ4),MUZ(MZ3),Z(NZ4),Z(NZ3),NJF,NEA,Z(NZ13), MUZ(MZ16),NNB,LA,
     $     MUZ(MZ15),NN)
```

(当总刚度矩阵未建立时,组拼形成总刚度矩阵)

```
      WRITE(21) (Z(JIZ),JIZ = NZ13,IZ1)
      GOTO 95
94    READ(21) (Z(JIZ),JIZ = NZ13,IZ1)
```

(当总刚度矩阵已建立,从静力计算程序的内部数据传递文件中读入总刚度矩阵)

```
95    WRITE(*,'(" * * Now stiffness matrix is being resolved * *")')
      CALL BWLD(NNB,LA,MUZ(MZ16),Z(NZ13),Z(NZ11),Z(NZ11),2,MUZ(MZ17))
```

(总刚度矩阵三角化分解)

```
1000  IF(IDWW.EQ.0) GOTO 1050
      CALL WWSOLV(MUZ(MZ1),MUZ(MZ2),Z(NZ1),Z(NZ2),MUZ(MZ10),Z(NZ7), MUZ(MZ8),Z
     $      (NZ6),MUZ(MZ3),MUZ(MZ4),Z(NZ3),Z(NZ4), Z(NZ11),MUZ(MZ16),MUZ(MZ15), Z
     $      (NZ13),Z(NZ15), Z(NZ14),M,N,NF,NKA,NEA,NJF,NNB,NN,LA,MUZ(MZ17), MUZ
     $      (MZ6),Z(NZ16),NCI,NC1,IDSIGM,NPT)  (自重工况的求解)
1050  IF(NG.EQ.0.OR.LD.EQ.2)GOTO 1500
      WRITE(*,'(" * * Now subpro.  GGSOLVE is being called * *")')
      CALL GGSOLV(MUZ(MZ1),MUZ(MZ2),Z(NZ1),Z(NZ2),MUZ(MZ10), Z(NZ7),MUZ(MZ8), Z
     $      (NZ3),Z(NZ6),MUZ(MZ3),MUZ(MZ4), Z(NZ4),MUZ(MZ5),Z(NZ5),Z(NZ11), MUZ
     $      (MZ16),MUZ(MZ15),Z(NZ13),Z(NZ15),Z(NZ14), M,N,NF,NKA,NEA,NJF,NG,NNB,NN,
     $      LA,MUZ(MZ17), MUZ(MZ6),Z(NZ16),NCI,NC1,IDSIGM,NPT)  (恒载工况的求解)
1500  IF(NPS.EQ.0)GOTO 2000
      WRITE(*,'(" * * Now subpro.  PRESOLVE is being called * *")')
      CALL PRESOLVE(MUZ(MZ1),MUZ(MZ2),Z(NZ1),Z(NZ2), MUZ(MZ8),Z(NZ6), MUZ(MZ3),
     $      MUZ(MZ4),Z(NZ3),Z(NZ4),MUZ(MZ10),Z(NZ7),Z(NZ11),MUZ(MZ16), MUZ(MZ15),Z
     $      (NZ13),Z(NZ15),Z(NZ14) ,MUZ(MZ14),Z(NZ10), M,N, NKA,NEA, NJF,NF,NNB,NN,
     $      LA, NPS,MUZ(MZ17),MUZ(MZ6),Z(NZ16),NCI,NC1,IDSIGM,NPT)  (杆端预加力工况的求解)
2000  IF(NT.EQ.0)GOTO 2500
      WRITE(*,'(" * * Now subpro.  TTSOLVE is being called * *")')
      CALL TTSOLV(MUZ(MZ1),MUZ(MZ2),Z(NZ1),Z(NZ2),MUZ(MZ8),Z(NZ6), MUZ(MZ3),MUZ
     $      (MZ4),Z(NZ3),Z(NZ4),MUZ(MZ10),Z(NZ7), Z(NZ8),Z(NZ11),MUZ(MZ16),MUZ
     $      (MZ15),Z(NZ13),Z(NZ15), Z(NZ14),M,N,NKA,NEA,NJF,NF,NT, NNB,NN,LA,MUZ
     $      (MZ17), MUZ(MZ6),Z(NZ16),NCI,NC1,IDSIGM,NPT)  (温度工况的求解)
2500  IF(NDS.EQ.0) GOTO 3000
      WRITE(*,'(" * * Now subpro.  DSSOLVE is being called * *")')
      CALL DSSOLV(MUZ(MZ1),MUZ(MZ2),Z(NZ1),Z(NZ2),MUZ(MZ8),Z(NZ6), MUZ(MZ3),MUZ
     $      (MZ4),Z(NZ3),Z(NZ4),MUZ(MZ10),Z(NZ7), MUZ(MZ12B),Z(NZ9), Z(NZ11),MUZ
     $      (MZ16),MUZ(MZ15),Z(NZ13) ,Z(NZ15),Z(NZ14),M,N,NKA,NEA, NJF,NF,NDS,NNB,
     $      NN,LA, MUZ(MZ17),MUZ(MZ6),Z(NZ16),NCI,NC1,IDSIGM,NPT)  (支座位移工况的求解)
3000  IF(MM.EQ.0)GOTO 4000
      WRITE(*,'(" * * Now subpro.  QQSOLVE is being called * *")')
      CALL QQSOLV(MM,MUZ(MZ12),MUZ(MZ1),MUZ(MZ2),Z(NZ1),Z(NZ2),MUZ(MZ8) ,Z(NZ6),
     $      MUZ(MZ10),Z(NZ7),MUZ(MZ3),MUZ(MZ4),Z(NZ3), Z(NZ4),Z(NZ11),MUZ(MZ16),
     $      MUZ(MZ15),Z(NZ13),Z(NZ15), Z(NZ14),MUZ(MZ18),MUZ(MZ19),Z(NZ17), M,N,
     $      NKA,NF,NEA, NJF,NNB,NN,LA,LQM,MUZ(MZ17),MUZ(MZ6),Z(NZ16),NCI,NC1,
     $      IDSIGM,NPT)
      (杆间恒载工况的求解)
4000  CALL OUTPUT(Z(NZ15),Z(NZ14),Z(NZ16),MUZ(MZ6),NF,N,NC1,NCI)  (输出计算结果)
      WRITE(*,'(/" * * Thank you , Good bye ! * * ")')
      STOP
120   FORMAT(5X,'N',4X,'M',2X,'NC1',2X,'NC2',2X,'NKA',2X,'NEA',2X, 'NJF',3X,'NA',3X,'NF',
        3X,'NV',3X,'NR',3X,'NG',3X,'NPS',2X, 'NT',3X,' MM',2X,'NDS',2X,' ND'/(1X,17I5))
777   WRITE(*,'(/" The array Z is too small.")')
      WRITE(*,'(" The active dimension of the array Z is 20000.")')
      WRITE(*,'(" The required dimension of the array Z is ", I8)') NZ18
```

```
      WRITE( *,'(" Please increase it !")')
      STOP  (结构太大,实型数组元素超过程序计算规模时,停机)
778   WRITE( *,'(/" The array MUZ is too small.")')
      WRITE( *,'(" The active dimension of the array MUZ is 8000.")')
      WRITE( *,'(" The required dimension of the array MUZ is ", I8)') MZ19
      WRITE( *,'(" Please increase it !")')
      STOP  (结构太大,整型数组元素超过程序计算规模时,停机)
      END
```

2. 影响线计算程序

```
      CHARACTER * 12 DAT,IF1
      CHARACTER YY
      COMMON /MMZ/Z(20000)
      COMMON /MZZ/LZ(8000)
```

与静力计算程序一样,在影响线计算程序的主程序有名公用区 MMZ 中开设一个实型数组 Z,在有名公用区 MZZ 中开设一个整型数组 LZ,实现数组的动态存储。

内力、位移、反力影响线计算过程中用到的实型数组 Z 的元素序号 NZ1 ~ NZ17 以及整型数组 LZ 的元素序号 MZ1 ~ MZ19 与虚拟数组的对应关系都与静力计算程序时相同,计算结束,将对称及反对称迭加,按影响线方式输出时实型数组 Z 的元素序号与虚拟数组的对应关系如表 4-8 所示。

实型数组 Z 的元素序号与虚拟数组的对应关系表 表 4-8

实型数组	对应数组	实型数组	对应数组
KZ1	MIL(NF,NA2) 全结构或对称时截面弯矩影响线	KZ12	VIL(NV,NA) 竖向位移影响线
KZ2	NIL(NF,NA2) 轴力影响线	KZ13	FT(3,NAT) 内力或位移影响线
KZ3	QIL(NF,NA2) 剪力影响线	KZ14	XP(NAT) 影响线横坐标
KZ4	SIL(NV,NA) 全结构或对称时节点转角影响线	KZ15	REC1(NR,NA) 全结构或对称时支承反力影响线
KZ5	HIL(NV,NA) 水平位移影响线	KZ16	REC1(NR,NA) 反对称时支承反力影响线
KZ6	VIL(NV,NA) 竖向位移影响线	KZ17	REC(NAT) 迭加后的支承反力影响线
KZ7	MIL(NF,NA2) 反对称时截面弯矩影响线	KZ18	XP(NAT2) 横坐标工作数组
KZ8	NIL(NF,NA2) 轴力影响线	KZ19	X(NAT2) 输出影响线时的工作数组
KZ9	QIL(NF,NA2) 剪力影响线	KZ20	Y(NAT2) 影响线输出时的工作数组
KZ10	SIL(NV,NA) 反对称时节点转角影响线	KZ21	Z(NAT2) 影响线输出时的工作数组
KZ11	HIL(NV,NA) 水平位移影响线		

整型数组 LZ 中元素序号除了上面的 MZ11，MZ11B 外，KLZ1、KLZ2 与虚拟数组的对应关系如表 4-9 所示。

元素序号与虚拟数组对应关系表　　表 4-9

整数组序号	KLZ1	KLZ2	MZ11	MZ11B
对应数组	AN(NA)	NO(NAT2)	VN(NV)	IRN(2,NR)
	计算影响线的节点号	影响线输出时的工作数组	计算位移的节点号	反力影响线信息

```
      COMMON /REC/IIRRCALL CLEAR(1,20000,Z)
      WRITE(*,'(//"*************************************
     *****")')
      WRITE(*,'(//" This program is for calculating influence lines. ")')
      WRITE(*,'(//"*************************************
     *****")')
      WRITE(*,'(A\)') 'Please input the data filename:' （屏幕键入数据文件名的主部）
      READ(*,'(A12)') DAT
      CALL OPENFILE(DAT) （根据键入的数据文件名主部，建立输入、输出及中间结果的传输文件）
19    LD = 1
      WRITE(*,'(" ** Now LD = 1 , Calculation for Whole or ", "Symmetrical Structure ** ")')
        （按全结构或利用对称性时的对称部分计算）
      READ(2,*)N,M,NC1,NC2,NKA,NEA,NJF,NA,NF,NV,NR,NG,NPS,NT,MM,NDS,ND
        （输入影响线计算程序用到的主控信息）
      IF (NA.EQ.0) STOP ' *** There is an error: NA = 0 ! *** '
        （下面计算动态存储时各虚拟数组在实数组中的首地址）
      NN = N*3
      NNB = NN - NC2
      NZ1 = 1
      NZ2 = NZ1 + N
      NZ3 = NZ2 + N
      NZ4 = NZ3 + NEA*3
      NZ5 = NZ4 + NJF*4
      NZ6 = NZ5 + NG
      NZ7 = NZ6 + NKA*4
      NZ8 = NZ7 + NF
      NZ9 = NZ8 + NT
      NZ10 = NZ9 + NDS
      NZ11 = NZ10 + NPS*3
      MZ1 = 1
      MZ2 = MZ1 + M
      MZ3 = MZ2 + M
      MZ4 = MZ3 + M
      MZ5 = MZ4 + M
      MZ6 = MZ5 + M
      NCI = NC1 + ND*3
```

```
      MZ7 = MZ6 + NCI * 2
      MZ8 = MZ7 + NC2 * 3
      MZ9 = MZ8 + NKA
      MZ10 = MZ9 + NA
      MZ11 = MZ10 + NF
      MZ11B = MZ11 + NV
      MZ11C = MZ11B + NR * 2
      MZ12 = MZ11C + NR
      MZ12B = MZ12 + MM
      MZ13 = MZ12B + NDS * 2
      MZ 14 = MZ13 + ND * 2
        (调用输入原始计算数据子程序,并将原始计算数据输出,以作校核)
      CALL IODATA(Z(NZ1),Z(NZ2),LZ(MZ1),LZ(MZ2),LZ(MZ3),LZ(MZ4),LZ(MZ5), LZ(MZ6),LZ
     $     (MZ7),LZ(MZ8),Z(NZ6),Z(NZ3),Z(NZ4),Z(NZ5), LZ(MZ13),LZ(MZ9),LZ(MZ10),Z
     $     (NZ7),LZ(MZ11),LZ(MZ11B), LZ(MZ11C),Z(NZ8),LZ(MZ12),N,M,NC1,NCI,NC2,NKA,
     $     NEA,NJF, NG,NA,NF,NV,NR, NT,MM,LQM,ND,LD,LZ(MZ14),Z(NZ10),NPS,LZ
     $     (MZ12B),Z(NZ9),NDS,IDWW,IDSIGM,2)
1     CALL SETNC1P(NC1,ND,LZ(MZ13),NC1P,LD)
        (利用结构对称性时,计算增加对称轴上节点约束后的支承约束总数)
      MZ15 = MZ14 + NPS
      MZ16 = MZ15 + NN
      MZ17 = MZ16 + NNB
      MZ18 = MZ17 + NNB
      IF(MZ18. GT. 8000) GOTO 778
      CALL SETLS(LZ(MZ6),NCI,NC1,LZ(MZ13),ND,LD)
        (利用结构对称性时,将对称轴上节点的约束加到原来支承约束数组中)
      CALL ADV(NN,NC1P,NCI,LZ(MZ6),LZ(MZ15),NC2,LZ(MZ7), NNB,LZ(MZ17),LD)
        (主从约束及边界约束处理,得到重新排序以后的方程序号数组)
      IF(LD. EQ. 2) GOTO 81
      CALL DBL(M,N,NN,NNB,LBM,LZ(MZ1),LZ(MZ2),LZ(MZ15),LZ(MZ16),LA)
        (总刚度矩阵按一维变带宽存储时,计算总刚度矩阵对角元素地址、最大半带宽及元素总个数)
81    N2 = NF * 3 * (NA +2)
      NA2 = NA +2
      NZ13 = NZ11 +2 * NNB
      NZ14 = NZ13 +2 * LA
      NZ15 = NZ14 + N2
      NZ16 = NZ15 + NV * NA * 3
      NZ17 = NZ16 + NC1
      NZ18 = NZ17 + NR * NA
      NZMAX = NZ18
      IF(NZ18. GT. 20000) GOTO 777
      IF(LD. EQ. 2) GOTO 93
83    WRITE( * ,'(/"   总刚度矩阵是否已经形成?")')
      WRITE( * ,'("      已经形成,请键入 Y, 否则键入 N.")')
```

```
      WRITE( *,'("      如果您不清楚,请键入 N.")')
      READ( *,'(A1)') YY
      WRITE( *,'("      您的回答是 ",A1,".")') YY
      IF(YY.EQ.'Y'.OR.YY.EQ.'N'.OR.YY.EQ.'y'.OR.YY.EQ.'n') GOTO 84
      WRITE( *,'("      您的键入有误,请重新键入."/)')
      GOTO 83
84    IF(YY.EQ.'Y'.OR.YY.EQ.'y') GOTO 94
      WRITE( *,'(/" * * Now stiffness matrix is being assembled * *")')
      CALL ASSEM(M,N,LZ(MZ1),LZ(MZ2),Z(NZ1),Z(NZ2),LZ(MZ8),Z(NZ6),NKA, LZ(MZ4),LZ
   $       (MZ3),Z(NZ4),Z(NZ3),NJF,NEA,Z(NZ13),LZ(MZ16), NNB,LA,LZ(MZ15),NN)
      (当总刚度矩阵未建立时,组拼形成总刚度矩阵)
      WRITE(21) (Z(IZ),IZ=NZ13,NZ14-1)
      GOTO 95
93    REWIND 21
94    READ(21) (Z(IZ),IZ=NZ13,NZ14-1)
      (当总刚度矩阵已建立,从静力计算程序的内部数据传递文件中读入总刚度矩阵)
95    WRITE( *,'(" * * Now stiffness matrix is being resolved * *")')
      CALL BWLD(NNB,LA,LZ(MZ16),Z(NZ13),Z(NZ11),Z(NZ11),2, LZ(MZ17))
      (总刚度矩阵三角化分解)
      WRITE( *,'(" * * Now calculate influence lines * *")')
      CALL ILSOLV(LZ(MZ1),LZ(MZ2),Z(NZ1),Z(NZ2),LZ(MZ9),LZ(MZ10),Z(NZ7), LZ(MZ11),
   $       LZ(MZ11C),LZ(MZ8),Z(NZ6),LZ(MZ3),LZ(MZ4), Z(NZ3),Z(NZ4),Z(NZ11),LZ
   $       (MZ16),LZ(MZ15),Z(NZ13), Z(NZ14),Z(NZ15), M,N,NA,NF,NV,NR,NKA,NEA,NJF,
   $       NNB,NN, LA,LZ(MZ17),LZ(MZ6),Z(NZ16),NCI,NC1,Z(NZ17),NA2) (影响线求解)
      IF(ND.EQ.0) GOTO 200
      IF(LD.EQ.2)GOTO 200
      LD=2
      WRITE( *,'(/" * * Now LD=2 , Calculation for Antisymmetrial Structure * *")')
      (以上是对全结构或利用对称性时的对称部分进行求解,当 ND≠0 时,转到标号为 1 的语句,计算反对称部分)
      GOTO 1
200   CONTINUE
      REWIND 31
      READ(31)NA,NF,NV,NR,IND,NC1
      NAT=NA
      IF(IND.NE.0) NAT=2*NA-1
      IF1=DAT
      CALL FNAME(IF1,'.IF1')
      OPEN(23,FILE=IF1,STATUS='UNKNOWN',ACCESS='DIRECT', FORM='UNFORMATTED',RECL
         =(NAT+2)*4)
      (建立文件,随机储存影响线计算结果,用作影响线加载程序的数据输入)
      MRECL=MAX0(NF,NV,NR,2*NC1)
      IF(MRECL.LT.64) MRECL=64
      WRITE(24)NA,NF,NV,NAT,NC1,NR
      IF(NF.NE.0) THEN
```

```
WRITE(24) (LZ(I),I = MZ10,MZ11 - 1)
WRITE(24) (Z(I),I = NZ7,NZ8 - 1)
ENDIF
IF(NV.NE.0) WRITE(24) (LZ(I),I = MZ11,MZ11B - 1)
IF(NR.NE.0) THEN
WRITE(24) (LZ(I),I = MZ11C,MZ12 - 1)
WRITE(24) (LZ(I),I = MZ6,MZ6 + 2 * NC1 - 1)
ENDIF
```

（以下重新设定动态存储时中的数组首地址，用于按影响线格式输出时的虚实结合）

```
IIRR = 0
NA2NF = (NA + 2) * NF
NVNA = NV * NA
KZ1 = 1
KZ2 = KZ1 + NA2NF
KZ3 = KZ2 + NA2NF
KZ4 = KZ3 + NA2NF
KZ5 = KZ4 + 4NVNA
KZ6 = KZ5 + NVNA
KZ7 = KZ6 + NVNA
KZ8 = KZ7 + NA2NF
KZ9 = KZ8 + NA2NF
KZ10 = KZ9 + NA2NF
KZ11 = KZ10 + NVNA
KZ12 = KZ11 + NVNA
KZ13 = KZ12 + NVNA
KZ14 = KZ13 + NAT * 3
KZ15 = KZ14 + NAT
KZ16 = KZ15 + NR * NA
KZ17 = KZ16 + NR * NA
KZ18 = KZ17 + NR * NAT
NAT2 = NAT + 2
KZ19 = KZ18 + NAT2
KZ20 = KZ19 + NAT2
KZ21 = KZ20 + NAT2
KZ22 = KZ21 + NAT2
NZMAX = KZ22
IF(KZ22.GT.20000) GOTO 777
KLZ1 = 1
KLZ2 = KLZ1 + NA
WRITE( * ,'(/" * * Now calculate XP(NAT) * *")')
CALL NATXP(IND,NA,NAT,LZ(KLZ1),Z(KZ14))
```

（建立影响线横坐标数组）

```
CALL ILINP(NA,NF,NV,NR,Z(KZ1),Z(KZ2),Z(KZ3),Z(KZ4),Z(KZ5), Z(KZ6),Z(KZ15),
$        NA2)
```

```
    （读入按全结构或利用对称性时的对称部分计算得到的截面内力、节点位移、支承反力影响线计算中间结果）
      IF(IND.EQ.0)THEN
        WRITE(*,'(/" ** IND=0, no add **")')
        （全结构或不利用对称性计算时,按影响线的格式输出影响线计算结果）
      CALL NOADD(NA,NF,NV,NR,Z(KZ1),Z(KZ2),Z(KZ3),Z(KZ4),Z(KZ5), Z(KZ6),Z(KZ15),
     $     NA2)
        GOTO 220
      ENDIF
      （以下读入反对称部分计算得到的截面内力、节点位移、支承反力影响线计算中间结果）
      CALL ILINP(NA,NF,NV,NR,Z(KZ7),Z(KZ8),Z(KZ9),Z(KZ10),Z(KZ11), Z(KZ12),Z(KZ16),
     $     NA2)
      IF(NF.EQ.0) GOTO 90
      WRITE(*,'(/" ** Now add influence lines of internal force **")')
      CALL ADDIL(NA,NAT,NF,Z(KZ1),Z(KZ7),Z(KZ2),Z(KZ8),Z(KZ3),Z(KZ9), Z(KZ13),NA2)
      （将对称及反对称计算的截面内力影响线进行叠加并输出结果）
      GOTO 91
90    WRITE(*,'(/" NF=0 Have not influence lines of internal force")')
91    IF(NV.EQ.0)GOTO 100
      WRITE(*,'(/" ** Now add influence lines of deflection **")')
      CALL ADDIL(NA,NAT,NV,Z(KZ4),Z(KZ10),Z(KZ5),Z(KZ11),Z(KZ6),Z(KZ12), Z(KZ13),
     $      NA)
      （将对称及反对称计算的节点位移影响线进行叠加并输出结果）
      GOTO 177
100   WRITE(*,'(/" NV=0,Have not influence lines of deflection ")')
177   IF(NR.EQ.0) GOTO 210
      WRITE(*,'(/" ** Now add influence lines of reaction ** ")')
      CALL RECOM(Z(KZ15),Z(KZ16),Z(KZ17),NR,NAT,NA)
      （将对称及反对称计算的支承反力影响线进行叠加并输出结果）
      GOTO 220
210   WRITE(*,'(/" NR=0,Have not influence lines of reaction")')
220   CLOSE(31,STATUS='DELETE')
      CALL OUTPU2(NF,NV,NR,NAT,NAT2,Z(KZ18),Z(KZ19),Z(KZ20),Z(KZ21), LZ(KLZ2),LZ
     $     (MZ11),LZ(MZ11B))  （用文本文件形式输出影响线计算结果）
      WRITE(*,'(/" ## Thank you, good bye! ## ")')
      STOP
777   WRITE(*,'(/"  The array Z is too small.")')
      WRITE(*,'("  The active dimension of the array Z is 20000.")')
      WRITE(*,'("  The required dimension of the array Z is ", I8)') NZMAX
      WRITE(*,'("  Please increase it !")')
      STOP  （实型数组元素超过程序计算规模时,停机）
778   WRITE(*,'(/"  The array LZ is too small.")')
      WRITE(*,'("  The active dimension of the array LZ is 8000.")')
      WRITE(*,'("  The required dimension of the array LZ is ", I8)') MZ18
      WRITE(*,'("  Please increase it !")')
```

```
      STOP （整型数组元素超过程序计算规模时，停机）
      END
```

3. 影响线加载程序

```
      CHARACTER * 12 DAT,IF1
      REAL LMAX,MAXZB(3,3),MINZB(3,3),MAXAREA(3,3),MINAREA(3,3)
      COMMON/B/Z(20000)
      COMMON/A/IZ(8000)
```

与上面静力计算程序、影响线计算程序一样，在影响线加载程序的主程序中也建立有名公用区 B 和 A，在公用区中开设实型数组 Z 和整型数组 IZ，在虚实数组结合时是采用虚数组与实数组中某个数组元素起一一对应，实现数组的动态存储。

```
      DIMENSION NFF(500),NVV(500),NRR(500),NLLD(500),PMQQMQ(4), PMAX(3,3),PMIN(3,3)
      WRITE( * ,'(//" * * * * * * * * * * * * * * * * * * * * * * * * * * * * * * * * * *
            * * * * * ")')
      WRITE( * ,'("This program is for obtaining the behaviours",/"   of a structure loaded by live loads. ")')
      WRITE( * ,'(" * * * * * * * * * * * * * * * * * * * * * * * * * * * * * * * * * * *
            * * * * * ")')
      WRITE( * ,'(A\)')' Please input the data filename:'  （屏幕键入数据文件名的主部）
      READ( * ,'(A12)') DAT
      CALL OPENFILE(DAT)  （根据键入的数据文件名主部，建立输入、输出及中间结果的传输文件）
      READ(3, * ) NF1,NV1,NR1,NLD,LANE,QQ,LMAX
```

（输入影响线加载程序的主控信息，各标识符的意义是：NF1——加载计算活载内力的截面数；NV1——计算位移的节点数；NR1——计算反力的支承数；NLD——要加载的荷载类型数；LANE——汽车荷载加载的车道数；QQ——人群荷载集度；LMAX——最大计算跨径）

```
      CALL INPUT3(NF1,NV1,NR1,NLD,LANE,QQ,LMAX,NFF,NVV,NRR,NLLD)
```

（根据影响线加载程序的主控信息，输入影响线加载计算的数据，并将原始计算数据输出。输入数据的顺序在下节应用实例中说明）

```
30    IIR6 = 0  （标识符 IIR6 用来表示影响线加载程序内部数据传递时的随机记录号）
      READ(24) NA,NF,NV,NA,NC1,NR
```

（从影响线计算程序的随机输出文件中读入影响线点数、截面内力影响线数、节点位移影响线数、支承反力影响线根数等控制信息）

```
      IIR6 = IIR6 + 1
      WRITE(25,REC = IIR6) NF1,NV1,NR1,NLD,QQ
      I211 = MAX0(NF1,NV1,NR1,NLD)
```

（I211 取影响线加载主控信息中较大值，用来作为影响线加载原始输入数据的随机记录数）

```
      DO 35 I = 1,I211
      IIR6 = IIR6 + 1
      WRITE(25,REC = IIR6) NFF(I),NVV(I),NRR(I),NLLD(I)
35    CONTINUE
      NA = NA + 2  （这里影响线点数增加 2 是用来考虑截面内力影响线在加载点的左右截面处数值）
      IF1 = DAT
      CALL FNAME(IF1,'.IF1')
      OPEN (23,FILE = IF1,ACCESS = 'DIRECT',FORM = 'UNFORMATTED',STATUS = 'unknown',RECL = 4
     $     * NA)
```

```
READ(23,REC=1) (Z(I),I=1,NA)  (从影响线计算程序的随机输出文件中读入影响线计算结果)
RL=Z(NA-2)
DX=0.2
IF(RL.GT.150.0) DX=0.5  (根据影响线加载长度确定影响线加密步长)
N1=IFIX(RL/DX)+1
IF(ABS((N1-1)*DX-RL).GT.1E-4) N1=N1+1  (计算每根影响线加密的点数)
N01=1+NA
IN=N01-1
IF(NF1.NE.0) THEN
```

下面计算内力影响线加载时动态存储时与虚拟数组相对应的实数组中元素的首地址如表4-10所示。

实数组中元素首地址与虚拟数组对应表　　表4-10

实数组序号	对应数组	实数组序号	对应数组
1	X(NA) 影响线横坐标	N05	FTT(3,N1) 加密后的内力或位移影响线
N01	X(NA) 影响线横坐标工作数组	N06	FXX(N1) 加密后的影响线计算数组
N02	FT(3,NA) 内力或位移影响线	N07	FYY(N1) 相应值的影响线数组
N03	Y(NA) 反力影响线	N08	FZZ(N1) 相应值的影响线数组
N04	Z(NA) 工作数组		

```
N02=N01+NA
N03=N02+NA*3
N04=N03+NA
N05=N04+NA
N06=N05+N1*3
N07=N06+N1
N08=N07+N1
N09=N08+N1
WRITE(*,'(//"  ###  Now calculate the maximum and minimum internal forces.   ###"/)')
  (以下对内力影响线加载,计算活荷载产生的最大、最小内力值)
DO 100 I=1,NF1  (对要计算活载内力的截面数循环)
  DO 40 J=1,NA
    Z(IN+J)=Z(J)
40  CONTINUE  (把影响线横坐标数组拷贝到影响线横坐标工作数组内)
  II=NFF(I)  (取出计算活载内力的截面序号)
  WRITE(*,'(/"  CROSS-SECTION No.",I5)')II
  IIRR=1+(II-1)*3
  CALL GETAN(Z(N02),Z(N01),Z(N03),Z(N04),IZ(1),IIRR,NA,1)
    (读取该号截面内力影响线的纵坐标)
```

```
      CALL ADLOAD1(NA,Z(N02),Z(N03),MAXZB,MINZB,1)
        （计算该号截面内力影响线纵坐标的最大、最小值及其相应值）
      CALL SPRIL(NA,N1,Z(N01),Z(N02),Z(N03),DX,Z(N05),Z(N06),1)
        （对该号截面内力影响线纵坐标插值加密）
      CALL ADLOAD2(N1,DX,Z(N05),Z(N06),Z(N07),Z(N08), MAXAREA,MINAREA,1)
        （计算该号截面内力影响线面积的最大、最小值及其相应值）
      DO 80 J=1,NLD  （对要加载的荷载类型数循环）
        LD=NLLD(J)  （取出荷载类型的序号）
        WRITE(*,'(/"  LOAD No.",I5)')LD
        CALL LIVELOAD(LD,LANE,LMAX,QQ,PMQQMQ,1)
          （根据荷载类型的序号计算得到设计荷载的数值）
        CALL ADDLOAD(LD,PMQQMQ,MAXZB,MINZB,MAXAREA,MINAREA, PMAX,PMIN)
          （内力影响线加载计算，得到该号截面活荷载内力的最大、最小值及其相应值）
        IIR6=IIR6+1
        WRITE(25,REC=IIR6) PMAX
        IIR6=IIR6+1
        WRITE(25,REC=IIR6) PMIN  （写入影响线加载内部数据传输的随机文件中，以便最后输出结果）
80    CONTINUE  （对加载的荷载类型数循环结束）
100   CONTINUE  （对加载的内力影响线截面数循环结束）
    ENDIF
    （至此完成截面内力影响线加载计算，以下开始节点位移影响线加载计算，计算方法和步骤均与内力影响线加载相同，因为节点位移影响线的纵坐标数值在加载点的左右都是连续的，所以节点位移影响线数值的点数比内力影响线少2，下面先重新计算动态存储时与虚拟数组相对应的实数组中元素的首地址，然后进行节点位移影响线加载计算）
    NA=NA-2
    N02=N01+NA
    N03=N02+NA*3
    N04=N03+NA
    N05=N04+NA
    N06=N05+N1*3
    N07=N06+N1
    N08=N07+N1
    N09=N08+N1
    IF(NV1.NE.0)THEN
      IIR=1+NF*3
      RITE(*,'(//"  ###  Now calculate the maximum and minimum displacements ###"/)')
      DO 200 I=1,NV1  （对要计算活载位移的节点数循环）
        DO 140 J=1,NA
          Z(IN+J)=Z(J)
140     CONTINUE
        II=NVV(I)
        IIRR=IIR+(II-1)*3
        CALL GETAN(Z(N02),Z(N01),Z(N03),Z(N04),IZ(1),IIRR,NA,2)
        CALL ADLOAD1(NA,Z(N02),Z(N03),MAXZB,MINZB,2)
        CALL SPRIL(NA,N1,Z(N01),Z(N02),Z(N03),DX,Z(N05),Z(N06),2)
```

```
        CALL ADLOAD2(N1,DX,Z(N05),Z(N06),Z(N07),Z(N08),MAXAREA,MINAREA,2)
        WRITE(*,'(/"  DISPLACEMENT No.",I5)') NVV(I)
        DO 180 J=1,NLD  (对要加载的荷载类型数循环)
          LD=NLLD(J)
          WRITE(*,'(/"  LOAD No.",I5)')LD
          CALL LIVELOAD(LD,LANE,LMAX,QQ,PMQQMQ,2)
          CALL ADDLOAD(LD,PMQQMQ,MAXZB,MINZB,MAXAREA,MINAREA, PMAX,PMIN)
          IIR6=IIR6+1
          WRITE(25,REC=IIR6) PMAX
          IIR6=IIR6+1
          WRITE(25,REC=IIR6) PMIN
180     CONTINUE
200   CONTINUE
      ENDIF
        (至此完成节点位移影响线加载计算,以下开始支承反力影响线加载计算,计算方法和步骤与内力、位移影响线
        加载基本相同,不同的是支承反力影响线不需要计算相应值,较为简单)
      IF(NR1.NE.0) THEN
        IIR=1+NF*3+NV*3
        WRITE(*,'(//"### Now calculate the maximum and minimum reactions of supports ###"/)')
        DO 300 I=1,NR1  (对要计算反力的支承数循环)
          DO 240 J=1,NA
            Z(IN+J)=Z(J)
240       CONTINUE
          II=NRR(I)  (取出计算支承反力的支承号)
          IIRR=IIR+II-1
          CALL GETAN(Z(N02),Z(N01),Z(N03),Z(N04),IZ(1),IIRR,NA,3)
            (读取该号支承的支承反力影响线纵坐标)
          CALL ADLOAD1(NA,Z(N02),Z(N03),MAXZB,MINZB,3)
            (计算该支承反力影响线纵坐标的最大、最小值)
          CALL SPRIL(NA,N1,Z(N01),Z(N02),Z(N03),DX,Z(N05),Z(N06),3)
            (对该支承反力影响线纵坐标插值加密)
          CALL ADLOAD2(N1,DX,Z(N05),Z(N06),Z(N07),Z(N08), MAXAREA,MINAREA,3)
            (计算该支承反力影响线面积的最大、最小值)
          WRITE(*,'(/" RESTRIANT SUPPORT No.",I5)')I
          DO 280 J=1,NLD  (对要加载的荷载类型数循环)
            LD=NLLD(J)  (取出荷载类型的序号)
            WRITE(*,'(/"  LOAD No.",I5)')LD
            CALL LIVELOAD(LD,LANE,LMAX,QQ,PMQQMQ,3)
              (根据荷载类型的序号计算得到设计荷载的数值)
            CALL ADDLOAD(LD,PMQQMQ,MAXZB,MINZB,MAXAREA,MINAREA, PMAX,PMIN)
              (支承反力影响线加载计算,得到该支承活荷载反力的最大、最小值)
            IIR6=IIR6+1
            WRITE(25,REC=IIR6) PMAX(1,1),PMIN(1,1)
              (写入影响线加载内部数据传输的随机文件中,以便最后输出结果)
280       CONTINUE  (对加载的荷载类型数循环结束)
```

```
300      CONTINUE  (对加载的支承反力影响线根数循环结束)
      ENDIF
```

(至此完成了截面内力、节点位移及支承反力影响线加载计算,并将计算结果记录在影响线加载内部数据传输的随机文件中,下面的输出结果子程序 OUTPU3 用来输出影响线加载计算结果,调用子程序时,与虚拟数组相对应整型数组中元素的首地址如表 4-11)

整型数组中元素首地址与虚拟数组对应表 表 4-11

整数组序号	1	K01	K02	K03
对应数组	IFN(NF)	VN(NV)	NONR(NR)	LC1(2,NC1)
	计算内力截面所在的单元号	计算位移影响线的节点号	计算支承反力影响线的支承约束序号	支承约束信息

```
      K01 = NF + 1
      K02 = K01 + NV
      K03 = K02 + NR
      CALL OUTPU3(NF1,NV1,NR1,NLD,NLLD,Z(1),IZ(1),NF,IZ(K01),NV,IZ(K02),NR,IZ(K03),
     $      NC1,I211,NFF,NVV,NRR)
      WRITE( * ,'(//" ### Thank you, good bye! ###")')
      STOP
      END
```

二、输入数据及说明

本节先给出输入数据子程序,然后对输入数据文件的顺序及格式进行说明。

1. 输入数据子程序

1)静力计算及影响线计算

如图 4-5 所示桥梁结构综合计算程序的输入数据文件有两个:静力计算程序和影响线加载程序共用一个数据文件,除了计算的主要控制信息外,都由子程序 IODATA 完成计算数据的输入,并把原始计算数据输出,以便对输入数据校核,子程序 IODATA 的输入数据采用自由格式输入,单元及节点数据输入时有自动生成功能,子程序 IODATA 的源程序语句如下:

```
      SUBROUTINE IODATA(X, Y, IHL, IHR, NEAL, NEJF, NGG, LS, LCC, IAK, AK, EAL, EJF, GGN, KND,
        AN, IFN, FN, VN, IRN, NONR, TN, NQ, N, M, NC1, NCI, NC2, NKA, NEA, NJF, NG, NA, NF, NV, NR,
        NT, MM, LQM, ND, LD, NPRS, PRS, NPS, NDD, DS, NDS, IDWW, IDSIGM, IDNA)
```

(程序形式参数中 N,M,NC1,NC2,NKA,NEA,NJF,NA,NF,NV,NR,NG,NPS,NT,MM,NDS,ND,NPT 各标识符意义已在第四章第 3 节的静力计算程序流程中说明,其余子程序形式参数是:

输入参数:X(N)、Y(N)——节点的横坐标和纵坐标;IHL(M)、IHR(M)——单元的左、右节点号;NEAL(M)、NEJF(M)——单元的材料类型号及截面特性号;NGG(M)——单元上的恒载类型号;LS(2,NCI)、LCC(3,NC2)——结构的支承约束及主从约束信息;IAK(NKA)、AK(4,NKA)——带刚臂的单元号及刚臂单元信息;EAL(3,NEA)、EJF(4,NJF)——单元的材料特性数组及截面特性数组;GGN(NG)——单元上各类恒载的值;KND(2,ND)——结构对称性信息;AN(NA)——计算影响线时,单位荷载 P = 1 作用的节点号;IFN(NF),FN(NF)——计算截面内力所在的单元号及截面到单元左节点的距离;VN(NV)——计算位移影响线的节点号;IRN(2,NR)——计算反力影响线的支承号及支承类型;TN(NT)——温度变化值;NQ(MM)——计算杆间荷载工况时,各个工况的恒载数;LD——结构对称性计算指示信息,LD = 1 计算全结构或对称部分,LD = 2 计算反对称部分;NPRS(NPS),PRS(NPS,3)——有杆端预加力作用的单元号及预加力数据;NDD(2,NDS),DS(NDS)——计算有支承位移时支承号及支承位移值;IDNA——输出原始计算数据的指示信息,IDNA = 1 用于静力计算程序的输出,IDNA = 2 用于影响线加载程序的输出。

输出参数：NONR(NR)——计算支承反力影响线的各号支承在支承约束数组 LS 中的序号；LQM——各个杆间荷载工况中最大的恒载个数；IDWW——计算自重的指示信息，当各单元材料特性数组中的容重全部为零时，IDWW =0，不计自重；否则 IDWW =1，计算自重；IDSIGM——计算截面应力的指示信息，当各单元截面特性数组中的截面模量全部为零时，IDSIGM =0，不计截面应力；否则 IDSIGM =1，计算截面应力）

```
      INTEGER AN,VN
      DIMENSION X(N),Y(N),IHL(M),IHR(M),NEAL(M),NEJF(M),NGG(M), LS(2,NCI),LCC(3,
     $          NC2),IAK(NKA),AK(4,NKA),EAL(3,NEA),EJF(4,NJF),GGN(NG),AN(NA),IFN
     $          (NF),FN(NF),VN(NV),TN(NT), NQ(MM),KND(2,ND),NPRS(NPS),PRS(NPS,3),
     $          NDD(2,NDS),DS(NDS),IRN(2,NR),NONR(NR)
      LQM =0
```

（下面开始输入节点数据，带有自动生成功能，数据序号及自动生成信息 KI 在后面输入数据文件中说明）

```
      K1 =0
1     READ(2,*) I,KI,X(I),Y(I)
      IF(I.EQ.N) GOTO 4
      IF (KI.EQ.0.AND.K1.EQ.0) GOTO 1
```

（当自动生成信息 KI≠0 时，输入下一个节点数据，并在这两个节点号之间自动生成中间各个节点的数据）

```
      K1 = KI
      I1 =I
      J1 =I + KI
2     READ(2,*) I,KI,X(I),Y(I)
      J2 =I - K1
      XK = (X(I) - X(I1))/(I - I1)
      YK = (Y(I) - Y(I1))/(I - I1)
      DO 3 II = J1,J2,K1
        X(II) = X(I1) + XK * (II - I1)
        Y(II) = Y(I1) + YK * (II - I1)
3     CONTINUE
      K1 = KI
      I1 =I
      J1 =I + KI
      IF(I.EQ.N) GOTO 4
      IF(K1.NE.0) GOTO 2
      GOTO 1
```

（下面开始输入单元数据，自动生成信息 KI 及单元数据的自动生成也在后面数据文件中说明）

```
4     READ(2,*) I,KI,IHL(I),IHR(I),NEAL(I),NEJF(I),NGG(I)
      IF(I.EQ.M) GOTO 7
      IF(KI.EQ.0.AND.K1.EQ.0) GOTO 4
      K1 = KI
      I1 =I
      J1 =I + 1
5     READ(2,*) I,KI,IHL(I),IHR(I),NEAL(I),NEJF(I),NGG(I)
      J2  =I - 1
```

（下面对两个自动生成的单元号之间的各个单元的数据进行赋值）

```
      DO 6 II = J1,J2
```

```
      IHL(II) = IHL(II - 1) + K1
      IHR(II) = IHR(II - 1) + K1
      NGG(II) = NGG(II - 1)
      NEAL(II) = NEAL(II - 1)
      NEJF(II) = NEJF(II - 1)
6     CONTINUE
      K1 = KI
      I1 = I
      J1 = I + 1
      IF(I. EQ. M) GOTO 7
      IF(K1. NE. 0) GOTO 5
      GOTO 4
7     CONTINUE
      READ(2, * )((LS(J,I),J = 1,2),I = 1,NC1)  （输入所计算结构的支承约束信息）
      IF(NC2. EQ. 0)GOTO 10
      READ(2, * )((LCC(J,I),J = 1,3),I = 1,NC2)  （当结构有主从约束时，输入主从约束信息）
10     IF(NKA. EQ. 0)GOTO 20
       READ(2, * )(IAK(I),(AK(J,I),J = 1,4),I = 1,NKA)  （当单元有刚臂时，输入刚臂信息）
20     READ(2, * )((EAL(J,I),J = 1,3),I = 1,NEA)  （输入各类材料的材料特性数据）
       IDWW = 0
       DO 21 I = 1,NEA
         IF(EAL(3,I). GT. 1E - 8) THEN
           IDWW = 1  （IDWW 为计算自重的指示信息）
           GOTO 22
         ENDIF
21     CONTINUE
22     READ(2, * )((EJF(J,I),J = 1,4),I = 1,NJF)  （输入各类截面的截面特性数据）
       IDSIGM = 0
       DO 23 I = 1,NJF
         IF(EJF(3,I). GT. 1E - 8. OR. EJF(4,I). GT. 1E - 8) THEN
           IDSIGM = 1  （IDSIGM 为计算截面应力的指示信息）
           GOTO 24
         ENDIF
23     CONTINUE
24     IF(ND. EQ. 0)GOTO 25
       READ(2, * )((KND(J,I),J = 1,2),I = 1,ND)  （当利用结构对称性计算时，输入对称性数据）
25     IF(NG. EQ. 0)GOTO 30
       READ(2, * )(GGN(I),I = 1,NG)  （当单元上有恒载作用时，输入单元恒载数据）
30     IF(NPS. EQ. 0) GOTO 35
       READ(2, * )(NPRS(I),(PRS(I,J),J = 1,3),I = 1,NPS)
         （当杆端有预加力作用时，输入杆端预加力数据）
35     IF(NA. EQ. 0)GOTO 40
       READ(2, * )(AN(I),I = 1,NA)  （计算影响线时，输入单位荷重 P = 1 作用的节点号数组）
40     IF(NF. EQ. 0)GOTO 50
```

```
      READ(2, *)(IFN(I),FN(I),I=1,NF)  (计算截面内力时,输入所要计算截面的数据)
50    IF(NV.EQ.0)GOTO 55
      READ(2, *)(VN(I),I=1,NV)  (计算节点位移时,输入所要计算位移的节点号)
55    IF(NR.EQ.0) GOTO 60
      READ(2, *)((IRN(J,I),J=1,2),I=1,NR)  (计算支承反力时,输入所要计算反力的支承数据)
60    IF(NT.EQ.0)GOTO 65
      READ(2, *)(TN(I),I=1,NT)  (计算温度工况时,输入温度变化值数据)
65    (NDS.EQ.0) GOTO 70  (计算支承位移产生的结构效应时,输入结构支承的位移信息)
      READ(2, *)((NDD(J,I),J=1,2),I=1,NDS)
      READ(2, *)(DS(I),I=1,NDS)
70    IF(MM.EQ.0)GOTO 75
      READ(2, *)(NQ(I),I=1,MM)  (计算杆间荷载工况时,输入各个工况的恒载数)
      LQM=MAXP(MM,NQ)  (计算各个杆间荷载工况中最大的恒载个数)
75    DO 90 J=1,NR
        DO 80 I=1,NC1
          IF(IRN(1,J).EQ.LS(1,I).AND.IRN(2,J).EQ. LS(2,I)) THEN
            NONR(J)=I  (计算支承反力影响线的各号支承在支承约束数组 LS 中的序号)
            GOTO 90
          ENDIF
80      CONTINUE
90    CONTINUE
      NU=11
      IF (IDNA.EQ.2) NU=12
        (下面将输入的原始计算数据写入文件,打印输出,以作校核)
      IF(IDNA.EQ.1) WRITE(11,950)  (输出静力计算程序结果文件时的标题)
950   FORMAT(2(/6X,'***********************************',
    $   '*****************************')/6X,'**',50X,'**'/6X,
    $   '**              STATICAL ANALYSIS PROGRAM               **'/6X,
    $   '**       OF LINEAR PLANAR BAR-SYSTEM STRUCTURES          **'/6X,
    $   '**                     DEVELOPED BY                      **'/6X,
    $   '**           DEPATMENT OF BRIDGE ENGNEERING              **'/6X,
    $   '**             TONGJI-UNIVERSITY,SHANGHAI                **'/6X,
    $   '**                Copyright June. 2006       **'/6X, '**',50X,'**',
    $   2(/6X,'*************************','*********'))
      IF(IDNA.EQ.2) WRITE(12,960)  (输出影响线计算程序结果文件时的标题)
960   FORMAT(2(/6X,'***********************************',
    $   '*****************')/6X,'**',50X,'**'/6X,
    $   '**        PROGRAM FOR CALCULATING INFLUENCE LINE          **'/6X,
    $   '**       OF LINEAR PLANAR BAR-SYSTEM STRUCTURES          **'/6X,
    $   '**                     DEVELOPED BY                      **'/6X,
    $   '**           DEPATMENT OF BRIDGE ENGNEERING              **'/6X,
```

```
$     '* *                    TONGJI - UNIVERSITY,SHANGHAI                      * *'/6X,
$     '* *                              Copyright June. 2006              * *'/6X,'* *',50X,'* *',
$     2(/6X,'* * * * * * * * * * * * * * * * * * * * * * * * *','* * * * * * * * * * * * *'))
```

（输出结构计算主控信息）

```
      WRITE(NU,'(/3(/10X,"### INPUTED DATA ## INPUTED DATA ###"))')
      WRITE(NU,'(/9X,"NUMBER OF NODES (N)                        =",I5)')N
      WRITE(NU,'(/9X,"NUMBER OF ELEMENTS (M)                     =",I5)')M
      WRITE(NU,'(/9X,"NUMBER OF RESTRICTIONS (NC1)               =",I5)')NC1
      WRITE(NU,'(/9X,"NUMBER OF KNOWN RELATIONS OF"/9X,
     $                "NODE DISPLACEMENTS (NC2)                  =",I5)')NC2
      WRITE(NU,'(/9X,"NUMBER OF RIGID ARMS (NKA)                 =",I5)')NKA
      WRITE(NU,'(/9X,"NUMBER OF KINDS OF MATERIAL (NEA)          =",I5)')NEA
      WRITE(NU,'(/9X,"NUMBER OF KINDS OF SECTION (NJF)           =",I5)')NJF
      WRITE(NU,'(/9X,"NUMBER OF NODES AT WHICH ""P = 1"" "
     $             /9X,"ACTS TO CALCULATE INFLUENCE"
     $             /9X,"LINES (NA)                                =",I5)')NA
      WRITE(NU,'(/9X,"NUMBER OF CHECKING - SECTION (NF)          =",I5)')NF
      WRITE(NU,'(/9X,"NUMBER OF NODES WHOSE "
     $             /9X,"DISPLACEMENT INFLUENCE LINES"
     $             /9X,"ARE TO BE CALCULATED (NV)                 =",I5)')NV
      WRITE(NU,'(/9X,"NUMBER OF REACTION INFLUENCE"
     $             /9X,"LINES (NR)                                =",I5)')NR
      WRITE(NU,'(/9X,"NUMBER OF KINDS OF"
     $             /9X,"GRAVITY LOAD (NG)                         =",I5)')NG
      WRITE(NU,'(/9X,"NUMBER OF ELEMENT(S) WITH"
     $             /9X,"PRESTRES FORCE (NPS)                      =",I5)')NPS
      WRITE(NU,'(/9X,"NUMBER OF TEMPERATURE CHANGE (NT)          =",I5)')NT
      WRITE(NU,'(/9X,"NUMBER OF DEAD LOAD CASES (MM)             =",I5)')MM
      WRITE(NU,'(/9X,"NUMBER OF SUPPORT(S) WITH"
     $             /9X,"SETTLEMENT (NDS)                          =",I5)')NDS
      WRITE(NU,'(/9X,"NUMBER OF NODES ON"
     $             /9X,"SYMMETRICAL AXIS (ND)                     =",I5)')ND
```

（输出所计算结构的节点信息）

```
      WRITE(NU,'(//,3(/18X,3(10X,"NODE INFORMATION"))//2(11X,
     $      "NODE",7X,"ABSCISSA(X)",5X,"ORDINATE(Y)",7X)/)')
      NL = N/2
      DO 970 I = 1,NL
        IN = I + NL
        IF(MOD(N,2).NE.0)IN = IN + 1
        WRITE(NU,'(2(I14,2X,2(1PE16.4),8X))')I,X(I),Y(I),IN,X(IN),Y(IN)
970   CONTINUE
      IF(MOD(N,2).NE.0)THEN
        NL = NL + 1
```

```
      WRITE(NU,'(I14,2X,2(1PE16.4))')NL,X(NL),Y(NL)
     ENDIF
      （输出所计算结构单元信息）
     WRITE(NU,'(//3(/18X,3(8X,"ELEMENT INFORMATION"))//2(15X,
    $          "LEFT",5X,"RIGHT",2X,"MATERIAL",2X,"SECTION",2X,
    $          "GRAVITY",3X)/2(5X,"ELEMENT",3X,"NODE",5X,"NODE", 3(5X,"TYPE"),5X)/)')
     NL = M/2
     DO 980 I = 1,NL
     IN = I + NL
     IF(MOD(M,2).NE.0)IN = IN + 1
     WRITE(NU,'(2(2X,2I8,4I9,6X))')I,IHL(I),IHR(I),NEAL(I),NEJF(I),
    $          NGG(I),IN,IHL(IN),IHR(IN),NEAL(IN),NEJF(IN),NGG(IN)
980  CONTINUE
     IF(MOD(M,2).NE.0)THEN
       NL = NL + 1
       WRITE(NU,'(2X,2I8,4I9)')NL,IHL(NL),IHR(NL),NEAL(NL),NEJF(NL), NGG(NL)
     ENDIF
      （输出结构的支承约束信息）
     WRITE(NU,'(//3(/23X,"RESTRICTION INFORMATION")
    $          //21X,"NODE No. OF",6X,"RESTRICTION"/21X,"RESTRICTION", 9X,"TYPE"/)')
     WRITE(NU,'(20X,I7,I16)')((LS(J,I),J = 1,2),I = 1,NC1)
     WRITE(NU,'(/10X,"NOTE : Type 1 is Rotative ;"/10X," Type 2 is Horizontal ;"/
    $          10X,"           Type 3 is Vertical .")')
     IF(NC2.EQ.0)GOTO 990
     WRITE(NU,985)  （当结构有主从约束时，输出主从约束信息）
985  FORMAT(//3(/20X,'NODE DISPLACEMET RELATION')// 14X,'DEPENDENT',
    $          10X,'MAIN',7X,'TYPE OF DISPL.'/16X,'CODE',12X,'NODE',8X,'DEPENDENCE'/)
     WRITE(NU,'(4X,3I16)')((LCC(J,I),J = 1,3),I = 1,NC2)
     WRITE(NU,'(/10X,"NOTE : Dependent Node has the same ",
    $          "displacement"/16X,"in Rotation (Type 1) ;"/18X, "Horizontal (Type 2) ;"
    $          /18X,"Vertical (Type 3)"/16X,"direction as corresponding Main Node.")')
990  IF(NKA.EQ.0)GOTO 1000
     WRITE(NU,995)  （当结构单元带有刚臂时，输出单元的刚臂信息）
995  FORMAT (//3(/20X,2('RIGID ARM INFORMATION',10X))//10X, 'RIGID ARM',6X,'CORRE
    $          SPONDING',14X,'COORDINATE OF', 19X, 'COORDI NATE OF'/27X,'ELEMENT',20X,'
    $          LEFT END', 23X,'RIGHT END'/1X,2(10X,'NUMBER'),12X,'ABSCISSA(X)' ,6X,'ORDI
    $          NATE(Y)',5X,'ABSCISSA(X)',6X, 'ORDINATE(Y)'/)
     WRITE(NU,'(1X,I15,I16,9X,4(1PE16.4))')(I,IAK(I),(AK(J,I),J = 1,4), I = 1,NKA)
      （输出各类材料的材料特性数据）
1000 WRITE (NU,'(//3(/30X,"PROPERTIES OF MATERIAL")//24X, 'YOUNG""S", '11X,"EXPANSION",
    $          14X,"SPECIFIC"/12X,"TYPE", 6X,"MODULUS(E)",7X,"COEFFICIENT(ALFA)",6X,"GRAVI
    $          TY(GAMA)"/)')
     WRITE(NU,'(I15,1PE17.5,4X,1PE17.5,5X,1PE17.5)')(I,(EAL(J,I), J = 1,3),I = 1,NEA)
      （输出各类截面的截面特性数据）
```

```
      WRITE (NU,'(//3(/35X,"PROPERTIES OF CROSS - SECTION")//12X,"TYPE",4X,"INERTIAL
     $        MOMENT(J)",8X,"AREA(F)",6X, "SECTION MODULUS(W1)",4X,"SECTION MODULUS
     $        (W2)"/)')
      WRITE(NU,'(I15,4X,1PE15.5,5X,1PE15.5,5X,1PE15.5,8X,1PE15.5)') (I,(EJF(J,I),J=1,4),I
     $        =1,NJF)
       IF(IDNA.EQ.1) THEN
        IF(NG.NE.0) THEN  （当单元上有恒载作用时,输出单元恒载数据）
          WRITE (NU,'(//3(/20X,"GRAVITY LOAD INFORMATION")//33X, "INTENSITY"/17X,"TYPE",
     $      6X,"(PRO UNIT AXIAL LENGTH)"/)')
          WRITE(NU,'(10X,I10,8X,1PE16.4)')(I,CGN(I),I=1,NG)
        ENDIF
        IF(NT.NE.0) THEN  （当结构有温度荷载时,输出各工况温度变化值）
          WRITE (NU,'(//3(/20X,"TEMPERATURE INFORMATION")//26X, "TEMPERATURE CHANGE"/
     $        18X,"CASE",8X,"(in xC)"/)')
          WRITE(NU,'(10X,I11,5X,E12.4)')(I,TN(I),I=1,NT)
        ENDIF
        IF(NPS.NE.0) THEN  （当杆端有预加力作用时,输出杆端预加力数据）
          WRITE (NU,'(//3(/20X,"INFORMATION OF PRESTRES FORCE(S)")// 11X,"NPRS(I)",5X,"
     $        PRS(I,1)",8X,"PRS(I,2)",8X, "PRS(I,3)")')
          WRITE(NU,'((10X,I5,3(1PE16.5)))')(NPRS(I),(PRS(I,J),J=1,3), I=1,NPS)
        ENDIF
        IF(NDS.NE.0) THEN  （当结构有支承位移时,输出结构支承位移信息）
          WRITE (NU,'(//3(/20X,"INFORMATION OF SETTLEMENT WITH", ' SUPPORT")'//8X,"No. OF
     $        SUPPORT",4X,"No. OF", " SETTLEMWNT",4X,"SETTLEMENT")')
          WRITE(NU,'(I15,I22,1PE18.5)')((NDD(J,I),J=1,2),DS(I),I=1,NDS)
          WRITE (NU,'(/10X,"NOTE : Type 1 is Rotative ;"/10X,"        Type 2 is Horizontal ;"/10X,"
     $        Type 3 is Vertical .")')
        ENDIF
        IF(NF.NE.0) THEN  （将计算截面内力时的验算截面数据输出）
          WRITE(NU,'(//3(/20X,"CHECKING - SECTION INFORMATION")// 26X,"CORRESPONDING",
     $      7X,"DISTANCE TO"/10X, "SECTION No. ",6X,"ELEMENT No. ",9X,"LEFT END"/)')
          WRITE(NU,'(I16,I18,6X,1PE16.4)')(I,IFN(I),FN(I),I=1,NF)
        ENDIF
        IF(MM.NE.0) THEN  （计算杆间荷载工况时,输出各个荷载工况的数据）
          WRITE (NU,'(//3(/20X,"OTHER DEAD LOAD INFORMATION")//15X, "DEAD LOAD",3X,"TO
     $        TAL NUMBER OF"/18X,"CASE",5X, "SEPARATED LOAD(S)"/)')
          WRITE(NU,'(6X,2I15)')(I,NQ(I),I=1,MM)
        ENDIF
       ELSE
        IF(LD.EQ.2)RETURN
        IF(LD.EQ.1.AND.ND.EQ.0) IND=0
        IF(LD.EQ.1.AND.ND.NE.0) IND=2
        WRITE(31) NA,NF,NV,NR,IND,NC1
        WRITE(31) AN
        WRITE(31) (X(AN(I)),I=1,NA)
```

（计算影响线时，将单位荷重 $P=1$ 作用的节点号输出）

```
  WRITE (NU,'(//3(/10X,"FOR INFLUENCE LINES UNIT LOAD ","""P = 1""" IS APPLIED AT FOL
$           LOWING CODES :")/)')
  WRITE(NU,'(15X,10I6)')(AN(I),I=1,NA)
  IF(NF.NE.0) THEN  (将计算截面内力的信息输出)
    WRITE (NU,'(//3(/20X,"INFLUENCE LINES OF INTERNAL FORCE")//26X,"CORRESPOND
$           ING",7X,"DISTANCE TO"/10X,"SECTION No. ",6X,"ELEMENT No. ",9X,"LEFT END"/)')
    WRITE(NU,'(I16,I18,6X,1PE16.4)')(I,IFN(I),FN(I),I=1,NF)
  ENDIF
  IF(NV.NE.0) THEN  (将计算位移的节点号输出)
    WRITE (NU,'(//3(/10X,"DISPLACEMENT INFLUENCE LINES"," OF THE FOLLOWING CODE
$           (S) ARE TO BE CALCULATED :")/)')
    WRITE(NU,'(15X,10I6)')(VN(I),I=1,NV)
  ENDIF
  IF(NR.NE.0) THEN  (将计算反力的支承信息输出)
    WRITE (NU,'(//3(/10X,"REACTION INFLUENCE LINES OF THE ","FOLLOWING SUPPORT(S)
$           ARE BE CALCULATED:")//21X,"No. OF SUPPORT",3X,"RESTRICTION TYPE"/)')
    WRITE(NU,'(20X,I3,I26)') ((IRN(J,I),J=1,2),I=1,NR)
    WRITE (NU,'(/10X,"NOTE : Type 1 is Rotative ;"/10X," Type 2 is Horizontal ;"/10X," Type 3 is
$           Vertical .")')
  ENDIF
 ENDIF
 RETURN
 END
```

2)影响线加载程序

影响线加载程序中输入原始计算数据子程序 INPUT3 的源程序语句如下：

```
SUBROUTINE INPUT3(NF1,NV1,NR1,NLD,LANE,QQ,LMAX,NFF,NVV,NRR,NLLD)
```

（子程序形式参数中 NF1、NV1、NR1、NLD、LANE、QQ、LMAX 已在影响线加载主程序中说明，其余子程序形式参数是：NFF(NF1)——要进行内力影响线加载的截面在所有计算内力的截面中的顺序号；NVV(NV1)——要进行位移影响线加载的节点在所有计算位移的节点中的顺序号；NRR(NR1)——要进行反力影响线加载的支承在结构所有支承中的顺序号；NLLD(NLD)——影响线加载的荷载类型数组）

```
 REAL LMAX
 DIMENSION NFF(NF1),NVV(NV1),NRR(NR1),NLLD(NLD)
 CHARACTER * 10 STRLD(5)
 DATA STRLD/'  人群荷载','公路—Ⅰ级','公路—Ⅱ级','城市—A 级','城市—B 级'/
 READ(3, * ) (NLLD(I),I=1,NLD)  (输入影响线加载的荷载类型)
 IF(NF1.NE.0) READ(3, * ) (NFF(I),I=1,NF1)  (输入内力影响线加载的截面)
 IF(NV1.NE.0) READ(3, * ) (NVV(I),I=1,NV1)  (输入位移影响线加载的节点)
 IF(NR1.NE.0) READ(3, * ) (NRR(I),I=1,NR1)  (输入支承反力影响线加载的支承)
 WRITE(13,50)  (输出影响线加载程序结果文件的标题)
   (输出影响线加载程序的控制信息)
 WRITE(13,'(/3(/6X,"### INPUTED DATA ## INPUTED DATA ###")/)')
 WRITE(13,'(/9X,"NUMBER OF LOADED INFLUENCE LINES ",
$          /9X,"OF INTERNAL FORCE (NF1)                    =",I5)')NF1
```

```
      WRITE(13,'(/9X,"NUMBER OF LOADED DISPLACEMENT ",
   $          /9X,"INFLUENCE LINE (NV1)                    =",I5)')NV1
      WRITE(13,'(/9X,"NUMBER OF LOADED REACTION",
   $          /9X,"INFLUENCE LINE (NR1)                    =",I5)')NR1
      WRITE(13,'(/9X,"NUMBER OF LOAD KIND (NLD)              =",I5)')NLD
      WRITE(13,'(/9X,"NUMBER OF LANE (LANE)                  =",I5)')LANE
      WRITE(13,'(/9X,"PEDESTRIAN LOAD (QQ)                   =",F5.1)')QQ
      WRITE(13,'(/9X,"MAXIMUM OF SPAN (LMAX)                 =",F5.1)')LMAX
      WRITE(13,'(//9X, "THE KINDS OF LIVE LOAD")')
      DO 5 I=1,NLD  (输出影响线加载的荷载类型)
        WRITE(13,'(13X,"LD =",I2,5X,A10)') I-1,STRLD(NLLD(I)+1)
5     CONTINUE
50    FORMAT(//2(/9X,'****************************************',
   $   '********************************')/9X,'**',50X,'**'/9X,
   $   '**          LOADED PROGRAM OF LIVE LOADS          **'/9X,
   $   '**               ON INFLUENCE LINE                **'/9X,
   $   '**                 DEVELOPED BY                   **'/9X,
   $   '**         DEPATMENT OF BRIDGE ENGNEERING         **'/9X,
   $   '**          TONGJI-UNIVERSITY,SHANGHAI            **'/9X,
   $   '**               Copyright June. 2006             **'/9X,
   $   '**',50X,'**',2(/9X,'****************************',
   $   '********************************')//)
      RETURN
      END
```

2. 输入数据文件说明

1)静力计算及影响线计算输入数据

静力计算及影响线计算程序的原始输入文件取名为 <name>. I01,文件名的主部 <name>在程序运行时由键盘键入,数据采用自由格式输入,输入内容及顺序如下:

(1)READ(2,*)N,M,NC1,NC2,NKA,NEA,NJF,NA,NF,NV,NR,NG,NPS,NT,MM,NDS,ND,NPT

各标识符意义:

N	节点数;
M	单元数;
NC1	支承约束数;
NC2	主从约束数;
NKA	带刚臂的单元数,没有刚臂单元时,NKA=0;
NEA	单元的材料特性类型数;
NJF	单元的截面特性类型数;
NA	影响线单位荷载 $P=1$ 作用点数,不计算影响线时,NA=0;
NF	计算内力的截面数,不计算内力时,NF=0;
NV	计算位移的节点数,不计算位移时,NV=0;
NR	计算支承反力的数目,不计算反力时,NR=0;

NG　　单元上作用恒载的类型数,不计算恒载时,NG=0;

NPS　　计算带预加力的单元数;不计算预加力时,NPS=0;

NT　　计算温度荷载的工况数,不计算温度内力时,NT=0;

MM　　单元上作用杆间荷载的工况数,不计算其他荷载时,MM=0;

NDS　　具有支座位移的约束数,不计算支座位移时,NDS=0;

ND　　对称轴上的节点数,不利用对称性时,ND=0;

NPT　　屏幕显示指示信息,NPT=0时,屏幕不显示。

(2)READ(2,*) I,KI,X(I),Y(I)

输入节点数据,各标识符意义:

I　　节点序号,节点号可以任意次序,但最后一条数据的节点号I必须是节点总数N;

KI　　节点自动生成信息,当节点序号与节点坐标成比例增加时,可以只输入成比例增加的前后两条数据,中间节点的数据自动生成,在前面一条数据上填自动生成信息KI,它等于相邻两个自动生成节点的节点号差;

X(I)　　节点I的横坐标;

Y(I)　　节点I的纵坐标。

(3)READ(2,*) I,KI,IHL(I),IHR(I),NEAL(I),NEJF(I),NGG(I)

输入单元数据,各标识符意义:

I　　单元序号,必须依次填写,最后一条数据的单元号I必须是单元总数M;

KI　　单元自动生成信息,当单元上恒载值、材料及截面类型号相同,左、右节点号成比例增加时可以只填前后二条数据,中间单元的数据自动生成,在前面一条数据上填自动生成信息KI,它等于相邻单元左、右节点号的差;

IHL(I)　　单元的左节点号;

IHR(I)　　单元的右节点号,规定IHR(I)>IHL(I);

NEAL(I)　　单元的材料特性类型号;

NEJF(I)　　单元的截面特性类型号;

NGG(I)　　单元上的均布恒载类型号。

(4)READ(2,*)((LS(J,I),J=1,2),I=1,NC1)

输入结构支承约束信息,各标识符意义:

LS(I,1)　　支承约束所在的节点号;

LS(I,2)　　支承约束类型序号,按转角、水平位移、竖向位移分别填1、2和3。

(5)当NC2≠0时,READ(2,*)((LCC(J,I),J=1,3),I=1,NC2)

当结构有主从约束时,输入主从约束信息,各标识符意义:

LCC(1,I)　　有主从约束的从节点号;

LCC(2,I)　　有主从约束的主节点号;

LCC(3,I)　　主从约束类型序号,按转角、水平位移、竖向位移分别填1、2和3。

(6)当NKA≠0时,READ(2,*)(IAK(I),(AK(J,I),J=1,4),I=1,NKA)

当结构有带刚臂单元时,输入刚臂信息,各标识符意义:

IAK(I)　　有刚臂的单元号;

AK(1,I)　　左端刚臂的横坐标;

AK(2,I)　　左端刚臂的纵坐标;

AK(3,I)　　右端刚臂的横坐标;

AK(4,I)　右端刚臂的纵坐标。

(7)READ(2,*)((EAL(J,I),J=1,3),I=1,NEA)

输入各类材料的材料特性数据,各标识符意义:

EAL(1,I)　材料的弹性模量;

EAL(2,I)　材料的线膨胀系数;

EAL(3,I)　材料的重度 γ,不计结构自重时,取 $\gamma=0$。

(8)READ(2,*)((EJF(J,I),J=1,4),I=1,NJF)

输入各类截面的截面特性数据,各标识符意义:

EJF(1,I)　截面的抗弯惯性矩;

EJF(2,I)　截面面积;

EJF(3,I)　截面上边缘模量 W_1;

EJF(4,I)　截面下边缘模量 W_2,不计截面应力时,取 $W_1=W_2=0$。

(9)当 ND≠0 时,READ(2,*)((KND(J,I),J=1,2),I=1,ND)

当利用对称性计算结构时,输入对称性数据,各标识符意义:

KND(1,I)　结构对称轴上的节点号;

KND(2,I)　对称轴上节点的类型指数,按§4-3 节表 4-2 取值。

(10)当 NG≠0 时,READ(2,*)(GGN(I),I=1,NG)

当单元上有恒载作用时,输入单元恒载数据,标识符意义:

GGN(I)　单元上第 I 类恒载的数值。

(11)当 NPS≠0 时,READ(2,*)(NPRS(I),(PRS(I,J),J=1,3),I=1,NPS)

当杆端有预加力作用时,输入杆端预加力数据,各标识符意义:

NPRS(I)　预加力作用的单元号;

PRS(I,1)　预加力数值;

PRS(I,2)　单元左端预加力作用的偏心距;

PRS(I,3)　单元右端预加力作用的偏心距。

(12)当 NA≠0 时,READ(2,*)(AN(I),I=1,NA)

计算影响线时,输入单位荷重作用点数据,标识符意义:

AN(I)　单位荷重 P=1 作用的节点号。

(13)当 NF≠0 时,READ(2,*)(IFN(I),FN(I),I=1,NF)

计算截面内力时,输入所要验算截面的数据,各标识符意义:

IFN(I)　第 I 个计算内力截面所在的单元号;

FN(I)　第 I 个计算内力截面到所在单元左节点的距离。

(14)当 NV≠0 时,READ(2,*)(VN(I),I=1,NV)

计算节点位移时,输入节点位移计算信息,标识符意义:

VN(I)　所要计算位移的节点号。

(15)当 NR≠0 时,READ(2,*)((IRN(J,I),J=1,2),I=1,NR)

计算支承反力时,输入所要计算反力的支承数据,各标识符意义:

IRN(1,I)　计算反力的支承号;

IRN(2,I)　计算的反力类型序号,按弯矩、水平反力、竖向反力分别取值 1、2 和 3。

(16)当 NT≠0 时,READ(2,*)(TN(I),I=1,NT)

计算温度荷载时,输入温度变化值数据,标识符意义:

TN(I)　各个温度工况的温度变化值。

(17)当 NDS≠0 时,输入结构支承位移信息:

①READ(2,*)((NDD(J,I),J=1,2),I=1,NDS)

NDD(1,I)　有支承位移的支承号;

NDD(2,I)　支承位移的类型序号,按转角、水平位移、竖向位移分别填 1、2 和 3。

②READ(2,*)(DS(I),I=1,NDS)

DS(I)　支承位移的数值。

(18)当 MM≠0 时,输入杆间恒载信息:

①READ(2,*)(NQ(I),I=1,MM)

NQ(I)　各个工况的恒载数

②READ(2,*) READ(2,*)(IMQ(I),INQ(I),Q(I,1),Q(I,2),I=1,NQ(K))

IMQ(I)　恒载所在的单元号;

INQ(I)　恒载类型指数,见本章第三节的表 4-4;

Q(I,1)　恒载值的大小,即表 4-4 中的 q;

Q(I,2)　恒载到单元左节点的距离,即表 4-4 中的 x_q。

其中:K=1,2,…,MM,即杆间恒载工况数多于 1 时重复上面第⑵条输入 MM 次。

2)影响线加载输入数据

影响线加载程序的原始输入文件取名为 <name>. I02,输入内容及顺序如下:

(1)READ(3,*) NF1,NV1,NR1,NLD,LANE,QQ,LMAX

各标识符意义:

NF1　加载计算内力的截面数;

NV1　加载计算位移的节点数;

NR1　加载计算反力的支承数;

NLD　要加载的荷载类型数;

LANE　汽车荷载加载的车道数;

QQ　人群荷载集度;

LMAX　最大计算跨径。

(2)READ(3,*) (NLLD(I),I=1,NLD)

输入影响线加载的荷载类型指数,标识符意义:

NLLD(I)　第 I 个荷载的类型指数。

按现行《公路桥涵设计规范》及城市桥梁设计规范进行编程,考虑的荷载类型及指数规定如表 4-12 所示。

荷载类型及指数表　　表 4-12

荷载类型指数	0	1	2	3	4
设计荷载	人群荷载	城—A 级	城—B 级	公路—Ⅰ级	公路—Ⅱ级

(3)当 NF1≠0, READ(3,*) (NFF(I),I=1,NF1)

输入内力影响线加载的截面,标识符意义:

NFF(I)　第 I 个内力影响线加载截面在所有计算内力截面(NF 个)中的顺序号;

(4)当 NV1≠0, READ(3,*) (NVV(I),I=1,NV1)

输入位移影响线加载的节点,标识符意义:

NVV(I)　第 I 个位移影响线在所有计算位移点(NV 个)中的顺序号;

(5)当 NR1≠0, READ(3,*) (NRR(I),I=1,NR1)

输入反力影响线加载的信息,标识符意义:

NRR(I)　第 I 个反力影响线的支承在所有结构支承(NR 个)中的顺序号。

三、计算示例

以下给出的计算示例是某大桥的四跨预应力混凝土连续梁引桥，图 4-21 为计算示例图，给出了该桥梁结构的纵断面、平面、横断面图及计算模型图。

根据连续梁箱形截面顶板、底板及肋宽的变化情况，全桥采用了 6 类不同尺寸的截面特性，并用 58 个节点划分为 57 个单元；桥梁有 1 个铰支支座和 4 个竖向支座，结构的支承约束数为 6；混凝土强度等级为 C50，材料特性类型数为 1。

计算内力的截面取各跨支点及跨中共 9 个截面；计算位移的节点数为 4，取各跨的跨中；计算各个支座的竖向反力。

计算时考虑以下几种作用：结构自重、桥面恒载重、中间支座下沉 10mm 以及人群、不同的汽车设计荷载。

因为要计算人群和汽车设计荷载效应，就需要计算以上截面内力、节点位移和支承反力的影响线，影响线单位荷载的作用点数是桥面上的各点，本连续梁桥中即为节点总数 58；作为示例及考核，影响线加载考虑了人群荷载、城市桥梁、公路桥梁共 5 种荷载。

下面给出计算示例的数据文件 LXLQ. I01 和 LXLQ. I02，运行桥梁综合计算程序 STPA、STPB 和 STPC，得到计算结果的输出文件 LXLQ. O04、LXLQ. O05 和 LXLQ. O06，经初步考核，计算结果正确，对于其他荷载工况，读者可选用不同的工程实例进行考核论证。

数据文件 LXLQ. I01

58 57 6 0 0 1 6 58 9 4 5 1 0 0 0 1 0 0

1	0	0	0
2	0	0.7	0
3	0	4.2	0
4	0	8.2	0
5	0	12.7	0
6	1	16.2	0
10	0	28.2	0
11	0	31.7	0
12	0	36.2	0
13	0	40.2	0
14	1	43.7	0
16	0	46.7	0
17	0	50.2	0
18	0	54.2	0
19	0	58.7	0
20	1	62.2	0
24	0	74.2	0
25	0	77.7	0
26	0	82.2	0
27	0	86.2	0
28	1	89.7	0
30	0	92.7	0
31	0	96.2	0

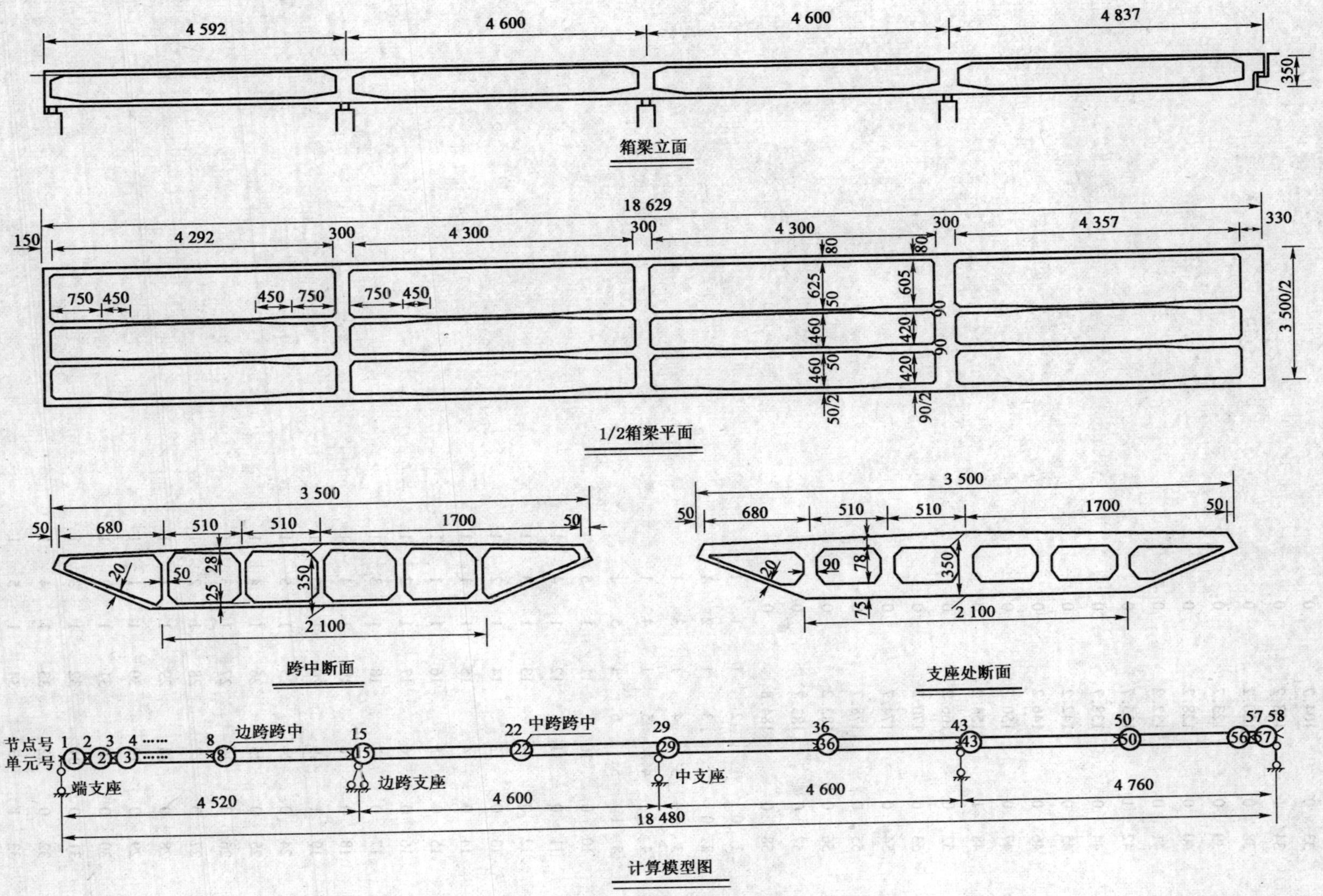

图4-21 桥梁结构计算示例图（尺寸单位：mm）

32	0	100.2	0
33	0	104.7	0
34	1	108.2	0
38	0	120.2	0
39	0	123.7	0
40	0	128.2	0
41	0	132.2	0
42	1	135.7	0
44	0	138.7	0
45	0	142.2	0
46	0	146.2	0
47	0	150.7	0
48	1	154.2	0
52	0	166.2	0
53	0	170.2	0
54	0	174.7	0
55	0	178.7	0
56	0	182.2	0
57	0	183.7	0
58	0	184.8	0

1	0	1	2	1	1	1
2	0	2	3	1	2	1
3	0	3	4	1	3	1
4	0	4	5	1	4	1
5	1	5	6	1	5	1
10	0	10	11	1	5	1
11	0	11	12	1	4	1
12	0	12	13	1	3	1
13	0	13	14	1	2	1
14	0	14	15	1	1	1
15	0	15	16	1	1	1
16	0	16	17	1	2	1
17	0	17	18	1	3	1
18	0	18	19	1	4	1
19	1	19	20	1	5	1
24	0	24	25	1	5	1
25	0	25	26	1	4	1
26	0	26	27	1	3	1
27	0	27	28	1	2	1
28	0	28	29	1	1	1
29	0	29	30	1	1	1
30	0	30	31	1	2	1
31	0	31	32	1	3	1
32	0	32	33	1	4	1
33	1	33	34	1	5	1
38	0	38	39	1	5	1
39	0	39	40	1	4	1

```
40  0   40    41  1  3  1
41  0   41    42  1  2  1
42  0   42    43  1  1  1
43  0   43    44  1  1  1
44  0   44    45  1  2  1
45  0   45    46  1  3  1
46  0   46    47  1  4  1
47  1   47    48  1  5  1
52  0   52    53  1  5  1
53  0   53    54  1  4  1
54  0   54    55  1  3  1
55  0   55    56  1  2  1
56  0   56    57  1  1  1
57  0   57    58  1  6  1
1   3
15  2
15  3
29  3
43  3
58  3
33000000      0.00001      26
 87.39 99.43 0  0
 57.49 38.84 0  0
 52.17 35.26 0  0
 46.50 30.71 0  0
 44.44 27.85 0  0
 17.76 62.16 0  0
149.0
1 2 3 4 5 6 7 8 9 10
11 12 13 14 15 16 17 18 19 20
21 22 23 24 25 26 27 28 29 30
31 32 33 34 35 36 37 38 39 40
41 42 43 44 45 46 47 48 49 50
51 52 53 54 55 56 57 58
1  0  8  0  14 1.5 22 0 29 0
36 0 43 0 49 0 50 0 57 0 57 1.1
8 22 36 50
1 3 15 3 29 3 43 3 58 3
29 3
-0.01
```

数据文件 LXLQ. I02

```
8  4  5  5  4  35  47.6
0  1  2  3  4
2  3  4  5  6  7  8  9
1  2  3  4
1  2  3  4  5
```

参 考 文 献

[1] 石洞,石志源,黄东洲．桥梁结构电算．上海:同济大学出版社,1987.
[2] 易建国．桥梁计算示例集:混凝土简支梁(板)桥．3 版．北京:人民交通出版社,2006.
[3] 谭浩强,田淑清．FORTRAN 语言．北京:清华大学出版社,1990.
[4] 谭浩强．C 语言程序设计．2 版．北京:清华大学出版社,1999.
[5] 中华人民共和国行业标准．JTG D62—2004　公路钢筋混凝土及预应力混凝土桥涵设计规范．北京:人民交通出版社,2004.
[6] 中华人民共和国行业标准．JTG D60—2004　公路桥涵设计通用规范．北京:人民交通出版社,2004.
[7] 中华人民共和国行业标准．TB 10002.3—99　铁路桥涵钢筋混凝土和预应力混凝土结构设计规范．北京:中国铁道出版社,2000.
[8] 袁国干．配筋混凝土结构设计原理．上海:同济大学出版社,1990.
[9] 范立础．桥梁工程:上册．2 版．北京:人民交通出版社,1993.
[10] 李国豪,石洞．公路桥梁荷载横向分布计算．2 版．北京:人民交通出版社,1990.

人民交通出版社公路类教材一览

（◆教育部普通高等教育"十一五"国家级规划教材 ▲建设部土建学科专业"十一五"规划教材）

一、交通工程教学指导分委员会规划推荐教材

1. ◆交通规划（王　炜）…… 33元
2. ◆道路交通安全（裴玉龙）…… 36元
3. 交通系统分析（王殿海）…… 31元
4. 交通管理与控制（徐建闽）…… 26元
5. 交通经济学（邵春福）…… 25元

二、21世纪交通版高等学校教材

（一）交通工程专业

1. ◆交通工程总论（第三版）（徐吉谦）…… 36元
2. ◆交通工程学（第二版）（任福田）…… 38元
3. ◆交通管理与控制（第四版）（吴　兵）…… 35元
4. ◆道路通行能力分析（陈宽民）…… 27元
5. ◆交通工程设计理论与方法（第二版）（马荣国）…… 40元
6. ◆公路网规划（裴玉龙）…… 27元
7. 交通工程专业英语（裴玉龙）…… 28元
8. ◆交通运输工程导论（第二版）（姚祖康）…… 23元
9. 交通流理论（王殿海）…… 21元
10. 交通系统仿真技术（刘运通）…… 26元
11. 停车场规划设计与管理（关宏志）…… 30元
12. 交通工程设施设计（李峻利）…… 35元
13. ◆智能运输系统概论（第二版）（杨兆升）…… 25元
14. 智能运输系统概论（第二版）（黄　卫）…… 24元
15. ◆运输经济学（第二版）（严作人）…… 44元
16. ◆道路交通工程系统分析方法（王　炜）…… 28元
17. 交通调查与分析（第二版）（严宝杰）…… 38元
18. ◆交通运输设施与管理（郭忠印）…… 33元
19. 道路交通安全管理法规概论及案例分析（裴玉龙）…… 29元
20. 交通地理信息系统（符锌砂）…… 31元
21. 公路建设项目可行性研究（过秀成）…… 27元
22. 交通工程专业生产实习指导书（朱从坤）…… 7元
23. 土木规划学（石　京）…… 38元

（二）城市轨道交通系列教材

1. 城市轨道交通概论（孙　章）…… 30元（估）
2. 城市轨道交通系统（彭　辉）…… 32元
3. 轨道工程（练松良）…… 36元
4. 城市轨道交通设备系统（周顺华）…… 32元
5. ◆地铁与轻轨（第二版）（张庆贺）…… 40元

（三）土木工程专业（路桥）/道路桥梁与渡河工程专业

I. 专业基础课教材

1. 土木工程概论（项海帆）…… 32元
2. 道路概论（第二版）（孙家驷）…… 20元
3. 土质学与土力学（第四版）（袁聚云）…… 30元
4. 公路工程地质（第三版）（窦明健）…… 23元
5. ▲道路工程制图（第四版）（谢步瀛）…… 36元
6. ▲道路工程制图习题集（第四版）（袁　果）…… 26元
7. ◆道路工程材料（第五版）（李立寒）…… 45元
8. ◆测量学（第三版）（许娅娅）…… 36元
9. ◆基础工程（第三版）（王晓谋）…… 33元
10. 结构设计原理（第二版）（叶见曙）…… 51元
11. 公路经济学教程（袁剑波）…… 23元
12. 专业英语（第二版）（李　嘉）…… 33元

II. 专业核心课教材

13. ◆路基路面工程（第二版）（邓学钧）…… 52元
14. ◆道路勘测设计（第三版）（杨少伟）…… 42元
15. 道路结构力学计算（上、下）（郑传超、王秉纲）…… 50元
16. 水力学（王亚玲）…… 19元
17. ◆桥梁工程（第二版）（姚玲森）…… 62元
18. 桥梁工程（第二版）（土木、交通工程）（邵旭东）…… 52元
19. ◆桥梁工程（第二版）（上）（范立础）…… 42元
20. ◆桥梁工程（第二版）（下）（顾安邦）…… 38元
21. 桥梁工程（陈宝春）…… 45元
22. ◆桥涵水文（第四版）（高冬光）…… 28元
23. ◆预应力混凝土结构设计原理（第二版）…… 28元（估）
24. ◆现代钢桥（上）（吴　冲）…… 34元
25. ◆钢桥（徐君兰）…… 16元
26. ◆公路施工组织及概预算（第三版）（王首绪）…… 32元
27. ▲桥梁施工及组织管理（第二版）（上）（魏红一）…… 39元
28. ▲桥梁施工及组织管理（第二版）（下）（邬晓光）…… 39元
29. ◆隧道工程（第二版）（上）（王毅才）…… 65元

III. 专业方向选修课教材

30. ◆道路工程（严作人）…… 40元
31. 道路工程（土木工程专业）（凌天清）…… 32元
32. ◆高速公路（第二版）（方守恩）…… 21元
33. 高速公路设计（赵一飞）…… 38元
34. 城市道路设计（吴瑞麟）…… 22元
35. GPS测量原理及其应用（胡伍生）…… 28元
36. 公路测设新技术（维　应）…… 36元
37. 公路施工技术与管理（廖正环）…… 40元
38. 土木工程造价控制（石勇民）…… 30元
39. 公路工程定额原理与估价（石勇民）…… 36元
40. 道路桥梁检测技术（胡昌斌）…… 31元
41. 特殊地区基础工程（冯忠居）…… 29元
42. 道路与桥梁工程计算机绘图（许金良）…… 31元
43. ◆公路小桥涵勘测设计（第四版）（孙家驷）…… 31元
44. 路基设计原理与计算（李峻利）…… 40元
45. 路基路面工程检测技术（李宇峙）…… 46元
46. 公路土工合成材料应用原理（黄晓明）…… 22元
47. 水泥与水泥混凝土（申爱琴）…… 30元
48. ◆环境经济学（董小林）…… 32元
49. 公路环境与景观设计（刘朝辉）…… 30元
50. 桥梁工程概论（第二版）（罗　娜）…… 27元
51. 桥梁检测与加固（王国鼎）…… 27元
52. 桥梁钢—混凝土组合结构设计原理（黄　侨）…… 26元
53. 桥梁结构试验（第二版）（章关永）…… 22元
54. 桥梁抗震（叶爱君）…… 15元
55. ◆桥梁建筑美学（第二版）（盛洪飞）…… 30元
56. 大跨度桥梁结构计算理论（李传习）…… 18元
57. 隧道结构力学计算（夏永旭）…… 29元
58. 公路隧道运营管理（吕康成）…… 22元
59. 隧道与地下工程灾害防护（张庆贺）…… 45元

IV. 实践环节教材及教参教辅

60. 《道路勘测设计》毕业设计指导（许金良）…… 30元
61. 桥梁计算示例丛书—桥梁地基与基础（第二版）（赵明华）…… 18元
62. 桥梁计算示例丛书—混凝土简支梁（板）桥（第三版）（易建国）…… 27元
63. 桥梁计算示例丛书—连续梁桥（邹毅松）…… 20元
64. 结构设计原理计算示例（叶见曙）…… 40元
65. 道路工程毕业设计指南（应荣华）…… 34元

66. 桥梁工程设毕业设计指南(向中富) ………………………… 35元

V. 研究生教学用书

道路与铁道工程

1. 现代加筋土理论与技术(雷胜友) ……………………… 24元
2. 道路规划与几何设计(朱照宏) …………………………… 32元
3. 沥青与沥青混合料(郝培文) ……………………………… 35元
4. 工程机械机电液系统动态传真(王国庆) …………… 18元

桥梁与隧道工程

1. 高等桥梁结构理论(项海帆) ……………………………… 35元
2. 高等钢筋混凝土结构(周志祥) …………………………… 27元
3. 结构分析的有限元法与MATIAB程序设计(徐荣桥) …… 28元
4. 工程结构数值分析方法(夏永旭) ………………………… 27元
5. 箱形梁设计理论(第二版)(房贞政) …………………… 32元

(四)公路工程管理专业

1. ◆工程项目融资(赵　华) …………………………………… 29元
2. 管理信息系统(李友根) ……………………………………… 31元
3. 公路工程定额原理与估价(石勇民) …………………… 36元
4. 工程风险管理(邓铁军) ……………………………………… 21元
5. ◆工程质量控制与管理(邬晓光) ………………………… 29元
6. 公路工程造价编制与管理(第二版)(沈其明) ………… 43元
7. 工程项目招标与投标(周　直) …………………………… 30元
8. 高速公路管理(王选仓) ……………………………………… 35元

(五)工程机械专业

1. ◆施工机械概论(王　进) …………………………………… 35元
2. ◆公路施工机械(第二版)(李自光) ……………………… 43元
3. 现代工程机械发动机与底盘构造(陈新轩) …………… 38元
4. 工程机械维修(许　安) ……………………………………… 38元
5. 工程机械状态检测与故障诊断(陈新轩) ……………… 29元
6. 工程机械底盘设计(郁录平) ……………………………… 36元
7. 公路工程机械化施工与管理(第二版)(郭小宏) …… 37元
8. 工程机械设计(吴永平) ……………………………………… 38元
9. 工程机械技术经济学(吴永平) …………………………… 23元
10. 工程机械专业英语(宋永刚) …………………………… 36元
11. 工程机械机电液系统动态仿真(王国庆) …………… 18元

三、普通高等学校规划教材

1. 理论力学(东南大学) ………………………………………… 29元
2. 材料力学(东南大学) ………………………………………… 25元
3. 工程力学(东南大学) ………………………………………… 29元
4. 交通土建工程制图(第二版)(和丕壮) ………………… 38元
5. 交通土建工程制图习题集(第二版)(和丕壮) ………… 20元
6. 画法几何与土建制图(第二版)(林国华) …………… 39元
7. 画法几何与土建制图习题集(第二版)(林国华) …… 25元
8. 土木工程制图(丁建梅　周佳新) ………………………… 36元
9. 土木工程制图习题集(丁建梅　周佳新) ……………… 18元
10. 土木工程制图(张　爽) …………………………………… 36元
11. 土木工程制图习题集(张　爽) ………………………… 15元
12. ◆土木工程计算机绘图基础(尚守平) ………………… 39元
13. 工程经济学(李雪淋) ……………………………………… 22元
14. 工程测量(胡伍生) ………………………………………… 25元
15. 交通土木工程测量(张坤宜) …………………………… 33元
16. 结构设计原理(毛瑞祥) …………………………………… 26元
17. 路基路面工程(何兆益) …………………………………… 45元
18. 道路勘测设计(第二版)(孙家驷) ……………………… 46元
19. 道路勘测设计(裴玉龙) …………………………………… 38元
20. 道路工程材料(申爱琴) …………………………………… 45元
21. 道路与桥梁工程概论(黄晓明) ………………………… 32元
22. 道路经济与管理 ……………………………………………… 16元
23. 公路施工组织与管理(赖少武　李文华) …………… 35元
24. 公路工程施工组织学(第二版)(姚玉玲) …………… 38元
25. 公路施工与组织管理(廖正环) ………………………… 22元
26. 公路养护与管理(许永明) ………………………………… 18元
27. 水力学与桥涵水文(叶镇国) …………………………… 38元
28. 桥位勘测设计(高冬光) …………………………………… 20元
29. 道路规划与设计(李清波) ………………………………… 46元
30. 道路交通环境工程(张玉芬) …………………………… 19元
31. 公路实用勘测设计(何景华) …………………………… 19元
32. 公路计算机辅助设计(符锌砂) ………………………… 30元
33. 公路工程预算与工程量清单计价(雷书华) ………… 35元
34. 公路工程造价(周世生) …………………………………… 42元
35. 软土环境工程地质学(唐益群) ………………………… 35元
36. 公路与桥梁施工技术(盛可鉴) ………………………… 30元
37. 桥梁美学(和丕壮) ………………………………………… 40元
38. 桥梁结构理论与计算方法(贺拴海) ………………… 58元
39. 钢管混凝土(胡曙光) ……………………………………… 38元
40. 隧道施工(于书翰) ………………………………………… 23元
41. 公路隧道机 电工程(赵忠杰) …………………………… 40元
42. ◆道路交通管理与控制(袁振洲) ……………………… 40元
43. 交通工程学(第二版)(李作敏) ………………………… 28元
44. 交通项目评估与管理(谢海红) ………………………… 36元
45. 工程项目管理(周　直) …………………………………… 20元
46. 测绘工程基础(李芹芳) …………………………………… 36元
47. 工程机械运用技术(许　安) …………………………… 40元
48. 现代工程机械液压与液力系统(颜荣庆) …………… 39元
49. 水泥混凝土路面施工与施工机械(何挺继) ………… 30元
50. 现代公路施工机械(何挺继) …………………………… 45元
51. 工程机械机电液一体化(焦生杰) ……………………… 28元
52. 工程机械可靠度(吴永平) ………………………………… 20元

四、高等学校应用型本科规划教材

1. 结构力学(万德臣) ………………………………………… 30元
2. 结构力学学习指导(于克萍) …………………………… 22元
3. 道路工程制图(谭海洋) …………………………………… 28元
4. 道路工程制图习题集(谭海洋) ………………………… 24元
5. 道路建筑材料(伍必庆) …………………………………… 37元
6. 土木工程材料(张爱勤) …………………………………… 39元
7. 土质学与土力学(赵明阶) ………………………………… 30元
8. 结构设计原理(黄平明) …………………………………… 47元
9. 结构设计原理学习指导(安静波) ……………………… 35元
10. 结构设计原理计算示例(赵志蒙) …………………… 40元
11. 工程测量(朱爱民) ………………………………………… 30元
12. 基础工程(刘　辉) ………………………………………… 26元
13. 道路勘测设计(张维全) …………………………………… 32元
14. 桥梁工程(刘龄嘉) ………………………………………… 45元
15. 公路工程试验检测(乔志琴) …………………………… 47元
16. 路桥工程专业英语(赵永平) …………………………… 44元
17. 水力学与桥涵水文(王丽荣) …………………………… 27元
18. 工程招标与合同管理(刘　燕) ………………………… 33元
19. 工程项目管理(李佳升) …………………………………… 32元
20. 公路施工技术(杨渡军) …………………………………… 64元
21. 公路工程机械化施工技术(徐永杰) ………………… 32元
22. 公路工程经济(周福田) …………………………………… 22元
23. 公路工程监理(朱爱民) …………………………………… 33元
24. 道路工程(资建民) ………………………………………… 38元
25. 道路工程CAD(许金良) …………………………………… 23元
26. 路基路面工程(陈忠达) …………………………………… 46元